라마나 마하르쉬 저작 전집

옮긴이 ● 대성(大晟)

선불교와 비이원적 베단타의 내적 동질성에 관심을 가지고 라마나 마하르쉬의 '아루나찰라 총서'와 마하라지 계열의 '마하라지 전서'를 집중 번역하면서, 성엄선사의 『마음의 노래』, 『지혜의 검』, 『선의 지혜』, 『대의단의 타파, 무방법의 방법』, 『부처 마음 얻기』, 『비추는 침묵』 등 '성엄선서' 시리즈와 『눈 속의 발자국』, 『바른 믿음의 불교』를 번역했다. 그 밖에도 중국 허운선사의 『참선요지』와 『방편개시』, 감산대사의 『감산자전』, 혜능대사의 『그대가 부처다: 영어와 함께 보는 육조단경, 금강경구결』 등을 옮겼다.

라마나 마하르쉬 저작 전집

엮은이 | 아서 오즈본
옮긴이 | 대성(大晟)
펴낸이 | 이효정
펴낸곳 | 도서출판 탐구사

초판 발행   2001년 3월 27일
개정 2판 발행   2020년 1월 11일

등록 | 2007년 5월 25일(제208-90-12722호)
주소 | 04097 서울 마포구 광성로 28, 102동 703호(신수동, 마포벽산 e솔렌스힐)
전화 | 02-702-3557 Fax | 02-702-3558
e-mail | tamgusa@naver.com

잘못된 책은 바꾸어 드립니다.

ISBN 978-89-89942-52-8 03270

이 도서의 국립중앙도서관 출판예정도서목록(CIP)은 서지정보유통지원시스템 홈페이지(http://seoji.nl.go.kr)와 국가자료종합목록 구축시스템(http://kolis-net.nl.go.kr)에서 이용하실 수 있습니다. (CIP제어번호 : CIP2019051472)

아루나찰라 총서 ❷

라마나 마하르쉬 저작 전집

아서 오즈본 엮음
대성(大晟) 옮김

탐구사

The Collected Works of Sri Ramana Maharshi

First edition, 1959
Fourteenth Edition, 2016

Published by V. S. Ramanan,
President
Sri Ramanasramam, Tiruvannamalai 606 603,
Tamil Nadu, India

Copyright © Sri Ramanasramam
Korean translation copyright © 2001, 2010, 2020 Tamgusa Publishing

Published by agreement with Sri Ramanasramam

이 책의 한국어판 저작권은 Sri Ramanasramam과의 계약으로 탐구사에 있습니다.
저작권법에 의해 보호받는 저작물이므로 사전 허락 없이 전재하거나 복사하는 것은 허용되지 않습니다.

차례

역자 서문 · 9   ‖ 초판 역자 서문 · 12
타밀어판 서문 · 15   ‖ 편자 서문 · 19

제1부 창조적 저작

산문

1. 나는 누구인가? · 33
    [첨부1] 나는 누구인가?(연문형) · 46
2. 자기탐구 · 54
3. 영적인 가르침 · 91

운문

4. 아루나찰라 다섯 찬가 · 120
    4.1. 아루나찰라 문자혼인화만文字婚姻華鬘 · 127
    4.2. 아루나찰라 아홉 보주화만寶珠華鬘 · 143
    4.3. 아루나찰라 11연시聯詩 · 147
    4.4. 아루나찰라 8연시聯詩 · 152
    4.5. 아루나찰라 5보송五寶頌 · 156
    [첨부2] 아루나찰라 3연시—여섯 번째 찬가 · 163
5. 가르침의 핵심 · 165
6. 실재사십송과 그 보유補遺 · 172
    6.1. 실재사십송實在四十頌 · 174
    6.2. 실재사십송—보유補遺 · 187
7. 진아 5연시 · 199
8. 압빨람의 노래 · 202

9. 진아지眞我知 · 205
10. 기타의 시들 · 208

아루나찰라 라마나 · 208 ‖ 바가반 탄신일 경축에 대한 시 · 209 ‖ 위장의 불평 · 210 ‖ 아홉 편의 산시散詩 · 211 ‖ 말벌들에 대한 사과 · 213 ‖ 어머니에 대한 답변 · 214 ‖ 어머니의 회복을 위하여 · 215 ‖ 심장 안의 진아 · 216 ‖ 스리 가네샤께 바침 · 217 ‖ 하라와 우마 · 218 ‖ 고향과 부모 · 219 ‖ 띠루쭐리 · 219 ‖ 수브라마니아에 관하여 · 220 ‖ 무루가의 특징 · 220 ‖ 가네샤 · 221 ‖ 비슈누 · 221 ‖ 디빠발리 · 222 ‖ 비루팍샤 산굴山窟 · 223 ‖ 암소 락슈미 · 223 ‖ 다끄쉬나무르띠의 기적 · 224 ‖ 침묵 · 224 ‖ 한 글자 · 225 ‖ 생시의 잠 · 225 ‖ 진아 · 225 ‖ 해탈 · 226 ‖ 진인과 그의 몸 · 226

제2부 번안과 번역

11. 아가마 번역 · 229
    11.1. 데비깔롯따라 — 지행탐구장知行探求章 · 230
    11.2. 싸르와 냐놋따라 — 진아 깨달음 장章 · 254
12. 바가바드 기타 요지要旨 · 270
13. 샹까라짜리야 저작 번역 · 282
    13.1. 다끄쉬나무르띠 송찬頌讚 · 283
    13.2. 진아각지송眞我覺知頌 · 288
    13.3. 구루 찬가 · 305
    13.4. 하스따말라까 송찬 · 308
    13.5. 분별정보分別頂寶 · 313
    13.6. 능지소지분별能知所知分別 · 377
14. 탐구보주화만探究寶珠華鬘 · 384
15. 기타 번역시들 · 399

『스리마드 바가바땀』과 『라마 기타』에서 · 399 ‖ 누가 하라인가 · 400 ‖ 라마나 108명호 송찬 — 기원시 · 401 ‖ 심장과 두뇌 · 402 ‖ 나 까르마나 · 404

용어해설 · 407
참고문헌 · 420
찾아보기 · 422

일러두기

1. 본서의 번역대본으로 영어판(2016, 제14판)과 타밀어판(2014, 제10판)을 함께 사용하였다.
2. 본문 중 꺾쇠표에 든 말은 개념을 설명하기 위한 영문 번역자들의 주석 또는 보충문구이다. 본문과 비슷한 크기의 둥근괄호는 영어판 원문에 있는 것이고, 본문보다 한결 작은 괄호에 든 말은 옮긴이가 문맥을 보충하거나 개념을 간략히 설명한 것이다.
3. 원서에서 대문자로 시작하는 핵심단어 일부는 **돋움체**로, 원서에서 이탤릭체로 표기된 단어나 구절들은 **약간 굵은 글씨**로 표시하였다.
4. 옮긴이의 각주는 $T.$(Translator의 약어)로 표시하였다.

역자 서문

바가반의 『저작 전집』은 타밀어판과 영어판이 형식과 내용에서 상당한 차이를 보인다. 영어판은 '제1부 창조적 저작'과 '제2부 번역과 번안'으로 나뉜 15개 장인 반면, 타밀어판(제10판)은 운문체 저작과 산문체 저작으로 대별한 5부 27개 장으로 되어 있다. 우리 한국어판은 형식면에서 대체로 영어판 따르지만, 내용 면에서는 타밀어판에 가깝다. 이번 판에서는 지난 개정판(즉, 제2판)에서 미처 손대지 못한 부분들을 보완했다. 저작들의 배열 순서나 각 저작 서두의 소개 글은 대체로 영어판대로이나, 일부 저작의 배열순서는 약간 다르고, 두 번의 개정으로 내용이 많이 수정되었다. 대부분의 수정은 운문체 저작들의 본문에서 이루어졌는데, 시형詩形과 단어 순서에서 가능한 한 바가반의 타밀어 원문에 가깝게 하려고 노력했다.

제2판에서는 바가반의 제자였던 스리 사두 옴(Sri Sadhu Om)의 지도를 받은 영국인 헌신자 마이클 제임스(Michael James) 님이 타밀 원문을 거의 직역으로 옮기고 주석한 자료들에서 큰 도움을 받았고, 「다섯 찬가」부터 「진아 5연시」까지가 이에 기초하여 수정되었다. 그러나 「데비깔롯따라」부터 「하스따말라까 송찬」까지는 우리의 번역에 미진한 점이 많았는데, 당시에는 이들 저작에 대한 신뢰할 만한 영문 주석서를 구할 수 없었기 때문이다. 다행히 그 뒤에 까나깜말(Kanakammal) 여사의 주석서가 나왔기 때문에, 이번에는 그에 의거하여 그 부분 저작들을 모두 새로 번역했다.

그래서 이제 본서 제1부는 물론이고 제2부의 저작들도 타밀어판에 더 가까워졌다. 우리는 「다섯 찬가」 중 「문자혼인화만」에서 영문판에 복수로 나와 있는 대안 번역문들을 버리고 (사두 옴/마이클 제임스의 번역에 따라) 원문의 뜻에 가장 가까운 번역 하나씩만 남겼고, 「5보송」은 산스크리트 원시와 타밀어 시의 두 버전을 함께 번역하면서 각 연의 주석을 사두 옴과 마이클 제임스의 것으로 바꾸었다. 「실재사십송」, 「진아 5연시」, 「데비깔롯따라」, 「싸르와냣따라」, 「바가바드 기타 요지」, 「진아각지송」의 여섯 가지는 바가반이 나중에 이 작품들의 각 연 사이에 '연결어'를 넣은 깔리벤바(*kalivenba*) 버전을 만들었으므로, 그것을 번역했다. 라마나스라맘의 타밀어 빠라야나(*parayana*)에서 이 깔리벤바 버전들을 창송하기 때문이다. 이 버전에는 바가반이 처음 벤바(*venba*) 운으로 지은 내용이 그대로 들어 있어 추가된 연결 단어들 외에 다른 점은 없다. 제1부에서 제2부에 걸쳐 주요한 운문체 저작들의 배열은 타밀어판의 순서를 따르는데, 이는 라마나스라맘에서 요일별로 하는 타밀어 빠라야나 순서와 정확히 일치한다.

산문체 저작들은 타밀어판에서 모두 책 뒤쪽에 모아져 있으나, 우리는 영어판과 같이 책의 앞뒤로 나누어 배치한 체제를 유지했다. '창조적 저작' 세 가지는 대체로 영어판에 의존해 옮겼으나 어휘와 문장의 흐름에서는 타밀어판을 따르려고 노력했다. 영어판은 「자기탐구」를 맨 앞에 두었지만, 우리는 타밀어판과 같이 「나는 누구인가?」를 「자기탐구」보다 앞에 두었다. 이어서 「나는 누구인가?」의 연문형連文形 텍스트를 '첨부'로 수록했는데, 이는 마이클 제임스의 영문 번역을 토대로 한 것이다. 「영적인 가르침」은 데이비드 가드먼 님이 자신의 웹사이트에 올린 수정 영역본을 기준으로 삼았다. 책 뒤쪽의 산문체 번역/변안 작품인 「분별정보」, 「능지소지분별」, 「탐구보주화만」의 셋은 대체로 영어판을 따라 번역했지만 그 중에서도 특히 「분별정보」는 타밀어판을 대폭 반영했다. 먼저 「분별정보」의 '서문'은 타밀 원문을 충실하게 옮긴 마이클 제임스의 번역을 토대로 타밀어판과 거의 같게 했다. 그 뒤의 '기원시'는 마이클 제임스 씨가 우리를 위해 특별히 영어로 다시 번역해서 보내준 것을 옮겼다. 분량이 많은 「분별정보」 본문은 한국어판 초판에서도 타밀어판을 많이 반영했지만, 개정판에서는 타밀어판에 조금 더 가까워졌다. 번역되지 못한 문장들도 상당수 있으나 영어판보다는 더 자세하고 충실하다.

참고로, 스리 라마나스라맘에서 간행하는 최근의 영어판에는 말미에 타밀어판 서문과 그 서문이 나오게 된 배경 이야기 및 바가반의 몇 가지 다른 번역 작품이 추가되어 있다. 우리는 타밀어판을 참고하여 그 서문의 번역문을 다소 수정했고, 그 서문이 나온 배경 이야기는 서문 말미에 각주로 넣었다. 영어판도 나름대로 일부 번역문을 교체했으나, 우리는 앞서 말한 대로 운문체 저작들을 원문에 충실한 주석자들의 번역을 토대로 옮겼고, 주석서들의 깊이 있는 주석들을 덧붙였다. 요컨대 독자들은 이 제3판에서 바가반의 숨결이 생생히 느껴지는 많은 새로운 번역들을 만날 수 있을 것이다. 특히 타밀어 어순이 우리말과 비슷하여 우리의 번역문이 타밀 원문과 흡사하게 나올 수 있다는 것도 영어판과 차별화되는 장점이다. 시문의 형태도 타밀어판처럼 배치되었다. 이런 여러 가지 면에서 이 한국어판은 타밀 원문과 상응 정도가 높고, 영어판에서 어느 정도 독립한 번역이라고 자부할 수 있다. 독자들은 이 책이 갖는 번역상의 이런 이점을 최대한 활용하여 라마나 마하르쉬의 가르침을 깊이 흡수하고, 많은 이익을 얻기 바란다.

2020년 1월 2일　옮긴이 씀

초판 역자 서문

바가반 스리 라마나 마하르쉬의 저작들을 그 헌신자들이 한데 모아서 한 권의 책으로 출판한 것은 1931년의 일이었다. 스리 라마나의 모국어인 타밀어로 된 이 초판에는 바가반이 직접 짓거나 헌신자들이 정리한 당신의 저작들이 대부분 포함되었다. 그러나 그 뒤에도 바가반이 약간의 작품을 더 짓거나 번역했기 때문에 이 『저작 전집』은 나중에 얼마간 증보되었고, 인도 현지의 여러 지방어로도 번역되었다. 영역본은 아서 오즈본이 편집하여 1959년에 영국에서 처음 출간했는데, 그는 바가반의 저작들에 대한 당시의 영어 번역들 중에서 좋은 것을 골라 표현을 다듬고 작품마다 간략한 해설을 앞머리에 붙였다.

이 『저작 전집』에서 저작들은 몇 개 그룹으로 나뉘어 있다. 타밀어판에서는 「다섯 찬가」를 위시한 운문체 작품들이 앞에 오고, 산문체 작품이 뒤에 실려 있다. 반면에 영어판에서는 「나는 누구인가?」와 같은 산문체의 창조적 저작들이 맨 앞에 수록되었고, 타밀어판에 없는 다수의 단편적인 시들과 「탐구보주화만」이 추가되어 있다. 영어판은 서두의 해설문과 함께 곳곳에 각주가 있어서 내용을 이해하기에 좋지만, 영어와 타밀어의 어순이 판이한데다가 영역자가 어려운 전문용어들을 영어로 옮기는 과정에서 자유롭게 의역한 문장이 많아 원문과의 문장 대응이 정확하지 않다는 문제점을 안고 있다. 그러나 타밀어판에서 직접 번역하기는 아직 어려우므로, 이 한국어판은 대부분 영역본을 토대로 하지 않을 수 없었다.

영어판은 아쉬람에서 간행된 것과 영국이나 미국에서 간행된 것의 두 종류가 있는데, 판본과 번역문에 있어서 차이가 난다. 특히 「자기탐구」와 「나는 누구인가?」는 영미판이 연문형連文形을 수록하고 있음에 반해 아쉬람 판은 문답형을 수록하고 있다. 타밀어판은 초기에 문답형을 채택했다가 1940년의 제3판부터 연문형으로 교체했는데, 그것은 「나는 누구인가?」의 연문형 판본이 바가반의 직접 저작이라는 점을 고려했기 때문일 것이다. 「자기탐구」나 「나는 누구인가?」의 문답형 판본과, 역시 문답형으로 되어 있는 「영적인 가르침」은 바가반이 직접 쓴 것이 아니라 헌신자들이 편집한 것이지만, 사실상 당신의 저작과 같이 취급되고 있다. 이 한국어판은 아쉬람에서 간행한 영역본 개정판을 주된 대본으로 했다.

본문 번역에서는 산스크리트로 된 전문용어들의 의미를 최대한 살려서 옮겼으며, 이해하기 어려운 부분에는 가능한 한 역주를 달아 주었다. 이 번역은 주로 의미의 정확한 전달과 보편적 이해에 역점을 두었기 때문이다. 다만 운문체 작품들은 타밀어 고유의 시적 운율에 맞추어져 있어서, 어떤 번역으로도 그 단어나 문장의 미묘한 함축과 음악적 리듬, 그리고 생동감을 전달하기는 어려우리라고 본다. 대부분의 번역문은 영어판에 의존했지만, 군데군데 의심나는 곳에서는 타밀어 원본을 참조하여 단어나 문장을 고치기도 했고, 다른 번역본의 문장을 가져온 경우도 있다. 또한 병기倂記하는 영어 어휘를 타밀 원문의 산스크리트 어휘로 대체하기도 했다. 「영적인 가르침」, 「문자혼인화만」, 「실재사십송」 등을 이렇게 고쳤지만, 특히 「분별정보」의 본문과 「능지소지분별」은 타밀어판에 의거해 대폭 수정했다.

이 책에는 원서에 없는 타밀어판의 서문을 실었는데, 이는 아쉬람 당국에서 이 한국어판을 위해 특별히 영어로 번역해 준 것을 다시 옮긴 것이다. 이것은 바가반 자신이 당신의 헌신자인 T. K. 순다레사 아이어에게 써 보라고 권유한 것이고, 그가 쓴 것을 당신이 직접 검토하고 승인한 것이다. 이 서문은 수록 작품들에 대한 간략한 소개를 포함하고 있는데, 이를 통해 우리는 타밀어판의 작품 수록 범위와 그 배열 순서를 알 수 있다.

이 한국어판을 위해 타밀어판 서문을 번역해 주고, 그 외에도 여러 가지 사항과 전문용어들을 설명해 준 아쉬람의 여러 헌신자들과, 그동안 도와주신 주위의 여러 인연들에게 진심으로 감사드리며, 이 책이 진지한 탐구자와 헌신자들의 좋은 길잡이가 되기를 바라마지 않는다.

2001년 2월 옮긴이 씀

타밀어판 서문

　지구의 중심이며, 지知 따빠스를 많이 한 구도자들을 오라고 손짓하여 그것(아루나찰라)을 생각하기만 해도 해탈을 하사하는, 빛의 링감으로 스스로 나타난 스리 아루나찰라로 빛나는 띠루반나말라이라는 이 신성한 곳에서, 무수한 영혼들이 윤회에서 벗어나 해탈을 성취하고 최종적 지복에 도달할 수 있도록 스리 다끄쉬나무르띠의 형상을 하시고 늘 진아체험 안에 안주하면서, 지고의 침묵으로부터 은총을 쏟아 주시고 당신의 무한한 자비가 홍수처럼 흘러나오게 하시는 바가반 스리 라마나 마하르쉬님의 은사물 형태를 한 감로가, 『라마나 저작 전집(Ramana Nool Thirattu)』이라는 이 황금 같은 저작집이다.

　이 저작집의 작품들은, 배운 이나 배우지 못한 이나 공히 각자의 이해력 수준에 따라 읽고서 이익을 얻을 수 있도록 운문체·산문체·문답체·찬가체 등 몇 가지 유형으로 구성되어 있는데, 이것을 접할 수 있게 된 것은 우리의 공덕과 행운에 기인한다.

　이 저작집의 제1부「스리 아루나찰라에 바치는 다섯 찬가」는 스리 바가반이 묵언을 끝내고 막 말씀을 하기 시작한 무렵에 지어졌고, 진아의 홍수 그 자체이다. 그 중에서도 "그 하나하나가 실재 그 자체이니, 당신의 성품을 드러내셔요! 오, 아루나찰라!(*Thane thane tattuvam idanait thane kadduva yarunachala*"라고 하는 대목(「문자혼인화만」, 제43연)은, 지고의 존재이신 스리 라마나 무르띠 자신의 가르침의 핵심을 잘 보여준다. **심장 안에서 스리 라마나로서 안주하는 지고의 진아**는, 이 「다섯 찬가」의 시편들에서 **지**知(*Jnana*)와 **헌신**(*Bhakti*)의 바로 요체를 묘사하고 있다.

제2부는 영적인 문제들에 관한 스리 라마나의 가르침 저작들을 싣고 있다. 그 첫 작품은 비할 바 없는 「가르침의 핵심(*Upadesa Undiyar*)」인데, 이것은 당신의 헌신자인 스리 무루가나르가 지은 작품인 「띠루 운디야르(*Tiru Undiyar*)」의 한 연속편으로 지어졌다. 한편 「실재사십송」과 그 「보유補遺」는 스리 바가반이 그때그때 써 두신 것을 한데 모은 것이다. 「진아5연시」는 원래 스리 바가반이 먼저 타밀 벤바 운율에 맞추어 텔루구어로 지었다가 나중에 타밀어로 옮기신 것이다. 그 다음 작품인 「압빨람의 노래」가 지어진 내력은 감동적이면서도 계몽적이다. 한번은 스리 바가반의 성스러운 어머니인 알라감말이 스리 바가반에게 당신이 압빨람을 만드는 것을 도와달라고 청했다. 스리 바가반은 요리를 도와드리는 대신, 여러 가지 영적인 재료로 **진아자각**이라는 압빨람을 만드는 법을 일러주는 이 노래를 지어드렸다. 「진아지」라는 노래는, 무루가나르가 그 처음의 후렴구들만 써놓고 더 이상 지을 수 없자 스리 바가반께 노래의 본문을 지어달라고 청했을 때 지어진 것이다. 영적인 탐구가 얼마나 쉬운가를 묘사하는 이 노래는 구도자들에게 하나의 등댓불로 빛나고 있다. 스리 바가반의 이 가르침의 저작들은 그것을 맛볼 수 있는 복이 있는 사람들에게 감로수와 같은 달콤함을 준다. 누구든지 그것을 계속 연구하면, 내적인 광휘가 확산되는 것을 체험하게 될 것이다.

스리 바가반의 번역 작품들이 그 다음에 따라온다. 세상 사람들이 **지고의 주**主 **시바**의 가르침에서 이익을 얻도록 하기 위하여, 스리 라마나는 아주 중요한 영적인 저작 두 개를 타밀어로 번역하셨는데, 주 시바께서 당신의 반려자인 빠르바띠에게 주는 영적인 가르침의 형식으로 되어 있는 「데비깔롯따라―지행탐구장知行探求章」과 주 시바께서 당신의 아들인 스깐다(Skanda-수브라마니아)에게 주는 영적인 가르침의 형식으로 되어 있는 「싸르와 냐놋따라―진아 깨달음 장章」이 그것이다. 그 다음에는 스리 바가반이 헌신자들의 요청에 따라 『바가바드 기타』에서 엄선하여 번역한 시편들이 나오는데, 이 시들은 벤바 운율로 되어 있다. 그 다음에 아디 샹까라짜리야의 저작인 「다끄쉬나무르띠 송찬」, 「진아각지송」과, 그의 제자들이 지은 중요한 두 작품 「구루 찬가」와 「하스따말라까 송찬」에 대한 운문체 번역이 따라온다(제3부). 이어서 아디 샹까라의 『분별정보』와 「능지소지분별」1)에 대한 스리 바가반의 산문체 번역이 온다(제4부).

이 전집의 마지막 제5부는 스리 바가반의 은총의 말씀들을 담고 있는 세 편의 중요한 저작들로 이루어져 있는데, 「나는 누구인가?」, 「자기탐구」, 및 「영적인 가르침」이 그것이다. 처음에 나오는 「나는 누구인가?」는 바가반의 초기 제자인 시바쁘라까샴 삘라이가 한 여러 가지 질문들에 대한 바가반의 답변들을 모은 것으로, 비록 분량은 적지만 이 저작은 그 명료함과 직접성으로 독자들의 마음을 사로잡는다. 그 다음 저작인 「자기탐구」는 스리 바가반이 깊은 묵언을 하고 계실 때 감비람 세샤 아이어가 한 질문들에 대해 당신이 글로 써준 답변들로 이루어져 있다. 스리 바가반은 보통 탐구의 길(vichara marga)만을 가르치지만, 때로는 구도자의 특정한 필요나 그 사람이 해온 행법에 따라 행위, 헌신 등의 길을 설명하시기도 했다. 「자기탐구」는 세샤 아이어의 필요에 따라 설하신 그러한 하

---

1) 「능지소지분별」은 스리 비디야라니야 스와미(Sri Vidyaranya Swami)의 저작이라고 보는 사람들도 있다.

나의 포괄적인 저작이다. 「영적인 가르침」은 스리 바가반과 사두 나따나 난다가 다양한 영적인 문제들에 관해 나눈 대화로 이루어져 있다. 이들 헌신자들의 집요한 탐색의 결과로, 오늘날 세상 사람들은 이 헤아릴 수 없이 귀중한 영적인 보배들을 얻게 되었다.

바가반 스리 라마나 마하르쉬의 감로甘露의 말씀들을 모은 이 저작집에 의해, 온 세상에 성스러움이 퍼져나가고 개아個我들은 모든 괴로움을 소멸하고 지고의 지복을 확립하는 궁극의 영적인 부富를 얻을 것이 확실하다.2)

---

2) *T.* 이 서문은 바가반의 헌신자인 순다레샤 아이어가 썼다. 맨 끝에서 그가 '(얻기) 바란다'고 쓴 것을, 바가반이 '(얻을 것이) 확실하다'로 고쳤다. 순다레샤 아이어는 이 서문을 쓰게 된 경위를 다음과 같이 서술한다(T. K. Sundaresa Iyer, *At the Feet of Bhagavan*).
— 1927년 경 스리 바가반의 타밀어판 『저작 전집(*Nool Thirattu*)』이 출판을 위해 준비되고 있을 때였다. 아쉬람의 학자들 사이에서는 이 책에 서문이 하나 있어야 한다는 이야기가 있었다. 다만 마하르쉬님의 헌신자들은 당신의 저작집에 서문을 쓸 만한 사람이 아무도 없다고 생각했다. 학자들은 서문을 써야 한다고 말하기는 했으나, 각기 자신은 그 일을 감당할 수 없다면서 아무도 나서지 않았다. 몇 시간 동안이나 그들이 각기 다른 사람을 추천하면서 그 명예를 사양하는 진풍경이 벌어졌다. 바가반은 이 모든 일을 말없이 지켜보셨다.
그날 밤 10시 30분경, 내가 회당을 지나가고 있을 때 스리 바가반이 나를 보시며 말씀하셨다. "자네가 서문을 써 보지 그래?" 나는 당신의 말씀에 놀랐지만 순순히 말했다. "바가반께서 그 작업에 축복을 내려주신다면 감히 해 보겠습니다만." 바가반이 말씀하셨다. "써 보게. 그러면 잘 나올 거야."
그래서 나는 한밤중에 쓰기 시작했다. 놀랍게도 45분 안에 초고를 만들었는데, 마치 어떤 지고의 힘에 의해 추동된 것 같았다. 나는 쉼표 하나도 바꾸지 않고 새벽 2시에 그것을 바가반의 발 앞에 놓아 드렸다. 당신은 그 내용의 배열 순서와 사용된 표현의 단순함을 살펴보시고 즐거워 하셨다. 당신은 그것이 잘 되었다고 하시면서 가져가라고 하셨다.
그러나 내가 그 문서를 가지고 몇 발자국 움직이려 할 때 스리 마하르쉬께서 내게 손짓을 하여 그것을 다시 한 번 보여 달라고 하셨다. 나는 서문의 끝을 다음과 같이 마무리했었다. "바가반의 은총의 형상을 한 이 저작으로, 영원한 진리를 열망하는 사람들이 모든 슬픔을 제거하고 지고의 지복이라는 해탈을 얻기 **바란다**." 마하르쉬께서 말씀하셨다. "왜 '바란다'고 했지? '확실하다'고 하지?" 그렇게 말씀하시면서 당신은 손수 내가 쓴 '바란다(*nambukiren*)'를 '확실하다(*tinnam*)'로 고치셨다.
이와 같이 스리 마하르쉬께서는 이 책에 대해 승인 도장을 찍으시고, 당신의 헌신자들에게, 마음에 전혀 의문의 흔적을 남기지 않는 당신의 가르침(*Upadesa*)이라는 형태로 '해탈'의 대헌장을 주신 것이다.

편자 서문

마하르쉬(the Maharshi), 즉 바가반 스리 라마나가 진아眞我를 깨달았을 때, 그는 남인도의 중산층 브라민(Brahmin-브라만 계급) 가정의 17세 소년으로 아직 고등학교에 다니고 있었다. 어떤 영적인 훈련도 한 적이 없었고 영적인 철학을 배운 적도 없었다. 보통은 경전 공부를 좀 한 뒤에 오랫동안 힘든 훈련(수행修行)을 하는데, 그것은 평생을 가기도 하고, 생애의 끝에 이르러서도 여전히 미완성이기 십상이다. 진인眞人들이 말하듯이, 그것은 사람의 영적인 성숙도에 달려 있다. 그것을 성지순례에 비유한다면, 하루의 여정을 한 생生에 비유할 수 있다. 어떤 사람이 언제 목표에 도달하느냐, 혹은 거기에 얼마나 가까이 가느냐는, 한편으로 그가 얼마나 힘껏 밀고 나가느냐에 달렸고, 또 한편으로 그가 기상하여 당일의 여정을 시작하는 곳에서부터 목표까지의 거리가 얼마인가에 달려 있다. 마하르쉬처럼 단 한 걸음에 목표에 도달하는 것은 아주 드문 경우에만 가능하다.

마하르쉬가 진아를 깨달았다고 하는 것은, 그가 어떤 새로운 교의教義(doctrine-종교적·영적 가르침의 원리적 표현)나 이론을 이해했다거나 어떤 높은 상태나 기적적 능력을 성취했다는 것이 아니다. 그것은 교의를 이해하거나 하지 못하는, 그리고 그런 능력을 소유하거나 하지 못하는 그 '나'가 아뜨만(Atman), 즉 보편적 진아 혹은 영靈(Spirit)과 의식적으로[1] 같아졌다

는 것을 의미한다.2)

마하르쉬 자신이 이 일이 일어난 과정을 단순하고도 생생한 언어로 다음과 같이 묘사하였다.

"내 생애에서 그 큰 변화가 일어난 것은 내가 마두라를 영원히 떠나기

---

1) T. '의식적으로(consciously)'는 '분명한 의식 하에', 즉 그것이 '분명히 자각되는 가운데' 이루어졌다는 뜻이다.
2) T. 여기서 진아 깨달음을 두고 '나'가 "아뜨만, 즉 보편적 진아와 같아졌다"고 한 것은 정확한 표현은 아니지만(왜냐하면 '나'가 소멸되어야 진아 깨달음이 일어나므로), 우리는 이것을 이른바 '범아합일梵我合一'을 묘사하는 쉬운 표현으로 이해할 수 있다. 범아합일은 '나'와 절대적 실재인 '브라만'의 합일을 뜻하며, 힌두교 깨달음을 지칭하는 보편적 용어처럼 인식되어 왔다. 이런 관념은 브라만(실재)과 합일되는 어떤 '나'(자아)의 존재를 상정한다. 그러나 엮은이는 여기서 '나'가 아뜨만, 곧 진아와 같아진다고 표현했다. 이것은 아뜨만(진아)을 브라만과 같이 본 것이다. 그러면 브라만이기도 한 이 '진아' 개념을 우리는 어떻게 이해해야 할 것인가? 진아를 뜻하는 영어 단어 'Self'는 atman('자아, 자기')의 번역어인데, 이는 보편적 실재가 곧 '자기 자신'과 다르지 않다는 관념을 내포하고 있다. 다시 말해서, 절대적이고 궁극적인 이 실재는 모든 존재의 본래 성품 혹은 본래면목으로서 그 존재 자신과 둘이 아니므로 '진아' 혹은 '자기'로 표현되는 것이다. 이렇게 이해하면 이 진아는 내용상 대승불교에서 말하는 '진여', '불성', '법성', '여래장' 혹은 '법신'과 전적으로 동일한 것이다. 불가에서는 아뜨만을 '대아大我'로 번역하면서 "불교에서는 자아가 부정되는데, 힌두교에서는 대아를 인정한다"고 말하는 경우가 많지만, 베단타에서 말하는 궁극적 실재로서의 아뜨만(진아)은 어떤 '우주적 자아'나 '대아'가 아니라 만물의 최고 이법으로서의 진리 자체 혹은 최종적 해탈의 상태를 뜻한다. 그것은 현상적 우주 자체를 넘어선 절대자, 곧 궁극의 절대 경지이므로, '우주적 대아'일 수가 없다. 그러나 아뜨만이 '자아'라는 뜻도 내포하기 때문에 이 단어는 오해를 낳기 쉽다. 특히 남방 상좌부 불교에서는 이 개념을 극력 배척한다. 그러나 샹까라나 라마나 마하르쉬로 대표되는 비이원적 베단타(Advaita Vedanta)의 가르침 전반을 놓고 보면, 그들이 말하는 진아는 '소아'와 '대아'를 포함한 모든 자아를 넘어선 궁극의 절대적 실재를 뜻한다. 라마나 마하르쉬는 이 상태를 '침묵'이라고도 표현했는데, 그것은 이 진아가 모든 언어적 표현과 분별을 넘어서 있다는 의미이다. 그것은 브라만(梵)과 아뜨만(我)의 구별, 혹은 '합일'이나 '해탈'이라는 개념마저도 넘어선 곳이다. 그래서 베단타에서는 브라만이나 아뜨만조차 넘어섰다는 의미로 '빠라브라만', '빠라마뜨만'이라는 용어도 자주 사용된다. 그러나 많은 불교도들은 여전히 힌두교의 근본 사상을 '범아합일' 수준에서만 인식하고 있다. 그러나 절대적 실재로서의 진아를 말하는 것은 불가에서 진여와 불성을 말하는 것이나, 『열반경』에서 열반의 네 가지 덕 중 하나로 '참된 자아'를 말하는 것과 같은 의미이다. 남방불교는 철저한 '무아설'을 고수하면서 진아 개념에 극도의 거부감을 보이지만, 그런 '무아' 일변도 관점으로는 베단타 사상의 핵심을 이해하지 못함은 물론, 붓다의 가르침을 협소하게 해석하여 스스로의 인식 지평을 근본적으로 제약하는 결과를 가져온다. 어떻든 사용하는 개념과 문화의 차이로 인해 힌두 전통의 깨달음과 불교 전통의 깨달음이 본질적으로 다른 것이 될 수는 없다. 사실 진아 개념을 둘러싼 모든 혼란과 오해는 개아(ego)들의 개념적 분별로 인해 야기되는 문제일 뿐, 깨달음의 본령과는 거리가 멀다. 왜냐하면 진정한 깨달음 속에서는 모든 개념적 분별이 사라지기 때문이다. 한편 여기서 엮은이가 말하는 '영(Spirit)'은 개인적 영혼을 초월한 보편적 의식을 뜻하며, 불교의 '유식唯識'과 같은 의미이다.

6주 전의 일이었다. 그것은 아주 갑작스럽게 일어났다. 나는 숙부님 댁 2층의 한 방에 앉아 있었다. 나는 어떤 병도 거의 나지 않았고 그날도 내 건강에는 아무 이상이 없었는데, 갑자기 격렬한 죽음의 공포가 엄습해 왔다. 내 건강 상태로는 그것을 설명할 수 없었고, 나는 그것을 설명하려 하거나 그 공포를 느낄 어떤 이유가 있는지 알아내려고 하지 않았다. 단지 '나는 죽겠구나'라고 느꼈고, 그에 대해 어떻게 할지를 생각하기 시작했다. 의사나 윗사람 혹은 친구들과 의논할 생각은 일어나지 않았다. 나는 그 문제를 바로 그 자리에서 스스로 풀어야 한다고 느꼈다."

"죽음의 공포가 몰고 온 충격은 내 마음을 내면으로 몰아넣었고, 나는 마음속으로—실제로 그런 말로 표현하지는 않았지만—자신에게 말했다. '자, 죽음이 찾아왔다. 그것이 뭘 의미하지? 죽어가는 것은 뭐지? 이 몸이 죽는다.' 그리고는 즉시 죽음이 일어나는 것을 실연했다. 나는 사지를 뻣뻣이 뻗고 누워서 마치 사후강직死後剛直(rigor mortis-시체가 굳는 현상)이 시작된 것처럼 했다. 그리고 그 탐구에 더 현실감을 부여하기 위해 하나의 시체를 흉내 냈다. 나는 숨을 멈추고 입을 꽉 다물어 아무 소리도 새어나가지 않게, 그래서 '나'라는 말이나 다른 어떤 말도 입 밖으로 나올 수 없게 했다. 나는 자신에게 말했다. '자, 그러면 이 몸은 죽었다. 그것은 뻣뻣하게 화장터로 실려가 거기서 불에 타 재가 될 것이다. 그러나 이 몸이 죽으면 내가 죽는가? 몸이 '나'인가? 그것은 말이 없고 지각력이 없지만, 나는 그것과 별개로 내 인격의 온전한 힘과 내 내면의 '나'의 목소리까지 느낀다. 그러니 나는 몸을 초월한 영靈(Spirit)이다. 몸은 죽지만 그것을 초월해 있는 영은 죽음이 건드릴 수 없다. 그것이 내가 불사不死의 영靈임을 뜻한다.' 이 모든 것은 둔한 생각이 아니었다. 그것은 거의 사고 과정 없이 직접적으로 지각된, 살아 있는 진리로서 생생하게 나를 관통하여 번뜩였다. '나'는 아주 실제적인 어떤 것, 나의 현재 상태에 대해 유일하게 실재적인 것이었고, 내 몸과 연관된 모든 의식적인 활동은 그 '나'에 집중되었다. 그 순간부터 '나', 곧 진아眞我(Self)는 강력한 매혹으로 그 자신에게 주의를 집중했다. 죽음의 공포는 일거에 사라져 버렸다. 그때부터는 진아 안으로의 몰입이 끊임없이 이어졌다. 다른 생각들은 악보의 다양한 음표들처럼 오고 갈지라도, 그 '나'는 다른 모든 음표들의 저변을 이루면서 그것들과 어우러지는 근간적 스루띠 음표(sruti note)3)처럼 계속 이어졌다. 몸이 말을 하거나 책을 읽거나 다른 무엇을 하고 있을 때도, 나는 여전히 '나'에 집중되어 있었다. 그 위기 이전에는 나의 진아에 대한 분명한 지각이 전혀 없었고 의식적으로 그것에 끌리지도 않았다. 그것에 대해 뚜렷한 혹은 직접적인 관심이 없었고, 그 안에 영구적으로 거주하고 싶은 마음은 더더욱 없었다."

그러한 정체성의 체험이 늘 해탈(liberation)을 가져오는 것은 아니고, 일반적으로는 그렇지도 않다. 그런 체험이 구도자에게 오기는 하나, 에고의 내재적 습習이 그것을 다시 가려 버린다. 그때부터는 그 진정한 상태에 대한 기억, 의심할 수 없는 확신을 갖게 되지만, 그 안에서 영구히 살지는 않는다. 그는 마음을 정화하면서 완전한 순복順服(submission)이 이루어지도록 노력하여, 한계 있는 분리적 존재(삶)의 환幻 속으로 다시 끌어당기는 어떤 습習도 없게 해야 한다. 그러나 자기를 망각하는 에고는 한 번 진아를 자각했다고 해서 해탈, 즉 진아 깨달음(Self-realization)을 얻지는 못하는데, 그것은 축적된 마음의 습習이 방해하기 때문이다. 에고는 빈번히 몸을 자기(진아)로 혼동하며, 그 자신이 실은 진아라는 것을 잊어버린다. 경이로운 일은, 마하르쉬의 경우에는 다시 에고의 구름에 뒤덮이는 일도

---

3) 힌두 음악곡을 일관하는 단음單音(monotone)으로, 염주가 꿰어진 실과 같이 모든 존재 형상들을 일관하는 진아를 나타낸다.

없었고 무지無知로 퇴보하는 일도 없었다는 것이다. 그때부터 그는 자신이 단 하나인 진아와 동일하다는 부단한 자각自覺(awareness) 속에 머물러 있었다.

이 깨침 후 그에게는 모든 외부적 가치들이 의미를 상실했지만, 그럼에도 그는 몇 주 동안 겉으로 학생의 삶을 영위하면서 가족과 함께 지냈다. 그는 더 이상 자신이 먹는 음식에 개의치 않으면서, 무엇을 주든 똑같은 무관심으로 받았다. 더 이상 자기 권리를 주장하지 않았고, 청소년들이 하는 활동에 관심을 갖지 않았다. 가능한 한 삶의 조건에 순응하면서 자신의 새로운 의식 상태를 숨겼다. 그러나 윗사람들은 그가 학업이나 모든 세간 활동에 관심이 없는 것을 보고 못마땅해 했다.

인도에는 영성의 여러 가지 양식이나 노선의 여러 가지 유형을 대표하는 많은 성지聖地들이 있다. 띠루반나말라이 읍을 기슭에 끼고 있는 성산聖山 아루나찰라(Arunachala)는 그 중에서도 최고의 성지이다. 왜냐하면 이 산은 스승이 침묵의 힘으로 헌신자의 심장을 정화하면서 이끌어 주는 자기탐구(Self-enquiry)라는 직접적인 길의 중심이며, 이곳에 싯다(Siddha)로서 늘 거주하는 시바(Siva)의 비밀스럽고도 신성한 심장중심(Heart-center)이기 때문이다.

이 산은 다끄쉬나무르띠(Dakshinamurti)[4])와 동일시되는 시바가 침묵 속에서 가르치는 자리이며, 그것은 바가반의 삶 속에서 모범적으로 구현되었다.

이 산은 스승과의 신체적 접촉이 필요 없이 침묵의 가르침이 (헌신자의) 심장에 직접 전해지는 중심지이자 그 길이다. 마하르쉬가 깨달음을 얻기 전에도 이 산은 그를 전율시켰고 자석처럼 그를 끌어당겼다.

---

4) T. 침묵의 가르침으로 네 명의 현자를 깨닫게 했다고 알려진 고대의 스승.

"들어보라! 그것은 지각력 없는 산으로 서 있으나
그 작용은 불가사의하여 인간의 이해를 넘어서 있다네.
뭘 모르는 순진한 어린 시절부터 아루나찰라는
탁월하게 장엄한 어떤 것으로 마음 속에서 빛나고 있었건만,
누군가를 통해 그것이 띠루반나말라이와 같다는 것을
알았을 때도, 나는 그것의 의미를 깨닫지 못했네.
그것이 마음을 매혹하며 그 자신에게로 나를 끌어당겼을 때,
나는 가까이 와서, 부동의 산으로 서 있는 그것을 보았다네."

―「아루나찰라 8연시」, 제1연.

집안의 윗사람들은 이제 그가 가정생활의 혜택을 누리면서도 사두처럼 사는 것에 대해 화를 냈다. 그래서 그는 몰래 집을 떠나 한 사람의 사두로서 띠루반나말라이로 갔고, 두 번 다시는 이곳을 떠나지 않았다. 그는 50년 넘게 이곳에서 다끄쉬나무르띠로 머무르면서 인도와 외국, 동서양 각지에서 찾아온 모든 사람들에게 자기탐구의 길을 가르쳤다. 그의 주위에서는 하나의 아쉬람이 성장했다. 벤까따라만(Venkataraman)이라는 그의 이름은 라마나(Ramana)로 단축되었다. 그는 마하르쉬(Maharshi), 즉 '큰 리쉬(Maha Rishi)'로 불리기도 했는데, 그것은 새로운 영적인 길을 제창한 분에게 전통적으로 붙이는 칭호였다. 그러나 헌신자들은 당신을 주로 바가반(Bhagavan)이라고 불렀다. 당신에게 말을 할 때도 당신을 '바가반'이라는 3인칭으로 불렀다. 진아 깨달음은 아뜨만, 절대자, 영靈 또는 모든 것의 진아와 자신이 동일하다는 것을 깨어 있는 의식 속에서 끊임없이 자각하는 것이다. 그것은 그리스도가 "나와 내 아버지는 하나다"라는 말로써 표현한 그 상태이다. 이 상태에 도달하는 사람은 아주 드물다. 그러한 사람을 관례적으로 바가반이라고 부르는데, 그것은 '신'이라는 뜻이다.

바가반이 띠루반나말라이에 처음 왔을 때는 제자니 가르침이니 하는 것은 없었다. 그는 현상 세계에 대한 표면적 관심조차 없이 전체적인 **지**知이며 형언할 수 없는 **지복**至福(Bliss)인, 삶과 죽음을 넘어선 **존재**(Being)의 체험 안에 몰입하여 앉아 있었다. 몸이 계속 살아 있는지에 대해서도 관심이 없었고, 몸을 유지하려는 노력도 전혀 하지 않았다. 다른 사람들이 매일 음식을 한 컵씩 가져와 그 몸에 필요한 영양을 공급해 줌으로써 몸이 유지될 수 있었다. 그리고 그가 정상적인 상태로 점차 돌아와 삶의 행위들에 참여하기 시작한 것도, 자신의 주위에 모여든 다른 사람들을 영적으로 떠받쳐 주기 위해서였다.

그의 철학 공부도 마찬가지 방식으로 이루어졌다. 그가 자리 잡고 있는 눈부신 **실재**(Reality)에 대해서는 마음이 확인해 줄 필요가 없었지만, 그의 추종자들이 그에 대한 설명을 요구했던 것이다. 그 과정은 말라얄람인(케랄라 지역 출신) 시자侍者 빨라니스와미(Palaniswami)와 함께 시작되었다. 빨라니스와미는 영적인 책들을 읽고 싶었지만 타밀어 책들밖에 구할 수 없어 그 책들을 읽어내는 것을 무척 힘들어했다. 그래서 마하르쉬가 그를 위해 책을 읽어주고 그 핵심적 의미를 설명해 주었다. 그런 식으로 다른 헌신자들에게도 다른 책들을 읽어주었고, 그 과정에서—학식을 추구하거나 중시하지 않았음에도—그는 박식해졌다.

반세기가 넘도록 가르침을 폈음에도 그의 철학에는 어떤 변화나 발전도 없었다. 당연한 일이었다. 왜냐하면 그는 어떤 철학도 창안하지 않았고, 다만 책을 읽으면서 (자신이 체험한) 초월적 **진리**가 이론·신화·상징 등으로 설명되고 있다는 것을 확인하는 정도에 그쳤기 때문이다. 그가 가르친 것은 다른 모든 교의가 그 안으로 결국 흡수되는 비이원론(advaita)이라는 궁극적 교의였다. 즉, 존재는 **하나**(One)이고, 우주와 일체 중생들로 현현하지만 그것의 영원하고 드러나지 않은 **진아**에서는 전혀 변하지 않는다는 것, 꿈속에서처럼 마음(의식)이 그 사람이 보는 모든 사람과 사건들을 창조하지만, 그것들이 창조되어도 아무것도 잃는 것이 없고 그것들이 (진아 안으로) 재흡수되어도 아무것도 얻는 것이 없으며, 항상 그 자체로 존재한다는 것이다.

어떤 이들은 이것을 믿기 어려워서 그것은 세계가 실재하지 않는다는 것을 의미한다고 받아들였다. 그러나 마하르쉬는 그들에게, 세계는 세계로서는―다시 말해 별개의 '스스로 존립하는 것'으로서는―실재하지 않지만, 마치 우리가 영화의 화면에서 보는 사건들이 실제의 삶으로서는 실재하지 않아도 그림자놀이로서 실재하듯이 **진아**의 현현(manifestation)으로서는 실재하기도 한다고 설명했다. 어떤 사람들은 이러한 원리가 그들이 우러러 기도할 수 있는 인격신을 부정한다고 두려워했으나, 그것은 인격신의 교의를 부정하지 않으면서도 그것을 넘어선다. 왜냐하면 궁극적으로 숭배하는 자는 숭배 받는 자(신)와 합일되어 그의 안으로 흡수되기 때문이다. 기도하는 자, 기도, 그리고 그가 기도하는 신은 모두 **진아**의 현현으로서만 실재성을 갖는 것이다.

마하르쉬는 자신이 사전에 어떤 이론적 가르침도 받지 않고 **진아**를 깨달았듯이, 제자들을 훈련하는 과정에서도 이론에 별 중요성을 두지 않았다. 다음에 나오는 저작들에서 설명하는 이론들은 모두 독자들을 **진아지** 眞我知(Self-knowledge) 쪽으로 향하도록 도우려는 실제적 목적에 맞추어져 있다. 즉, 어떤 심리학적 연구를 하게 하려는 것이 아니라, 에고나 마음의 이면에 존재하는 **진아**를 알고 **진아**가 되게 하려는 것이다. 그는 단순히 호기심을 충족시키기 위해 묻는 질문들은 무시해 버리곤 했다. 사람은 죽은 뒤에 어떻게 되느냐고 누가 질문하면 그는 이렇게 대답할 것이다.

"지금 그대가 무엇인지도 모르면서 왜 그대가 죽을 때 무엇이 될 것인지 알고 싶어합니까? 먼저 그대가 지금 무엇인지를 발견하십시오." 이렇게 해서 그는 질문자를 심적인 호기심으로부터 영적인 탐구로 돌아서게 한다. 마찬가지로, 그는 삼매三昧(samadhi)나 **진인**[진아를 깨달은 사람]의 상태에 관한 질문들도 이렇게 받아넘기곤 했다. "왜 그대는 자기 자신에 대해 알기 전에 **진인**에 대해 알고 싶어 합니까? 먼저 그대 자신이 누구인지를 아십시오." 그러나 질문들이 자기 발견의 과제와 관계되는 것일 때에는 대단한 인내심으로 그것을 설명하곤 했다.

그가 가르친 자기 자신에 대한 탐구의 방법은 철학을 넘어서고 심리학을 넘어선다. 왜냐하면 여기서 추구하는 것은 에고의 성질(속성)들이 아니라, 에고가 작동하기를 멈추었을 때 눈부시게 자리하는, 성질 없는 **진아**이기 때문이다. 마음이 해야 할 일은 답변을 내놓는 것이 아니라 고요히 있음으로써 참된 답변이 일어날 수 있게 하는 것이다. "'나는 누구인가?' 하고 주문을 외듯이 하는 것은 올바르지 않습니다. 그 질문은 한 번만 하고 나서 에고의 근원을 발견하는 데 집중하면서 생각들이 일어나는 것을 막으십시오." '에고의 근원을 발견하는 것'은 몸 안의 영적인 중심, 즉 마하르쉬가 설명한 오른쪽 **심장**에 집중하는 것을 뜻한다.5) 그리고 그렇게 집중하면서 '생각이 일어나는 것을 막으라'는 것이다. "그 탐구에 대해 암시적인 답변, 예를 들어 '나는 **시바**다(I am Siva)' 같은 것을 명상 도중 마음에 제공해서는 안 됩니다. 참된 답변은 저절로 나옵니다. 에고가 내놓을 수 있는 어떤 답변도 옳을 수 없습니다. 이러한 긍정문이나 자기 암시는 다른 방법을 따르는 사람들에게는 도움이 될지 모르나, 이 탐구의

---

5) T. 에고의 근원을 발견하는 것은 "오른쪽 **심장**에 집중하는 것을 의미한다"는 편자의 이러한 설명에 대해서는 『라마나 마하르쉬와 진아지의 길』, 236쪽 주 5)를 참조하라.

방법에서는 그렇지 않습니다. 만약 질문을 계속해 가면 답이 나올 것입니다." 그 답은 **심장** 안에서 자각(awareness)의 한 흐름으로 나오는데, 처음에는 간헐적으로 나타나며 열심히 노력해야만 그것을 성취할 수 있다. 그러나 점차 힘과 지속성이 늘어나면서 이 흐름이 더 자연스럽게 저절로 이어지고, 생각과 행위들을 제어하면서 에고를 약화시켜, 마침내 에고가 사라지고 순수한 **의식**의 확고함이 남게 된다.

마하르쉬가 가르친 **자기탐구**는 지知의 길(*jnana-marga*)은 물론이고 행위의 길(*karma-marga*)도 포함한다. 왜냐하면 그것은 하나의 명상으로서뿐만 아니라 삶의 여러 사건들을 겪을 때도 행운과 불운, 승리와 재난이 누구에게 와 있는지를 물으면서 에고이즘의 표출을 공격하는 데 사용될 수 있기 때문이다. 이와 같이 해 나가면 삶의 환경들은 수행의 장애가 아니라 수행의 도구가 된다. 그래서 마하르쉬는 세간의 삶을 포기하고 출가해야 하는지를 묻는 사람들에게, 늘 그러지 말라는 만류의 말과 함께 생활상의 임무를 그대로 수행하되 자기잇속 없이 하라고 권유했다.

그것은 사랑과 헌신의 길도 포용한다. 마하르쉬는 이렇게 말했다. "두 가지 길이 있습니다. 그대 자신에게 '나는 누구인가?' 하고 묻거나 아니면 순복하는 것입니다." 또 이렇게 말했다. "저에게 마음을 내놓으십시오. 그러면 제가 그 마음을 때려 부숴 주겠습니다." 사랑을 통해 그에게 순복하는 길을 따른 사람이 많았는데, 그 길도 같은 목표에 이르는 것이었다. 그는 "**신, 스승, 진아**는 실은 다르지 않고 같습니다."라고 말했다. **자기탐구**의 길을 따르는 사람들은 내적으로 **진아**를 추구한 반면, 사랑을 통해서 노력한 사람들은 외적으로 나타난 **스승**에게 순복했다. 그러나 두 길은 같은 것이다. 마하르쉬가 몸을 벗고 그들 각자의 **심장** 안에 있는 내적 **스승**이 된 지금, 헌신자들에게는 그것이 어느 때보다도 더 분명해졌다.

마하르쉬가 그를 향한 사람들에게 열어준 것은 이와 같이 통합된 새로운 길이었다. 고대의 **진아탐구**의 길은 순수한 지知의 길로서 은자隱者들이 침묵의 명상 속에서 추구했으며, 더욱이 그것은 우리가 살고 있는 깔리 유가(kali-yuga)라고 하는 이 영적으로 어두운 시대에는 맞지 않다고 **진인**들이 생각했던 것이다. 바가반이 한 일은 옛 길을 회복했다기보다는 우리 시대의 상황에 맞게 응용한 하나의 새로운 길을 창조한 것이다. 이것은 숲 속이나 은둔처에서 못지않게 도시나 가정에서도—외부적인 규율의 뒷받침을 받든 받지 않든—매일 일정 시간 명상을 하는 한편, 일상 활동을 하는 중에도 부단히 그것을 기억하면서 해나갈 수 있는 것이다.

마하르쉬는 글을 아주 적게 지었고, 주로 영적인 침묵의 엄청난 힘을 통해서 가르쳤다. 그렇다고 해서 그가 사람들이 질문할 때 답변하기를 꺼렸다는 것은 아니다. 공연한 호기심이 아닌 진지한 동기에서 묻는 것일 때는, 말로든 글로든 충분하게 답변했다. 그러나 핵심적 가르침은 **심장**을 향해 작용하는 침묵의 감화력이었다.

그가 쓴 거의 모든 작품은 누군가의 요청에 응해 쓴 것이며, 어떤 헌신자의 특정한 필요에 부응하기 위한 것이다. 그래서 다양한 항목들의 서두에 그 글의 유래를 설명하는 짤막한 서술을 해두었다. 이것은 독자들을 위해 마련한 것이지만, 그 작품이 특정한 필요에서 생겨났다고 해서 그 내용의 보편성이 손상되지는 않는다.

운문체 작품들은 연대순으로 배열되어 있지 않다는 것을 지적해 두어야 하겠다. 그것들은 그 작품들을 개인적으로 수집해서 보관하고 있던 한 헌신자[6]를 위하여 바가반 자신이 순서대로 배열한 적이 있기에, 여기서도 동일한 순서를 유지했다.

---

6) 사두 아루나찰라(Sadhu Arunachala). 즉, 채드윅 소령(1890-1962).

제1부
창조적 저작

சகல ஜீவர்களும் துக்கமென்ப தின்றி எப்போதும் சுகமாயிருக்க விரும்புவதாலும், யாவருக்கும் தன்னிடத் திலேயே பரமப் பிரிய மிருப்பதாலும், பிரியத்திற்கு சுகமே காரண மாதலாலும், மனமற்ற நித்திரையில் தினமனுப விக்கும் தன் சுபாவமான அச்சுகத்தை யடையத் தன்ஊனத் தானறிதல் வேண்டும். அதற்கு **நானுர் என்னும் ஞான விசாரமே முக்கிய சாதனம்.**

நானுர்? ஸப்த தாதுக்களா லாகிய ஸ்தூலதேகம் நானன்று. சப்த, ஸ்பரிச, ரூப, ரஸ, கந்தமென்னும் பஞ்ச விஷயங்களாயும் தனித்தனியே அறிகின்ற சுரோத்திரம், துவக்கு, சக்ஷுஸ், ஜிஹ்வை, கிராண மென்கிற ஞானேந் திரியங்க ளூந்தும் நானன்று. வசனம், கமனம், தானம், மலவிசர்ஜனம், ஆனந்தித்தல் என்னும் ஐந்து தொழில் களாயும் செய்கின்ற வாக்கு, பாதம், பாணி, பாயு, உபஸ் தம் என்னும் கன்மேந்திரியங்க ளூந்தும் நானன்று. சுவா ஸாதி ஐந்தொழில்களாயும் செய்கின்ற பிராணதி பஞ்ச வாயுக்களும் நானன்று. நினக்கின்ற மனமும் நானன்று. சர்வ விஷயங்களும் சர்வ தொழில்களு மற்று, விஷய வாசனைகளுடன் மாத்திரம் பொருந்தியிருக்கும் அஞ்ஞான மும் நானன்று. மேற்சொல்லிய யாவும் நானல்ல, நானல்ல வென்று நேதிசெய்து தனித்து நிற்கும் **அறிவே நான். அறிவின் சொரூபம் சச்சிதானந்தம்.**

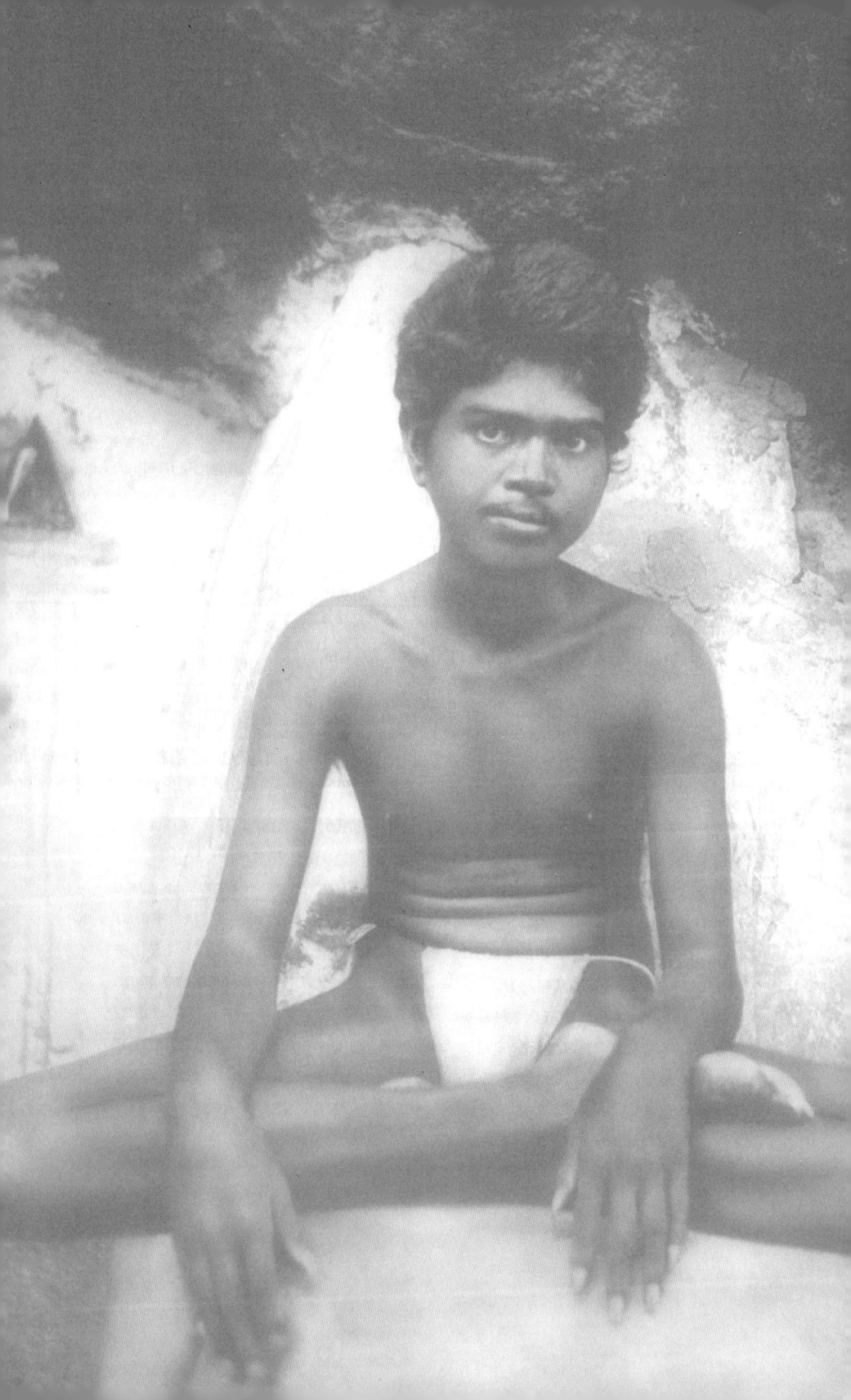

산문

1. 나는 누구인가?
Who am I?

「나는 누구인가?(*Who Am I?*)」는 「자기탐구」와 같은 시기에 쓰여졌다. 이것은 초기 헌신자 중의 한 사람인 시바쁘라까삼 삘라이(Sivaprakasam Pillai)가 제기한 몇 가지 질문에 대한 답변으로 시작되었다. 삘라이는 그 질문과 답변들을 정리하고 다듬은 뒤에 그것을 바가반께 제출하여 승인을 받았다. 그런 뒤에 그것은 문답 형태로 출판되었는데, 나중에는 연속적인 서술 형태로 바뀌었다. 이 판에서는 원래의 문답형 판본을 수록한다.[1]

살아 있는 모든 존재들은 불행 없이 늘 행복하기를 바라고, 모든 사람이 자기 자신에 대한 지고의 사랑을 가지고 있음을 볼 수 있으며, 행복이야말로 그 사랑의 이유이므로, 마음이 전혀 없는 깊은 잠의 상태에서

---

[1] T. 「나는 누구인가?」는 몇 가지 판본이 있다. 시바쁘라까삼 삘라이가 1920년경 13개의 문답으로 된 최초의 판본을 만든 뒤 이를 몇 번 수정했는데, 1920년대 후반에 바가반이 그 마지막 판본을 토대로 답변들만 쭉 이어 연문형連文形(essay form) 판본을 만들었다. 1930년대 중반에 누군가가 이 연문형으로 문답형을 다시 보완했고, 1936년 이후로는 이 문답형 판본이 널리 알려졌다. 타밀어판은 제3판(1940)부터 연문형을 채택했다(연문형은 46쪽 이하를 보라). 이 판본들에 관한 서지학적 논의는 스리 라마나스라맘의 정기간행물 *The Mountain Path*(MP), 1993 Jayanthi, 1994 Aradhana, 1995 Aradhana와 Jayanthi호에 연재되어 있다.

체험되는, 자신의 성품인 행복을 얻기 위해서는 자신의 **진아**를 알아야 한다. 그러기 위해서는 지知의 길, 즉 "나는 누구인가?" 하는 물음에 의한 탐구(enquiry)가 주된 수단이다.

1. '나'는 누구입니까?

일곱 가지 기질基質(dhatus)[2]로 이루어진 이 거친 몸(조대신)은 '나'가 아닙니다. 소리를 듣고, 감촉을 느끼고, 색깔을 보고, 맛을 느끼고, 냄새를 맡는 다섯 지식기관(jnanendriyas)[인지 감각기관]은 '나'가 아닙니다. 말을 하고, 움직이고, 붙잡고, 배설하고, 생식하는 다섯 행위기관(karmendriyas)[능동 감각기관]은 '나'가 아닙니다. 호흡 등의 다섯 가지 기능을 수행하는 쁘라나(prana) 등 다섯 생기生氣[3]는 '나'가 아닙니다. 생각하는 마음조차도 '나'가 아닙니다. 대상들에 대한 잔류인상만 지니고 있을 뿐, 그 안에 어떤 대상도 어떤 작용도 없는 무지(avidya)도 '나'가 아닙니다.

2. 이것이 다 '나'가 아니라면, '나'는 누구입니까?

앞에서 말한 것들을 모두 "이건 아니다, 이건 아니다"라고 부정한 뒤에 홀로 남는 저 **자각**, 곧 "내가 있다(I am)"입니다.[4]

---

2) *T.* 몸을 이루는 구성요소들. 인도 전통의학 아유르베다에서 말하는 뼈(*asthi*)·살(*mamsa*)·피(*rakta*)·정액(*sukra*)·지방(*meda*)·골수[뇌수](*majja*)·유미乳糜(*rasa*)의 7가지이다.
3) *T.* 다섯 가지 생기는 쁘라나(*prana*)·아빠나(*apana*)·비야나(*vyana*)·사마나(*samana*)·우다나(*udana*)이며, 각기 호흡·배설(생식)·순환·소화·정신 작용을 담당한다.
4) *T.* 이 처음 두 문답은 원래 다음과 같은 짧은 하나의 문답이었다.
    문: 나는 누구입니까(*Nan yar*)?
    답: 의식[자각]이야말로 나입니다(*Arive nan*).
    벨라이는 이 문답이 쉽게 이해될 수 있도록 본문처럼 내용을 늘렸는데, 바가반은 연문형 판본을 쓸 때 이를 문제 삼지 않고 다만 원래 당신이 답한 부분은 굵은 글씨로 구분했다(46쪽 참조). 그러나 후대의 판본들은 그것을 구분하지 않는 경우가 많아, 마치 처음 두 답변 내용이 모두 바가반의 것처럼 보인다. *arive*는 '*arivu*만이, *arivu*야말로'의 뜻이며, *arivu*는 '앎', '의식' 또는 '자각'을 의미한다. 이 의식/자각은 진아의 본질(성품)이며, 따라서 그 답변은 "참된 나는 의식(자각)인 진아다"라는 의미이다.

3. 그 자각의 본성은 무엇입니까?

그 자각의 본성은 **존재**-**의식**-**지복**입니다.

4. 언제 진아에 대한 깨달음이 얻어지겠습니까?

보이는 대상인 세계가 제거되었을 때, '보는 자'인 **진아**에 대한 깨달음이 있게 될 것입니다.

5. (실재한다고 여겨지는) 세계가 있는 동안에도 진아에 대한 깨달음이 있지 않겠습니까?

없을 것입니다.

6. 왜 그렇습니까?

보는 자와 보이는 대상은 밧줄과 뱀의 경우와 같습니다.[5] 환幻인 뱀에 대한 거짓된 앎이 사라지지 않으면 바탕인 밧줄에 대한 앎이 일어나지 않듯이, 세계가 실재한다는 믿음이 제거되지 않는 한 바탕인 **진아**에 대한 깨달음을 얻지 못할 것입니다.

7. 보이는 대상인 세계는 언제 제거되겠습니까?

모든 인식과 모든 행위의 원인인 마음이 가라앉게 될 때, 세계는 사라질 것입니다.

8. 마음의 본성(*swarupa*)은 무엇입니까?

'마음'이라는 것은 **진아** 안에 거주하는 하나의 경이로운 힘입니다. 그것

---

[5] *T.* 어둑어둑할 때 땅에 사려져 있는 밧줄 토막을 뱀으로 오인하는 경우를 말한다. 이는 밧줄이라는 실체 위에 뱀이라는 환幻을 '덧씌워' 실체인 밧줄을 보지 못하는 것이며, 현상계에 대한 지각으로 말미암아 실재를 보지 못하는 무지에 대한 비유로 널리 사용된다.

이 모든 생각을 일어나게 합니다. 생각과 별개의 마음 같은 것은 없습니다. 따라서 생각이 곧 마음의 본질입니다. 생각과 별개로는, 세계라고 하는 어떤 독립된 실체도 없습니다. 깊은 잠 속에서는 생각이 없고, 세계도 없습니다. 생시와 꿈의 상태에서는 생각들이 있고, 세계도 있습니다. 거미가 그 자신에게서 (거미줄의) 실을 방출했다가 다시 몸 안으로 거두어들이듯이, 마음도 그 자신에게서 나온 세계를 투사했다가 그것을 다시 자신의 안으로 흡수합니다. 마음이 진아에서 나올 때 세계가 나타납니다. 따라서 세계가 (실재하는 것으로) 보일 때는 진아가 나타나지 않고, 진아가 나타날 때(빛날 때)는 세계가 나타나지 않습니다. 우리가 마음의 본성을 끈질기게 탐구해 들어가면, 마음은 진아만 (잔여물로) 남겨놓고 소멸됩니다. 여기서 진아라고 하는 것은 아뜨만(Atman)입니다. 마음은 늘 어떤 거친 것(몸·세계 등)에 의존해서만 존재하며, 홀로 존재할 수 없습니다. 미세신(微細身)이니 영혼[개아]이니 하는 것도 이 마음입니다.

9. 마음의 본질을 이해하기 위한 탐구의 길은 무엇입니까?

이 몸 안에서 '나'로서 일어나는 것이 마음입니다.6) 만약 우리가 몸 안의 어디서 '나'라는 생각이 처음 일어나는지를 탐구하면, 그것이 심장 안에서 일어난다는 것을 발견할 것입니다. 그곳이 마음의 근원인 곳입니다. 우리가 부단히 '나', '나' 하고 생각하기만 해도 그곳에 이르게 될 것입니다. 마음속에서 일어나는 모든 생각 중에서 '나'라는 생각이 첫 번째 생각입니다. 이것이 일어난 뒤에야 다른 생각들이 일어납니다. 1인칭 대명사가 나타난 뒤에야 2인칭과 3인칭 대명사가 나타납니다. 1인칭 대명사 없이는 2인칭과 3인칭 대명사도 없을 것입니다.

---

6) *T.* 같은 취지의 「가르침의 핵심」, 제18연 참조(169쪽).

10. 어떻게 하면 마음이 가라앉겠습니까?

"나는 누구인가?" 하는 탐구에 의해서입니다. "나는 누구인가?"라는 생각은 다른 모든 생각을 소멸한 뒤에, 화장터의 불타는 장작을 뒤집는 막대기처럼 마지막에는 그 자체도 소멸됩니다. 그럴 때 거기서 진아 깨달음이 일어납니다.

11. "나는 누구인가?"라는 생각을 끊임없이 붙드는 방법은 무엇입니까?

다른 생각이 일어나면 그것을 따라가지 말고 "이 생각이 누구에게 일어나는가?" 하고 물어야 합니다. 아무리 많은 생각이 일어나도 상관없습니다. 생각이 하나 일어날 때마다 "이 생각이 누구에게 일어났는가?" 하고 꾸준히 물어야 합니다. 이때 나오는 답은 "나에게"일 것입니다. 그에 대해 "나는 누구인가?" 하고 물으면, 마음은 그 근원으로 돌아가고 일어났던 생각은 가라앉을 것입니다. 이런 식으로 거듭거듭 수행해 나가면 마음은 그 근원에 머무르는 요령을 터득하게 됩니다. 미세한 마음이 두뇌와 감각기관을 통해 밖으로 나갈 때, 거친 이름과 형상들이 나타납니다. 그것이 **심장** 안에 머물러 있을 때는 이름과 형상들이 사라집니다. 마음을 밖으로 나가지 못하게 하고 **심장** 안에 붙들어 두는 것이 '안으로 향하기'(內向, antarmukha)'라는 것입니다.7) 마음을 **심장** 밖으로 나가게 하는 것은 '밖으로 향하기(外向, bahirmukha)'라고 합니다. 이렇게 하여 마음이 **심장** 안에 머무르면, 모든 생각의 원천인 '나'가 사라지고 항상 존재하는 **진아**가 빛날 것입니다. 우리가 무슨 일을 하든 '나'라는 에고성 없이 해야 합니다. 그런 식으로 행위하면, 일체가 **시바**[하느님]의 성품을 가진 것으로서 나타날 것입니다.

---

7) *T.* 마음을 **심장** 안에 붙들어 두는 방법은 지속적인 **자기주시**, 곧 '나'라는 느낌을 부단히 자각하는 것이다. '안으로 향하기'란 곧 자기주시이다.

12. 마음을 고요하게 하는 다른 수단은 없습니까?

탐구 외에는 마땅한 수단이 없습니다. 다른 수단을 통해서 마음을 제어하려고 하면 마음이 제어된 것처럼 보이겠지만, 다시 일어날 것입니다. 호흡제어(breath-control)를 통해서도 마음은 가라앉겠지만 그것은 호흡이 제어되는 동안만 그러할 뿐입니다. 호흡을 되돌려 놓으면 마음도 다시 움직이기 시작할 것이고, 원습原習(잔류인상)[8]에 추동되어 배회하게 될 것입니다. 마음과 호흡 모두에게 근원은 동일합니다. 사실 생각이 마음의 본질입니다. '나'라는 생각이 마음의 첫 번째 생각이며, 그것이 에고성입니다. 에고성이 시작되는 곳에서 호흡도 시작됩니다. 따라서 마음이 가라앉으면 호흡이 제어되고, 호흡이 제어되면 마음도 가라앉습니다. 그러나 깊은 잠 속에서는 마음이 가라앉아도 호흡은 멈추지 않습니다. 이는 그 몸이 보존되게 하여 다른 사람들이 그것을 죽었다고 오인하지 않게 하려는 **하느님**의 뜻 때문입니다. 생시와 삼매三昧(samadhi)의 상태에서 마음이 가라앉으면 호흡이 제어됩니다. 호흡은 마음의 거친 형태입니다. 죽을 때까지는 마음이 몸 안에서 호흡을 유지합니다. 그리고 몸이 죽을 때 마음은 호흡을 가지고 가 버립니다. 따라서 호흡제어의 수련은 마음을 가라앉게 하는(manonigraha) 하나의 보조수단일 뿐, 마음을 소멸시키지는(manonasa) 않을 것입니다.

호흡제어 수행과 마찬가지로, 신의 형상에 대한 명상이나 만트라 염송, 음식 절제 등은 마음을 가라앉히기 위한 보조수단일 뿐입니다.

신의 형상에 대한 명상과 만트라 염송을 통해서 마음은 일념집중이 됩니다. 마음은 늘 배회하기 마련입니다. 코끼리에게 사슬 하나를 코로 붙들고 있게 하면 코끼리는 그 사슬을 붙드느라고 다른 아무것도 하지 않

---

[8] T. 원습(vasanas)은 마음에 미세하게 남은 과거(전생) 행위의 인상들을 가리키며, 불교 용어로는 '습기習氣'라고 한다. 영어판에서는 '잔류인상(residual impressions)'으로 번역되었다.

듯이, 마음도 어떤 이름이나 형상에 몰두하면 그것만 붙들 것입니다. 마음이 무수한 생각의 형태로 확산되면 각각의 생각은 약해지지만, 생각들이 해소되면 마음은 일념집중이 되어 강해집니다. 그런 마음에게는 **자기탐구**가 쉬워질 것입니다. 모든 절제 규칙들 중에서 순수성 식품(sattvic food)9)을 적당량 섭취하는 것과 관련되는 규칙이 가장 좋습니다. 이 규칙을 지키면 마음의 순수성이 증장될 것이고, 그것은 **자기탐구**에 도움이 될 것입니다.

13. 대상에 대한 원습[생각]들이 바다의 파도처럼 끝없이 일어납니다. 그것들이 모두 언제 소멸되겠습니까?

진아에 대한 명상이 점점 더 고조됨에 따라 그 생각들은 소멸될 것입니다.

14. 말하자면 시작도 없는 옛적부터 계속되어 온 이 대상에 대한 원습들이 해소되고, 우리가 순수한 진아로 남는다는 것이 과연 가능합니까?

"가능한가, 가능하지 않은가?"라는 의문에 굴함이 없이 **자기**(진아)에 대한 명상을 끈질기게 붙들어야 합니다. 설사 큰 죄인이라 할지라도 "아, 나는 죄인이다. 내가 어떻게 구원받겠는가?" 하고 울면서 걱정하면 안 됩니다. "나는 죄인이다"라는 생각을 아예 포기하고 **자기**(진아)에 대한 명상에 예리하게 집중해야 합니다. 그러면 틀림없이 성공할 것입니다. 두 가지 마음, 곧 선한 마음과 악한 마음이 있는 것이 아닙니다. 마음은 단 하나입니다. 좋은 것과 좋지 않은 것의 두 종류가 있는 것은 원습입니다. 마음이 좋은 습習의 영향 아래 있을 때 그것을 선善이라 하고, 나쁜 습習의 영향 아래 있을 때는 그것이 악惡으로 간주되는 것입니다.

---

9) T. '순수성 식품'은 곡물·과일·채소·낙농 제품 등을 말한다.

마음이 세속적 대상이나 다른 사람들이 관심 갖는 것들에 쏠리게 해서는 안 됩니다. 다른 사람들이 아무리 나쁘다 해도 그들에게 증오를 품어서는 안 됩니다. 욕망과 증오 둘 다 피해야 합니다. 우리가 남들에게 베푸는 것은 모두 자기 자신에게 베푸는 것입니다. 만약 이 진리를 이해한다면 누가 남들에게 베풀지 않겠습니까? 우리의 자아가 일어나면 모든 것이 일어나고, 자아가 가라앉으면 모든 것이 가라앉습니다. 우리가 겸허하게 행동하면 그만큼 좋은 결과가 있을 것입니다. 마음이 가라앉게 되면 우리는 어디서도 살 수 있습니다.

15. 탐구는 얼마나 오랫동안 닦아야 합니까?

마음속에 대상에 대한 습이 남아 있는 한 "나는 누구인가?" 하는 탐구가 필요합니다. 생각들이 일어나면 그것이 일어나는 바로 그 자리에서 즉시 이 탐구를 통해 그것을 소멸시켜야 합니다. 진아를 얻을 때까지 끊임없이 진아에 대한 내관內觀을 밀고 나가면, 그것만으로도 족할 것입니다. 요새 안에 적이 있는 한 그들이 계속 공격해 오겠지만, 적이 나오는 대로 그들을 죽이면 요새는 우리의 수중에 떨어질 것입니다.

16. 진아의 성품은 무엇입니까?

실제로 존재하는 것은 진아뿐입니다. 세계·개아個我(개인적 영혼)·신은 그 안에서 나타나는 겉모습들입니다. 자개의 은과 같이10) 이 셋은 동시에 나타나고 동시에 사라집니다.

진아는 '나'라는 생각이 전혀 없는 곳입니다. 그것을 '침묵'이라고 합니다. 진아 자체가 세계이고, 진아 자체가 '나'이며, 진아 자체가 신입니다.

---

10) T. 자개(mother-of-pearl)에서 보이는 은빛 광채는 마치 은이 있는 듯한 모습을 나타낸다. 이것은 실재하지 않는 환幻을 나타내는 비유들 중의 하나이다.

모든 것이 시바, 곧 진아입니다.

17. 일체가 신의 작품 아닙니까?

아무 욕망·의지·노력도 없이 해가 뜨는데, 해가 떠 있기만 해도 일장석日長石(sunstone)은 화기를 뿜어내고, 연꽃은 피어나고, 물은 증발하며, 사람들은 다양한 활동을 한 뒤에 휴식합니다. 자석이 있는 곳에서 바늘이 움직이듯이, 신(하느님)이 단순히 존재하는 것만으로도 세 가지 (우주적) 작용 또는 다섯 가지 신적 활동11)에 의해 지배되는 영혼들은 그들 각자의 업業에 따라 자신의 행위를 한 뒤에 휴식합니다. 신에게는 어떤 의지도 없고, 어떤 업도 그에게 붙지 않습니다. 이것은 세상 만물의 활동이 해에게 영향을 주지 못하는 것과 같고, 다른 4대 원소(지수화풍)의 공과功過가 일체에 편재하는 허공에 영향을 주지 못하는 것과 같습니다.

18. 헌신자들 중에서 어떤 사람이 가장 위대한 헌신자입니까?

신인 진아에게 자기 자신을 내놓는 사람이 가장 뛰어난 헌신자입니다. 신에게 자기 자신을 내놓는다는 것은, 진아에 대한 생각 외에 어떤 생각도 일어날 여지를 주지 않고 진아 안에 부단히 머무른다는 뜻입니다.12)

신에게 어떤 짐을 내던져도 그는 그것을 감당합니다. 신의 지고한 힘이 만물을 움직이게 하는데, 왜 거기에 우리 자신을 내맡기지 않고, 무엇을 어떻게 해야 할지, 무엇을 어떻게 하지 말아야 할지에 대한 생각들로 부단히 걱정해야 합니까? 우리는 기차가 모든 짐을 다 운반해 준다는 것을 압니다. 그러니 기차를 타고 나서 왜 우리의 작은 짐을 기차 안에 내려

---

11) T. '세 가지 작용'은 신에 의한 우주의 창조·유지·파괴를 말하며, '다섯 가지 신적 활동'은 이 세 가지에 (신의 은총의) 숨김과 드러냄을 합해서 하는 말이다. 여기서 '숨김'은 무지의 장막을 드리우는 것이고, '드러냄'은 깨달음으로 이끄는 것이다.
12) T. 최고의 순복(헌신)은 진아 안에 안주하는 것이며, 이는 자기탐구와 동일하다.

놓고 편안해 하지 않고, 불편하게 그것을 머리에 이고 있어야 합니까?

19. 어떤 것이 무집착입니까?

생각이 일어날 때, 그것이 일어나는 바로 그 자리에서 어떤 자취도 없이 그것을 완전히 소멸하는 것이 무집착입니다. 진주 잠수부가 허리에 돌을 달고 바다 밑바닥으로 가라앉아 진주를 따듯이, 우리도 각자 무집착을 갖추고 자신의 내면으로 뛰어들어 진아라는 진주를 얻어야 합니다.

20. 신과 스승이 어떤 영혼을 해탈시켜 주는 것이 가능하지 않습니까?

신과 스승은 해탈에 이르는 길만 보여주겠지요. 그들이 몸소 그 영혼을 해탈의 상태로 데려가지는 않을 것입니다.

실은 신과 스승은 다르지 않습니다. 호랑이의 입 안에 떨어진 먹이가 도망칠 수 없듯이, 스승의 자비로운 시선의 범위 안으로 들어온 사람들은 스승에 의해 구원받을 것이며 길을 잃지 않을 것입니다. 하지만 각자 자신의 노력으로 신이나 스승이 보여준 길을 추구하여 해탈을 얻어야 합니다. 자기 자신의 지(知)의 눈으로만 자기 자신을 알 수 있지, 다른 사람의 눈으로는 알 수 없습니다. 라마(Rama)인 사람이 자신이 라마인 것을 알기 위해 거울의 도움을 받아야 합니까?

21. 해탈을 열망하는 사람에게, 범주들(*tattvas*)[13]의 본질을 탐구하는 것이 필요합니까?

쓰레기를 내다 버리고 싶은 사람이 쓰레기를 분석하면서 그것이 무엇인지 살펴볼 필요가 없듯이, 진아를 알려고 하는 사람은 범주들의 개수를

---

13) *T.* 현상계를 구성하는 원리들. 신의 창조력·대지성·내적기관·5대 원소 등이 그것이며, 그 분류 방식과 수효는 경전에 따라 차이가 있다.

세거나 그것들의 특징을 탐구할 필요가 없습니다. 그가 해야 할 일은 **진아**를 숨기는 범주들을 모조리 물리치는 것입니다. 세계를 하나의 꿈과 같이 보아야 합니다.

22. 생시와 꿈 사이에는 아무 차이가 없습니까?

생시는 길고 꿈은 짧습니다. 그 외에는 아무 차이가 없습니다. 생시에 일어나는 일들이 깨어 있는 동안에는 실재하는 것으로 보이듯이, 꿈속에서 일어나는 일들도 꿈을 꾸는 동안에는 마찬가지입니다. 꿈속에서는 마음이 다른 몸을 갖습니다. 생시 상태와 꿈의 상태에서 공히 생각과, 이름과 형상들이 동시에 일어납니다.

23. 해탈을 열망하는 사람들에게 책 읽기는 어떤 쓸모가 있습니까?

모든 경전들이 해탈을 얻기 위해서는 마음을 가라앉혀야 한다고 말합니다. 따라서 그 결론적인 가르침은 마음이 가라앉아야 한다는 것입니다. 일단 이것을 이해하고 나면 끝없는 독서는 필요 없습니다. 마음을 고요히 하기 위해서는 자신의 내면에서 자신의 **진아**가 무엇인지를 탐구하기만 하면 됩니다. 이 탐구가 어떻게 책 속에서 이루어질 수 있겠습니까? 우리 자신의 지혜의 눈으로 자신의 **진아**를 알아야 합니다. **진아**는 다섯 껍질(five sheaths)의 안에 있지만, 책은 그것들의 밖에 있습니다. **진아**는 다섯 껍질을 내버림으로써 탐구해야 하는 것이니, 책 속에서 그것을 찾는 것은 헛된 일입니다. 우리가 배운 것을 다 잊어버려야 할 때가 올 것입니다.

24. 행복이란 무엇입니까?

행복은 바로 **진아**의 성품입니다. 행복과 **진아**는 다르지 않습니다. 세계의 어떤 대상에도 행복은 없습니다. 우리는 무지로 인해 우리가 어떤 대상에서 행복을 얻는다고 상상합니다. 마음이 밖으로 나가면 불행을 경험합니다. 실은 마음의 욕망이 충족될 때도, 그것은 마음이 자기 자리(근원)로 돌아가서 진아인 행복을 즐기는 것입니다. 마찬가지로, 잠·삼매·기절의 상태에서나, 바라는 대상을 얻었거나 싫어하는 대상이 없어졌을 때, 마음은 안으로 향해져서 순수한 진아-행복(Self-happiness)을 즐깁니다. 이처럼 마음은 진아 밖으로 나갔다가 진아로 돌아가기를 반복하면서 쉼 없이 움직입니다. 나무 밑의 그늘은 쾌적하고, 그 바깥은 열기가 뜨겁습니다. 햇볕 아래서 돌아다니던 사람이 그늘로 들어오면 시원함을 느낍니다. 그늘에서 햇볕 속으로 나갔다가 다시 들어오기를 계속하는 사람은 어리석은 사람입니다. 현명한 사람은 계속 그늘 속에 머무릅니다. 마찬가지로, 진리를 아는 사람의 마음은 브라만(실재)을 떠나지 않습니다. 반면에, 무지한 사람의 마음은 세계 안을 맴돌면서 불행을 느끼다가, 잠시 브라만으로 돌아오면 행복을 경험합니다. 사실 세계라고 하는 것은 생각일 뿐입니다. 세계가 사라질 때, 즉 아무 생각이 없을 때는 마음이 행복을 경험하고, 세계가 나타날 때는 불행을 겪습니다.

25. 무엇이 지견知見(jnana-drishti)[지혜 안목]입니까?

고요히 머무르는 것이 지견이라는 것입니다. 고요히 머무른다는 것은 진아 안에서 마음을 해소하는 것입니다. 텔레파시, 과거·현재·미래의 일들을 아는 것, 투시력 같은 것은 지견에 들지 않습니다.

26. 무욕과 지혜의 관계는 어떤 것입니까?

무욕이 지혜입니다. 그 둘은 다르지 않고 똑같습니다. 무욕이란 마음이 어떤 대상으로도 쏠리지 않게 하는 것입니다. 지혜란 (마음에) 어떤 대상도 나타나지 않는 것을 뜻합니다. 바꾸어 말해서, 진아 아닌 것을 추구하지 않는 것이 무집착 또는 무욕이며, 진아를 떠나지 않는 것이 지혜입니다.

27. 탐구와 명상의 차이는 무엇입니까?

 탐구는 마음을 진아 안에 붙들어 두는 것입니다. 명상은 자기 자신을 브라만, 즉 **존재-의식-지복**이라고 생각하는 것입니다.

28. 해탈이란 무엇입니까?

 속박되어 있는 자기 자신의 성품을 탐구하여 자신의 참된 성품을 깨닫는 것이 해탈입니다.

[첨부 1]

나는 누구인가? (연문형)
Nan Yar?

　모든 산 존재들은 불행 없이 늘 행복하기를 바라고, 모두 자기 자신에 대한 더없이 큰 사랑을 가지고 있으며, 행복이야말로 그 사랑의 이유이므로, 마음이 사라진 잠 속에서 그들이 매일 경험하는 그들 자신의 본성인 그 행복을 얻으려면 자기 자신을 알 필요가 있다. 그러기 위해서는 "나는 누구인가?" 하는 지知의 탐구(jnana vichara)야말로 주된 수단이다.

　나는 누구인가? 일곱 가지 구성 요소로 된 거친 몸은 '나'가 아니다. 소리·감촉·형상·맛·냄새의 다섯 가지 대상을 지각하는 귀·피부·눈·혀·코의 다섯 지식기관은 '나'가 아니다. 말하고, 걷고, 붙잡고, 배설하고, (성적인) 쾌락을 즐기는 성대·발·손·항문·생식기의 다섯 행위기관은 '나'가 아니다. 호흡 등의 다섯 가지 기능을 수행하는 쁘라나(prana)를 위시한 다섯 생기는 '나'가 아니다. 생각하는 마음도 '나'가 아니다. (잠 속에서와 같이) 모든 감각 지각과 모든 행위가 끊어졌을 때, 대상습對象習(vishaya-vasanas)하고만 연관되는 무지도 '나'가 아니다. 위에서 말한 모든 것을 "'나'가 아니다, '나'가 아니다"라고 부정한 뒤에, 초연히 남아 있는 앎이야말로 '나'이다(arive nan). (이) 앎의 성품은 삿찌다난다[존재-의식-지복]이다.1)

---

1) T. 이 두 문단에서 굵은 글씨로 표시된 부분이 바가반이 실제로 답변한 내용이다. 나머지 문장들은 시바쁘라까삼 삘라이가 보충한 것으로서 바가반이 수용한 것이다. 그 뒤에서 굵은 글씨로 표시된 단어들은 단순히 바가반이 강조한 부분이다.

모든 앎과 모든 활동의 원인인 마음이 가라앉으면, 세계에 대한 지각도 그칠 것이다. 상상의 뱀에 대한 앎이 그치지 않으면 바탕인 밧줄에 대한 앎이 일어나지 않듯이, 상상된 세계에 대한 지각이 그치지 않으면 바탕인 성품에 대한 직견直見(svarupa-darshana)도 일어나지 않을 것이다.

마음이라는 것은 진아의 성품(Atma-svarupa) 안에 존재하는 놀라운 힘이다. 그것이 모든 생각을 투사한다. 생각들을 모두 제거하고 나서 보면 달리 마음이라고 할 것이 없으며, 따라서 생각이야말로 마음의 성품이다. 생각들을 없애 버리고 나면 '세계'라는 것은 없다. 잠 속에서는 생각이 없고 세계도 없다. 생시와 꿈 속에서는 생각이 있고, 세계도 존재한다. 거미가 그 자신 안에서 실을 자아내었다가 다시 그 자신 속으로 거두어들이듯이, 마음도 그 자신 안에서 밖으로 세계를 투사했다가 그 자신 속으로 거두어들여 해소한다. 마음이 자기의 성품에서 밖으로 나오면 세계가 나타난다. 따라서 세계가 나타날 때는 성품이 나타나지 않고, 성품이 나타날(빛을 발할) 때는 세계가 나타나지 않는다. 마음의 성품을 탐구해 들어가면 '자기(tan)'야말로 마음인 것으로 끝난다. '자기'라고 하는 것은 진아의 성품일 뿐이다. 마음은 늘 하나의 거친 사물(몸)을 좇아서 존립하며, 홀로는 존립하지 않는다. 마음이야말로 미세신이라고 하는 것이고, 개아라고 하는 것이다.

이 몸 안에서 '나'라고 일어나는 그것이야말로 마음이다. '나'라고 하는 생각이 몸 안에서 처음 일어나는 곳이 어디인지 탐색해 보면 심장 안에서라는 것을 알게 된다. 그곳이야말로 마음의 탄생지이다. "나, 나" 하고 계속 생각하기만 해도 그것이 (우리를) 데려가서 그곳에 남겨둘 것이다. 마음 속에서 일어나는 모든 생각 중에서 '나'라는 생각이 최초의 생각이다. 이것이 일어난 뒤에야 다른 모든 생각이 일어난다. 1인칭이 나타난 뒤에야 2인칭과 3인칭이 나타나며, 1인칭 없이는 2인칭과 3인칭이 존재하지 않는다.

"나는 누구인가?" 하는 탐구에 의해서만 마음이 가라앉으며[사라지며], "나는 누구인가?"라는 생각은 다른 모든 생각을 소멸한 뒤에 그 자체도 화장터의 부지깽이 막대기처럼 소멸될 것이다. 만일 다른 생각들이 일어나면, 그것을 완성하려 하지 말고 그 생각이 누구에게 일어났는지를 탐구해야 한다. 아무리 많은 생각이 일어난다 하더라도 무슨 대수인가? 깨어 있는 마음으로, 한 생각이 나타나는 즉시 그것이 누구에게 일어났는지를 탐구하면 "나에게"라는 것이 분명할 것이다. 그럴 때 "나는 누구인가?" 하고 탐구하면 마음은 그 탄생지로 돌아갈 것이며, 일어난 생각들도 가라앉을 것이다. 이런 식으로 수행하고 수행하면 마음이 자신의 탄생지 안에 확고히 자리 잡는 힘이 증가할 것이다. 미세한 마음이 두뇌와 감각기관의 문을 통해 나가면 거친 이름과 형상들이 나타나고, 그것이 **심장** 속에 머무를 때는 이름과 형상들이 사라진다. 마음을 밖으로 나가지 못하게 **심장** 안에 붙들어 두는 것을 '나를 향하기(*ahamukham*)' 혹은 '안으로 향하기(*antarmukham*)'라고 한다. **심장** 안에 있다가 밖으로 나가게 하는 것을 '밖으로 향하기(*bahirmukham*)'라고 한다. 이런 식으로 마음이 **심장** 안에 확고히 머무를 때라야 모든 생각의 뿌리인 '나'가 사라질 것이고, 항상 존재하는 **진아**만이 빛나게 될 것이다. '나'라는 생각이 티끌만큼도 없는 곳이 성품(*svarupa*)이다. 그것이야말로 '침묵'으로 불린다. 이와 같이 고요히 있음을 '지견知見(*jnana drishti*)'이라고 한다. 고요히 있음이란 마음을 **진아**의 성품 안에 가라앉게 하는 것이다. 그 외에 남들의 생각을 아는 것, 과거·현재·미래를 아는 것, 멀리 떨어진 곳에서 무슨 일이 일어나는지를 아는 것은 지견知見일 수 없다.

실제로 존재하는 것은 **진아**의 성품뿐이다. 세계·영혼·하느님은 자개 속의 은과 같이 그것 안에서 상상된 것이다. 이 셋은 동시에 나타나고 동시에 사라진다. 성품이야말로 세계이고, 성품이야말로 '나'이며, 성품이야말로 하느님이다. 모든 것은 시바의 성품(Siva-svarupa)이다.

마음을 가라앉히는 데는 탐구 외에 마땅한 수단이 없다. 다른 수단으로 제어하면 마음이 가라앉은 것처럼 보이다가도 다시 일어날 것이다. 조식(pranayama)으로도 마음은 가라앉겠지만, 생기生氣(prana)가 가라앉아 있는 동안만 마음이 가라앉고, 생기가 일어나면 마음도 일어나서 원습原習의 지배하에 돌아다니게 될 것이다. 마음과 생기의 탄생지는 하나이다. 생각이야말로 마음의 본질이다. '나'라는 생각이 마음의 최초의 생각이며, 그것이야말로 에고이다. 에고가 일어나는 바로 그곳에서 생기도 일어난다. 따라서 마음이 가라앉으면 생기도 가라앉고, 생기가 가라앉으면 마음도 가라앉는다. 그러나 잠 속에서는 마음이 가라앉아 있어도 생기가 가라앉지 않는다. 이는 몸의 보호를 위하여, 그 몸이 죽었는지 여부를 다른 사람들이 의심하지 않도록 하려는 하느님의 뜻에 따른 것이다. 생시와 삼매에서 마음이 가라앉으면 생기도 가라앉는다. 생기는 마음의 거친 형태라고 말해진다. 죽을 때까지는 마음이 생기를 몸 안에서 유지하다가, 몸이 죽는 순간 그것을 가지고 가 버린다. 따라서 조식은 마음을 제어하는 하나의 보조수단일 뿐, 심멸心滅(manonasha)을 가져오지는 않는다.

조식과 마찬가지로 형상명상(murti-dhyana), 만트라 염송念誦(mantra-japa), 식사 절제(ahara-niyama)는 마음을 제어하는 보조수단이다. 형상명상과 만트라 염송에 의해서도 마음은 일념집중을 얻는다. 마치 늘 움직이는 코끼리의 코에 쇠사슬을 쥐어주면 코끼리가 그것을 붙드느라고 다른 것을 붙들지 않듯이, 늘 움직이는 마음도 하나의 이름이나 (신의) 형상으로 훈련시키면 그것을 붙들고 있게 된다. 마음이 무수한 생각들로 확산되기 때문에 하나하나의 생각은 아주 힘이 약하다. 생각이 줄어들고 줄어들어 일념집중을 얻고, 그렇게 하여 힘을 얻은 마음에게는 자기탐구(atma-vichara)가 쉽게 성취될 것이다. 모든 규율 중에서도 으뜸인 '적당량의 순수성 식품을 섭취하는 음식 절제'를 하면 마음의 순수성이 증가할 것이고, **자기탐구**에도 도움이 될 것이다.

헤아릴 수 없는 옛적부터 내려오는 대상습對象習이 바다의 파도처럼 무수히 일어난다 해도, 성품명상(svarupa-dhyana)2)이 늘어나고 늘어나면 그것들은 소멸될 것이다. "이런 습들을 해소하고 성품으로서만 머무른다는 것이 과연 가능할까?"라고 의심하는 생각이 일어날 여지를 주지 말고, 성품명상을 끈질기게 붙들고 나가야 한다. 어떤 사람이 아무리 큰 죄인이라 하더라도, "나는 죄를 지은 사람이다! 어떻게 구원받을 수 있겠는가?" 하고 한탄하며 울기보다는 자기가 죄인이라는 생각을 아예 내버리고 열심히 성품명상을 하면, 반드시 구원될 것이다.

마음 안에 어느 정도의 대상습이 존재하는 한, 그에 상응하는 정도의 "나는 누구인가?" 하는 탐구가 필요하다. 생각들이 일어날 때는, 일어나는 바로 그 자리에서 탐구에 의해 그것들을 모두 소멸해 버려야 한다. 다른 것에 주의를 기울이지 않음이 무집착無執着 또는 무욕이며, 자기를 떠나지 않음이 지知이다. 실은 이 둘(무욕과 지知)은 하나이다. 진주 잠수부가 허리에 돌을 달고 잠수하여 바다 속의 진주를 캐듯이, 누구든지 무집착을 가지고 자신의 내면으로 깊이 가라앉으면 진아라는 진주를 얻을 수 있다. 끊임없는 성품기억(svarupa-smarana)을 꽉 붙들고 나가면 성품을 성취하며, 그것만으로 족하다. 요새 안에 적들이 있는 한 그들이 계속 나오겠지만, 나오는 대로 그들을 다 죽이면 요새는 우리 수중에 떨어질 것이다.

신과 스승은 사실 다르지 않다. 호랑이의 입 안에 붙잡힌 먹이가 빠져 나갈 수 없듯이, 스승의 은총의 시선에 붙잡힌 사람들은 그에 의해 확실히 구원받을 것이며 결코 버림받지 않을 것이다. 그렇기는 하나, 스승이

---

2) *T.* '자신의 참된 성품에 대한 명상.' 이것은 자기주시 혹은 자기자각의 수행을 의미한다.

보여준 길을 따라 틀림없이 나아가야 한다.

진아안주(Atma-nishtha) 안에 완전히 몰입하여, 진아내관(Atma-chintana) 아닌 어떤 생각도 일어날 여지를 조금도 주지 않는 것이, 신에게 우리를 내맡기는 것이다. 신에게 아무리 많은 짐을 지워 드린다 해도 그는 모든 짐을 짊어져 줄 것이다. 지고한 하느님의 힘이 모든 행위를 주관하고 있는데, 왜 우리가 그 힘에 맡겨 버리고 (편안히) 있지 못하고 늘 "이렇게 해야 한다, 저렇게 해야 한다"고 생각해야 하는가? 기차가 모든 짐을 운반해 준다는 것을 알면서, 왜 기차를 타고 여행하는 우리가 우리의 작은 짐을 기차에 내려놓고 편안히 있지 않고, 그것을 머리에 이고 있어야 하는가?

행복이라는 것은 진아의 성품일 뿐이며, 행복과 진아의 성품은 다르지 않다. 진아행복(Atma-sukha)만이 존재하고, 그것만이 실재한다. 세간의 어떤 대상에서도 행복은 얻어지지 않는다. 우리가 그런 것들에서 행복을 얻는다고 생각하는 것은 우리의 분별 결여(aviveka) 때문이다. 마음이 밖으로 나갈 때는 불행을 경험한다. 사실 우리의 생각들(욕망들)이 충족될 때마다 마음은 자신의 자리로 돌아가 진아행복을 경험하는 것일 뿐이다. 마찬가지로, 잠·삼매·기절 상태와, 바라던 것을 얻었을 때, 싫어하던 것이 없어졌을 때는 마음이 안으로 향해져서 진아행복을 경험하는 것일 뿐이다. 이런 식으로 마음은 진아를 떠나 밖으로 나갔다가 안으로 들어오기를 반복하며 쉼 없이 요동한다. 나무 밑의 그늘은 시원하다. 바깥의 햇볕은 뜨겁다. 밖에서 헤매던 사람이 그늘 안으로 들어가면 시원해진다. 조금 있다가 다시 밖으로 나가면 더위를 참지 못하게 되고, 그래서 다시 나무 밑으로 들어온다. 이런 식으로 그는 그늘을 떠나 햇볕 속으로 나갔다가 햇볕을 떠나 그늘로 들어오기를 반복한다. 이와 같이 행동하는 사람은 분별이 결여된 사람이다. 그러나 분별이 있는 사람은 그늘을 떠나지 않을 것이다. 그와 마찬가지로, 진인의 마음은 브라만을 떠나지 않는다. 그러나 무지한 사람의 마음은 세계 속을 배회하며 계속 불행을 겪다가, 잠시 **브라만**으로 돌아와서 행복을 얻는다. 세계라는 것은 생각에 지나지 않는다. 세계가 사라질 때, 즉 생각이 없을 때, 마음은 지복을 경험한다. 세계가 나타날 때 마음은 불행을 경험한다.

욕망·의도(sankalpa)·노력 없이 떠오르는 해가 있기만 해도 일장석은 화기를 뿜어내고, 연꽃은 만개하며, 물은 증발하고, 세상 사람들은 그들의 일을 시작하고, 수행하고, 그치듯이, 또한 자석 앞에서 바늘이 움직이듯이, 의도 없는 신(하느님)의 존재라는 특별한 성품 때문에 일어날 뿐인 신의 세 가지 활동 또는 다섯 가지 기능에 의해 지배되는 개아個我들은, 그들 각자의 업에 따라서 활동을 하고 그친다. 그렇기는 하나, 신은 의도를 가진 존재가 아니다. 단 하나의 업業도 그에게는 붙지 않는다. 그것은 세간의 행위들이 해에게 붙지 않고, 다른 4대 원소(지수화풍)의 성질과 결함들이 일체에 편재한 허공에 붙지 않는 것과 같다.

모든 경전에서 '해탈을 얻기 위해서는 마음을 제어해야 한다'고 말하고 있으므로, 그 마음 제어(mano-nigraha)만이 경전들의 궁극적 의도라는 것을 알았다면, 저작들을 끝없이 공부해 봐야 아무 이익이 없다. 마음을 제어하기 위해서는 자기가 누구인지를 탐구해야 하는데, 그러지 않고 어떻게 저작들에서 탐구하겠는가? 자기를 아는 것은 자신의 지知의 눈에 의해서이다. 라만(Raman)이 자신이 라만임을 알기 위해 거울을 필요로 하는가? '자기'는 다섯 껍질의 안에 있는 반면, 저작들은 그것들의 밖에 있다. 따라서 다섯 껍질을 제거하고 나서 탐구해야 하는 우리 자신을, 저작들 안에서 탐구하는 것은 부질없는 짓이다. 속박되어 있는 자기가 누구인지를 탐구하여 자신의 참된 성품을 아는 것이 **해탈**이다. 언제나 마음을 **진아** 안에 두는 것만을 '**자기탐구**(Atma-vichara)'라고 하며, 명상은 자기 자신을 **삿찌다난다**(Satchidananda)인 **브라만**으로 생각하는 것이다. 언젠가는 배운 것을 모두 잊어버려야 할 때가 올 것이다.

쓰레기를 쓸어 담아 내버려야 할 사람이 그것을 자세히 조사해 봐야 아무 이익이 없듯이, 자기를 알아야 할 사람이 진아를 은폐하고 있는 범주들(tattvas)을 모두 한데 모아 내버리지 않고, 그것이 이렇게 많다면서 그것들의 성질을 자세히 조사해 봐야 아무 이익이 없다. 세계는 하나의 꿈과 같다고 보아야 한다.

생시(jagrat)는 길고 꿈(swapna)은 잠깐이라는 것 말고는 아무 차이가 없다. 생시에 일어나는 모든 사건이 실재하는 것처럼 보이는 만큼이나 꿈 속에서 일어나는 사건들도 그때는 실재하는 것처럼 보인다. 꿈 속에서는 마음이 다른 몸을 취한다. 생시와 꿈 모두에서 생각 및 이름과 형상들이 동시에 생겨난다.

좋은 마음과 나쁜 마음이라는 두 가지가 있는 것이 아니다. 마음은 하나일 뿐이다. 원습原習에 좋은 원습과 나쁜 원습들이 있는 것이다. 마음이 좋은 원습에 지배될 때는 좋은 마음이라 하고, 그것이 나쁜 원습에 지배될 때는 나쁜 마음인 것이다. 다른 사람들이 아무리 나쁘게 보여도 그들을 싫어해서는 안 된다. 좋아함과 싫어함 둘 다를 싫어해야 한다. 세간적인 문제에 마음이 너무 쏠리게 하는 것은 옳지 않다. 가능한 한 남들의 문제에 개입하지 말아야 한다. 우리가 남들에게 주는 것은 모두 우리 자신에게 주는 것이다. 이 진리를 안다면 실로 누가 베풀기를 꺼리겠는가?

자기가 일어나면 일체가 일어나고, 자기가 가라앉으면 일체가 가라앉는다. 우리가 겸허하게 행동하면 할수록 더 좋다. 만일 마음을 제어하게 되면 (우리는) 어디든지 있을 수 있다.

2. 자기탐구
Self-Enquiry

「자기탐구(*Self-Enquiry*)」는 마하르쉬가 쓴 최초의 저작이다. 이것은 1901년 경, 그러니까 그가 스물 두 살가량의 청년일 때 지어졌다. 그는 이미 진아를 완전히 깨달은 진인(*jnani*)으로서, 신성한 지知의 빛나는 지복 안에 자리 잡고 있었다. 당시 그는 아루나찰라 산 위의 비루팍샤 산굴山窟에 살고 있었고, 주위에는 제자들이 여러 명 생겨나 있었다. 그는 실제로 묵언의 맹세를 한 적은 없지만 거의 말을 하지 않았기 때문에, 가장 초기 헌신자 중 한 명인 감비람 세샤이야(Gambhiram Seshayya)가 그에게 한 질문들에 대해서도 글로 써서 답변했다. 감비람 세샤이야는 그것을 일기장에 옮겨 써 두었고, 그가 죽은 뒤 그의 형제가 이 일기장을 보관하고 있다가 내놓았다. 그 질문과 답변들을 사두 나따나난다(Sadhu Natanananda)가 편집했다. 이것은 바가반의 승인 하에 「비짜라 상그라함(*Vichara Sangraham*)」, 즉 '탐구 요지'라는 제목으로 출판되었는데, 나중에 연문형으로 바뀌었다. 이 책에서는 원래의 문답형을 채택하였다.[1)]

이 작품에는 젊은 티나 미숙함이 전혀 없다. 이 스승은 그의 후년과 똑같은 완전한 영적인 지식의 권위를 가지고 쓰고 있다. 말로 하거나 글로 쓴 그의 다른 모

---

1) *T.* 나따나난다가 문답형으로 편집한 「비짜라 상그라함」은 1930년에 처음 나왔고, 타밀어판 『저작 전집』 초판(1931)과 재판(1934)에 수록되었다. 그 후 1930년대 후반에 나따나난다가 이것을 연문형으로 다시 편집했고, 『저작 전집』 제3판(1940)부터는 이 연문형이 채택되었다. (「자기탐구」의 성립 과정에 관한 고찰은 *MP*, 1982 January, 1-6쪽 참조.) 한편 1930년에 B. V. Narasimhaswami도 세샤이야의 공책 원고를 정리하고 영어로 번역했으나 출판하지는 않았는데, 여기에는 「자기탐구」의 문답 배경과 답변의 다른 형태 등 알려지지 않은 내용들이 포함되어 있다(*MP*, 1982 April, 85-89쪽).

든 설명과 마찬가지로, 이것은 진아 깨달음의 길에 대한 실제적 문제들과 관련되는 것이며, 건조한 이론과는 전혀 무관하다. 그러나 한 가지 중요한 측면에서 그 이후의 설명들과 다른 점이 있다. 즉, 이것은 자기탐구의 길뿐만 아니라 다른 길, 예컨대 자신이 진아와 동일하다는 명상이나 호흡제어에 기초한 요가의 길에 대해서도 기술하고 있다. 다만 그 자신은 자기탐구 혹은 스승에 대한 순복順服(내맡김)만을 권장하였다. 그는 이렇게 말하곤 했다. "두 가지 방법이 있습니다. '나는 누구인가?' 하고 자문하거나 아니면 순복하는 것입니다."

왜 그는 이 최초의 가르침에 덜 직접적이면서 더 정교한 그런 방법들까지 포함시켰을까? 십중팔구 그가 이 답변을 써준 제자가 그런 방법들에 관한 책들을 읽고 있었고, 그에 관해 질문했기 때문일 것이다. 또 어쩌면 더 넓은 의미에서, 그가 평생 동안 제시할 가르침을 내놓기 전에 다양한 방법들에 관한 일반적 설명을 먼저 해두는 것도 적절할 것이다. 확실히, 다른 방법들을 묘사하기는 해도 거의 권장하지는 않고 있다.

여기서 묘사되는 호흡제어는 물론 단순한 신체적 수련이 아니다. 그것이 하나의 정교한 학學(science)이 되는 것은 그 수련의 영적 의미 때문이다. 실로 '학學'이 그에 적절한 단어인데, 왜냐하면 그것은 인도의 전통적인 '자기정화의 학'이기 때문이다. 그래서 이 수련법은 그에 대한 사전 기초지식이 없는 서양 독자들에게 난해한 것이 되는데, 특히 여기에는—모든 학문이 그렇지만—긴 주석 없이는 적절히 번역하기 어려운 전문용어들이 있기 때문이기도 하다. 우리는 마하르쉬가 이것을 설명할 때, 그가 가르침을 주는 질문자가 해당 학에 전문지식을 가지고 있다는 점을 알고 있었다는 것을 기억해야 한다. 서양 독자들에게 위안이 되는 점은, 그가 이 길을 권장하지도 않았고 가르치지도 않았으며, 후년의 저작에서는 거의 언급하지 않았다는 것이다. 그 전문사항들을 굳이 배울 필요는 없다.

기원문

그것(That)으로 확고히 안주하는 것 외에, 모든 것인 **지고자**를 숭앙하는 다른 어떤 길이 있단 말인가!

1

제자: 스승님! 불행이라고는 없는 영원한 지복의 상태를 얻는 수단은 무엇입니까?

스승: 몸이 있는 곳에는 어디든 불행이 있다는 베다의 말과는 별개로, 그것(지복의 상태)은 모든 사람들이 직접 경험하는 것이기도 합니다. 따라서 우리는, 항상 몸이 없는 자신의 참된 성품을 탐구해야 하고, 그 성품으로서 머물러야 합니다. 이것이 그 상태를 얻는 수단입니다.

2

제자: 우리가 자신의 참된 성품을 탐구하여 그것을 이해해야 한다고 말씀하시는 것은 무슨 의미입니까?

스승: "내가 갔다, 내가 왔다, 내가 있었다, 내가 했다"와 같은 경험들은 누구에게나 자연스럽게 옵니다. 이런 경험들에 비추어 볼 때 '나'라는 의식이 그러한 다양한 행위들의 주체로 보이지 않습니까? 그 의식의 참된 성품을 탐구하여 자기 자신으로 머무르는 것이, 탐구를 통해 자신의 참된 성품을 이해하는 길입니다.

3

제자: "나는 누구인가?"는 어떻게 탐구해야 합니까?

스승: '가기', '오기'와 같은 행위들은 몸에만 속합니다. 따라서 "나는 갔다, 나는 왔다"고 말할 때, 그것은 몸을 '나'라고 말하는 것과 같습니다. 그러나 몸은 그것이 태어나기 전에는 없었고, 5대 원소로 이루어져 있으며, 깊은 잠의 상태에서는 존재하지 않고, 죽으면 시체가 되는데, 그것을 '나'라는 의식이라고 말할 수 있습니까? 마치 나무토막같이 지각력 없는 이 몸이 '나-나'로서 빛난다고 말할 수 있겠습니까? 따라서 몸에 관하여 처음에 일어나는 '나-의식(I-consciousness)'은 아만我慢(tarbodham)·에고성(ahankara)·무지(avidya)·마야(幻, maya)·때(垢, mala)·개아個我(jiva) 등 다양한 이름으로 불립니다. 우리가 이것을 탐구하지 않고 가만히 있을 수 있습니까? 모든 경전에서 '아만'의 소멸이 해탈(mukti)이라고 선언하는 것은 탐구를 통해서 우리가 구원받도록 하려는 것 아닙니까? 따라서 시체-몸은 시체인 채로 두고, '나'라는 말조차 입 밖에 내지 말고, 예리하게 이와 같이 탐구해야 합니다. "자, '나'로서 일어나는 것은 무엇인가?"라고. 그러면 **심장**(Heart) 안에서 '나-나' 형상의 일종의 말없는 광명이 빛날 것입니다. 즉, 한계 있는 것과 많은 생각들이 사라지고 나서, 무한하면서 하나인 **순수한 의식**이 저절로 빛날 것입니다. 만약 우리가 그것[체험]을 내버리지 않고 고요히 있으면 에고성, 곧 "나는 몸이다"라는 형태의 개인적인 느낌이 완전히 소멸될 것이고, 끝에 가서는 최후의 생각, 즉 '나-형상(I-form)' 또한 장뇌樟腦를 태운 불처럼 꺼질 것입니다.[2] 위대한 **진인**들과 경전들은 이것이야말로 해탈이라고 선언합니다.

4

제자: '나'라는 형태의 '아만'의 뿌리를 탐구해 들어가면 서로 다른 온갖 생각들이 수도 없이 일어나는 것 같고, 어떤 별개의 '나'라는 생각은

---

[2] 즉, 전혀 찌꺼기를 남기지 않고. *T.* 장뇌는 불에 타면 찌꺼기가 남지 않는다.

없는 것 같습니다.

스승: 제1격인 주격이 나타나든 나타나지 않든, 다른 격이 나타나는 문장들은 제1격에 기반을 두고 있습니다. 마찬가지로 **심장** 안에서 나타나는 모든 생각은 최초의 마음의 상相인 '나', 즉 "나는 몸이다"라는 형태의 지각인 에고성을 기반으로 합니다. 이처럼 에고성이 일어나는 것이 다른 모든 생각이 일어나는 원인이자 근원입니다. 따라서 만약 윤회계(samsara)라는 환幻의 나무3)의 뿌리인, 에고성의 형태를 한 아만이 소멸되면, 다른 모든 생각들도 마치 뿌리 뽑힌 나무처럼 완전히 죽어 버릴 것입니다. 우리의 수행(sadhana)에 장애물로 어떤 생각이 일어나든 마음이 그 생각들 쪽으로 가게 해서는 안 되며, 자신의 **진아**, 곧 **아뜨만**(atman) 안에서 휴식하게 해야 합니다. 어떤 일이 일어나든 "무슨 이상한 일이든 일어날 테면 일어나라. 어디 보자!" 하는 자세로, 주시자(witness)로 머물러 있어야 합니다. 이것이 우리의 수행이 되어야 합니다. 바꾸어 말해서 우리는 자신을 겉모습4)들과 동일시해서는 안 되며, 자신의 **진아**를 결코 놓으면 안 됩니다. 이것이, 몸을 **자기**로 보는 성질을 지니고 있고 앞에서 말한 모든 장애들의 원인인 마음의 소멸(心滅, manonasa)을 얻기 위한 적합한 수단입니다. 에고성을 쉽게 소멸하는 이 방법은 헌신(bhakti), 명상(dhyana), 집중(yoga) 그리고 지知(jnana)라고 불릴 만합니다. 신은 **심장** 안에서 '나'로서 빛나는 **진아**의 성품으로 머무르고 있기 때문에, 또 경전에서 생각 자체가 속박이라고 선언하기 때문에, 어떤 수단으로든 '나라는 생각(I-thought)'의 형상을 하고 있는 마음을 그[신·진아]의 안에서 해소한 뒤에, 항상 그를 잊지 않고 고요히 있는 것이 최선의 훈련입니다. 이것이 경전들의 결론적인 가르침입니다.

---

3) *T.* 윤회계를 한 그루 나무로 묘사한 이야기가 『바가바드 기타』, 제15장에 나온다.
4) *T.* '겉모습'이란, 신체·용모·지위·신분 등 소위 '이름과 형상들'을 말한다.

5

제자: 탐구는 조대신粗大身(거친 몸) 안에 자아가 있다는 그릇된 믿음을 제거하기 위한 수단일 뿐입니까, 아니면 미세신微細身과 원인신原因身5) 안에 자아가 있다는 그릇된 믿음을 제거하기 위한 수단도 됩니까?

스승: 다른 몸들이 존속하는 것은 조대신 위에서입니다. "나는 몸이다"라는 형태의 그릇된 믿음 안에 다섯 껍질(five sheaths)6)로 이루어진 세 가지 몸 모두가 포함되어 있습니다. 그리고 조대신 안에 자아가 있다는 그릇된 믿음을 소멸하는 것 자체가 다른 두 몸 안에 자아가 있다는 그릇된 믿음을 소멸하는 것입니다. 그래서 탐구는 세 가지 몸 모두의 안에 자아가 있다는 그릇된 믿음을 제거하는 수단입니다.

6

제자: 내적기관의 변상變相으로 마음(manas)・지성(buddhi)・기억(chitta)・에고성(ahankara) 등이 있는데,7) 어떻게 마음의 소멸만이 해탈이라고 말할 수 있겠습니까?

스승: 마음의 본성을 설명하는 책들에서는 이렇게 말합니다. "마음(넓은 의미)은 우리가 먹는 음식의 미묘한 부분(음식기운)이 응집되어 형성된다. 그

---

5) T. 사람의 몸은 조대신(gross body), 미세신(subtle body), 원인신(causal body)의 세 겹으로 되어 있다고 하며, 이를 '세 가지 몸'이라고 한다.
6) T. '다섯 껍질'은 『따이띠리야 우파니샤드』 등에 나오는 개념으로, 영혼이 거주하는 다음의 다섯 겹 껍질이다. 334-340쪽을 보라.
  1. 음식껍질(annamayakosha)— 뼈와 살로 된 껍질(anna: 음식) …… 조대신
  2. 생기껍질(pranamayakosha)— 생명과 감각 작용의 껍질 ⎫
  3. 마음껍질(manomayakosha)— 사고와 감각 지각의 껍질 ⎬ …… 미세신
  4. 지성껍질(vijnanamayakosha)— '나'라는 느낌과 의지의 껍질 ⎭
  5. 지복껍질(anandamayakosha)— 지복으로 이루어진 껍질 ………… 원인신
7) T. 마음・지성・기억・에고성을 총칭하여 '내적기관(antahkarana)'이라고 한다. 지식기관・행위기관・언어기관 등의 '외적기관'에 대응하는 말이다. manas는 감각 자료를 받아들이고 처리하는 지각 기능, buddhi는 추리하고 판단하는 지성의 기능이며, chitta는 기억과 자기동일성의 기반이라고 한다.

것은 애착과 혐오, 욕망과 분노 같은 감정과 함께 성장한다. 그것은 마음(좁은 의미)·지성·기억·에고성이 합쳐진 것이기에, '마음(mind)'이라고 하는 집합적인 단일 명칭을 부여받는다. 그것이 지닌 특징은 생각하고, 판단하는 것 등이다. 그것은 의식[자아]의 한 대상이므로 '보이는 것'이며, 지각력이 없다. 비록 지각력은 없으나, 그것은 (마치 벌겋게 달궈진 공처럼) 의식과의 연관 때문에 의식하는 것처럼 보인다. 그것은 제한되어 있고, 영원하지 않고, 나뉘어져 있으며, 락(lac)[8]·밀랍·금·초[燭] 등과 같이 형태가 변한다. 그것은 (현상적 존재의) 모든 원소들의 성질을 가지고 있다. 시각 등의 장소가 눈 등이듯이,[9] 그것이 있는 장소는 **심장연꽃**(Heart-lotus)이다. 그것은 개인적 영혼에 대한 부가물(adjunct)[10]이다. 그것은 어떤 대상을 생각하면 스스로 하나의 상相(mode)으로 변하고, 뇌 속에 있는 지식과 함께 다섯 가지 감각 통로를 통해 흘러서 (지知와 연관되는) 뇌에 의해 대상들과 결합되며, 이렇게 하여 대상들을 알고 경험하면서 만족을 얻는다. 그러한 실체가 마음이다." 같은 한 사람이 그가 수행하는 여러 가지 역할에 따라 여러 가지 이름으로 불리듯이, 같은 하나의 마음이 마음·지성·기억·에고성 등 여러 가지 이름으로 불리는데, 이는 나타나는 양상의 차이로 인한 것이지, 어떤 실질적인 차이 때문이 아닙니다. 마음 자체는 일체의 형상, 즉 영혼·신·세계(현상계)의 형상으로 되어 있습니다. 그것이 지知를 통해서 **진아**의 형상이 될 때 해탈이 있고, 해탈은 **브라만**의 성품을 갖습니다. 이것이 그 가르침입니다.

---

8) *T.* 락깍지진디(lac insect, *Kerria lacca*)가 분비하는 수지 모양의 물질. 니스의 원료인 셸락(shellac)으로 가공된다.
9) *T.* '시각의 장소는 눈, 청각의 장소는 귀, 미각의 장소는 혀, 후각의 장소는 코, 촉각의 장소는 피부'라고 하는 대신, 간단히 '시각 등', '눈 등'으로 표현하였다.
10) *T.* '부가물'이란, 무한하고 절대적인 순수한 의식으로서의 **진아**를 일정한 범위 안에 제한하거나 일정한 상태에 조건 지우는 몸, 감각기관, 마음 등을 가리키는 말이다.

7

제자: 만약 이 네 가지—마음·지성·기억·에고성—가 동일하다면, 왜 그것들이 있는 장소가 별개라고 이야기됩니까?

스승: 목이 마음의 장소이고, 얼굴 혹은 심장이 지성의 장소이며, 배꼽이 기억의 장소이고 **심장**, 즉 일체근원—切根源(*sarvanga*)은 에고성의 장소라고 말해지는 것은 사실입니다. 이처럼 서로 다르게 이야기되기는 하지만, 총체적인 마음, 곧 내적기관의 장소는 **심장**일 뿐입니다. 경전에서도 이것을 확정적으로 선언하고 있습니다.

8

제자: 왜 내적기관인 마음만이 일체의 형상, 즉 영혼·신·세계의 형상으로 빛난다고 하는 것입니까?

스승: 대상들을 아는 도구인 감각기관들은 바깥에 있고, 그래서 외적 감각기관이라고 불립니다. 그리고 마음은 안에 있기 때문에 내적 감각기관이라고 불립니다. 그러나 내적·외적인 구분은 몸하고만 관계됩니다. 사실은 안도 없고 밖도 없습니다. 마음의 성품은 허공(ether)과 같이 순수하게 머무르는 것입니다. **심장** 혹은 마음이라고 하는 것은 내적·외적으로 보이는 (현상적 존재의) 원소들이 함께 자리하는 것입니다. 그래서 이름과 형상들로 이루어진 모든 현상이 마음의 성품으로만 이루어져 있다는 것은 의심할 여지가 없습니다. 밖으로 나타나는 모든 것은 실제로는 밖이 아니라 안에 있습니다.[11] 베다(Vedas)에서 일체가 **심장**의 성품으로 되어 있다고 기술하는 것도 이것을 가르치기 위해서입니다. **심장**이라고 하는 것은 다름 아닌 **브라만**입니다.

---

11) *T.* 바깥의 모든 대상, 곧 현상계는 의식의 현현으로 이야기된다. 따라서 그것은 실은 모두 의식 안에 있고, 대상과 관계하는 인간의 모든 행위들도 의식 안에서 일어난다.

9

제자: 어떻게 **심장**이 다름 아닌 **브라만**이라고 말할 수 있습니까?

스승: 비록 자아가 생시·꿈·깊은 잠의 상태에서 각기 눈·목·심장 안에 머무르면서 자신의 경험을 즐기기는 하지만, 실은 그것은 자신의 주된 자리인 **심장**을 결코 떠나지 않습니다. 일체의 성품으로 되어 있는 **심장연꽃** 안에는, 바꾸어 말해서 마음 허공(mind-ether) 안에는, 저 **진아**의 빛이 '나'의 형상으로 빛나고 있습니다. 그것이 모든 이들의 안에서 이처럼 빛나기 때문에, 바로 이 **진아**를 '주시자(sakshi)'라고도 하고 **뚜리야**(turiya) [문자적으로 '네 번째']라고도 하는 것입니다. 모든 몸들 안에서 '나'의 형상을 한 그 빛에 대해 '안'으로서 빛나는 '나' 없는 **지고의 브라만**은 **진아-허공** (Self-ether)[혹은 지知-허공]인데, 그것이야말로 **절대적 실재**입니다. 이것이 **뚜리야띠따**(turiyatita)입니다. 그래서 **심장**이라는 것은 다름 아닌 **브라만**이라고 이야기됩니다. 더욱이 **브라만**은 모든 영혼들의 **심장** 안에서 **진아**로서 빛나고 있기 때문에, **브라만**에 '**심장**'이라는 이름이 붙습니다.12) **흐리다얌** (hridayam)이라는 단어를 **흐릿-아얌**(hrit-ayam)으로 나누어 보면 그 의미는 사실상 **브라만**입니다.13) **진아**로서 빛나는 **브라만**이 모든 존재들의 **심장** 안에 살고 있다는 사실에 대한 적절한 증거는, 사람들이 '나'라고 말할 때 누구나 자신의 가슴을 가리킨다는 것입니다.

10

제자: 전 우주가 마음의 형상으로 되어 있다면 우주는 하나의 환幻이라는 결과가 되지 않습니까? 만약 그렇다면 왜 베다에서는 우주의 창조

---

12) "모든 개인적 영혼들의 심장 안에서 빛나는 것이 브라만이니, 그래서 심장이라고 부른다."
— 『브라마 기타(Brahma Gita)』.
13) T. 여기서 심장의 산스크리트 단어는 hridayam인데, 이는 '이것이 중심이다'라는 뜻이다 (hrit-'중심', ayam-'이것'). 브라만은 만물의 근원이자 본질이므로, 흐리다얌과 같다.

를 이야기합니까?

스승: 우주가 한갓 환幻이라는 것은 아예 의심의 여지가 없습니다. 베다의 주된 취지는 외관상의 우주가 거짓임을 보여준 다음, 참된 **브라만**을 알게 하려는 것입니다. 베다에서 세계 창조를 인정하는 것은 이 목적 때문이지 다른 이유가 없습니다. 더욱이 하근기下根器 사람들을 위해서는 **쁘라끄리띠**(*prakriti*)·대지성大知性(*mahat-tattva*)·미세원소微細元素(*tanmatras*)·조대원소粗大元素(*bhutas*)·세계·몸 등이 **브라만**에서 단계적으로 진화해 나간다는 창조론을 가르치는 반면,14) 상근기上根器 사람들에게는 동시창조론同時創造論15), 즉 이 세계는 자신이 **진아**인 줄을 모르는 결함(무지)으로 야기된 우리 자신의 생각들로 인해 마치 하나의 꿈처럼 일어났다는 것을 가르칩니다. 이처럼 세계 창조가 서로 다른 방식으로 기술되어 있는 것으로 보아, 베다의 취지는 어떤 식으로든 우주의 환적幻的인 본질을 보여준 다음 **브라만**의 참된 성품을 가르치는 데 있을 뿐이라는 것이 분명합니다. 세계가 환幻이라는 것은, 자신의 지복-성품(bliss-nature)에 대한 체험의 형태를 띤 **깨달음**의 상태에서는 누구나 직접 알 수 있습니다.

11

제자: 본성상 부단히 변하는 마음에게 **진아체험**(Self-experience)이 가능합니까?

스승: 사뜨와 구나(*sattva guna*)16)가 마음의 본질이고, 마음은 (본래) 허공

---

14) T. 이것은 인도의 철학 유파 중 상키야(Samkhya) 학파의 설명으로, 일반적으로는 대지성과 미세원소 사이에 아만我慢(*ahankara*)의 단계가 더 있다고 한다. 이 아만에서 두 부류가 파생되는데, 한 부류는 다섯 지각기관과 다섯 행위기관, 그리고 마음(*manas*)이며, 다른 한 부류는 다섯 미세원소(보통 유唯로 번역된다), 즉 소리 원소, 접촉 원소, 색깔 원소, 맛 원소, 냄새 원소이다. 그리고 이 미세원소에서 다섯 조대원소인 지수화풍공이 나온다.
15) T. '나'라는 생각과 세계는 동시에 일어나고 동시에 사라진다는 이론. 이 이론에 따르면 '나'가 있으므로 세계가 있고, '나'가 없으면 세계도 없다. '견현론見現論'이라고도 한다.
16) 순수성, 지성 등에 기여하는 **쁘라끄리띠**의 구성 요소. 사뜨와.

처럼 순수하고 오염이 없으므로, 마음이라고 하는 것은 사실 지知(의식)의 성품으로 되어 있습니다. 마음이 그 본래적인[순수한] 상태에 머물러 있을 때는 '마음'이라는 이름조차 갖지 않습니다. 그 순수한 마음을, '마음'이라고 하는 그것으로 오인하는 것은 그릇된 지知일 뿐입니다. (원래) 순수한 지知의 성품을 지닌 순수한 사뜨와의 마음이었던 것이, 무지로 인해 자신의 지知-성품(knowledge-nature)을 잊어버리고 따모 구나(tamo guna)17)의 영향 하에서 세계로 변환되고, 라조 구나(rajo guna)18)의 영향 하에서 "나는 몸이다. 세계는 실재한다."는 생각을 하며, 결국 애착·혐오 등을 통해서 선업과 악업을 짓고, 그에 따른 원습(vasanas)을 통해서 생사에 윤회합니다. 그러나 여러 생에 걸쳐 했던 집착 없는 행위를 통해 오염[죄]이 없어진 마음은, **참스승**에게서 경전의 가르침을 듣고, 그 의미를 성찰하고, 마음의 상相이 **진아**의 형상—즉, **브라만**에 대한 지속적인 내관內觀의 결과인 "나는 **브라만**이다"라는 형상—인 본래적 상태를 얻기 위하여 명상합니다. 그리하여 따모 구나의 측면에서 마음이 세계로 변환되는 일이 없어지고, 라조 구나의 측면에서 마음이 그 세계 안에서 헤매고 다니는 일이 없어질 것입니다. 이런 것들이 없어지면 마음은 미세해지고 움직이지 않게 됩니다. 순수하지 않고 라자스(rajas)와 따마스(tamas)의 영향 아래 있는 마음은, 아주 미세하고 불변인 **실재**[진아]를 체험하지 못합니다. 그것은 마치 고운 비단 천을 무거운 지렛대로 깁지 못하는 것과 같고, 미세한 사물들의 세밀한 부분을 바람에 깜박이는 등불로는 식별할 수 없는 것과 같습니다. 그러나 위에서 묘사한, 명상에 의해 미세해지고 움직이지 않게 된 순수한 마음 속에서는 **진아-지복**(Self-bliss)[브라만]이 나타날 것입니다. 마음이 없으면 체험도 있을 수 없으므로, 극도로 미세한 상相(vritti)을 갖

---

17) 둔함, 무지각성 등을 조장하는 쁘라끄리띠의 구성 요소. 따마스.
18) 활동성, 정열 등을 조장하는 쁘라끄리띠의 구성 요소. 라자스.

춘 정화된 마음은, 그 형상 안에[브라만의 형상 안에] 머무름으로써 **진아-지복**을 체험하는 것이 가능합니다. 그때는 자신의 **진아**가 **브라만**의 성품으로 되어 있다는 것을 분명하게 체험하게 될 것입니다.

12

제자: 앞에서 말씀하신 **진아체험**이, 자신의 발현업發現業(*prarabdha*)[열매를 맺기 시작한 과거업]에 따라서 역할을 수행해야 하는 마음에게, 경험적 존재의 상태(생시의 일상적 활동 상태) 속에서도 가능합니까?

스승: 브라민이 한 연극에서 여러 가지 역을 할 수 있지만, 자신이 브라민이라는 생각은 그의 마음을 떠나지 않습니다. 마찬가지로, 우리가 여러 가지 경험적(일상적) 행위를 하고 있을 때는 "나는 **진아**다"라는 확고한 믿음을 가지고, "나는 몸이다"라는 그릇된 관념이 일어나지 못하게 해야 합니다. 만약 마음이 그 상태에서 벗어나면, 즉시 "어! 어! 우리는 몸 따위가 아니다! 우리는 누구인가?" 하고 물어야 하며, 이렇게 해서 마음을 그 (순수한) 상태로 돌려놓아야 합니다. "나는 누구인가?" 하는 탐구가 모든 불행을 제거하고 위없는 지복을 성취하는 주된 수단입니다. 이런 식으로 하여 마음이 그 자신의 상태 안에서 고요해지면, **진아체험**이 아무 장애 없이 저절로 일어납니다. 그 뒤부터는 감각적인 쾌락과 고통이 마음에 영향을 주지 않을 것입니다. 그때는 모든 것[현상들]이 마치 꿈처럼 나타날 것이고, (그에 대한) 집착이 없을 것입니다. 자신의 전면적인 **진아체험**을 결코 잊어버리지 않는 것이 진정한 박띠(*bhakti*)[헌신]요, 요가[마음 제어]요, 지知(*jnana*)이며, 다른 모든 고행이라고, **진인**들이 말합니다.

13

제자: 일과 관련된 활동이 있을 때, 우리는 그 일들의 행위자도 아니

고 향유자도 아닙니다. 그 활동은 세 가지 도구[마음·말·몸]의 것입니다. 우리는 이렇게 생각하면서 (초연히) 머무를 수 있겠습니까?

스승: 마음이 자신의 신(deity)인 **진아** 안에 머무를 수 있게 되고, 마음이 진아에서 벗어나 헤매지 않기 때문에 경험적 대상들에 대해 무관심해진 뒤라면, 어떻게 마음이 그런 식으로 생각할 수 있겠습니까? 그런 생각들이 속박을 이루는 것 아닙니까? 원습으로 인해 그런 생각들이 일어날 때는, 마음이 그렇게 흐르는 것을 제어하고 그것을 **진아상태**(Self-state)에 붙들어 두려고 노력하여, 그것이 경험적 문제들에 무관심해지게 해야 합니다. 마음속에 "이것이 좋은가, 저것이 좋은가? 이것을 할 수 있을까, 저것을 할 수 있을까?" 같은 생각들이 들어설 여지를 주지 않아야 합니다. 그런 생각이 일어나기도 전에 깨어 있으면서, 마음을 그것의 본래적 상태에 머물러 있게 해야 합니다. 만약 조금이라도 여지를 주면 그런 (동요된) 마음은 마치 친구인 척하면서 우리에게 해를 끼칠 것입니다. 친구처럼 보이는 적과 같이, 그것은 우리를 쓰러뜨릴 것입니다. 그런 생각들이 일어나서 점점 더 많은 악을 야기하는 것은 우리가 자신의 **진아**를 잊어버리기 때문 아닙니까? 분별을 통해 "나는 아무것도 하지 않는다. 모든 행위는 그 (세 가지) 도구들에 의해 일어난다."고 생각하는 것이, 마음이 생각 원습(thought vasanas)을 따라 흘러가는 것을 막는 수단인 것은 사실이지만, 그렇다면 마음이 생각의 원습을 따라 흘러갈 때는 앞서 말한 분별을 통해 그것을 제어해야 한다는 결론이 나오지 않습니까? **진아상태**에 머무르는 마음이, '나'로서 생각하고, '나'로서 경험적으로 이러저러하게 행동할 수 있겠습니까? 우리는 가능한 모든 방법으로 자신의 (참된) **자아**, 곧 신을 잊지 않도록 점진적으로 노력해야 합니다. 그것을 성취하면 모든 것을 성취하게 될 것입니다. 마음이 다른 어떤 것에도 쏠리게 하면 안 됩니다. 설사 우리가 발현업의 결과인 행위들을 미친 사람처럼 수행한다

할지라도, "내가 한다"는 생각이 일어나지 않게 하면서 마음을 **진아상태** 안에 붙들어 두어야 합니다. 무수한 헌신가(*bhaktas*)들이 (행위나 그 결과에) 무관심한 태도로 수많은 경험적 활동을 수행하지 않았습니까?

14

제자: 산야사(*sannyasa*)[세속포기, 출가]의 진정한 목적은 무엇입니까?

스승: 산야사란 '나라는 생각'을 포기하는 것일 뿐, 외적인 대상들을 배척하는 것이 아닙니다. 이처럼 ('나라는 생각'을) 포기한 사람은 홀로 있든 광대한 윤회계(*samsara*)[경험적 세계] 한가운데 있든, 똑같은 상태로 머무릅니다. 마음이 어떤 대상에 집중되어 있을 때는 다른 것들이 가까이 있어도 그것을 쳐다보지 않듯이, **진인**은 아무리 많은 경험적 행위를 해도 실제로는 아무것도 하지 않습니다. 왜냐하면 그는 '나'라는 생각이 일어나지 않게 하면서 마음을 **진아** 안에서 휴식하게 하기 때문입니다. 꿈속에서 우리의 머리가 밑으로 곤두박질하는 것처럼 보여도 실제로는 우리가 움직이지 않고 있듯이, 무지한 사람, 즉 '나라는 생각'이 사라지지 않은 사람은 홀로 부단히 명상하고 있다 해도, 사실은 온갖 경험적 행위들을 하는 사람이라고,[19] 현자들이 말했습니다.

15

제자: 마음, 감각기관 등은 지각 능력이 있습니다. 그런데 왜 그것들이 지각되는 대상으로 간주됩니까?

---

19) 이야기를 들으면서 주의가 딴 데 고정되어 있는 사람처럼, 원습이 소진된 사람의 마음은 행위하는 것처럼 보여도 실은 그렇지 않다. 원습에서 벗어나지 못한 마음은, 행위하지 않는 것처럼 보여도 실은 행위하는 것이다. 이것은 꿈을 꾸는 사람이 몸은 움직이지 않아도 꿈속에서는 산을 오르거나 산에서 굴러 떨어진다고 상상하는 것과 같다. ―「실재사십송 보유」, 제30연.

스승:

	아는 자(Drik)	알려지는 대상(Drisya)
1.	보는 자	항아리[보이는 대상]

나아가,

	아는 자(Drik)	알려지는 대상(Drisya)
2.	눈 기관	몸, 항아리 등
3.	시각視覺	눈 기관
4.	마음	시각
5.	개인적 영혼	마음
6.	의식[진아]	개인적 영혼

위의 도식에서 보는 바와 같이 우리, 즉 의식이 모든 대상을 알기 때문에, 우리는 '아는 자(Drik)'라고 일컬어집니다. '항아리' 등을 포함하는 범주들은 보이는 대상입니다. 그것들은 '알려지는 것'이기 때문입니다. 위에 나온 '지知-무지'['아는 자-알려지는 대상'] 표에서는 아는 자들과 앎의 대상들 중에서 하나가 다른 하나와 관련하여 '아는 자'로 나타나 있습니다. 하지만 그 하나가 다른 하나와 관련해서는 대상이므로, 그 범주들 중의 어느 것도 실은 '아는 자'가 아닙니다. 우리는 모든 것을 알기 때문에 '아는 자'이고, 다른 어떤 것이 우리를 아는 것은 아니기 때문에 '알려지는 것'이 아니라고 하지만, 우리가 '아는 자'라고 하는 것은 알려지는 대상들과 관련해서만 그렇습니다. 그러나 실은 '알려지는 것'이라고 하는 것들은 우리와 별개가 아닙니다. 그래서 우리는 그 둘[아는 자와 알려지는 것]을 초월하는 **실재**인 것입니다. 다른 모든 것은 '아는 자-알려지는 것'의 범주들 안에 들어갑니다.

16

제자: 에고성, 영혼, 진아 그리고 **브라만**은 어떻게 식별됩니까?
스승:

예	비유되는 것
1. 쇠공	에고성
2. 달구어진 쇠공	진아 위의 덧씌움으로 보이는 영혼
3. 달구어진 쇠공 안의 불	의식의 빛, 즉 모든 몸들 안의 영혼 안에서 빛나는 불변의 **브라만**
4. 하나로서 남아 있는 불길	하나로서 남아 있는, 모든 것에 편재하는 **브라만**

이 도식에서 에고성, 영혼, 주시자 그리고 모든 것의 주시자(브라만)가 어떻게 식별되는지가 분명할 것입니다.

밀랍공의 밀랍 덩어리 안에 온갖 다양한 금속 알갱이가 들어 있어도 그 모두가 하나의 밀랍 덩어리로 보이듯이, 깊은 잠 속에서 모든 개인적 영혼들의 조대신과 미세신들은 우주적 **마야**(cosmic maya), 곧 순전히 어둠의 성품을 갖는 무지 안에 들어 있는데, 그 영혼들이 **진아** 안에 녹아들어 **그것**과 하나가 되기 때문에 그들은 어디에서나 어둠만 봅니다. 그 잠의 어둠 속에서 미세신, 즉 에고성이 일어나고, 그 에고성에서 조대신이 일어납니다. 에고성이 일어날 때도 그것은 달구어진 쇠공처럼 **진아**의 성품 위에 덧씌워진 것으로 보입니다. 그래서 영혼[개아]—마음, 곧 **의식의 빛**(Consciousness-light)과 결합된 에고성—없이는 영혼을 주시하는 자, 곧 **진아**도 없으며, **진아** 없이는 모든 것의 주시자인 **브라만**도 없습니다. 대장장이가 쇠공을 두드려 여러 가지 모양으로 만들 때, 그런다고 해서 그 안에 있는 불기운이 어떤 식으로도 변하지 않는 듯이, 영혼이 아무리 많은 경험을 하고 즐거움과 고통을 겪는다 하더라도 그 안에 있는 **진아의 빛**(Self-light)은 조금도 변하지 않습니다. 그것은 허공처럼 일체에 편재하는, 하나인 순수한 **지**知이며, **심장** 안에서 **브라만**으로서 빛납니다.

17

제자: 진아 자체가 심장 안에서 브라만으로서 빛난다는 것을 우리는 어떻게 알 수 있습니까?

스승: 등불의 불길 속에 있는 원소적 허공(elemental ether)이 그 불길의 안과 밖을 어떤 차이도 없이, 어떤 한계도 없이 채우고 있다는 것을 우리가 알듯이, **심장** 안의 **진아의 빛** 속의 **지**知-허공은 그 진아의 빛의 안과 밖을 어떤 차이도, 어떤 한계도 없이 채우고 있습니다. 그것이 **브라만**이라고 하는 것입니다.

18

제자: 상상물인 세 가지 경험 상태(잠·꿈·생시), 세 가지 몸 등이 어떻게 하나이고 단일하며 스스로 빛을 발하는 **진아의 빛** 안에서 나타납니까? 설사 그것들이 나타난다 해도, 진아만은 늘 부동으로 머물러 있다는 것을 우리는 어떻게 압니까?

스승:

예	비유되는 것
1. 등불	진아
2. 문	잠
3. 문지방	대지성(Mahat-tattva)
4. 내벽	무지, 곧 원인신
5. 거울	에고성

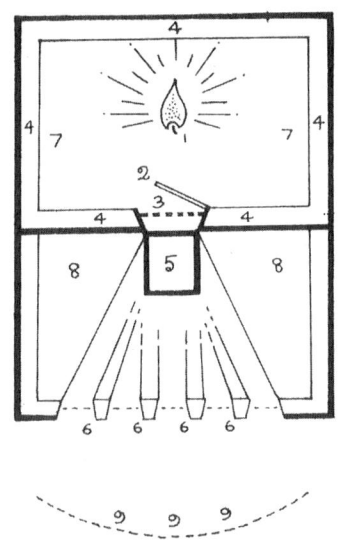

6. 창문　　　　　　다섯 가지 지식 감각기관
7. 내실　　　　　　원인신이 나타나는 상태인 깊은 잠
8. 중간 방　　　　　미세신이 나타나는 상태인 꿈
9. 바깥 뜰　　　　　조대신이 나타나는 상태인 생시

　등불(1)인 **진아**는 내실內室 안에서 스스로 빛나고 있는데, 이 내실은 원인신(causal body)(7)으로서 무지라고 하는 내벽(4)과 잠이라고 하는 문(2)으로 둘러싸여 있습니다. 시간·업(*karma*) 등에 의해 조건 지워지는 생명 원리(vital principle)에 의해 잠-문(sleep-door)이 열리면, 대지성大知性이라고 하는 문지방(3)에 붙어 있는 에고성-거울(5) 안에서 **진아**의 반사가 일어납니다. 그리하여 에고성 거울은 중간 방(8), 즉 꿈의 상태를 비추고, 한편 다섯 지식기관(눈·귀·코·혀·몸)인 창문들(6)을 통해 바깥 뜰(9), 즉 생시의 상태를 비춥니다. 다시 시간·업 등에 의해 조건 지워지는 생명 원리에 의해 잠-문이 닫히면 에고성은 생시 및 꿈과 함께 사라지고 **진아**만이 변함없이 빛납니다. 방금 말한 예는 어떻게 **진아**가 움직이지 않는지, **진아**와 에고성이 어떻게 차이 나는지, 그리고 세 가지 경험 상태, 세 가지 몸 등이 어떻게 나타나는지를 설명해 줍니다.[20]

19

제자: 탐구의 특성에 관한 설명을 그렇게 자세히 들었는데도, 제 마음은 조금도 평안을 얻지 못하고 있습니다. 그 이유는 무엇입니까?

스승: 그 이유는 마음에 힘, 곧 일념집중(one-pointedness)이 없기 때문입니다.

20

제자: 마음의 힘이 없는 이유는 무엇입니까?

스승: 탐구를 해낼 만한 그릇이 되기 위한 수단으로 명상·요가 등이 있습니다. 단계적 수행을 통해서 이런 것들에 숙달되고, 그렇게 하여 자연스러우면서도 도움이 되는 마음 양상의 어떤 흐름을 확보해야 합니다. 이런 방식으로 성숙된 마음이 이 탐구에 대해서 들으면, 그것은 즉시 자신의 참된 성품인 **진아**를 깨달아 완전한 평안에 머무르면서, 그 상태에서 벗어나지 않게 됩니다. 성숙되지 않은 마음은 탐구에 대해 듣는다고 해서 즉각적인 깨달음과 평안을 얻기 어렵습니다. 하지만 한동안 마음 제어(mind-control)를 위한 수단들을 닦으면 결국 마음의 평안을 얻을 수 있습니다.

---

[20] *T.* 이 답변은 질문자가 가져온 『베단타 쭈다마니(*Vedanta Chudamani*)』라는 타밀어 책의 한 대목에 대해, 바가반이 질문자의 공책에 그림을 그려가며 설명해 준 것이다.

21

제자: 마음 제어를 위한 수단들 중에서 어느 것이 가장 중요합니까?
스승: 호흡 제어가 마음 제어를 위한 수단입니다.

22

제자: 호흡은 어떻게 제어합니까?
스승: 호흡은 절대지식絶對止息이나 조식調息으로 제어할 수 있습니다.

23

제자: 절대지식(kevala-kumbhaka)이란 어떤 것입니까?
스승: 그것은 들이쉼과 내쉼조차도 없이 생기(vital air)를 **심장** 안에 확고히 머무르게 하는 것입니다. 이것은 생명 원리 등에 대한 명상을 통해서 성취됩니다.

24

제자: 조식調息(pranayama-호흡제어)이란 어떤 것입니까?
스승: 그것은 요가 문헌들에 나오는 지침에 따른 내쉼·들이쉼·숨 멈춤을 통해 생기를 **심장** 안에 확고히 머무르게 하는 것입니다.

25

제자: 호흡 제어가 어떻게 마음 제어를 위한 수단이 됩니까?
스승: 호흡 제어가 마음 제어의 수단이라는 것은 의심할 여지가 없습니다. 왜냐하면 마음은 호흡과 마찬가지로 기氣의 일부이고, 움직임의 성품이 양자에 공통되며, 둘 다 일어나는 곳이 같고, 둘 중의 하나가 제어되면 다른 하나도 제어되기 때문입니다.

26

제자: 호흡제어는 심잠心潛(manolaya)[마음의 고요함]만 가져올 뿐 심멸心滅(manonasha)[마음의 소멸]을 가져오지는 않는데,21) 어떻게 호흡제어가 마음의 소멸을 목표로 하는 탐구의 수단이라고 말할 수 있습니까?

스승: 경전에서는 **진아 깨달음**을 얻기 위한 수단을 두 가지 방식으로—아쉬땅가 요가(ashtanga-yoga)[8단계 요가]와 아쉬땅가 냐나(ashtanga-jnana)[8단계 지知]로—가르칩니다. 마음은 요가의 단계들 중 하나인 조식調息이나 절대지식에 의해서 제어됩니다. 마음을 거기에 내버려두지 않고, 지감止感(pratyahara)[마음을 바깥 대상들에서 회수하기]과 같은 더 높은 단계의 수행을 하면 결국 탐구의 결실인 **진아 깨달음**이 확실히 얻어질 것입니다.

27

제자: 요가의 단계들은 무엇입니까?

스승: 금계 · 권계 · 좌법 · 조식 · 지감 · 응념 · 명상 · 삼매입니다.

1. **금계**禁戒(yama): 이것은 비폭력(ahimsa) · 진실(satya-거짓말하지 않기) · 불투도不偸盜(asteya-훔치지 않기) · 독신(brahmacharya) · 무소유(aparigraha)와 같은 선행善行의 원리들을 계발하는 것입니다.

2. **권계**勸戒(niyama): 이것은 청결(saucha) · 만족(santosha) · 고행(tapas) · 경전공부(svadhyaya) · 신에 대한 헌신(Isvarapranidhana)과 같은 선행의 규칙들을 준수하는 것입니다.22)

3. **좌법**坐法(asana): 여러 가지 자세 중에서 84가지가 주된 것이고, 그

---

21) T. '심잠'은 마음이 일시적으로 심장 속으로 가라앉는 것이고, '심멸'은 마음이 영구히 소멸되어 다시는 일어나지 않는 것이다.
22) 금계와 권계의 목표는 해탈을 얻을 만한 자격을 가진 사람들에게 열려 있는 모든 좋은 길들을 성취하는 것이다. 더 자세한 것을 알려면, 『요가수트라(Yoga Sutras)』와 『하타요가 디삐까(Hathayoga Dipika)』 같은 저작들을 보라.

중에서 다시 네 가지, 즉 사자좌獅子坐(simha)[23]・행운좌幸運坐(bhadra)[24]・연화좌蓮華坐(padma-결가부좌)・달인좌達人坐(siddha)[25]가 뛰어나며, 이 중에서도 가장 뛰어난 것은 달인좌뿐이라고 요가 경전에서 선언합니다.

4. 조식調息(pranayama): 경전에서 제시한 분량법에 따르면, 생기를 내쉬는 것이 호식呼息(rechaka), 들이쉬는 것이 흡식吸息(puraka)이며, 그것을 심장 안에서 멈추는 것이 지식止息(kumbhaka)입니다. '분량分量(measure)'에 관해서 보자면, 어떤 경전에서는 호식과 흡식은 분량이 같아야 하고 지식은 그 분량의 두 배가 되어야 한다고 하며, 다른 경전에서는 호식이 1분량이면 흡식은 2분량이어야 하고 지식은 4분량이어야 한다고 합니다. '분량'이란, 가야뜨리 만트라(Gayatri mantra)를 한 번 할 때 걸리는 시간을 말합니다. 이처럼 호식・흡식・지식으로 이루어지는 조식을 능력에 따라 천천히 그리고 점진적으로 매일 수련해야 합니다. 그러면 움직이지 않고 행복 안에 안주하고 싶다는 욕망이 마음 속에서 일어날 것입니다. 그 다음에는 지감을 닦아야 합니다.

5. 지감止感(pratyahara): 이것은 마음이 외부의 이름과 형상들 쪽으로 흘러나가지 못하게 함으로써 마음을 조절하는 것입니다. 그때까지 다른 데로 빼앗겼던 마음이 이제는 제어됩니다. 이 측면에서 도움이 되는 방편은 (1) 쁘라나바(pranava-옴 소리)에 대한 명상, (2) 주의를 양미간에 고정하는 것, (3) 코끝을 바라보는 것, (4) 소리(nada)를 관하는 것 등입니다. 이렇게 하여 하나에 집중된 마음은 한 곳에 머무르기에 적합해질 것입니다. 그 다음에는 응념(집중)을 닦아야 합니다.

---

23) T. 무릎을 꿇고 발등을 바닥에 붙여 상체를 곧게 세운 자세.
24) T. 바닥에 붙인 두 다리의 발바닥들이 마주 닿게 하고 두 발을 회음부 쪽으로 끌어당기며, 양손으로 발가락을 감싸 쥐는 한편, 척추를 곧게 세우고 두 어깨를 이완하는 자세.
25) 왼 발꿈치를 생식기 위에 두고 그 위에 오른 발꿈치를 두는 자세이다. 시선을 양미간에 두고, 몸은 막대기같이 곧게 세워 움직이지 않게 한다.

6. 응념凝念(dharana): 이것은 명상하기에 적합한 한 지점에 마음을 고정하는 것입니다. 명상하기에 더할 나위 없이 적합한 장소는 **심장**과 범혈 梵穴(Brahmarandhra)[정수리에 있는 혈穴]입니다. (범혈을 관할 때는) 이곳에 있는 여덟 잎 연꽃26)의 한가운데에 **진아**인 **신**, 즉 **브라만**이 마치 불꽃같이 빛나고 있다고 관하면서, 마음을 거기에 고정해야 합니다. 그 다음에는 명상을 해야 합니다.

7. 명상冥想(dhyana): 이것은 "내가 그다(I am He)"라는 생각을 통해서, 자신이 앞에서 말한 불꽃의 성품과 다르지 않다고 명상하는 것입니다. 그렇게 하더라도 만약 우리가 "나는 누구인가?" 하는 탐구를 하면, 경전에서 선언하는 것처럼 "도처에 있는 **브라만**이 **심장** 안에서, 지성을 지켜보는 자인 **진아**로서 빛날 것"이며, 우리는 그것이 **심장** 안에서 '나-나'로서 빛나는 신적인 **진아**임을 깨닫게 될 것입니다. 이런 식의 관법觀法이 가장 좋은 명상입니다.

8. 삼매三昧(samadhi): 앞에서 말한 명상이 결실을 거둔 결과로, 마음이 "나는 이러이러한 사람이다, 나는 이런저런 일을 하고 있다"는 관념을 품지 않은 채 그 대상 안에서 해소됩니다. '나-나'라는 생각마저 사라지는 이 미세한 상태가 삼매입니다. 잠이 덮치지 않도록 주의하면서 이것을 매일 닦으면, 신이 우리에게 마음의 고요함이라는 지고의 상태를 하사해 줄 것입니다.27)

28

제자: 지감止感에서 쁘라나바(pranava)에 대해 명상해야 한다는 가르침

---

26) 머리 정수리의 연꽃이 1,000장의 꽃잎으로 되어 있다고 말해지는 것은 사실이나, 또한 그것은 각기 125장의 작은 꽃잎으로 된 8장의 꽃잎을 가지고 있는 것으로 묘사되기도 한다.
27) *T*. 이상의 답변은 바가반 자신의 가르침이라기보다는, 질문자가 가져온 비베카난다의 『라자 요가』라는 책의 내용에 대해 그에게 알기 쉽게 설명해 준 것이다.

의 취지는 무엇입니까?

스승: 쁘라나바에 대한 명상을 제시하는 취지는 이렇습니다. 쁘라나바는 세 개 반의 음량音量(matras)28), 즉 a, u, m과 반음량(ardha-matra)으로 이루어지는 옴 소리(Omkara)입니다. 이 중에서 a는 생시의 상태, 보편적 영혼(Visva jiva), 그리고 조대신을 나타내고, u는 꿈의 상태, 밝은 영혼(Taijasa jiva), 그리고 미세신을 나타내며, m은 잠의 상태, 지혜로운 영혼(Prajna jiva), 그리고 원인신을 나타냅니다. 반음량은 자아, 즉 '나'-성품인 **뚜리야**(Turiya)를 나타냅니다.29) 그리고 그 너머에 있는 것이 **뚜리야띠따**(Turiyatita), 곧 순수한 **지복**의 상태입니다.30) '나'-성품의 상태인 네 번째 상태는 명상(dhyana)에 관한 부분에서 언급했습니다. 이것은 여러 가지로 묘사되어 왔습니다. 즉, 세 가지 음량 a, u, m을 포함하는 무음량無音量(amatra)의 성품을 가진 것으로, 무언음절無言音節(maunakshara)[침묵의 음절]로, 무염송無念誦(ajapa)[염함이 없이 염하기]으로, 빤짜악샤라(Panchakshara-5음절어, 곧 옴 '나마 시바야(Namah Sivaya)')와 같이 모든 만트라들의 핵심인 비이원적 만트라(advaita mantra)로 묘사됩니다. 이런 참된 의미에 도달하기 위해서는 쁘라나바에 대해 명상해야 합니다. 이것은 **진아**의 진리에 대한 성찰로 이루어진, 헌신의 성격을 지닌 명상입니다. 이 과정의 결실은 삼매이며, 그것이 위없는 지복의 상태인 **해탈**을 낳습니다. 존귀한 스승들도 **해탈**은 **진아**의 진리에 대한 성찰의 성격을 갖는 헌신에 의해서만 얻어진다고 했

---

28) T. 음량(matra)이란 음의 분량 혹은 운율 단위로, 하나의 단모음을 발음하는 데 걸리는 시간이라고 한다.
29) T. visva, taijasa, prajna, turiya는 의식의 네 가지 상태 또는 그 상태들의 자아를 뜻한다. visva는 '모든 사람, 누구나'의 의미를 함축하며, taijasa는 '빛, 밝은 정신'을, prajna는 (진아에 가까운) '의식'을 가리킨다. 이것은 바가반이 『만두끼야 우파니샤드』의 진언 8~12를 질문자에게 설명해 준 것이다.
30) T. 여기서는 생시, 꿈, 깊은 잠의 세 가지 상태를 그에 상응하는 세 단계의 영혼 및 세 가지 몸과 나란히 열거하고, **뚜리야**와 **뚜리야띠따**의 상태까지 언급하고 있다. 결국 pranava와 관련하여 다섯 가지 상태를 이야기한 것인데, 이 점에 관한 바가반의 더 상세한 설명은 『라마나 마하르쉬와의 대담』, 대담 617에 나온다.

습니다.31)

29

제자: "내가 그다"라는 생각을 통해서, 자신이 하나의 불꽃같이 빛나는, 스스로 빛을 발하는 **실재**와 다르지 않다는 진리에 대해 명상해야 한다는 가르침의 취지는 무엇입니까?

스승: (a) 자신이, 스스로 빛을 발하는 **실재**와 다르지 않다는 관념을 계발해야 한다는 가르침의 취지는 이렇습니다. 경전에서는 명상을 이런 말로 정의합니다. "모든 것의 성품을 지녔고 **까일라사**(Kailasa) · **바이꾼타**(Vaikuntha),32) **빠라마빠다**(Paramapada-최상의 경지)라고도 불리는 여덟 꽃잎의 연꽃 한가운데에, 엄지손가락만한 크기의 번개같이 번쩍이며 불꽃같이 빛나는 **실재**가 있다. 그것에 대해 명상함으로써 인간은 불멸을 얻는다." 이것에 비추어 볼 때, 우리가 그런 명상을 할 때는 이러한 오류, 즉 (1) "나는 별개다. 저것은 별개다"라는 식의 분별적 생각, (2) 한계가 있는 것에 대한 명상, (3) 실재가 유한하다는 관념, (4) 그것이 한 곳에 국한되어 있다는 것 등을 피해야 한다는 것을 알아야 합니다.

(b) "내가 그다(Sahaham, Soham)"라는 생각에 대해 명상해야 한다는 가르침의 취지는 이렇습니다. 즉, sah는 지고의 **진아**, aham은 '나'로서 나타나는 진아입니다. **시바링가**(Sivalinga)인 개아(jiva)33)는, 몸 안에 있는 자신의 자리이자 브라만의 도시(신의 왕국)인 **심장연꽃**(Heart-lotus) 안에 살고 있고, 에고성의 성품을 갖는 마음은 자신을 몸 등과 동일시하면서 밖으로

---

31) T. 이것은 『분별정보』 제31연(본서의 321쪽 첫째 문단에 해당)을 인용한 것이다(샹까라의 『분별정보』 원전은 연구聯句(stanza) 형식의 저작이다).
32) T. 까일라사와는 시바가 주재하는 천상계, 바이꾼타는 비슈누가 주재하는 천상계라고 한다.
33) T. '개아'는 한 몸 안에 개별화된 영혼으로서 무지에 빠져 있는 의식이지만, 심장 안에서는 신과 함께 한다. 그래서 이것을 시바의 형상, 즉 '시바링가'라 했다.

나갑니다. 이제 마음이 **심장** 안에서 해소되어야 합니다. 즉, 몸 등의 안에 자리한 '**나**'-느낌(I-sense)이 제거되어야 합니다. 그리하여 우리가 "나는 누구인가?" 하고 탐구하면서 번뇌로 동요됨이 없이 머무르면, 그 상태에서 **진아성품**(Self-nature)이 '나-나'로서 미묘한 방식으로 드러나게 됩니다. 이 **진아성품**은 모든 것이면서도 아무것도 아니고, 안팎의 구별이 없이 일체처에서 지고의 **진아**로 나타납니다. 그것은 앞에서 말했듯이 하나의 불꽃같이 빛나는데, 이는 "나는 **브라만**이다"라는 진리를 의미합니다. 그것을 자기 자신과 동일한 것으로 명상하지 않고 다르다고 생각하면 무지가 떠나지 않을 것입니다. 그래서 동일성 명상(identity-meditation)을 하라는 것입니다.

만약 우리가 오랫동안 번뇌 없이 "**내가 그다**"라는 생각을 가지고 부단히 진아에 대해 명상하면―이것이 **진아내관**이라는 기법인데―**심장** 속에 있는 무지의 어둠과, 무지의 결과에 지나지 않는 온갖 장애들이 제거될 것이며, 전반적인 지혜를 얻게 될 것입니다.34)

이처럼 (브라만의) 도시, 곧 몸 안의 **심장동혈**洞穴(heart-cave) 안에서 **실재**를 깨닫는 것은, 모든 면에서 완전한 **신**을 깨닫는 것과 동일합니다.

아홉 개의 문이 있는 이 도시, 즉 몸 안에는 현자가 편안히 거주하고 있습니다.35)

몸은 사원이고 개아는 **신**[시바]입니다. 우리가 그를 "**내가 그다**"라는 생각으로 숭배하면 해탈을 얻을 것입니다.

다섯 껍질로 된 이 몸이 동혈洞穴이고, 여기에 살고 있는 **지고자**가 동혈의 주主라고, 경전에서 선언하고 있습니다.

---

34) "'나는 **시바**다'라는 형태의 명상(*Sivoham bhavana*)은 생각이 밖으로 나가는 것을 막아주며, 이것을 항상 수행하면 삼매를 얻게 될 것이다." ―발라바르(Vallavar).
35) "아홉 개의 거짓된 문이 있는 도시 안에, 그는 지복의 형상으로 거주한다." ―『바가바드 기타』, 5.13.

진아는 모든 신들(gods)의 실체이기 때문에, 자기 자신인 **진아**에 대한 명상이 모든 명상 중에서 최고입니다. 다른 모든 명상법은 여기에 포함됩니다. 다른 명상법들을 제시한 것은 이것을 얻기 위한 것입니다. 그래서 이 명상법을 얻게 되면 다른 명상은 필요 없습니다. 자신의 **진아**를 아는 것이 신을 아는 것입니다. 명상하는 자신의 **진아**를 모른 채 별개의 어떤 신(deity)이 있다고 생각하고 그것에 대해 명상하는 것은, 위대한 분들이 비유하기를, 자기 발로 자신의 그림자를 재는 행위나, 자신이 이미 가지고 있던 무가보無價寶를 내버리고 하찮은 소라고둥을 찾는 것과 같다고 했습니다.36)

30

제자: 심장과 범혈梵穴(*Brahmarandhra*)만이 명상하기에 적합한 부위라 할지라도, 만약 필요하다면 여섯 군데의 신비한 중심들(*adharas*)에 대해 명상할 수도 있습니까?

스승: 명상의 부위라고 하는 여섯 군데 신비한 중심(차크라) 따위는 상상의 산물일 뿐입니다. 그런 것은 다 요가의 초심자들을 위한 것입니다. 여섯 중심에 대한 명상에 관해 **시바요기들**(*Sivayogins*)37)은 이렇게 말합니다. "비이원적이고 완전한 **의식-진아**(*Consciousness-Self*)의 성품을 가진 신이 우리 모두를 현현하고 유지하고 해소한다. 실재에 **가나빠띠**(Ganapati)・**브라마**(Brahma)・**비슈누**(Vishnu)・**루드라**(Rudra)・**마헤스와라**(Mahesvara)・**사다시바**(Sadasiva)38) 등 온갖 이름과 형상들을 덧씌워 그것을 망치는 것은 큰

---

36) "우리는, 진아의 형상으로 존재하는 진아 원리(*atma-tattva*)인 것, 빛나고, 모든 살아 있는 존재들 안에 거주하면서 항상 '나-나'라고 말하는 것에 대해 명상할 것이다. **심장동혈** 안에 살고 있는 신을 버려두고 바깥의 어떤 신을 찾는 것은, 값을 헤아릴 수 없는 보배를 버리고 하찮은 염주를 찾는 것과 같다." —『요가 바쉬슈타(*Yoga Vasishta*)』.
37) *T*. '지知 수행자,' 즉 '지知 요가(*jnana yoga*)'의 길을 따르는 자들을 가리킨다.
38) *T*. 루드라, 마헤슈와라, 사다시바는 모두 시바를 가리킨다. 또한 235쪽의 주 9) 참조.

죄이다." 그리고 베단타 학도들(Vedantins)은 이렇게 선언합니다. "그 모든 것은 마음의 상상에 불과하다." 따라서 만약 일체를 아는 의식의 성품을 가진 **진아**를 알면, 우리가 일체를 아는 것입니다. 위대한 분들은 또 이렇게 말했습니다. "그 **하나**를 그 자체 있는 그대로 알게 되면, 모르고 있던 모든 것을 알게 된다." 만약 여러 가지 생각에 걸려 있는 우리가 **진아**인 신에 대해 명상하면, 그 하나의 생각으로써 온갖 생각들을 제거하게 될 것입니다. 그리고 나면 그 한 생각마저 사라질 것입니다. 이것이, 자신의 **진아**를 아는 것이 신을 아는 것이라고 말하는 의미입니다. 이 앎이 **해탈**입니다.

31

제자: 진아를 어떻게 생각할 수 있습니까?

스승: **진아**는 어둠도 빛도 없이 스스로 빛나고 있고, 스스로 드러나는 **실재**입니다. 따라서 그것을 이런 것이나 저런 것으로 생각해서는 안 됩니다. 생각한다는 생각 자체가 속박을 가져올 것입니다. **진아**에 대한 명상의 취지는, 마음이 진아의 형상을 취하게 하려는 것입니다. **심장동혈**의 한가운데에 순수한 **브라만**이 '나-나'의 형상을 한 **진아**로서 직접적으로 드러나 있습니다. 그것을 앞에서 말한 대로 알지 않고, 여러 가지 방식으로 그것을 생각하는 것보다 더 큰 무지가 있을 수 있습니까?

32

제자: 브라만은 '나-나'의 형상을 한 **진아**로서 **심장** 안에 드러나 있다고 하셨습니다. 이러한 말씀을 쉽게 이해할 수 있도록 더 자세히 설명해 주실 수 있습니까?

스승: 깊은 잠이 들었을 때나 기절했을 때와 같은 경우에는 전혀 어떤

것도 알지 못한다는 것, 즉 자기도 알지 못하고 다른 것도 알지 못한다는 것은 누구나 경험하는 바 아닙니까? 그 뒤에 "나는 잠에서 깨어났다"거나 "나는 기절에서 회복되었다"는 경험이 있을 때, 그것은 앞에서 말한 구분 없는 상태에서 일어난 특수한 앎의 한 형태 아닙니까? 이 특수한 앎을 명지明知(Vijnana)라고 합니다. 이 명지는 진아와 관련해서나 비아非我(not-self)와 관련해서만 드러나지 그 자체로는 드러나지 않습니다. 그것이 진아와 관련될 때 그것을 진지眞知(true knowledge)라고 합니다. 즉, 그 대상이 진아인 그러한 마음의 상相을 가진 형태의 지知, 혹은 그 내용으로서 유일자[진아]를 가지고 있는 지知입니다. 그리고 그것이 비아非我와 관련될 때, 그것을 무지라고 합니다. 진아와 관련되어 진아의 형상으로서 드러날 때의 이 명지의 상태를 '나'-현현('I'-manifestation)39)이라고 합니다. 이 현현은 실재[진아]와 별개로는 일어날 수 없습니다. 실재에 대한 직접체험의 표지 역할을 하는 것이 이 현현입니다. 하지만 이것은 그 자체로 실재인 상태가 될 수는 없습니다. 이러한 현현이 거기에 의존하여 일어나는 그것이 근본적 실재이며, 그것을 완전지(prajnana)라고도 합니다. 베단타 문구인 "완전지가 브라만이다(Prajnanam brahma)"도 같은 진리를 가르치고 있습니다.

이것이 경전의 취지이기도 하다는 것을 아십시오. 스스로 빛나는 것이고 모든 것의 주시자인 진아는 지성껍질(vijnanakosha) 안에 거주하면서 스스로를 현현합니다.40) 나뉘지 않은 마음의 상相으로써, 이 진아를 그대의 목표로 꽉 붙잡아 그것을 진아로서 즐기십시오.

---

39) T. '아함 스푸라나(aham sphurana)'를 말한다. '나'의 '광휘' 또는 '맥동'으로 번역되는 이것은 진아 깨달음의 전 단계에서 나타나지만, 진아 그 자체는 아니라고 한다.
40) T. 358쪽 둘째 문단 참조. S. S. Cohen의 질문에 바가반이 한 답변 중에도 "진인의 마음은 미묘한 지성껍질 안에서 작용한다"고 한 것이 있다(『구루 라마나』, 제2부 15장).

33

제자: 내적 숭배 혹은 속성 없는 것에 대한 숭배라고 하는 것은 무엇입니까?

스승: 『리부 기타(Ribhu Gita)』[41] 같은 책에서는 속성 없는 것에 대한 숭배가 (하나의 별개의 원리로서) 상세하게 설명되어 있습니다. 그러나 희생(sacrifice-신에게 짐승을 제물로 바치기)·보시·고행·맹세의 준수(묵언의 맹세 등), 염송(japa)·요가·예공禮供(puja) 같은 모든 행법들은 사실상 "나는 **브라만**이다"라는 형태의 명상 방식들입니다. 따라서 모든 양식의 행법에서, 우리는 "나는 **브라만**이다"라는 생각에서 자신이 벗어나지 않도록 잘 살펴야 합니다. 이것이 속성 없는 것에 대한 숭배의 취지입니다.

34

제자: 지知의 8단계(jnana ashtanga)는 무엇입니까?

스승: 8단계는 이미 말한 대로 금계·권계 등입니다. 그러나 여기서는 다르게 정의됩니다.

1. **금계**禁戒(yama): 이것은 감각기관들의 집합체를 제어하면서, 몸 등으로 이루어진 세계 안에 존재하는 결함들을 깨닫는 것입니다.

2. **권계**勸戒(niyama): 이것은 진아와 관련되는 마음의 상相들의 흐름을 유지하면서 그와 상반되는 상相을 물리치는 것입니다. 다른 말로, 그것은 **지고의 진아**에 대해 부단히 일어나는 사랑을 의미합니다.

3. **좌법**坐法(asana): 이것의 도움을 받으면 **브라만**에 대한 부단한 명상을 쉽게 할 수 있는 것이 좌법입니다.

4. **조식**調息(pranayama): 호식呼息(rechaka)은 세계·몸 등을 구성하는 대

---

41) *T.* 진인 리부의 가르침을 담은 비이원적 베단타 경전의 하나.

상들에서 이름과 형상이라는 두 가지 비실재적 측면을 제거하는 것이고, 흡식吸息(puraka)은 그러한 대상들 안에 항상 있는 세 가지 실재적 측면— 존재·의식·지복—을 붙드는 것이며, 지식止息(kumbhaka)은 그와 같이 붙든 그 측면들을 유지하는 것입니다.

5. 지감止感(pratyahara): 이것은 제거한 이름과 형상이 다시 마음 속으로 들어오지 못하게 하는 것입니다.

6. 응념凝念(dharana): 이것은 마음이 밖으로 달아나지 않고 **심장 안에** 머무르게 하여, 자신이 **존재-의식-지복**(existence-consciousness-bliss)인 **진아** 자체임을 깨닫는 것입니다.

7. 명상冥想(dhyana): 이것은 "나는 순수한 의식일 뿐이다"라는 형태의 명상입니다. 즉, 다섯 껍질로 이루어진 몸을 젖혀두고 "나는 누구인가?" 하고 탐구하여, 그 결과 진아로서 빛나는 '나'로 머무르는 것입니다.

8. 삼매三昧(samadhi): '나'-현현도 그칠 때 (미묘한) 직접 체험이 있습니다. 이것이 삼매입니다.

여기서 자세히 설명한 조식 등을 할 때는, 요가와 관련하여 이야기한 좌법 등의 행법은 필요 없습니다. 지知의 8단계는 언제 어느 곳에서도 닦을 수 있습니다. 요가와 지知 중에서 우리는 어느 것이든 마음에 드는 것을 하면 되고, 여건에 따라 두 가지를 다 해도 됩니다. 위대한 스승들은 잊어버림(진아망각)이 모든 악의 뿌리이고, 해탈을 구하는 자들에게는 죽음이라고 말합니다.42) 따라서 우리는 마음을 자신의 **진아** 안에 쉬게 해야 하며, 결코 **자기**(진아)를 잊어버리면 안 됩니다. 이것이 목표입니다. 마음을 제어하면 다른 모든 것을 제어할 수 있습니다. 요가의 8단계와 지知의 8단계 간의 구별은 경전들에 상세히 설명되어 있습니다. 그래서

---

42) "죽음(Kala)이란, 이승에서 털끝만큼도 놓아버려서는 안 되는 진아에 대한 내관을 놓아버리는 것이다." —『분별정보』(351쪽 둘째 문단 참조).

여기서는 이러한 가르침의 골자만 이야기했습니다.

35

제자: 요가에 속하는 조식과 지知에 속하는 조식을 동시에 닦는 것도 가능합니까?

스승: 마음이 심장 안에서 쉬어지게 되지 않은 한, 절대지식止息을 통해서건 탐구를 통해서건, 호식·흡식 등이 필요합니다. 그래서 수습修習 기간 중에 요가의 조식을 닦는 것이고, 지知의 조식은 언제든지 닦아도 됩니다. 그러니 둘 다 닦아도 됩니다. 요가의 조식을 닦는다면 절대지식을 능숙하게 할 수 있을 때까지 하면 족합니다.

36

제자: 왜 해탈에 이르는 길을 서로 다르게 가르쳐야 합니까? 구도자들의 마음에 혼란을 초래하지 않겠습니까?

스승: 베다에서는 자격 있는 구도자들의 등급이 서로 다른 데 맞추어 몇 가지 길을 가르칩니다. 하지만 해탈은 마음의 소멸에 불과하기 때문에, 모든 노력은 마음의 제어를 그 목표로 합니다. 명상 방식들은 서로 다르게 보일지 모르나, 결국 그 모두 하나가 됩니다. 이 점을 의심할 필요는 없습니다. 우리는 자기 마음의 성숙도에 맞는 길을 택하면 됩니다.

생기(*prana*)의 제어인 요가와 마음의 제어인 지知(*jnana*)—이것이 마음의 소멸을 위한 두 가지 주된 수단입니다. 어떤 이들에게는 전자가 쉽게 보일 수 있고, 어떤 이들에게는 후자가 쉽게 보일 수 있습니다. 하지만 지知는 거친 황소를 푸른 풀로 유인하여 길들이는 것과 같고, 요가는 힘을 써서 황소를 제어하는 것과 같습니다. 그래서 현자들은 말하기를, 자질을 갖춘 세 등급의 구도자들 중에서, 가장 뛰어난 사람들은 베단타적 탐구에 의해 **실재**의 성품을 판단하여 마음을 **진아** 안에 확고히 자리 잡게 함으로써, 그리고 자기 자신과 모든 사물을 **실재**의 성품을 가진 것으로 봄으로써 목표에 도달하고,43) 중간 정도인 사람들은 절대지식이나 **실재**에 대한 오랜 명상을 통해 마음을 **심장** 안에 머무르게 함으로써 목표에 도달하며, 가장 낮은 등급의 사람들은 호흡제어 등을 통한 점진적인 방법으로 그런 상태를 얻는다고 합니다.

무지의 형상으로 **심장** 안에 거주하고 있는 '나'라는 생각이 소멸될 때까지는, 마음을 **심장** 안에서 휴식하게 해야 합니다. 이 자체가 지知이며, 이것이야말로 명상이기도 합니다. 그 나머지는 단지 말을 이리저리 벌여놓은 것이며, 책을 이리저리 써놓은 것일 뿐이라고 경전에서 선언합니다. 따라서 우리가 이런 저런 수단으로 마음을 자신의 **진아** 안에 붙들어두는 요령을 터득하면, 다른 문제들에 대해 걱정할 필요가 없습니다.

위대한 **스승**들도 헌신가는 요기(yogi)보다 훌륭하며,44) 해탈에 이르는 수단은 자기 자신의 **진아**에 대한 성찰(내관)의 성격을 갖는 헌신이라고 가르쳤습니다.45)

그래서 이와 같이 브라만을 깨닫는 길이 심공지心空知(Dahara vidya)46)·브라만의 지知(Brahma vidya)·진아지眞我知(Atma Vidya) 등으로 다양하게 불립니다. 이 이상 무슨 말을 더 할 수 있습니까? 나머지는 추론으로 이해해야 합니다.

경전들은 여러 가지 방식으로 가르칩니다. 위대한 분들은 그 모든 방

---

43) 모든 것을 **실재**로 보는 것은 경전에 따르면 이러하다: "나는 브라만이다—둘이 없는 오직 하나인(one only without a second)".
44) "모든 요기들 중에서, 확고부동한 마음과 사랑을 나에게 주는 사람을 나는 아낀다." —『바가바드 기타』, 6.47.
    T. '헌신가'는 헌신의 길을 따르는 사람을 말한다.
45) "해탈에 이르는 방편들 중에서 헌신이야말로 최상의 것이라고 말할 수 있다. 왜냐하면 헌신은 자신의 진아에 대한 부단한 성찰이기 때문이다." —『분별정보』(321쪽 참조).
46) T. Dahara vidya는 '심장공간(heart-space)에 대한 지知'의 뜻이다.

식들을 분석해 본 뒤에, 이것이 가장 빠르고 가장 좋은 수단이라고 선언합니다.

37

제자: 위에서 가르치신 행법들을 닦음으로써 우리는 마음 안에 있는 무지·의심·과오 등의 장애들을 제거할 수 있고, 그렇게 해서 마음의 고요함을 얻을 수 있습니다. 하지만 마지막 한 가지 의문이 있습니다. 마음이 **심장** 안에서 해소된 뒤에는 전체적 **실재**로서 빛나는 **의식**만이 있습니다. 이처럼 마음이 **진아**의 형상을 취했을 때는 탐구할 사람이 누가 있습니까? 그런 탐구는 자기숭배로 끝나고 말 것입니다. 그것은 내내 자기 어깨 위에 있는 양을 찾아 헤매는 목동의 이야기나 마찬가지겠습니다!

스승: 개아(*jiva*) 자체가 **시바**이고, **시바** 자신이 개아입니다. 개아가 다름 아닌 **시바**라는 것은 진실입니다. 알곡이 껍질 속에 있으면 벼라 하고, 껍질을 벗기면 쌀이라 합니다. 마찬가지로, 우리가 업業에 속박되어 있는 동안은 개아로 머무르지만, 무지의 구속이 해소되면 **시바**, 즉 **신**으로서 빛난다고 경전에서 선언하고 있습니다. 따라서 마음인 개아는 실제로는 순수한 **진아**입니다. 그러나 개아는 이 진리를 잊어버리고, 자신을 하나의 개인적 영혼이라고 생각하고 마음이라는 형상 안에 속박됩니다. 따라서 바로 자기 자신인 **진아**를 찾는 것은 마치 목동이 (자기 어깨 위에 있는) 양을 찾는 것과 같습니다. 그렇기는 하나, 그 자신을 잊어버린 개아가 단순히 그런 앎을 명상한다고 해서 **진아**가 되지는 않겠지요. 전생에서부터 쌓아온 원습들이 야기하는 장애로 인해 개아는 거듭거듭 자신이 **진아**와 동일함을 망각하고, 속아서 자신을 몸 등과 동일시합니다. 사람이 고위 관리를 그저 바라보기만 해서 고위 관리가 되겠습니까? 그런 방향으로 부단히 노력해야 고위직 관리가 될 수 있지 않겠습니까? 마찬가지로, 몸 등과

의 심적인 동일시에 의해 속박되어 있는 개아는, **진아**에 대한 성찰의 형태로 점진적으로 꾸준히 노력을 쏟아야 하며, 이렇게 하여 마음이 소멸될 때 그 개아는 **진아**가 될 것입니다.47)

이처럼 이 **진아**에 대한 성찰을 부단히 닦으면 마음이 소멸될 것이고, 그런 뒤에 마치 송장을 태우는 장작에 불을 붙이는 데 사용되는 막대기처럼, 그 성찰 자체도 소멸될 것입니다. 바로 이런 상태를 해탈이라고 하는 것입니다.

38

제자: 만약 개아가 성품상 **진아**와 동일하다면, 개아가 자신의 성품을 깨닫지 못하게 가로막는 것은 무엇입니까?

스승: 그것은 자신의 참된 성품에 대한 개아의 망각입니다. 이것이 (마야의) 은폐력이라고 하는 것입니다.

39

제자: 개아가 그 자신을 잊어버린 것이 사실이라면, 어떻게 '나'-체험(T-experience)이 모두에게 일어나는 것입니까?

스승: 그 (망각의) 베일은 개아를 완전히 숨기지는 않습니다.48) 그것은 '나'의 **진아성품**만을 숨기고 "나는 몸이다"라는 관념을 투사합니다. 그러나 '나'인 **진아**의 존재는 숨기지 않는데, 이것은 실재하며 영원합니다.

---

47) "탄생이라는 속박의 원인이 되는 장애들은 많을 수 있으나, 그런 모든 변화의 근본 원인은 에고(ahankara)이다. 이 근본 원인을 영구히 소멸해야 한다." —『분별정보』(349쪽 둘째 문단 참조).

48) "무지는 기본적인 '나'를 숨길 수 없지만, 개아가 지고자(진아)라는 특수한 진리는 숨긴다." —『해탈정수(Kaivalya Navaneetha)』.

40

제자: 생전해탈자生前解脫者(jivanmukta)[생전에 해탈한 자]와 무신해탈자無身解脫者(videhamukta)[죽으면서 해탈한 자]의 특징은 무엇입니까?

스승: "나는 몸이 아니다, 나는 진아로서 드러나는 브라만이다. 전반적 실재인 내 안에서, 몸 등으로 이루어진 이 세계는 마치 하늘의 푸름과 같은 하나의 겉모습일 뿐이다."[49] 이처럼 진리를 깨달은 사람이 생전해탈자입니다. 하지만 그의 마음이 아직 (완전히) 해소되지 않은 한, 발현업發現業으로 인한 대상들과의 관계 때문에 그에게 어떤 불행이 일어날 수도 있습니다. 그리고 (미세한) 마음의 움직임이 그치지 않았으므로 지복의 체험도 없겠지요. 진아의 체험은 지속적인 명상의 결과로 미세해지고 움직이지 않게 된 마음에게만 가능합니다. 이처럼 미세해진 마음을 가진, 그리고 진아의 체험을 가진 사람을 생전해탈자라고 합니다. 이 생전해탈(jivanmukti)의 상태를 일컬어 '속성 없는 브라만'이라고도 하고 '뚜리야'라고도 합니다. 미세한 마음마저도 해소되고 진아의 체험이 그칠 때, 그리고 지복의 바다에 잠겨 어떤 차별화된 존재성도 없이 그것과 하나가 되었을 때, 그 사람을 무신해탈자라고 합니다. 이 무신해탈(videhamukti)의 상태를 일컬어 '초월적인, 속성 없는 브라만'이라고도 하고, '초월적인 뚜리야'라고도 합니다.[50] 이것이 최종 목표입니다. (그들이 겪게 되는) 행복과 불행의 차등 때문에, 깨달은 자들, 곧 생전해탈자와 무신해탈자는 브라마

---

49) "만약 세계들이, 절대적 실재인 나의 안에 나타난 겉모습이라는 명상을 꾸준히 해나간다면, 무지가 어디에 존립하겠는가?" ㅡ『해탈정수』.

50) T. 여기서 분명한 것은, 생전해탈자에게는 미세한 마음이 남아 있지만 무신해탈자에게는 그마저도 완전히 소멸해 있다는 것이다. 따라서 '무신해탈'이란 반드시 육신을 떠난 뒤의 해탈이라는 의미가 아니다. 마음이 '완전히' 소멸한 해탈자는 몸을 가지고 살아 있는 동안에도 '몸이 없는' 해탈자인 것이다. 이 구분은 뚜리야와 뚜리야띠따, 브라만과 빠라브라만의 구분과도 상응한다('초월적인, 속성 없는 브라만'은 빠라브라만을, '초월적인 뚜리야'는 뚜리야띠따를 가리킨다). 바가반은 『라마나 마하르쉬와의 대담』(대담 617)에서, "안목이 또렷한 요기는 뚜리야 안에만 거주하고, 최고 수준의 요기는 뚜리야띠따 안에만 머무르고 있다"고 했다. (위 질문에서 무신해탈에 '죽으면서 해탈한 자'라고 주석해 놓은 것은 옳지 않다.)

비드(Brahmavid), 브라마비드와라(Brahmavidvara), 브라마비드와리야(Brahmavidvariya), 브라마비드와리슈타(Brahmavidvarishta)51)의 네 가지 범주 중 하나에 속한다고 이야기할 수 있겠지요. 그러나 이런 구분들은 그들을 바라보는 남들의 관점에서 있는 것이고, 실제로는 진지眞知(jnana)를 통해서 얻는 해탈에는 어떤 구분도 없습니다.

경례

위대한 시바 자신이시면서
또한 인간의 형상을 하신
라마나 스승님의 두 발이
영원히 번영하시기를!

---

51) T. 이 네 등급의 산스크리트어 명칭에서 Brahmavid는 '브라만을 아는 자', 그리고 뒤에 붙는 vara는 '뛰어난', variya는 '더 뛰어난', varishtha는 '가장 뛰어난'의 뜻이다.

3. 영적인 가르침
Spiritual Instruction

초기 헌신자의 한 사람인 스리 나따나난다(Sri Natanananda)는 어느 날 바가반과 그의 헌신자들 사이에 오고간 대화를 받아 적었다. 그런 다음 그것을 정리하고 확장하여 바가반께 보여드렸고, 당신은 잘 썼다고 하셨다. 그것은 나중에 『우빠데사 만자리(*Upadesa Manjari*)』(영역본은 『영적인 가르침』)라는 제목으로 출판되었다.

기원문

복되신 라마나의 신성한 두 발에 귀의하오니, 당신께서는 창조·보존·파괴의 전체 과업을 수행하면서도 전적으로 집착 없이 계시며, 저희에게 무엇이 실재하는지 알게 하시고, 그리하여 저희들을 보호하시니, 이에 저는 당신의 말씀을 적절히 적어둘까 합니다.

이 저작의 중요성

1. 시작이 없고 무한한 삿찌다난다(*Satchidananda*)[존재-의식-지복]이자 빠라브라만[지고의 브라만]의 화신이신 바가반 스리 라마나 마하르쉬의 신성한 연꽃

발에 (생각·말·몸이라는) 도구들로 경배 드리면서, 해탈을 구하는 자들 중에서 으뜸인 이들과, 학식 있는 자들이 숭앙하는 이들의 이익을 위하여, 제가 당신의 '가르침의 꽃다발(upadesa manjari)'을 모았거니와, 이는 그들이 이것으로 스스로를 장식하고 구원을 얻도록 하기 위함입니다.

2. 이 책은 저 위대하신 영혼, 스리 라마나 마하르쉬의 불멸의 말씀을 요약한 것이니, 당신의 가르침은 마치 해가 어둠을 몰아내듯 이 비천한 사람의 의심과 그릇된 관념의 어둠을 완전히 몰아내었습니다.

3. 모든 베다와 아가마(Agamas)의 정점이자 **심장**으로서 빛나는 저 영원한 **브라만**이 본서의 논의 대상입니다.

4. 모든 우파니샤드가 찬양하고 모든 고귀한 구도자들(brahmavids)이 추구하는 지고의 선善인 저 비할 바 없는 **진아 깨달음**(Atma siddhi)이 본 저작의 주제입니다.[1]

제1장 가르침(Upadesa)

1. 참스승(Sadguru)의 특징은 무엇입니까?

진아(Swarupa)에 꾸준히 안주하는 것, 평등한 눈으로 모두를 바라보는 것, 모든 시간, 모든 장소와 환경 등에서의 흔들릴 수 없는 용기입니다.

2. 참제자(sadsishya)의 특징은 무엇입니까?

불행(dukha)을 소멸하고 행복(sukha)을 성취하겠다는 강렬한 열망과, 다른 어떤 성취도 강렬히 혐오하는 것입니다.

---

1) T. '기원문'과 '이 저작의 중요성', 맨 뒤의 종결어와 기원시는 스리 나따나난다가 쓴 것이다.

3. 가르침(*upadesa*)의 특징은 무엇입니까?

가르침을 뜻하는 '우빠데사(*upadesa*)'란 말은 '가까운 장소'[*upa*-가까움; *desa*-장소 또는 자리]라는 뜻입니다. 사뜨(*sat*)·찌뜨(*chit*)·아난다(*ananda*)[존재·의식·지복]라는 말이 가리키는 그것의 화현인 **스승**은, (가까이 있는 제자에게 가르침을 베풀어줌으로써) 제자가 감각 대상들의 형상을 받아들임으로 인해 자신의 참된 성품에서 벗어나 불행을 겪고 기쁨과 슬픔에 시달리는 일이 더 이상 없게 하고, 그를 아무 차별상差別相(differentiation) 없이 그 사람 자신의 참된 성품 안에 뿌리내리게 합니다.

'우빠데사'는 또한 '멀리 있는 대상을 아주 가깝게 보여주는 것'을 뜻하기도 합니다. 제자는, 자기와 멀리 떨어져 있고 자기와는 별개라고 믿어 온 **브라만**이 자기 가까이 있고 그 자신과 다르지 않다는 것을 분명히 인식하게 됩니다.

4. 스승이 곧 자신의 진아(Atman)라는 것이 사실이라면, 제자가 아무리 학식이 많고 어떤 신비한 능력이 있다 해도 스승의 은총 없이는 진아 깨달음(*atmasiddhi*)을 성취할 수 없다는 교의敎義의 저변에 있는 원리는 무엇입니까?

절대적 **진리** 안에서는 스승의 상태가 자기 자신의 상태이지만, 무지를 통해 개아(*jiva*)가 되어버린 자아는, 스승의 은총 없이는 자신의 진정한 상태 또는 성품을 깨닫기가 매우 어렵습니다.

참스승의 친존親存(presence)에 있기만 해도 모든 정신적 개념들은 제어됩니다. 어떤 사람이 자신은 배움의 바다 저쪽 언덕을 보았다거나 거의 불가능한 행위들을 자신은 해낼 수 있다고 오만하게 주장할 때, 만약 스승이 그에게 "그렇소. 그대는 배울 수 있는 것을 모두 배웠소. 그러나 그대 자신이 누구인지 (아는 법은) 배웠소? 그리고 거의 불가능한 행위들을 할 수 있는 그대 자신은 본 적이 있소?"라고 말하면, 그들은 (부끄러워서) 머리를 숙이고 말이 없을 것입니다. 그래서 자기 자신을 아는 것은 스승의 은총에 의해서만 가능하며, 다른 어떠한 성취에 의해서도 불가능하다는 것이 분명합니다.

5. 스승의 은총(anugraha)의 특징은 무엇입니까?

그것은 마음과 말을 넘어서 있습니다.

6. 만약 그렇다면 어떻게 제자가 스승의 은총에 의해 자신의 진정한 상태를 깨닫는다고 하는 것입니까?

그것은 마치 코끼리가 꿈속에서 사자를 보자 깨어나는 것과 같습니다. 코끼리가 사자를 보기만 해도 깨어날 수 있듯이, 제자도 스승의 자비로운 은총의 눈길에 의해서 무지의 잠에서 참된 지知의 생시로 깨어날 수 있는 것이 확실합니다.

7. 만물의 하느님(Sarveshwara)의 성품이 곧 참스승의 성품이라고 하는 말의 의미는 무엇입니까?

참된 지知의 상태나 하느님(Ishwara)의 상태에 도달하고 싶어 하고 그러기 위해 늘 헌신을 닦는 개아의 경우에, 그의 헌신이 어느 정도 성숙한 단계에 도달하면, 그 개아에 대한 주시자이자 그와 별개가 아닌 하느님이 그의 세 가지 본래적 면모인 사뜨-찌뜨-아난다(sat-chit-ananda)의 도움 하에, 형상과 이름까지 우아하게 갖추고 사람의 모습으로 나타나서, 그 제자를 축복하는 듯이 하면서 그를 그 자신 안으로 흡수합니다. 이것은 잘 확립된 결론이므로, 스승이 곧 하느님이라는 것은 절대적으로 참됩니다.

8. 그러면 어떤 위대한 분들은 어떻게 스승 없이 지知를 성취했습니까?

소수의 성숙된 사람들에게는 저 하느님(Isan)이 형상 없는 지知의 빛으로 나타나서 진리에 대한 자각을 전해줍니다.

9. 헌신(bhakti)과 싯단타(Siddhanta)[즉, 샤이바 싯단타(Saiva Siddhanta)]2)의 길의 목적은 무엇입니까?

그것은 우리가 정화된 세 가지 도구[몸·말·마음]를 가지고 하느님의 종從으로서 사심 없는 헌신의 마음으로 하는 모든 행위는 하느님의 행위가 되고, '나'와 '내 것'이라는 느낌에서 벗어나 우뚝 선다는 진리를 배우기 위한 것입니다. 이것은 샤이바 싯단타인들이 지고의 헌신(parabhakti) 혹은 신에 봉사하는 삶(irai-pani-nitral)이라고 하는 진리이기도 합니다.

10. 지知 혹은 베단타(Vedanta)의 길의 목적은 무엇입니까?

그것은 '나'가 하느님과 별개로 존재하지 않는다는 진리를 알고, 행위자라는 느낌(kartritva)에서 벗어나려는 것입니다.

11. 이러한 두 길의 목적이 동일하다고 어떻게 말할 수 있습니까?

어떤 수단으로든 '나'라는 느낌(ahamkara)과 '내 것'이라는 느낌(mamakara)을 소멸하는 것이 목표인데, 그 둘은 상호의존적이므로 하나를 소멸하면 다른 하나를 소멸할 수 있습니다. 따라서 생각과 말을 넘어서 있는 침묵의 상태를 성취하기 위해서는 '나'라는 느낌을 제거하는 지知의 길(jnana marga)이나 '내 것'이라는 느낌을 제거하는 헌신의 길(bhakti marga)

---

2) T. 샤이바 싯단타는 남인도에서 흥기한 힌두교 시바파의 일파이다. 시바에 대한 열렬한 헌신의 감정을 표출하며, 아가마 경전(Agamas)과 남인도 시인-성자들의 시바 찬가를 중시했다. 대표적 문헌은 마니까바짜가르(Manikkavachagar-9세기)의 『띠루바짜감(Tiruvachagam)』과 남비(Nambi-11세기)가 모은 시바 찬가집 『띠루무라이(Tirumurai)』이다.

중 어느 하나면 충분합니다. 따라서 헌신과 지知의 길이 같은 목적을 가지고 있다는 것은 의심할 여지가 없습니다.

> 주註: '나'가 존속하는 한 신을 받아들이는 것도 필요하다. 만약 누구든지 지금은 자신이 잃어버린 지고의 동일성 상태(sayujya-신과의 합일 상태)를 쉽게 되찾고 싶다면 이러한 결론을 받아들이는 것이 온당할 것이다.

12. 아만(tarbodham)의 특징은 무엇입니까?

'나'라는 에고 형상의 개아가 아만입니다. 의식(chit)의 성품을 지닌 **진아**에는 '나'라는 느낌이 전혀 없습니다. 지각력 없는 몸도 '나'라는 느낌을 가지고 있지 않습니다. 의식과 지각력 없는 몸 사이의 중간에서 출현하는 이 포착하기 힘든 개아(에고)가 모든 문제의 근본 원인이며, 어떤 수단으로든 이것을 소멸하면 '진정으로 존재하는 것'이 있는 실제 있는 그대로 빛날 것입니다. 이것을 해탈(Moksha)이라고 합니다.

제2장 수행(Abhyasa)

1. 수행 방법은 무엇입니까?

진아의 참된 성품을 깨달으려고 노력하는 사람의 **진아**는 그 사람과 다르지 않고, 그가 성취할 것으로서 그가 아니거나 그를 능가하는 것은 전혀 없으며, **진아 깨달음**(Atma Sakshatkara)이란 자기의 성품을 직접 깨닫는 것이므로, 해탈을 구하는 사람은 영원한 것과 영원하지 않은 것의 분별에 의해 아무 의심이나 오해 없이 늘 자신의 참된 성품을 깨닫고 자신의 본래적 상태에서 벗어나지 않습니다. 이것이 지知 수행(jnana-abhyasa)이라는 것입니다. 이것이 진아 깨달음에 이르는 탐구(vichara)입니다.

2. 이 탐구의 길은 모든 구도자들이 따를 수 있습니까?

이것은 성숙된 영혼들에게만 적합합니다. 나머지 사람들은 그들의 마음 상태에 따라, 다른 수행법(*sadhana*)을 따라야 합니다.

3. 다른 수행법들은 무엇입니까?

그것은 (1) 찬송, (2) 염송, (3) 명상, (4) 요가, (5) 지知 등입니다.

(1) 찬송(*stuti*)은 가슴 녹는 헌신으로 신(*Isvara*)의 찬가를 큰 소리로 노래하는 것입니다.

(2) 염송念誦(*japa*)은 신들의 명호名號나 옴(*Om*)과 같은 신성한 진언을 소리 내어 또는 속삭이듯이 염하는 것입니다.

찬송이나 염송의 방법을 따를 때 마음이 어떤 때는 집중되고[문자적으로, '닫히고'] 어떤 때는 분산됩니다[문자적으로, '열리다']. 이런 방법들을 따르는 사람들에게는 마음의 변덕스러움이 쉽게 인식되지 않을 것입니다.

(3) 명상(*dhyana*)은 헌신의 감정을 가지고 명호 등을 마음속으로 염하는 것[염송]을 뜻합니다. 이 방법에서는 마음의 상태가 쉽게 식별될 것입니다. 왜냐하면 마음이 동시에 집중되거나 분산되지는 않기 때문입니다. 어떤 사람이 명상에 들어 있을 때는 감각 대상을 접촉하고 있지 않고, 감각 대상을 접촉하고 있을 때는 명상에 들어 있지 않습니다. 따라서 이 상태에 있는 사람들은 마음의 변덕스러움을 바로 그 자리에서 관찰할 수 있고, 마음이 다른 생각을 하는 것을 멈추어 그것을 명상 안에 고정합니다. 명상의 완성은 **진아에 안주하는 상태**(*tadakaranilai*)['그것'의 형상이 된 상태]입니다.

명상은 마음의 근원에서 극도로 미세하게 작용하기 때문에, 마음이 일어나고 가라앉는 것을 바로 그 자리에서 지각하기가 어렵지 않습니다.

(4) 요가(*yoga*) : 호흡의 근원은 마음의 근원과 같습니다. 따라서 하나

가 가라앉으면 다른 하나도 힘들지 않게 가라앉습니다. 이것은 호흡제어 [조식]를 통해 마음을 가라앉히는(*manolaya*) 수행입니다.

요기들은 사하스라라(*sahasrara*)[문자적으로, '꽃잎이 천 개인 연꽃'][3])와 같은 주시처(*lakshya*)에 마음을 고정함으로써 자신의 몸을 의식하지 못한 채 얼마든지 오랜 시간을 있을 수 있습니다. 이 상태가 계속되는 한 그들은 어떤 행복의 상태에 잠겨 있는 것처럼 보입니다. 그러나 가라앉아 있던 마음이 떠오르면[다시 활동하게 되면] 세간적인 생각들이 다시 돌아옵니다. 따라서 마음이 밖으로 쏠릴(*bahirmukha*) 때마다 그것을 명상·탐구 등의 수행법으로 다스릴 필요가 있고, 그러면 마음은 가라앉음도 없고 떠오름도 없는 상태에 도달할 것입니다.

(5) 지知(*jnana*)는 부단한 명상이나 탐구[4])의 수행을 통해 마음을 진아의 형상을 취하도록 만들어 소멸시키는 것입니다. 마음 소멸(*manonasa*)은 모든 노력이 그쳐버린 상태입니다. 이 상태에 자리 잡은 사람들은 그들의 진정한 상태에서 결코 벗어나지 않습니다. '침묵(*mouna*)'과 '고요히 있음(*summa irutthal*)'이라는 말은 실로 이러한 상태를 두고 하는 말입니다.

주註: (i) 모든 수행법은 마음의 일념집중을 성취하기 위한 목적으로 하는 것이다. 기억하고, 잊어버리고, 욕망하고, 혐오하고, 취하고, 버리는 등의 모든 심적 활동은 마음의 변상變相(modifications)들로서 우리의 참된 상태일 수 없다. 단순하고 변함 없는 그저 '있음'이 우리의 참된 성품이다. 이와 같이 자기 존재의 진리를 알고 그것이 되는 것이 속박의 제거(*bandha nivritti*)이며 매듭의 소멸(*granthi nasam*)이라고 하는 것이다. 마음의 고요함이라는 이 상태를 확고하게 성취할 때까지는, 진아

---

3) *T*. 머리 정수리에 있는 차크라.
4) *T*. 이 (4)와 (5)의 답변에서는 '다른 방법들'에 탐구(*vichara*)의 방법도 포함시켜 설명하고 있다. 전통적으로 지知의 길은 "나는 브라만이다" 하는 브라만과의 동일시 명상법이나 "이건 아니다, 이건 아니다" 하는 비아非我 부정법의 방식을 취하는데, 특히 이 부정법을 '탐구'라고 했다. 여기서 말하는 '탐구'는 바로 그것을 뜻한다고 본다. 여기서 말하는 '명상'도 브라만과의 동일시 명상을 말하며, (3)항의 염송적 명상과 구별된다. 반면, 바가반이 말하는 '자기탐구'는 더 발전된 의미의 '지知의 길'이라고 할 수 있다.

를 놓치지 않으면서 마음이 다른 생각들로 오염되지 않게 하는 수행이 구도자에게 필수불가결하다.

(ii) 마음의 힘을 얻기 위한 수행법들이 많기는 하나, 모두 같은 목적을 달성한다. 왜냐하면 누구든지 마음을 어떤 대상에 집중하면 모든 심적인 개념들이 사라진 후 궁극적으로 그 대상으로서만 머무르게 되는 것을 볼 수 있기 때문이다. 이것이 **명상의 성취**(dhyana siddhi)라는 것이다. 탐구의 길을 따르는 사람들은 탐구의 끝에 남아 있는 마음이 곧 브라만임을 깨닫는다. 명상을 수행하는 사람들은 명상의 끝에 남아 있는 마음이 곧 그들이 한 명상의 대상임을 깨닫는다. 어느 경우나 그 결과는 동일하므로, 구도자들은 목표를 성취할 때까지 이러한 방법들 중의 어느 하나를 끊임없이 닦아야 한다.

4. '고요히 있음'의 상태는 노력이 있는 상태입니까, 없는 상태입니까?

그것은 노력 없는 나태함의 상태가 아닙니다. 보통 노력이라고 하는 세간적 활동은 마음의 일부분의 도움으로 영위되며, 자주 끊어집니다. 그러나 **진아합일 행위**(Atma vyavahara), 즉 내면을 향해 고요히 머무름은 온 마음을 다해 끊임없이 해나가는 완전한 노력입니다.

다른 행위로는 파괴될 수 없는 **마야**(Maya)[망상, 무지]도 이 '**침묵**(mauna)'이라고 하는 이 완전한 노력에 의해 완전히 소멸됩니다.

5. 마야의 본질은 무엇입니까?

그것은 항상 어디에나 존재하고 모든 것에 편재하며 스스로 빛을 발하는 **진아**라는 실재를 있지 않는 것으로 여기게 하고, 항상 어디에도 실재하지 않는다는 것이 확정적으로 증명되어 온 **세계**(jagat)·**개아**(jiva)·**신**(para)을 있는 것으로 여기게 하는 것입니다.

6. 진아는 스스로 완전히 빛을 발하는데, 왜 모든 사람이 그것을 세상의

다른 대상들처럼 일반적으로 인식하지 못합니까?

우리가 특정한 대상들을 알 때, 그것은 진아가 그 대상들의 형상으로 스스로를 아는 것을 의미합니다. 왜냐하면 지知(arivu)[또는 자각]라고 하는 것은 진아의 힘(atma shakti)일 뿐이기 때문입니다. 진아가 유일하게 지각력이 있는 대상입니다. 진아와 별개의 것은 아무것도 없습니다. 만약 그런 대상이 있다면 그것은 모두 지각력이 없는 것이고, 따라서 스스로를 알거나 서로를 알지 못합니다. 진아가 자신의 참된 성품을 이런 식으로 알지 못하는 결함 때문에, 그것이 개아의 형상을 하고 탄생(과 죽음)의 바다에 잠겨서 분투하고 있는 것처럼 보이는 것입니다.

7. 하느님(Ishwara)이 모든 것에 편재한다고는 하나, "그의 은총을 통해서 그를 숭모한다"고 하는 구절에서 보듯이 하느님의 은총을 통해서만 그를 알 수 있는 것처럼 보입니다. 그렇다면 하느님의 은총 없이 개아가 어떻게 그 자신의 노력으로 진아 깨달음을 성취할 수 있겠습니까?

하느님은 진아를 뜻하고 은총(Anugraha)은 하느님의 현존 혹은 드러냄을 뜻하기 때문에, 하느님이 알려지지 않고 있는 때는 없습니다. 만약 온 세상을 찬란하게 비추는 햇빛이 부엉이에게 보이지 않는다면, 그것은 부엉이 탓이지 어떻게 해의 탓이겠습니까? 마찬가지로, 항상 자각의 성품을 하고 있는 진아를 무지한 사람이 자각하지 못한다면 그것은 그 사람 탓이지, 어떻게 진아의 탓이겠습니까? 은총이야말로 그의 참된 성품이기 때문에 하느님이 '복된 은총(Tiruvarul)'으로 잘 알려진 것입니다. 따라서 그의 항존하는 성품 자체가 은총인 하느님은 은총을 내려주는 것과 같은 일은 하지 않습니다. 또한 그가 은총을 내려주어야 할 특별한 시점도 없습니다.

8. 몸 안에서 진아가 거주하는 자리는 어디입니까?

일반적으로 가슴 오른쪽의 **심장**이 진아의 자리라고 합니다. 이것은 우리가 자기 자신을 지칭할 때 보통 가슴의 오른쪽을 가리키면서 '나'라고 하기 때문입니다. 어떤 이들은 사하스라라(*sahasrara*)야말로 진아의 자리라고 합니다. 그러나 만약 그것이 사실이라면 우리가 잠이 들거나 기절했을 때 머리가 앞으로 떨어지지 않아야 할 것입니다.

9. 심장의 본질은 무엇입니까?

심장을 묘사하는 경전에서는 이렇게 말합니다.

"두 젖꼭지 사이, 가슴 아래 배 위에, 서로 다른 색깔의 여섯 기관5)이 있다. 그 중에서 수련垂蓮 꽃봉오리처럼 생겼고 가슴 중심에서 손가락 두 개 폭으로 오른쪽에 위치한 것이 **심장**이다.

그것은 거꾸로 서 있고 그 안에는 작은 구멍이 있는데, 이것이 욕망들로 가득 찬 짙은 어둠[무지]의 자리이다. 모든 영적인 신경(*nadis*)들이 그것에 의존하고 있다. 그것은 생명력과 마음과 (의식의) 빛이 거주하는 곳이다."6)

그러나 **심장**이 그렇게 묘사되기는 하지만, **심장**(*hridayam*)이라는 단어의 의미는 곧 **진아**입니다. **심장**은 존재(*sat*)·의식(*chit*)·지복(*anandam*)·영원(*nityam*)·완전(*purnam*) 등의 의미를 지니고 있기 때문에, 그것에는 안과 밖, 위와 아래의 차별이 없습니다. 모든 생각이 그 안에서 종식되는 그 고요함의 상태를 진아의 상태라고 합니다. 그것의 성품을 깨달아 **그것으로 안주할 때는, 그것이 몸의 안에 있느냐 밖에 있느냐를 따질 여지가 없습니다.**

---

5) 이것은 차크라(*chakras*)와는 다른 것이다.
6) 「실재사십송-보유」, 제18-19송 참조.

10. 외부의 대상들과 접촉하지 않고 있을 때도 왜 마음속에서 많은 대상들에 대한 생각이 일어납니까?

그런 모든 생각은 잠재적인 과거의 습習(purva samskaras)에 기인합니다. 생각들은 자신의 본래적 고요함, 순수한 존재의 상태를 잊어버리고 외부화된 개인적 의식에게만 나타납니다. 특정 사물들이 지각될 때마다 "이것을 보는 것은 누구인가?" 하는 탐구를 해야 하며, 그러면 그것들은 즉시 사라질 것입니다.

11. 깊은 잠, 삼매 등의 상태에서는 없는 세 가지 요소[아는 자, 알려지는 것, 앎]가 어떻게 (생시와 꿈의 상태에서는) 진아 안에서 나타납니까?

진아로부터 다음과 같은 것들이 연달아 일어납니다.
(1) 일종의 광명인 반사된 의식(chidabhasa),
(2) 개아[개인적 의식], 즉 보는 자 혹은 최초의 개념(相, vritti),
(3) 현상들, 즉 세계.

12. 진아는 지知와 무지라는 관념에서 벗어나 있는데, 그것이 어떻게 지각력의 형태로 몸 전체에 편재한다거나, 감각기관들에 지각력을 부여한다고 말할 수 있습니까?

현자들은 이렇게 말합니다. "갖가지 영적인 신경들의 근원과 진아 사이에 하나의 연결이 있으니 이것이 곧 심장매듭(hridaya-granthi)이다. 지각력 있는 것과 지각력 없는 것 사이의 이 연결은 참된 지知의 도움으로 그것이 잘려나갈 때까지 존속한다. 미세하고 눈에 보이지 않는 전기력이 전선 속을 흘러가듯이, 진아의 힘도 영적인 신경들 속을 흘러서 전신에 두루 퍼지며, 감각기관들에 지각력을 부여한다. 만약 이 매듭이 풀리면, 진아는 늘 그러한 그대로 아무런 속성 없이 남아 있게 된다."고 말입니다.

13. 순수한 지知인 진아와 상대적인 지知인 세 가지 요소 사이에 어떻게 연결이 있을 수 있습니까?

이것은 어느 면에서 영화(cinema)의 상영 과정과 비슷합니다.

영 화	진 아
(1) 내장된 전등(영사 장비)	진아
(2) 전등 앞의 렌즈	진아에 가까운 순수한 마음
(3) 별개의 사진들을 길게 이어놓은 필름	미세한 생각들을 이루는 잠재적인 습의 흐름
(4) 함께 집중된 빛을 형성하는 렌즈, 렌즈를 통과한 빛, 전등	함께 '보는 자', 즉 개아를 형성하는 마음, 마음의 빛, 그리고 진아
(5) 렌즈를 통과하여 스크린에 닿는 빛	감각기관을 통과하여 세계에 닿는, 마음에서 일어나는 진아의 빛
(6) 스크린의 빛 안에서 나타나는 갖가지 화면들	세계의 빛 안에서 지각 대상들로 나타나는 갖가지 형상과 이름들
(7) 필름을 가동하는 기계 장치	마음의 잠재적인 습을 현현시키는 신적 법칙

필름이 렌즈를 통해 그림자를 던지는 동안은 스크린에 화면들이 나타나듯이, 내적기관 안에 원습들(vasanas)이 남아 있는 동안은 생시와 꿈의 상태에서 개인에게 대상인 현상계(prapancha)가 계속 나타나겠지요. 렌즈가 필름 상의 작은 점들을 거대한 크기로 확대하면 한 순간에 여러 화면이 나타나는 것과 마찬가지로, 마음은 싹과 같은 원습들을 나무와 같은

생각들로 확대하여 한 순간에 수많은 세계를 보여줍니다. 그리고 상영할 필름이 없으면 전등의 불빛만 보이듯이, 깊은 잠, 기절 상태 그리고 삼매 속에서 원습의 형태를 한 마음의 개념들이 없을 때는 세 가지 요소 없이 진아만이 빛납니다. 전등이 렌즈 등을 비추면서도 아무 영향을 받지 않고 남아 있듯이, 진아는 에고(chidabhasa) 등을 비추면서도 그 자신만은 늘 아무 영향을 받지 않고 남아 있습니다.

14. 명상이란 무엇입니까?

그것은 어느 상태(avasthas)[생시·꿈·잠의 세 가지 상태]에서도 진아의 상태에서 조금도 벗어나지 않고, "내가 명상하고 있다"는 생각조차도 일어날 여지를 줌이 없이 자신의 진아로서 안주하는 것입니다. 그 상태에서는 다른 상태들(생시·꿈 등) 간의 사이가 전혀 나타나지 않으므로, 잠도 명상으로 간주됩니다.

15. 명상과 삼매는 어떤 차이가 있습니까?

명상은 자기 자신의 노력을 통해 만들어진 마음의 상상입니다. 삼매에서는 그런 노력이 없습니다.

16. 명상에서는 어떤 요소들을 명심해야 합니까?

진아안주자眞我安住者(Atma nishtha)는 이 일념집중의 몰입에서 조금도 벗어나지 않도록 주의하는 것이 중요합니다. 자신의 참된 성품에서 벗어나면, 눈앞에 밝은 광채 따위를 보거나, (이상한) 소리를 듣거나, 혹은 자신의 안팎에서 나타나는 신들의 환영幻影을 실재하는 것으로 보게 될 것입니다. 그는 이런 것들에 속아 자신을 잊어버리면 안 됩니다. 대상들을 아는 의식 자체가 실재하지 않는다면, '보이는 것'인 알려지는 대상들이 어떻게 실재할 수 있습니까?

주註:
1. 진아 아닌 대상들을 생각하느라고 허비된 순간들이 진아에 대한 탐구에 쓰여진다면, 진아 깨달음은 아주 짧은 시간 안에 성취될 것이다.
2. 마음이 진아의 상태에 자리 잡을 때까지는 모종의 관법觀法(bhavana)[7]이 필수적이다. 그렇지 않으면 마음은 빈번히 망념이나 잠에 휩쓸릴 것이다.
3. 무성관상無性觀想(nirgunopasana)[속성 없는 브라만에 대한 명상]으로 간주되는 "나는 시바다(Sivoham)", "나는 브라만이다(Aham Brahmasmi)" 같은 관법을 닦느라고 시간을 다 보내지 말고, 그러한 관상(upasana)의 결과인 마음의 힘을 얻자마자 자기 자신에 대한 탐구를 닦아야 한다.
4. 단 하나의 심적 개념(vritti)의 여지도 주지 않는 데 수행의 뛰어남이 있다.

17. 수행자(sadhaka)가 따라야 할 행위 준칙은 무엇입니까?

적당한 음식, 적당한 잠, 적당한 말입니다.

18. 얼마나 오래 수행해야 합니까?

마음이 개념들에서 벗어난 본래적 상태가 애씀 없이 저절로 이루어질 때까지, 즉 '나'와 '내 것'이라는 느낌이 완전히 소멸될 때까지 수행해야 합니다.

19. 혼자 살기(ekantavasa)의 의미는 무엇입니까?

진아는 일체에 편재하므로 그것은 혼자만의 어떤 특정한 장소도 갖지 않습니다. 심적인 개념들로부터 벗어나 존재하는 상태가 '혼자 살기'라고 하는 것입니다.

---

7) T. 신이나 진아와 어떤 관계를 상상하며 갖는 마음가짐, 혹은 그런 마음으로 관상觀想하기.

20. 분별(*viveka*)의 표지는 무엇입니까?

일단 **진리**(*unmai*)를 깨달은 뒤에 미혹에서 벗어난 상태를 유지하는 데 분별(지혜)의 참된 면모는 있습니다. 지고의 **브라만** 안에서 조금이라도 차별을 보는 사람에게만 두려움이 있습니다. 그 누구든 몸이 자기라는 관념이 남아 있는 한, 진리를 깨달은 자일 수 없습니다.

21. 만약 모든 일이 발현업(*prarabdha*)[과거 행위의 결과]에 따라 일어난다면, 명상의 장애를 우리가 어떻게 극복할 수 있겠습니까?

발현업은 밖으로 향하는 마음에만 관계되지, 안으로 향하는 마음에는 관계되지 않습니다. 자신의 참된 **진아**를 추구하는 사람은 어떤 장애도 두려워하지 않을 것입니다. 장애라는 생각 자체가 가장 큰 장애입니다.

22. 출가수행의 삶(*sannyasa asrama*)은 **진아안주**(*Atmanishtha*)를 위한 필수적인 수단의 하나입니까?

자신의 몸에 대한 집착을 제거하려는 노력은 실로 **진아** 안에 안주하기 위한 것입니다. 생각의 성숙과 탐구만이 몸에 대한 집착을 제거해 주며, 학생기學生期(*brahmacharya*) 등의 인생단계(*asramas*)가 그렇게 해주지는 않습니다.[8] 왜냐하면 집착은 마음 안에 있지만 그러한 단계들은 몸과 관련되기 때문입니다. 몸의 단계들이 어떻게 마음속의 집착을 없애줄 수 있겠습니까? 생각의 성숙과 탐구는 마음에 속하기 때문에, 이러한 성숙과 탐구만이—바로 그 마음이 하는 탐구에 의해—무無탐구를 통해 마음속에 스며든 집착을 제거할 수 있습니다. 그러나 출가수행은 무욕(*vairagya*)을 성취하기 위한 수단이고, 무욕은 탐구를 하기 위한 수단이므로, 출가하는

---

[8] *T*. 힌두교의 전통적인 인생단계는, 1) 학생기(독신학습기, *brahmachary*), 2) 가주기家住期(결혼가정기, *grihastha*), 3) 임서기林棲期(산림은둔기, *vanaprastha*), 4) 유행기遊行期(출가수행기, *sannyasa*)이다.

것은 어떤 면에서 무욕을 통한 탐구를 하기 위한 수단이라고 볼 수 있지요. 출가수행을 할 만큼 성숙되기 전에 출가하느라고 자신의 삶을 허비하느니 재가자의 삶을 사는 것이 더 나으며, 거기서 많은 이익이 생겨납니다. 마음을 그것의 참된 성품인 진아 안에 고정하기 위해서는, 그것을 망념(sankalpas)과 의심(vikalpas)이라는 가족들에서 떼어놓아야 합니다. 즉, 마음 속의 가족(samsara-세간연)을 포기하는 것이 진정한 출가수행입니다.

23. 행위자 관념이 조금이라도 남아 있는 한 진아지는 성취될 수 없다는 것이 하나의 확립된 원칙이지만, 재가자인 공부인이 이러한 느낌 없이 자신의 임무를 제대로 수행해 나갈 수 있겠습니까?

행위자 관념(kartritva)이 있어야 행위가 이루어진다는 법은 없기 때문에, 어떤 행위가 '행위자(doer)' 없이, 혹은 '하는 행위' 없이도 일어날 수 있겠느냐고 의심할 필요는 없습니다. 국고를 담당하는 관리가 다른 사람들이 보기에는 하루 종일 주의 깊게, 그리고 책임감 있게 자신의 임무를 수행하고 있는 것으로 보일지 모르지만, 그는 "이 모든 돈들은 나와 아무 관계가 없다"는 무관심한 태도로 생각하면서, 행위자 관념 없이 그리고 마음의 집착 없이, 자신의 임무를 해나갈 것입니다. 마찬가지로, 현명한 재가자도 자신의 발현업에 따라 닥쳐오는 갖가지 재가 업무를, 무관심한 태도로, 마치 남의 손에 들린 연장이 일을 하는 것같이 아무 집착 없이 해나갈 수 있습니다. 행위는 앎에, 앎은 행위에 서로 장애물이 아닙니다.

24. 자기 몸의 유지관리를 돌아보지 않는 현명한 재가자가 그의 가족들에게 무슨 소용 있으며, 그의 가족은 그에게 무슨 소용 있습니까?

그가 자기 몸의 유지관리를 전적으로 돌아보지 않는다 해도, 만약 발현업 때문에 자신의 노력으로 가족을 부양해야 한다면, 그는 다른 사람들에게 봉사를 하는 사람으로 남을 수도 있겠지요. 만약 이 현명한 사람이 가정적 임무를 수행하는 데서 얻는 이익이 무엇이냐고 묻는다면, 그는 이미 무한한 만족의 상태에 도달했고, 그것은 모든 이익을 합친 것과 같을 뿐 아니라 모든 것 중에서 최고의 선善이므로, 가정적 임무를 수행한다고 해서 그가 더 얻을 것은 없다고 대답할 수 있겠습니다.

25. 끊임없는 활동(*pravritti*)의 성격을 가진 가정적 임무를 수행하는 가운데서 어떻게 행위의 그침(*nivritti*)과 마음의 평안을 얻을 수 있습니까?

이 현명한 사람이 하는 활동들은 남들의 눈에만 존재하고 그 자신에게는 그렇지 않으므로, 그가 아무리 많은 일을 한다 해도 실은 아무 일도 하지 않는 것입니다. 따라서 그의 활동들은 무위無爲(*nivritti*)와 마음의 평안에 방해가 되지 않습니다. 그는 모든 다르마(*dharmas*)가 그에게 의존하여 존재하는 반면, 자신은 어떤 활동에 의존하여 존재하지 않는다는 진리를 알고 있기 때문입니다. 따라서 그는 일어나는 모든 활동의 단순한 주시자로 고요히 머무르면서, 자신이 그 활동들의 지지물이 될 것입니다.

26. 진인이 하는 행위들에 발현업만이 그 원인인 것과 같이, 그의 현재의 행위들에 의해 야기된 원습(*vasanas*)이 미래에 그에게 들러붙지 않겠습니까?

모든 원습을 벗어난 사람만이 진인입니다. 그렇다면 행위에 전혀 집착함이 없는 그에게 어떻게 업의 원습이 영향을 미칠 수 있겠습니까?

27. 브라마짜리야(*brahmacharya*-독신학습기)의 의미는 무엇입니까?

브라만 탐구(*Brahma-vichara*)만을 브라마짜리야라고 해야겠지요.

28. 인생단계에 맞추어 따르는 브라마짜리야의 실천은 지知(깨달음)의 한 수단이 되겠습니까?

금계禁戒(yama)·권계勸戒(niyama)와 같은 다양한 지知의 수단들이 브라마짜리야에 포함되기 때문에, 학생기에 속하는 사람들(brahmacharins)이 덕 있는 실천 행위들을 법식대로 따르는 것은 그들의 진보에 큰 도움이 됩니다.

29. 학생기에 있다가 출가수행기로 바로 들어갈 수도 있습니까?

능력 있는 사람은 학생기 등의 정해진 인생단계에 공식적으로 들어갈 필요가 없습니다. 진아를 깨달은 사람은 그러한 인생단계들을 구별하지 않습니다. 따라서 어떤 인생단계도 그에게 도움이 되거나 그를 장애하는 것으로 보이지 않습니다.

30. 계급(caste)과 인생단계의 법칙을 준수하지 않으면 수행자에게 어떤 손해가 있습니까?

지知의 실천(jnana anushthana)[지知의 수행]이 다른 모든 수행의 최고의 목적이기 때문에, 부단히 지知를 실천하는 사람에게는―그가 어느 인생단계에 머물러 있든―준수해야 할 계급과 인생단계가 없습니다. 만약 그런 사람이 계급과 인생단계의 법칙을 준수한다면, 그것은 세상 사람들의 이익을 위해서입니다. 그런 규율들을 따른다고 해서 어떤 이익이 있는 것은 아니고, 그것을 지키지 않는다고 해서 그에게 어떤 손해가 있는 것도 아닙니다.

제3장 체험(*Anubhava*)

1. 의식의 빛이란 무엇입니까?

'보는 자'에게 안팎에 있는 이름과 형상들의 세계를 비추어 주는 것은, 스스로 빛을 발하는 저 **존재-의식**(*Satchidam*, existence-consciousness)입니다. 이 의식의 빛이 존재한다는 것은 그것에 의해 비추어지는 대상들로써 추리할 수 있습니다. 그것은 별개의 알려지는 대상이 되지 않습니다.

2. 명지明知(*vijnana*)란 무엇입니까?

그것은 구도자가 체험하는 고요함, 순수한 의식의 상태인데, 파도 없는 바다나 움직임 없는 허공(ether)과 같은 것입니다.

3. 지복(*ananda*)이란 무엇입니까?

그것은 모든 활동에서 벗어나 있고 깊은 잠과 비슷한 **명지**明知의 상태에서 갖는 기쁨(평안)의 체험입니다. 이것을 **합일무상**合一無相 **상태**(*kevala nirvikalpa nilai*)[개념 없이 머무름]라고도 합니다.

4. 지복을 넘어선 상태(*anandatita*)란 무엇입니까?

그것은 활동 없는 깊은 잠과 비슷한 '생시-잠(*jagrat-sushupti*)'['깨어 있는 잠'], 곧 절대 침묵의 상태에서 발견되는 끊임없는 마음의 평안 상태입니다. 이 상태에서는 몸과 감각기관들이 활동하고 있기는 하지만, (엄마가 주는 음식을 의식하지 못한 채) 잠에 빠져 있는 아이처럼9) 외부적 자각이 없습니다. 이 상태에 있는 요기는 행위하고 있을 때에도 행위하는 것

---

9) 잠자면서 먹고 마시고 하는 아이들의 행위는 다른 사람의 눈에만 행위하는 것으로 보이지, 그들 자신에게는 그렇지 않다. 따라서 그들은 실은 그러한 행위를 하는 것이 아니다.

이 아닙니다. 이것을 본연무상삼매本然無相三昧(sahaja nirvikalpa samadhi)라고도 합니다.

5. 움직이거나 움직이지 않는 세계들 전체가 자기 자신에게 의존하고 있다고 하는 말의 근거는 무엇입니까?

자기(진아)란 몸을 가진 존재(dehi)를 뜻합니다.10) 우리가 모든 대상을 경험하는 것은, 깊은 잠의 상태에서는 잠재되어 있던 에너지가 '나'라는 관념과 함께 나타난 뒤의 일입니다. 진아는 모든 지각에서 '지각하는 자'로서 현존합니다. '나'가 없을 때는 보이는 대상도 없습니다. 이러한 여러 가지 이유에서, 일체가 진아 안에서 나오고, 머무르고, 사라진다고 분명하게 말할 수 있는 것입니다.

6. 몸들과, 그것들을 살아 움직이게 하는 자아들이 도처에 무수히 존재하고 있는 것을 우리가 보는데, 어떻게 진아는 오직 하나라고 말할 수 있습니까?

"몸이 나다"라는 관념(deha-aham buddhi)11)을 받아들이면 무수한 자아가 있게 됩니다. 이 관념이 사라진 상태가 진아입니다. 이 상태에서는 두 번째 대상이라고는 자취도 없기 때문에, 진아는 오직 하나라고 말하는 것입니다.

7. 브라만은 마음으로 이해될 수 있다고도 하고, 이해될 수 없다고도 하는 것은 어떤 근거에서입니까?

---

10) T. 이것은 아뜨만(진아)을 편의상 '몸으로 개체화된 자아(jivatman)'로 본 것이다. 사람은 누구나 하나의 몸을 가지고 있기 때문이다.
11) 몸을 자기로 아는 관념을 '심장매듭(hridaya-granthi)'이라고 한다. 여러 매듭 중에서도 의식 있는 것을 의식 없는 것과 결합시키는 이 매듭이 속박을 야기하는 원인이다.

그것은 순수하지 못한 마음으로는 이해될 수 없지만, 순수한 마음으로는 이해될 수 있습니다.

8. 순수한 마음과 순수하지 못한 마음이란 어떤 것입니까?

브라만의 규정할 수 없는 힘이 스스로를 브라만에서 분리시키고 의식의 반사(chidabhasa-반사된 의식)와 결합하여 여러 가지 형상을 취할 때, 그것을 순수하지 못한 마음이라고 합니다. 그것이 분별(viveka)을 통해 의식의 반사에서 벗어났을 때, 그것을 순수한 마음이라고 합니다. 그것이 브라만과 결합한 상태가 '브라만을 이해한 것'입니다. 의식의 반사를 수반하는 에너지를 순수하지 못한 마음이라고 하며, 그것이 브라만과 분리된 상태가 '브라만을 이해하지 못한 것'입니다.

9. 몸이 끝날 때까지 지속된다고 하는 발현업을 몸이 존재하는 동안에도 극복하는 것이 가능합니까?

가능합니다. 만약 발현업이 의존하는 행위자, 즉 몸과 진아 사이에서 생겨난 에고가 그 근원에 합일하여 형상을 잃으면, 그것에 의존하는 발현업이 혼자 살아남겠습니까? 따라서 '나'가 없으면 발현업도 없습니다.

10. 진아가 존재이자 의식인데, 그것을 존재하는 것과 존재하지 않는 것, 혹은 지각력 있는 것이나 지각력 없는 것들과는 다르다고 말하는 이유는 무엇입니까?

진아가 실재하기는 하나, 그것은 일체를 포함하기 때문에 그것이 실재냐 비실재냐 하는 이원성을 내포한 질문을 제기할 여지는 없습니다. 그래서 그것은 실재나 비실재와는 다르다고 하는 것입니다. 마찬가지로 그것이 의식이기는 하나, 그것이 알아야 할 것이나 그것이 알려질 대상이 없기 때문에, 지각력 있는 것이나 지각력 없는 것들과는 다르다고 하는 것입니다.

제4장 성취(Arudha)

1. 지知의 성취(jnana-arudha)란 무엇입니까?

그것은 확고하면서도 자연스러운 **진아안주**이며, 그 안에서 진아와 하나가 되어 버린 마음은 그 뒤 다시는 일어나지 않습니다. 누구나 자신의 몸을 생각할 때는 보통 자연스럽게 "나는 염소가 아니고, 암소도 아니고, 다른 어떤 동물도 아니고 사람이다."라는 관념을 갖습니다. 마찬가지로, "나는 몸에서 시작하여 소리(nada)로 끝나는 원리들(tattvas)12)이 아니라 존재·의식·지복의 형상인 **진아**."라는 **진아의식**(Atma-prajna)을 자연스럽게 가지고 있을 때, 이것을 확고한 지知의 성취라고 말합니다.

2. 지知의 7단계(jnana bhumikas)13) 중에서 진인은 어느 단계에 속합니까?

네 번째 단계에 속합니다.

3. 만약 그렇다면 왜 그보다 높은 세 단계가 더 있습니까?

네 번째부터 일곱 번째 단계의 특징들은 그 생전해탈자의 체험에 따라 구분한 것입니다. 그들의 지知와 해탈의 상태가 다르다는 것은 아닙니다.

---

12) T. '원리(tattvas)'란 현상계의 구성 원리를 단계별로 나눈 범주들이다.
13) 지知의 7단계는 1) 갈망(subheccha). 2) 탐구(vicharana). 3) 희박심稀薄心(tanumanasa). 4) 깨달음(satvapatti). 5) 무집착(asamsakti). 6) 대상 무지각(padarthabhavana). 7) 초월(turyaga)이다(『불이해탈』, 제2편 149연 참조). 마지막 네 단계를 성취한 사람들을 각기 브라마비드(brahmavid)·브라마비드와라(brahmavidvara)·브라마비드와리야(brahmavidva-rya)·브라마비드와리쉬타(brahmavidvaristha)로 부른다.

지(知)와 해탈에 관한 한, 이 네 단계 간에 어떤 구분도 없습니다.

4. 해탈은 모두에게 공통되는데, 왜 경전(*Srutis*)에서는 바리쉬타(*varishtha*)[문자적으로, '가장 뛰어난']만을 극구 찬양하는 것입니까?

 바리쉬타의 통상적인 지복 체험을 놓고 본다면, 그는 자신이 전생에 쌓은 특별한 공덕 때문에 찬양받는 것일 뿐이고, 그것이 그러한 경험을 하게 되는 원인입니다.

5. 항상적인 지복 체험을 바라지 않는 사람은 아무도 없는데, 모든 진인들이 저 바리쉬타 상태를 성취하지는 못하는 이유가 무엇입니까?

 그것은 바란다거나 노력한다고 얻어지는 것이 아닙니다. 발현업이 그 원인입니다. 네 번째 단계에서도 에고는 그것의 원인과 함께 죽는데, 그 단계 너머에 무엇을 바라거나 노력을 할 어떤 행위자가 있겠습니까? 노력을 하는 한 그들은 진인이라고 할 수 없습니다. 바리쉬타를 특별히 언급하는 경전에서 다른 세 가지 단계의 사람들은 깨닫지 못한 사람이라고 말하던가요?

6. 어떤 경전에서는 지고의 상태란 감각기관과 마음이 완전히 소멸되는 상태라고 하는데, 몸과 감각기관들의 모든 경험과 그 상태가 어떻게 양립할 수 있습니까?

 만약 그렇다면 깊은 잠의 상태와 그 상태 간에 아무 차이가 없겠지요. 더욱이 그 상태가 어떤 때는 존재하고 어떤 때는 존재하지 않는다면, 어떻게 그것을 본래적 상태라고 할 수 있겠습니까? 앞서 말했듯이 어떤 사람들에게는 그들의 발현업에 따라 그런 일이 일어나며, 한 동안만 그러기도 하고 죽을 때까지 그러기도 하는데, 그것을 최종적 상태라고 볼 수는 없습니다. 만약 그럴 수 있다고 하면, 베단타적 저작들(*jnana granthas*)이나 베다를 지은 저 모든 위대한 분들과 **하느님**이 깨닫지 못한 사람들이라는 것을 의미하겠지요. 만약 지고의 상태가 감각도 마음도 존재하지 않는 상태라고 하면, 어떻게 그것을 완전한 상태(*paripurnam*)라고 하겠습니까? 진인들이 활동하거나 활동하지 않는 것은 오직 발현업 때문이므로, 위대한 분들은 본연무상(*sahaja nirvikalpa*)의 상태야말로 궁극적 상태라고 선언합니다.

7. 깊은 잠의 상태와 생시-잠(*jagrat sushupti*)의 상태는 어떤 차이가 있습니까?

(보통의) 깊은 잠의 상태에서는 생각도 없고 자각(awareness)도 없습니다. 생시-잠의 상태에서는 자각만이 있습니다. 그래서 그것을 '자각하는 잠', 즉 자각 속의 잠이라고 하는 것입니다.

8. 진아를 **뚜리야**(*turiya*)[네 번째 상태]라고도 하고, **뚜리야띠따**(*turiyatita*)[네 번째 상태를 넘어선 상태]라고도 하는 것은 왜입니까?

뚜리야는 네 번째라는 뜻입니다. 생시·꿈·깊은 잠의 세 가지 상태의 경험자14)인 비슈와(*visva*)·따이자사(*taijasa*)·쁘라냐(*prajna*)는 이 세 가지 상태를 연속적으로 왔다 갔다 하지만 진아가 아닙니다. 이 점, 즉 **진아**는 그것들과 다르며 이 세 가지 상태의 주시자라는 것을 분명히 하기 위해, 그것을 '뚜리야'라고 부르는 것입니다. 이것을 알면 세 가지 경험자는 사라지고, **진아**가 주시자라는 생각, 그것이 네 번째 상태라는 생각도 사라집니다. 그래서 **진아**를 **뚜리야띠따**(*turiyatita*)['네 번째를 넘어선 것']라고 부르는 것일 뿐입니다.

---

14) *T.* 77쪽의 주 29)를 보라.

9. 경전(*srutis*)에서 진인이 얻는 이익은 무엇입니까?

경전에서 이야기하고 있는 진리의 화신인 진인에게는 경전이 아무 필요 없습니다.

10. 싯디(*siddhis*-초능력)와 해탈(*mukti*) 사이에 연관이 있습니까?

탐구지知(*vichara-jnana*)15)만이 해탈을 가져다줍니다. 싯디라고 하는 것은 모두 마야의 힘(*maya-shakti*)이 창조한 환상적인 겉모습들이며, 영원한 진아 깨달음만이 진정한 싯디(*siddhi*-성취)입니다. 나타나고 사라지는 싯디들은 마야의 작용이며, 실재하지 않습니다. 사람들은 명성·쾌락 등을 누릴 목적으로 그것을 성취합니다. 어떤 사람들에게는, 바라지 않아도 그들의 발현업에 따라 그것이 찾아옵니다. 브라만과의 합일이 모든 성취의 총합을 성취하는 거라는 것을 아십시오. 이것이 합일해탈(*aikya mukti*)이라고 하는 수승한 합일(*sayujya*)의 상태입니다.

11. 그것이 해탈의 본질이라면, 왜 어떤 경전에서는 그것을 몸과 연관지어 개아는 몸을 떠나지 않을 때만 해탈을 성취할 수 있다고 말합니까?

속박이 실재할 경우에만 해탈과 그 체험의 본질을 고려해야겠지요. 그러나 진아(*Pususha*)에 관한 한, 네 가지 상태의 어디에도 실제로는 속박이 없습니다. 속박이란 베단타 체계에서 힘주어 선언하고 있는 것에 따른 하나의 언어적 가정에 불과한데, 속박이 존재하지 않는다면 속박의 문제에 의존하고 있는 해탈의 문제가 어떻게 일어날 수 있겠습니까? 이러한 진리를 모른 채 속박과 해탈의 본질을 탐구하는 것은, 존재하지 않는 '석녀石女의 아들'이나 '토끼의 뿔'을 두고, 그것의 키나 색깔 따위를 탐구하는 것과 같습니다.

---

15) *T.* 탐구를 통해 얻은 진아의 참된 성품에 대한 체험적 지知를 말한다.

12. 그렇다면, 경전에 나오는 속박과 해탈에 관한 설명들은 쓸데없고 참되지도 않은 것입니까?

그것은 쓸데없거나 참되지 않은 것이 아닙니다. 그 반대로, 헤아릴 수 없는 옛적부터 무지에 의해 만들어진 속박의 망상은 지知에 의해서만 제거될 수 있고, 이 목적을 위해 '해탈(mukti)'이라는 용어를 보통 받아들여 온 것일 뿐입니다. 해탈의 특징들이 여러 가지 방식으로 설명되고 있다는 사실은, 그것들이 상상적인 것임을 증명해 줍니다.

13. 그렇다면 청문聽聞(sravana)·성찰省察(manana) 등의 모든 노력은 아무 소용이 없습니까?

아니, 그렇지 않습니다. 속박도 없고 해탈도 없다는 확고한 인식이 모든 노력의 최고 목적입니다. 속박도 없고 해탈도 없다는 것을 직접적인 체험을 통해 과감하게 보려고 하는 이 목적은 앞에서 말한 수행법들의 도움 없이는 성취할 수 없기 때문에, 그러한 노력들은 유용합니다.

14. 속박도 없고 해탈도 없다는 말씀에는 무슨 근거가 있습니까?

그것은 체험에 기초하여 판정되지, 단순히 경전에 기초하여 판정되는 것이 아닙니다.

15. 체험할 수 있다면, 그것을 어떻게 체험합니까?

'속박'과 '해탈'은 단지 언어적 용어들에 불과합니다. 그것들은 어떤 실재성도 가지고 있지 않습니다. 따라서 그것들은 제 스스로 작용할 수도 없습니다. 다만 그것들이 변상變相이 되어 나오는 어떤 기본적인 것의 존재를 인정할 필요는 있습니다. 만약 우리가 "속박과 해탈은 누구에게 있는가?"라고 묻는다면, 그 답은 "그것은 나에게 있다"가 됩니다. 그럴 때

"나는 누구인가?" 하고 물으면 '나' 같은 것은 없다는 것을 알 것입니다. 이때 남아 있는 것이 우리의 진정한 존재라는 것을, 마치 손 안에 든 아말라까(amalaka) 열매처럼 분명히 알게 될 것입니다. 언어적 토론에 불과한 것은 젖혀두고 자기 자신의 내면으로 탐구해 들어가는 사람들은 이 진리를 자연스럽게 그리고 분명하게 체험할 것이므로, 참된 **자아**에 관한 한 깨달은 모든 사람들은 하나같이 속박도 해탈도 보지 않는다는 것은 의심의 여지가 없습니다.

16. 속박과 해탈이 없다면, 우리가 슬픔과 미혹을 실제로 경험하는 이유는 무엇입니까?

우리가 자신의 참된 성품(自性, svabhava)에서 벗어났을 때만 그것들이 실재하는 것처럼 보이는 것입니다. 본래적 상태에서는 그것들이 결코 나타나지 않을 것입니다.

17. 이러한 자신의 참된 성품이 무엇인지를 아무 의심의 여지없이 모든 사람이 직접적으로 아는 것이 가능하겠습니까?

전혀 의심할 필요도 없이 가능하지요.

18. 어떻게 말입니까?

지구를 위시하여 '드러나지 않은 것(prakriti)'에 이르기까지 움직이거나 정지해 있는 전 우주가 사라지는 깊은 잠이나 기절 등의 상태에서조차도 자기가 사라지지 않는다는 것은 모든 사람이 경험하는 바입니다. 따라서 모두에게 공통되며 모든 사람이 늘 직접 체험하는 순수한 사뜨(sat)(존재)의 상태가 자기의 참된 성품의 상태입니다. 결론은, 깨달은 상태의 경험이든 무지한 상태의 경험이든, 갈수록 더 새로운 언어로 묘사될 수 있는 모든 경험(대상적 경험)은 자기의 자성안주自性安住(svabhava sthiti-진아안주)에 반대된다는 것입니다.

바가반 스리 라마나의 성스러운 심장이라는, 글로 쓰여지지 않은 베다에서 일어나, 오로지 진아체험의 말씀들을 구현하고 있는 이 저작은, 실재의 태양이자 참된 지知로서, (집착을) 포기한 사람들의 심장을 비추며 영원히 빛나리라.

기원시

진인 라마나께서, 해탈 속에 자리 잡게 해주시는
원초적 실체로서의 우리의 성품은 온통 침묵이니,
그것은 개아·신·세계의 근원이면서, 우리를 집어삼킨
뒤에 유일한 실재로서 남는 것이라네.
당신의 두 발이 영원하시기를!

참스승 스리 라마나 바가반의 붉은 두 발을 찬양합니다.

옴
평안, 평안, 평안
행복

운문

4. 아루나찰라 다섯 찬가
Arunachala Stuti Panchakam

「아루나찰라 다섯 찬가(*Five Hymns to Arunachala*)」는 몇 편의 짧은 시를 제외하면 마하르쉬의 가장 초기 시이다. 이 시들은 1914년 무렵, 그러니까 그가 35세쯤 되던 때(그는 1879년생이다)에 지은 것이다. 그는 아직 산 위의 비루팍샤 산굴에 살고 있었고, 그를 따르던 몇몇 사두들은 매일 띠루반나말라이 읍내로 음식을 탁발하러 가곤 했다. 하루는 그들이 마하르쉬에게 자기들이 탁발할 때 부를 수 있는 노래를 하나 지어 달라고 청했다. 처음에 그가 예전 시바파 성자들이 지은 노래가 많이 있다고 하면서 거절했다. 그러나 그들이 계속 조르자 그는 어느 날 산 오른돌이를 나가 아루나찰라 산을 돌면서 첫 번째 찬가인 「문자혼인화만文字婚姻華鬘(*The Marital Garland of Letters*)」[1])을 지었다.[2]) 이 시는 인간의 영혼과 신神 사이의 사랑과 합일을 빛나는 상징으로 노래하는데, 그 어떤 시들 중에서도 가장 심오하고 감동적인 시의 하나이다. 이 시를 지은 이는 다시 나눌 수 없는 합일의 지복 속에 자리 잡고 있었지만, 이것이 그가 헌신자들을 위해 지은 것이므로 내용상 아직도 합일을 열망하는 영혼의 태도를 표현한다.

---

1) *T*. '문자로 엮은 결혼식용 화만華鬘(꽃들을 실에 꿰어 만든 장신구).' 이 시는 바가반이 신부의 입장에서 신랑 아루나찰라께 문자로 엮어 만든 화만을 바친다는 형식을 취한다.
2) *T*. 원서 개정판은 여기서 「8연시」가 지어진 경위를 「문자혼인화만」이 지어진 경위로 바꾸어 놓았는데, 이는 『바가반과 함께한 나날(*Day by Day with Bhagavan*)』의 기록(45-10-26와 46-5-9)과 어긋나고 논란이 있는 부분이므로, 우리는 구판을 따른다.

두 번째, 세 번째 그리고 네 번째 시들도 거의 같은 시기에 지어졌고, 이 시들 역시 같은 태도를 취하고 있다. 마하르쉬의 후기 시들이 한결 교의적敎義的인 반면, 이 찬가들은 더 감성적이어서 헌신과 열망의 태도를 더 많이 표현하고 있다.

「11연시」와 「8연시」는 마하르쉬의 시들 중에서도 누구의 요청도 받지 않고 아주 저절로 흘러나와 지어진 몇 안 되는 시들에 속한다. 당신 자신이 이에 대해 이렇게 말했다.

"누구도 그렇게 해 달라고 요구하지 않았는데 저에게 자연발생적으로 다가와서, 말하자면 제가 그것을 짓도록 강요한 유일한 시들은 「아루나찰라 11연시」와 「아루나찰라 8연시」입니다. 「11연시」의 첫 구절은 어느 날 아침 저에게 다가왔고, '내가 이런 말들과 무슨 상관이 있나?' 하면서 제가 그것을 억누르려 했지만 억눌러지지 않아서 결국 그 말들을 데려오는 노래를 하나 지었지요. 그러자 모든 단어들이 아무 애씀 없이 술술 흘러나왔습니다. 같은 방식으로 다음날 제2연이 만들어졌고, 이어지는 연들도 이어서 매일 한 연씩 지어졌습니다. 제10연과 11연만 같은 날 지어졌습니다."

"다음날 저는 산을 돌려고 나섰습니다. 빨라니스와미가 제 뒤를 따라왔는데, 우리가 얼마쯤 갔을 때 아이야사미(Aiyasami)가 그를 도로 불러 종이와 연필을 주면서 이렇게 말했던가 봅니다. '스와미님은 지금 며칠째 매일 시를 짓고 계십니다. 오늘도 그러실지 모르니 이 종이와 연필을 가지고 가시는 게 좋겠습니다.'"

"저는 빨라니스와미가 한동안 제 곁에 없다가 나중에 저를 따라잡은 것을 보고 그것을 알게 되었지요. 그날 저는 비루팍샤로 돌아오기 전에 「8연시」 중의 6연을 지었습니다. 그날 저녁인가 다음날인가 나라야나 레디가 왔습니다. 그는 당시에 벨로르에서 싱어사社의 대리인으로 살고 있었는데, 이따금 찾아왔지요. 아이야사미와 빨라니스와미가 그에게 그 시들에 대해 이야기하자 그가 말했습니다. '그 시들을 저에게 바로 주십시오. 그러면 가져가서 인쇄하겠습니다.' 그는 이미 책을 몇 권 간행했었지요. 그가 시를 가져가겠다고 계속 고집하자, 저는 그러면 그래도 된다고 하면서 처음 11연의 시는 하나의 시 형태로 출판하고, 다른 운율로 되어 있는 나머지 시들은 다른 시 형태로 출판해도 될 거라고 했습니다. 그리고 필요한 분량을 채우려고 즉시 2연을 더 지었고, 그는 19연의 시 모두를 가지고 가서 출판한 것입니다."3)

다섯 번째 찬가인「아루나찰라 5보송」은 앞의 네 시와는 다른 성격의 것이다. 대단한 산스크리트 시인이자 헌신자인 가나빠띠 샤스뜨리(Ganapati Sastri)는 바가반의 추종자였다. 그가 바가반에게 산스크리트로 시 한 수를 지어달라고 청했다. 바가반은 웃으면서 자신은 산스크리트를 모르고 산스크리트 운율의 기초도 모른다고 대답했다. 샤스뜨리는 운율 하나를 그에게 설명해드리고 나서 다시 청을 했다. 그러자 바가반은 다섯 연의 시를 지었는데, 두 연을 하루에 짓고 세 연을 다음날 지었다. 이 시들은 모두 흠잡을 데 없이 완벽한 산스크리트로 되어 있었다. 이것은 깨달음에 이르는 여러 길에 대한 난해한 설명이어서 주석이 그 번역문에 포함되었다. 이 찬가는 빠라야나(parayana)4)때 매일 불려진다.

이 모든 찬가에서 '아루나찰라'라는 단어는 신을 뜻하며 그 이하는 아니라는 것을 이해해야 한다. 그러나 마하르쉬와 그의 제자들에게는 그것이, 신이 특유하게 모습을 나툰 남인도의 아루나찰라라는 물리적 산을 뜻하기도 한다. 예로부터 인도에는 여러 영적인 중심지가 있어서 다양한 영적인 길들과 교의敎義의 양식들을 대표해 왔다. 아루나찰라는 그 중에서도 비이원론의 교의와 자기탐구의 길을 대표한다. 이것은 궁극적 교의이고 최고의 것이며 가장 직접적인 길이기는 하지만, 모든 시대에 걸쳐 가장 대중적인 길은 아니었다. 대다수 사람들에게 이 길은 너무 엄격하고 어려웠기 때문이다. 마하르쉬는 자발적인 자기탐구 행위에 의해, 인간인 스승 없이 깨달음을 성취했다. 여기서는 이런 일의 신비에 대해 가볍게 언급하는 이상은 할 수 없다. 마하르쉬는 스승이 필요하다고 하는 점에서 다른 스승들과 의견을 같이했으며, 다만 스승이란 반드시 인간의 형상을 할 필요는 없다고 덧붙였다는 점을 유념하면 충분할 것이다. 그가 이미 한 사람의 진인으로서 젊은 나이에 집을 떠났을 때, 아루나찰라는 강력한 자석같이 그를 끌어당겼다. 그는 곧장 아루나찰라로

---

3)『라마나 마하르쉬와 진아지의 길』(탐구사, 2018), 270-272쪽.
4) T. 라마나스라맘의 삼매전(Samadhi Hall)에서 아침저녁으로 하는 베다 등의 찬송.

갔고 여생을 그곳에서 보냈다. 그가 자신의 스승으로 간주한 것은 아루나찰라였고, 이 찬가들은 스승이자 절대자, 신의 드러난 모습인 아루나찰라에게 바치는 작품으로 지어진 것이다.

바가반 라마나 마하르쉬의 강력한 은총을 통해 자기탐구의 길은 이 시대의 사람들 누구나가 행할 수 있는 범위 내로 들어왔고, 실로 현대 세계의 생활 조건 속에서 아무런 형식이나 의식儀式 없이도, 그리고 사람과 그가 살아가는 세계를 외부적으로 전혀 구분할 것 없이, 드러나지 않게 따를 수 있는 하나의 새로운 길로 다듬어졌다. 이 새로운 길이 시대의 필요에 맞게 창조됨으로써 아루나찰라는 세계의 영적인 중심이 되었다. 이제는 바가반이 육신을 벗고 아루나찰라와 하나가 되었기에, 그를 향해 도움을 구하는 사람들에게 그에게서 방사되는 은총과 인도는 그 어느 때보다도 아루나찰라에 집중된다. 이곳은 실로 성지이며 마하르쉬 생전의 제자들이든 그 후에 온 이들이든, 많은 사람들이 여기로 이끌려 온다.

이 찬가들이 쓰여진 언어인 문학적 타밀어는 극히 난해하게 사용될 수 있다는 점을 말해두어야 하겠다. 특히 첫 번째 찬가는 한 가지 이상의 의미로 해석될 수 있는 구절들이 많다.

「다섯 찬가」에 들어가기 전에, 먼저 스리 바가반이 아루나찰라 산에 대하여 쓴 시 한 수와 스리 무루가나르(Sri Muruganar)가 아루나찰라의 의미에 대해서 쓴 시, 바가반이 이 산 정상에서 매년 디빰(Deepam) 축제 때 점화되는 횃불의 의미에 대하여 쓴 시가 온다. 그에 이어지는 것은 『스깐다 뿌라나(Skanda Purana)』5) 중에서 아루나찰라의 영광에 대한 부분을 발췌한 것을 스리 바가반이 타밀어로 번역한 글이다. 「다섯 찬가」는 그 뒤에 나온다.

---

5) *T.* 뿌라나(*Puranas*)의 하나. 시바를 중심으로 설하는 경전이다.

아루나찰라 시바 명상(Sri Arunachala Siva Dhyanam)

은총의 바다이셔서, (당신을) 생각하면 해탈을 하사하는
아루나찰라 시바가 이것(위 그림의 산)이로다.6)

아루나찰라의 의미(Sri Arunachala Tattuvam)7)

지성과 에고가 탄식할 때 빛을 발하는
중심인 **심장**이야말로, 브라마와 비슈누가 (자신에게)
도달할 수 없음을 알게 하여8) (그들의) 자만심을 항복받고자
그들 사이에서 빛난 **안나말라이**(Annamalai-아루나찰라)의 참된 뜻이라네.

횃불 친견의 의미(Deepa Darsana Tattuvam)

"이 몸이 나다"라는 관념을 포기하고 나서
마음이 **심장** 안에서 '나'에 주의를 기울임으로써
비이원적으로 실재하는 '나'의 빛을 보는 것이,
세계의 중심인 **안나말라이** 위의 횃불을 보는 진정한 의미라네.9)

---

6) *T.* 바가반이 「다섯 찬가」 친필본에 위 아루나찰라 그림을 손수 그리고 그 밑에 적은 시이다.
7) *T.* 이 시는 1931년 11월 23일 디빰(Deepam) 축제 날 무루가나르가 지어 바가반께 보여드린 것이다. 여기에 대한 바가반의 답시가 뒤에 나오는 '횃불 친견의 의미'이다.
8) *T.* 이 신화에 대해서는 『라마나 마하르쉬와 진아지의 길』, 제6장(71쪽) 참조.
9) *T.* 열흘간 계속되는 디빰 축제 기간 동안 아루나찰라 정상에 큰 횃불이 켜진다.

스리 아루나찰라 마하뜨미야(Sri Arunachala Mahatmya)

난디(Nandi)[10]가 말했다.

1. "저 산이야말로 성지聖地이니, 아루나찰라는 모든 성지 중 으뜸이다.
그것은 세계의 심장임을 알라. 그것이야말로 시바요, 심장중심이며,
하나의 비밀스러운 성지이다. 하느님이신 그분은 그곳에서
아루나찰라라는 빛의 산으로서 항상 안주하고 계시다."[11]

2. "옛적에 아루나찰라께서 대단히 놀라운 링감(lingam)의 형상을 취하신
그 날은 마르갈리의 아디라이 날이었고,[12] 저 빛으로 솟으신
하느님을 비슈누를 위시한 신들이 찬양하고 숭배한 날은
마시의 시바라뜨리(Sivaratri) 날[13]이었다."[14]

시바가 말했다.

3. "불의 형상을 하고 있음에도, 빛을 줄인 산으로서 (내가 이곳에)
머무르는 것은, (나의) 은총으로써 세계를 보호하기 위함이며, 더욱이
여기서 나는 싯다(Siddha)[15]로서 늘 거주한다. 내 안에는
많은 즐거움이 솟구치는 동혈洞穴들이 빛나고 있음을 알라."[16]

---

10) 시바가 타고 다니는 황소. 시바는 지구상에 '스스로 출현한(swayambu)' 스승이며, 이때 난디를 위시한 권속들(Ganas)을 데려왔다고 한다.
11) T. 이 시는 1927년 2월에 바가반이 타밀시로 옮긴 것이다.
12) T. 마르갈리(margazhi)는 12월~1월에 오는 타밀력 월月의 이름이며, 아디라이(athirai)는 달이 아르드라(ardra) 별자리와 합성을 이루는 날이다.
13) T. 마시(Masi)는 2~3월경이고, 축제일 시바라뜨리('시바의 밤')는 보름 후 13일째이다.
14) T. 이 번역시는 바가반이 1941년 2월 시바라뜨리 날에 지은 것이다.
15) T. 싯다는 여기서 '영적인 완성자, 지고의 통달자, 신 자신'을 의미한다. 아루나찰라에 늘 거주하는 싯다는 '아루나기리 요기'라고 불린다.
16) T. 이 번역시는 1927년 3월에 바가반이 지은 것이다.

4. "모든 세계를 속박하는 것이 그것들의 성품이므로,
사악한 업(karmas)이 곧 속박(runa)이다. 피난처는
그것을 보는 것만으로도 그 업들이 소멸되는,
찬란히 빛나는 이 아루나찰라이다."17)

5. "그 형상을 볼 수 있는 범위 내에서 보거나
마음으로 멀리서 (이 산을) 생각하기만 해도,
큰 어려움 없이는 얻을 수 없는 베단타의 참뜻인
지고의 지知(vijnana)를, 누구나 성취할 것이다."

6. "3요자나(yojanas) 범위18)까지 이 성지聖地에 사는 이들에게는,
결함을 제거하는 입문(initiation) 등을 받지 않았어도, 나의
집착 없는 '지고자와의 합일(sayujya)'을 진실로 하사한다.
하느님인 나의 명으로."19)

데비(Devi)20)가 말했다.

7. "늘 덕 있는 이들과 헌신자들의 거주지인 곳이 이 성지이다.
남들에게 해를 가하려고 하는 비천한 자들은, 많은 병에 시달리고
흔적 없이 여기서 사악한 능력을 순간에 상실할 것이다. '불의 산'
형상을 한 아루나 하느님의 맹렬한 분노의 불길에 떨어지지 말라."21)

---

17) *T*. 이 번역시는 1926년 6월에 바가반이 지은 것이다.
18) 1요자나(*yojana*)는 10마일(16km)이다. 따라서 '3요자나 범위'는 반경 48km 이내이다.
19) *T*. 이 제5연과 6연은 1926년 7월에 바가반이 번역해 지은 것이다.
20) *T*. 시바의 반려자인 여신 빠르바띠(Parvati)를 가리킨다.
21) *T*. 데비의 이 말은 악마 마히샤를 죽이기 전에 그에게 경고한 말이었다. *ASP*(N), 9쪽.

4.1. 아루나찰라 문자혼인화만 文字婚姻華鬘
Arunachala Aksharamanimalai

서시(序詩)

떠오르는 해의 연속된 햇살같이
   환희로운 이 문자로 된 혼인화만을,
곧, 깨달음을 추구하는 좋은 헌신자들의
   무지를 몰아내 주기 위한 하나의 기도로서
자비의 화신이신 성인 라마나께서
   황홀경 속에서 노래하신 이 피난처를, 방편 삼아서
'아루나찰라'라는 생각과 함께 **심장** 속으로
   가라앉는 이들은, **시바의 세계**(*Siva-loka*)에서 군림하리라.[1]

기원시

아루나찰라 신랑께 어울릴 만한 문자혼인화만을 제가 바칠 수 있도록
자비를 베푸시는 **가나빠띠**(Ganapati)시여, 당신의 손길로 가호해 주소서.

---

1) 이 시는 스리 무루가나르가 지은 것이다. '시바의 세계에서 군림한다'는 것은 시바, 곧 하느님과 하나가 된다는 뜻이다.

후렴

아루나찰라 시바, 아루나찰라 시바, 아루나찰라 시바, 아루나찰라!
아루나찰라 시바, 아루나찰라 시바, 아루나찰라 시바, 아루나찰라!

본문2)

1. 아루나찰라를 심장 안에서 생각(명상)하는 사람들의
   에고를 당신은 뿌리 뽑으시는군요, 아루나찰라!

2. 알라구와 순다라처럼,3) 저와 당신이 하나 되어
   다르지 않게 되어지이다, 아루나찰라!

3. (제) 심장에 들어와 저를 끌어당겨, 당신의 심장동혈 속 죄수로
   저를 가두어 두시다니 놀랍군요, 아루나찰라!

4. 누구를 위해 저를 당신 것으로 데려가셨나요? 저를 버리신다면
   세상이 당신을 비난하리다, 아루나찰라!

5. 이 비난을 피하셔요! 왜 저에게 당신을 생각하게 하셨나요?
   이제 누가 (당신을) 떠날 수 있겠어요, 아루나찰라?

---

2) T. 본문 번역은 Sri Sadhu Om과 Michael James의 *Sri Arunachala Stuti Panchakam*(ASP(O))를 주로 따르고, Sadhu Natanananda의 주석서 *Sri Arunachala Stuti Panchakam*(ASP(N))과 Kanakammal의 주석서 *Commentary on Arunachala Stuti Panchakam and Upadesa Nun Malai*(CASU)를 참조했다.
3) 타밀어 알라구(*alagu*)와 산스크리트 순다라(*sundara*)에는 똑같이 '아름다움'이라는 뜻이 있다. 또한 알라구와 순다라는 스리 라마나의 모친과 부친의 이름이기도 했다.

6. 우리 자신의 어머니보다 훨씬 더 자애로우신 당신,
   (저를 버리시면) 이것이 당신의 은총인가요, 아루나찰라!

7. 당신을 속이고 달아나지 않도록,4) (제) 마음 위에
   확고히 앉으셔요, 아루나찰라!

8. 세상을 쏘다니는 (제) 마음이 끊임없이5) 당신을 보면서 가라앉도록
   당신의 아름다움을 보여주셔요, 아루나찰라!

9. 저를 파괴하시고는6) 이제 저와 결합하지 않으신다면,
   당신의 대장부다움은 어디에 있나요, 아루나찰라!

10. 왜 이렇게 주무시나요, 다른 자들7)이 저를 끌고 가는데.
    이것이 당신께 어울리는 일인가요? 아루나찰라!

11. 다섯 감각기관의 도둑들이 (제) 심장 속으로 들어올 때도,
    당신은 제 **심장** 속에 계시지 않을 건가요? 아루나찰라!

12. 하나이신 당신 모르게 누가 (제 심장 속에) 들어올 수 있을까요?
    이야말로 당신의 요술이었군요,8) 아루나찰라!

---

4) *T.* '속이고 달아난다'는 것은 외부의 대상들에게 마음이 쏠린다는 뜻이다.
5) *T.* '끊임없이'는 '떠나지 않고'로도 해석될 수 있다.
6) *T.* '파괴했다'는 것은 '에고를 소멸했다'는 뜻이다. T. M. P. Mahadevan의 *Arunachala Siva*(*AS*)에서는 "저의 에고성을 소멸하시고"라고 했다.
7) *T.* 감각기관과 그 대상들을 말한다.
8) *T.* 다섯 감관의 도둑이 침입하는 것도 실은 신의 환술(*maya*)이다.

13. 옴(Om)의 의미이시며,9) 견줄 자도 능가할 자도 없는 당신!
    누가 당신을 알 수 있을까요? 아루나찰라!

14. 어머니같이 저에게 당신의 은총을 내려주시고, 저를
    거두시는 것은 당신의 임무이어요, 아루나찰라!

15. 눈에게 눈이시고, 눈 없이 보시는 당신을 누가
    볼 수 있을까요, (그러니) 저를 보아 주셔요,10) 아루나찰라!

16. 자석이 쇠를 끌어당기듯 저를 끌어당겨, (결코) 떠남이 없이
    저와 결합해 주셔요, 아루나찰라!

17. 산의 형상을 하신 은총(자비)의 바다시여,
    강렬한 자비로 은총을 하사해 주셔요, 아루나찰라!

18. 높고 낮은 도처에서 빛나시는 빛의 보석이시여, 저의
    비천함을 소멸해 주셔요,11) 아루나찰라!

19. (저의) 결함들12)을 다 없애 버리고 제게 좋은 자질들을 하사하셔요,
    스승의 형상으로 빛나시는, 아루나찰라!

---

9) T. AS에서는 '옴'이 일체를 포함하는 절대적 실재의 이름이며, 아루나찰라는 절대적 실재의 형상인 '링가(linga)'인 동시에, 그 이름인 '옴'이라고 했다.

10) T. 마음은 거울의 영상같이 지각력이 없으며, 거울에 비친 눈이 진짜 눈을 보려면 진짜 눈이 거울을 보아 주어야 하듯이, 아루나찰라(진아)가 바라보아 주어야 마음이 아루나찰라를 볼 수 있다. ASP(O), 33쪽.

11) T. '높고 낮은 도처'란 마음이 미성숙한 수준과 성숙한(순수한) 수준 등 모든 수준을 뜻하며, '비천함을 소멸한다'는 것은 진아의 빛(참된 성품)으로 나의 순수하지 못함을 소멸한다는 뜻이다. ASP(O), 36쪽.

12) T. '결함(kutram)'은 '죄, 과오'로 옮길 수도 있다. 여기서 '결함 또는 죄'는, 비이원적 베단타에서는 '무지(avidya), 욕망(kama), 업(karma)'의 3단계를 말한다고 한다.

20. 예리한 칼눈들(여자들)13)의 무자비함에 걸려들지 않도록 강렬한
    자비로 저와 합일하는 은총을 베푸셔요, **아루나찰라!**

21. (제가) 애원해도 냉담하게 당신은 연민을 보이지 않으시네요,
    "두려워하지 말라"고 자비롭게 말씀해 주셔요, **아루나찰라!**

22. 청하지 않아도 주시는 당신의 흠 없는 명성에 흠을 남기지 마시고
    (당신의) 은총을 내려주셔요, **아루나찰라!**

23. (제) 손 안의 열매시여, 당신의 실재의 정수精髓를 마시고
    지복에 취하도록 은총을 주셔요, **아루나찰라!**

24. 깃발을 올리고 당신의 헌신자들을 죽이시는,14) 당신을 포옹한
    제가 어찌 살아남을 수 있을까요, **아루나찰라!**

25. 분노 없는 성품의 당신께서 저를 표적 삼으신 것은,
    무슨 잘못을 제가 저질러서인가요, **아루나찰라!**

26. 가우따마(Gautama)15) 님이 찬양한 은총[자비]의 산이시여,
    자비로운 시선으로 (저를) 당신 것으로 하셔요, **아루나찰라!**

27. 일체를 삼키는 눈부신 빛살의 **태양**이시여, (제) 마음의
    연꽃을 개화해 주셔요,16) **아루나찰라!**

---

13) *T.* 이것은 또한 질투하는 사람들을 가리킨다고 한다. *ASP*(O), 37쪽.
14) *T.* '깃발을 올렸다'는 것은 '공개적으로 선언했다'는 뜻이며, 드러내 놓고 헌신자들의 에고를 죽인다는 것을 의미한다.
15) 여기서는 **붓다**를 말하는 것이 아니라 아루나찰라에 살았던 힌두 진인을 말한다.

28. 음식을 당신께 의지하여 먹으려고, 제가
    사두 되어 (당신께) 온 것인가요,17) 아루나찰라!

29. (제) 마음이 서늘해지도록 빛살의 손을 (제게) 얹으시어
    불사不死의 문18)을 열어 주셔요, 은총의 달이신, 아루나찰라!

30. (저의 세간적) 영광19)을 소멸하시고 열반에 자리 잡게 하시어,
    은총의 영광을 내려 주셔요, 아루나찰라!

31. 지복의 바다가 차오르고 말과 마음이 가라앉도록,
    고요히 그곳에서 (저와) 결합해요, 아루나찰라!

32. 장난으로 저를 시험하지 마시고, 이제부터는 당신의
    빛의 형상을 보여주셔요, 아루나찰라!

33. 속임의 기술을 배우는 세간적 미혹을 (제가) 포기하게 하셨으니,20)
    진아안주의 기술을 (제게) 보여주셔요, 아루나찰라!

34. 저와 결합해 주지 않으신다면, 이 몸은 물로 녹아
    눈물의 강에 (제가) 익사할 거예요, 아루나찰라!

---

16) T. 같은 취지가 「아루나찰라 5보송」 제1연에 나온다.
17) T. '제가 당신께 온 것은 영적 허기를 해소하기 위함이었어요'라는 뜻이다. ASP(O), 43쪽.
18) T. ASP(O)에서는 '해탈의 문'으로 해석했다. 영어판은 '향기로운 구멍'으로 옮겼다.
19) T. '영광'은 '껍질(또는 옷)'로 번역할 수도 있는데, 이 경우 '껍질(옷)'은 '세 가지 몸' 또는 '다섯 껍질'을 뜻한다. 그래서 영어판은 "이 옷들을 파괴하고 저를 벌거벗게 하시어, 당신의 은총으로 옷 입혀 주셔요."라고 했다.
20) T. '속임의 기술'이란 사람들을 현혹하는 초능력 같은 것을 말한다. 이 연의 취지는, 깨달음으로 이끌지 않는 지知는 전혀 지知가 아니라는 것이다. ASP(N), 27쪽.

35. "쳇" 하며 (저를) 내치시면, (과거의) 업이 저를 불태울 거예요.
그러면 제가 구원받을 무슨 방법이 있을까요, 아루나찰라![21]

36. 말씀 없이 당신께서 말씀하시기를 "말없이 있으라" 하시고
(당신께서도) 고요히 계셨지요,[22] 아루나찰라!

37. 게으름뱅이처럼 지복만 즐기며 주무신다면,
(저는) 어떻게 될지 말씀해 주셔요,[23] 아루나찰라!

38. 용맹을 보이시며 (저의) 결함들을 소멸하신 게 언제였나요?
당신께서는 (묵연히) 움직이지 않고 계시군요,[24] 아루나찰라!

39. 개보다 못한[25] 제가 (당신의 은총 없이) 무슨 힘으로
당신을 찾아낼 수 있나요, 아루나찰라?

40. 지知 없이 당신을 열망하는 고단한 괴로움을 끝내주시고,
지知를 자비롭게 하사하셔요, 아루나찰라!

41. 벌처럼 당신께서도 "그대는 아직 피지 않았군" 하고 말씀하시며
(제) 앞에 왜 서 계신가요,[26] 아루나찰라!

---

21) T. 스승의 은총이 없으면 헌신자가 구원 받을 가망이 없다는 취지이다. ASP(N), 27쪽.
22) 침묵은 스승이 줄 수 있는 최고의 그리고 가장 완전한 형태의 가르침이다.
23) T. ASP(N)에서는 "(사람 몸을 받아 태어난 목적을 이루지는 않고) 먹고 자는 안락함 속에서 삶을 허비하면, (다음 생에) 제가 어떻게 될지 말씀해 주셔요."의 취지로 해석한다.
24) T. ASP(O)는 이 연의 의미를 '결함들을 아직 완전히 소멸해 주지 않은 채 무관심하게 있다'는 뜻으로 풀이한다. 반면 ASP(N)은 '아루나찰라가 은총을 하사하여 헌신자를 구원한 뒤에는 아무 일 없었다는 듯 다시 묵연한 상태를 유지한다'는 뜻으로 풀이한다.
25) T. '개는 냄새로 주인을 찾아가지만 나는 그런 능력이 없다'는 뜻이다.
26) T. '당신은 해 중의 해이므로, 헌신자의 심장을 개화시켜 주어야 한다'는 뜻이다.

42. 원리(*tattva*)27)를 몰랐던 결점투성이의 저를 소유하셨으니,
    이 무슨 (자비로운) 원리인지요,28) 아루나찰라!

43. 진아 자체가 **실재**[진리]이니, 이것을
    당신 자신께서 드러내 주셔요,29) **아루나찰라**!

44. "(대상들로부터) 돌아서서 '나'를 매일 내면의 눈으로 보라, 그러면
    알게 될 것이다."라고 당신께서 말씀하셨지요, 저의 **아루나찰라**!

45. 용기 없는 마음으로 당신을 찾았지만,30) (이제) 제가
    돌아왔으니 (진아를 깨닫도록) 은총을 내려주셔요, **아루나찰라**!

46. 탐구지知(*vichara jnana*)31)가 없는 이 생이 무슨 소용 있나요?
    오셔서 그것을 가치 있게 해 주셔요, 아루나찰라!

47. 마음과 말이 순수한 사람들만이 합일되는, 당신의 실재인 진아에
    합일하도록 은총을 내려주셔요, 저의 아루나찰라!

48. 신이신 당신께 제가 피난처를 구하자, 저를
    (당신께서는) 아주 없애버리셨어요, 아루나찰라!

---

27) *T.* 여기서 '원리'는 '실재, 진리'로 해석된다.
28) *T.* 영어판의 다른 번역: "'진리인 줄 모르고 그대는 진아를 깨달았다. 그것은 진리 자체다!' 라고, (만약 그렇다면) 말씀해 주셔요."
29) *T.* 영어판의 다른 번역: "당신 자신이 **실재**[진리]이시니, 당신 스스로를 드러내셔요." *AS*의 번역: "당신이 모두의 진아라는 이 진리를, 당신 자신께서 보여주셔요."
30) *T.* '내면에서 진아로서의 당신을 추구했으나, 진아를 발견할 만큼 무욕의 힘이 강하지 않았어요'의 뜻이다. *ASP(O)*, 55쪽.
31) *T.* 자기탐구에서 나온 지知.

49. 찾지 않아도 발견된 신성한 **은총의 보배**시여, 제 마음의
　　미혹을 자비롭게 없애주셔요, **아루나찰라**!

50. 용기를 가지고 당신의 **진아**를 찾았을 때, 저는
　　부족함을 빼앗겨 버렸어요,32) (당신의) 은총으로, **아루나찰라**!

51. 접촉하는 은총의 손길로 (제) 몸을 보듬어 주지 않으신다면, 저는
　　길 잃은 자가 될 터이니, 은총을 주셔요, **아루나찰라**!

52. 결함 없는 당신께서 저와 하나 되어 영원히
　　지복 안에 결합되어 있도록, 은총을 주셔요, **아루나찰라**!

53. 웃으실 일이 아니어요,33) 당신께 다가온 저에게 은총의
　　미소를 주시고, 바라보아 주셔야 해요, **아루나찰라**!

54. 부끄럼 없이 (당신께) 다가갔더니, '나'로서 (저와) 하나 된 당신은
　　기둥처럼[움직이지 않고] 서 계셨더이다,34) **아루나찰라**!

55. 당신에 대한 (열망의) 불35)이 저를 태워 재로 만들기 전에,
　　당신의 은총의 비를 쏟아주셔요, **아루나찰라**!

56. '당신'과 '나'의 분별이 소멸되게 (저와) 결합하여, 항상 지복스럽게

---

32) T. *ASP*(N)에서는 이 구절을 '(성숙도의) 부족함으로 (제가 해탈을 얻지 못한 채) 오도 가도 못하게 되었어요'의 의미로 풀이한다.
33) T. '제가 성숙되지 않았다고 (비)웃지 말아 주셔요'의 뜻이다. *ASP*(O), 60쪽.
34) T. *ASP*(N)에서는 '당신과 합일하려고 저 스스로 다가갔으나, 당신은 (외면하고 지각력 없는) 기둥처럼 서 계셨어요'의 의미로 풀이한다. '나로서(*nana*)'는 '저 스스로'의 의미도 있다.
35) T. 이것은 욕망이라는 '마야의 불'로 옮길 수도 있다(*ASP*(O), 61쪽).

머무르는 상태를 자비롭게 하사하셔요, 아루나찰라!

57. 미세한 형상의 당신, 제가 그 허공의 형상과 결합하여
생각들의 파도가 끝나는 것은 언제일까요, 아루나찰라!

58. 경전지經典知가 없는 무식자인 저의
미혹된 지知를, 자비롭게 몰아내 주셔요, 아루나찰라!

59. (헌신으로) 녹아내리다 못해 제가 당신이란 피난처에 합일했을 때,
당신께서는 걸친 것 없이36) 서 계셨지요, 아루나찰라!

60. 사랑이 없던 저에게 당신을 향한 열망을 불러일으킨 당신,
(저를) 속이시면 아니 되니 은총을 주셔요, 아루나찰라!

61. 너무 익어 상하면 과일로서 쓸모가 없으니, 잘 익었을 때
따서 드시는 게 좋아요, 아루나찰라!

62. (제가 그리움으로) 죽지 않게 당신을 내주며 저를 받아주지 않으시면,
당신은 제게 '죽음의 신'(목숨을 거두는 자)이 되실 거예요, 아루나찰라!

63. 바라봄으로, 생각함으로, 몸에 손을 댐으로37) (저를) 성숙시키셨으니,
(저를) 당신의 것으로 자비롭게 받아주셔요, 아루나찰라!

64. 미혹의 독이 (저를) 사로잡고 머리로 올라와 (저를) 죽이기 전에,

---

36) *T.* '걸친 것 없이'는 '이름과 형상이 없는 존재-의식-지복으로서'의 뜻이다. *ASP*(O), 64쪽.
37) '바라봄, 생각함, 손을 댐(접촉)'은 스승이 제자에게 은총을 주는 세 가지 전수 방식이다.

(당신의) 은총이 (저를) 사로잡도록 하셔요, 아루나찰라!

65. 자비롭게 (저를) 보아주시고 미혹을 끝내주셔요! 그러지 않으시면
당신께 누가 (저를 위해) 말씀드릴 수 있을까요, 아루나찰라!

66. 미친병[38]을 없애주신 당신께서 저를 당신께 미치도록 만드셨으니,
(이) 미친 증세를 없애줄 약을 베풀어 주셔요, 아루나찰라!

67. 두려움 없으신 당신께 두려움 없이 찾아온 저와[39] 결합하시는 데,
당신께 두려움이 있음은 왜인가요, 아루나찰라?

68. 비천한 마음이 어디 있고 좋은 마음이 어디 있는지 말씀해 보셔요,
(당신의) 은총이 (저를) 소유하고 있는데 말입니다, 아루나찰라!

69. 세간적 습習이 완전의 습을 얻을 수 있도록,[40] (저와의)
완전한 결합을 자비롭게 허락해 주셔요, 아루나찰라!

70. (당신의) 이름을 생각하자마자 (저를) 붙잡아 끌어당기셨으니,
당신의 위대함을 누가 이해할 수 있을까요, 아루나찰라!

71. (제) 귀신 성품을 떠나게 하려고 떠나지 않는 영靈[41]으로서 장악하신
저를 (은총의 영에 쐰) 접신자로 만드셨으니 놀랍군요, 아루나찰라!

---

38) T. '미친병'이란 '세상 혹은 감각 대상에의 집착'을 뜻한다.
39) T. ASP(N)의 풀이를 따른다. ASP(O)에서는 '두려움 없으신 당신께, (세간-환에 대한) 두려움에서 찾아온 저와'로 풀이한다.
40) T. '완전의 습'이란 '진아에 안주하는 습'을 뜻한다. ASP(O), 71쪽.
41) T. '떠나지 않는 영'이란, '나'를 영구적으로 장악한 진아를 말한다.

72. 연약한 덩굴식물처럼 제가 붙들 것 없이 축 늘어지지 않도록
    붙들 지지물이 되어 (저를) 지켜 주셔요, 아루나찰라!

73. 마법의 약으로 (저를) 매혹하여 저의 지知를 빼앗으시더니
    당신의 지知를 드러내 주셨군요,42) 아루나찰라!

74. 가고 옴이 없는 보편적 공간에서, 은총의
    전쟁놀이를 보여주셔요,43) 아루나찰라!

75. 육신에 대한 집착을 포기하고, 항상 당신의
    광휘를 보며 (그것과) 결합하게 은총을 주셔요, 아루나찰라!

76. 미혹에 대한 약을 (저에게) 주시는 것을 망설이시나요? 은총의
    약산藥山으로 빛나시는, 아루나찰라!

77. 집착을 가지고 오는 사람들의 집착을 소멸하시며,
    집착심 없이 빛나시는, 아루나찰라!

78. (불행에) 짓눌리면 (당신께) 기도하는 저는 아둔한 사람이지만,
    속임이 없이 저에게 은총을 주셔요, 아루나찰라!

79. 선장도 없이 큰 폭풍에 요동치는 배처럼 제가 그렇게
    되지 않도록, 자비롭게 지켜주셔요, 아루나찰라!

---

42) T. '저의 지知'는 개인성 의식을, '당신의 지知'는 '진아지'를 가리킨다. *ASP*(O), 73쪽.
43) T. '가고 옴이 없는 보편적 공간'은 생멸변화가 없는 진아-허공(자각의 무변제)이며, '은총의 전쟁놀이'는 진아의 빛이 무지 또는 다양성의 세계를 소멸하는 것이다. *ASP*(O), 74쪽.

80. 끝과 시작을 알 수 없는 매듭44)을 풀어 주셨으니, 어머니처럼
    최종 목표에 (저를) 두심이 (당신의) 임무 아닌가요? 아루나찰라!

81. 코 없는 사람 앞에 든 거울이 되지 마시고,45) 저를
    들어 올려 자비롭게 보듬어 주셔요, 아루나찰라!

82. 육신의 집 안에 있는 마음이라는 부드러운 꽃침대 위에서, 우리
    실재로서 결합하도록 은총을 주셔요, 아루나찰라!

83. 더욱 겸손하고 유순한 성품의 헌신자들과 결합함으로써 당신께서
    위대함을 성취하셨으니, 놀랍군요, 아루나찰라!

84. 짙은 미혹을 은총의 신비한 고약으로 없애주시고, 당신의
    실재에 제가 지배당하게 하셨지요,46) 아루나찰라!

85. 저를 머리 깎게 하신 뒤, 열린 공간에서 당신께서는
    ('나-나'로서) 춤을 추셨으니 놀랍군요, 아루나찰라!

86. (저의) 욕망을 몰아내시고 당신을 (제가) 욕망하게 만드시어
    저의 욕망을 충족해 주셔요, 저의 아루나찰라!

87. 말없는 바위처럼 (저의 간청에도) 반응 없이 머물러 계신다면,
    이런 침묵이 당신께 어울릴까요? 아루나찰라!

---

44) T. 의식과 몸 간의 매듭(*chit-jada-granthi*)을 말한다. 「실재사십송」, 제24연 참조.
45) T. 코 없는 사람은 아주 못났는데, 그의 앞에 거울을 들어 보이는 것은 그의 결함을 드러 내는 것이다. 따라서 '저의 결함을 드러내지만 말고 그것을 없애 주셔요'의 의미이다.
46) T. '당신의 실재, 곧 진아에 제가 확고히 자리잡게 하셨지요'의 의미이다. *ASP*(O), 82쪽.

88. 누가 저의 입 안에 진흙을 던져서
    저의 생계를 망쳐 버리셨나요?47) 아루나찰라!

89. 아무도 모르게 저의 마음을 매혹하고선
    누가 훔쳐 가버리셨던가요? 아루나찰라!

90. (바로) 주님(Ramana)48)이시라고 (제가) 선언했으니, 화내지 마시고
    오셔서 저를 행복하게 해 주셔요, 아루나찰라!

91. 밤도 낮도 없는 빈 공간의 집49)에서
    우리 (지고의 **지복**을) 즐기게 오셔요, 아루나찰라!

92. (저를) 표적 삼아 은총의 화살을 쏘시고는, 저를 (당신께서)
    생기(*prana*)와 함께 잡아 잡수셨어요,50) 아루나찰라!

93. 이득(*labha*)51)이신 당신께서, 금생 내생에 이득 없는 저를 얻으시어
    무슨 이득을 얻으셨나요, 아루나찰라!

94. (당신께서) 오라고 하지 않으셨나요? 왔으니 제게 필요한 걸 주셔요.
    힘드시겠지만 당신의 운명이어요,52) 아루나찰라!

---

47) *T.* '입 안에 진흙을 던진다'는 것은 타밀어 숙어로, 남의 생계수단을 빼앗는다는 뜻이다. 오관은 마음이 감각대상을 먹고사는 입인데, 그러지 못하도록 막아서 마음을 죽였다는 뜻이다. *ASP*(O), 84쪽.
48) *T. Ramana*는 '주님, 사랑하는 사람, 행복의 하사자' 등의 의미를 갖는다. *ASP*(O), 85쪽.
49) *T.* 시간과 공간의 한계가 없는 진아의 순수하고 빈 허공. *ASP*(O), 86쪽.
50) *T.* 에고가 소멸한 진아합일의 상태(삼매)에서는 생기도 가라앉는다. *ASP*(O), 87쪽.
51) *T.* '당신을 얻는 것(즉, 깨달음)은 더 이상 없는 최고의 이익'이기에 '이득'이라고 했다.
52) *T.* '헌신자를 불렀으면 그에게 영적·물적으로 필요한 것을 주어야 하는 것이 주님의 운명'이라는 것이다. *ASP*(O), 88쪽.

95. "오라" 하고 (저의) 심장 속에 들어와 당신의 생명을 주신 순간
저는 목숨(개인성)을 잃었으니, 은총을 주셔요, 아루나찰라!

96. 떠나시면 (저에게) 고통일 것이니, 당신을 떠남이 없이 목숨이
떠날 수 있도록 은총을 주셔요, 아루나찰라!

97. 집에서 (저를) 끌어내시고 **심장의 처소**로 슬며시 들어와 당신의
집을 보여주셨으니, (이것이 당신의) 은총이군요, 아루나찰라!

98. 공개적으로 당신의 작업을 드러냈지만, 화내지 마시고 은총을
공개적으로 쏟아주시고 저를 구해주셔요, 아루나찰라!

99. 베단타 안에서 다른 무엇 없이[둘이 없이] 빛나는
베다의 실체[핵심]를 자비롭게 하사하셔요, 아루나찰라!

100. 비방을 찬양으로 여기시고, (저를) 은총을 베풀 백성으로 삼으시어
저를 버리지 않는 은총을 주셔요, 아루나찰라!

101. 물 속의 얼음처럼, 사랑의 형상이신 당신 안에서 제가
사랑으로서 녹게 은총을 주셔요, 아루나찰라!

102. 아루나(Aruna)를 생각하자마자 저는 은총의 덫에 걸렸어요! 당신의
은총의 그물이 실패할 리 있나요? 아루나찰라!

103. 은총에 저를 걸리게 하시고는, 거미처럼 (저를) 칭칭 감아
꼼짝 못하게 하시고 (저를) 잡아 잡수셨어요, 아루나찰라!

104. 사랑으로 당신의 이름을 듣는 헌신자들의 헌신자들에게
헌신자가 될 수 있도록 은총을 주셔요, 아루나찰라!

105. 저같이 힘없는 헌신자들이 지복을 얻게 가호하시는 당신,
영원히 사시는 은총을 베푸셔요, 아루나찰라!

106. 뼛속까지 (사랑으로) 녹은 헌신자들의 달콤한 말이 귀에 익으셔도,
제 서툰 언어를 자애롭게 받아주셔요, 아루나찰라!

107. 감내堪耐의 산이시여, (저의) 서툰 말들을 선한 찬가로 감내하시고,
뜻하시는 대로 이제부터 은총을 하사하셔요, 아루나찰라!

108. (은총의) 화만을 하사하신 아루나찰라-라마나시여! 저의 (이)
화만을 자애롭게 둘러 주셔요, 아루나찰라!

후렴

아루나찰라 시바, 아루나찰라 시바, 아루나찰라 시바, 아루나찰라!
아루나찰라 시바, 아루나찰라 시바, 아루나찰라 시바, 아루나찰라!

아루나찰라께 영광을!
(당신의) 헌신자들에게 영광을!
(이) 문자혼인화만에 영광을!

4.2. 아루나찰라 아홉 보주화만 寶珠華鬘
Arunachala Navamanimalai

1. (당신은) 진정 아짤란(*Achalan*)[1]이시나 (찌담바람의) 저 회중에서 아짤라이(*Achalai*)[2]이신 어머니 앞에서 춤추시네.[3] 움직임 없는 (당신의) 형상 안에 저 샥띠가 가라앉자 (당신은) 드높이 솟으시니,[4] 그것이 **아루나찰라**임을 알라.

2. 존재-의식-지복 말고도 지고자와 영혼의 동일성을 뜻하는 저 "그대가 그것이다(*Tat tvam asi*)"가 '아-루-나'의 의미이며, '아찰라'의 의미는 풍요로움[5]이네. 붉은 금빛으로 빛나는 **아루나찰라**(의 진정한 의미)를 숙고해 보자면, (그것은 우리가 아루나찰라를) 생각하기만 해도 해탈을 하사한다는 것이네.[6]

---

1) *T*. '움직이지 않는 자'라는 뜻이며, 불변의 실재인 시바의 한 이름이다. ASP(O), 102쪽.
2) *T*. '아짤란의 반려자'라는 뜻. 시바의 반려자인 빠르바띠(샥띠)를 가리킨다.
3) *T*. 시바는 찌담바람(Chidambaram)에서 여신 샥띠(Shakti)와 함께 창조의 춤을 추는 것으로 알려져 있다(찌담바람은 아루나찰라 동남쪽 약 120km 떨어진 곳에 있다). 그러나 실제로 시바가 춤추는 곳은 심장 공간이다(「8연시」의 제7연 참조).
4) *T*. 시바는 춤을 춘 뒤 아루나찰라로서 움직임 없이 머물러 있었고, 샥띠는 그에게 이끌려 와 그의 속으로 가라앉아 그와 하나가 되었다. 그래서 아루나찰라가 시바의 형상들 중에서도 가장 드높은 것이라는(찌담바람보다 중요한 곳이라는) 의미이다. ASP(O), 102쪽.
5) *T*. '풍요로움'은 '확고함, 충만함, 위대함'으로 새길 수도 있다.
6) *T*. 이 연에 대해 스리 사두 옴은, 스승이 제자에게 만트라(*mantra*)를 줄 때는 그 각 음절의 의미와 그 만트라 수행의 결과를 설명해 주듯이, 바가반이 세상 사람들에게 '아루나찰라'를 만트라로 주면서 그 의미를 설명해 준 것으로 해석한다. ASP(O), 104쪽.

3. 아루나찰라에 거주하시는 자비의 화신이신 지고한 주님의
   붉은 연꽃 발에 귀의하여,
  재산, 토지, 친족과 계급 등7)에 집착하는 마음의
   미혹과 애착을 포기하고, 항상
  명료함을 추구하는 마음으로 신의 은총을 갈구하는 사람들은,
   이 세상(이승)에서의 무지를 소멸하고
  떠오르는 해의 빛살 같은 은총을 영원히 성취하여, 지복의
   바다에 빠질 것이네.

4. 안나말라이!8) 당신께 무심한 사람처럼 제가 위를 보며[절망하며]
   그리움에 애타도록 놓아 두려고는 생각 마소서.
  흙인 더러운 몸을 (제가) '나'로 여겨
   흙으로서 죽는다는 것도 옳지 않습니다.
  서늘한 자비로 충만한 시선으로 (저를) 바라보아 주시고,
   어떤 장난도 치지 말아 주소서, 제 눈에 (사랑스러운) 님이시여.
  여자·남자·중성의 형상을 초월한 빛의 형상이신
   주님이시여, 저의 심장 안에 안주하소서!

5. 위대한 소나기리(Sonagiri)9)로 찬란히 빛나는
   의식의 형상이신 주님이시여! 이 하찮은 사람의
  큰 허물들을 모두 용서하고 가호해 주시어
   이 사람이 다시 (미혹과 무지의) 허공10) 속으로 떨어지지 않도록

---

7) '등'이란 네 인생단계(*asramas*)를 말한다.
8) 안나말라이(Annamalai)는 아루나찰라의 타밀 이름이다.
9) 아루나찰라의 다른 이름.
10) *T. ASP*(O)에서는 '미혹 또는 무지의 세계'로 풀이했다.

(비)구름 같은 자비의 시선을 쏟아주소서. 그러지 않으시면
      (제가) 무자비한 탄생에서 (벗어나) 저쪽 언덕에 도달할 수 없습니다.
   어머니가 자식에게 해주는 비할 바 없이 좋은 것에
      비견할 것이 있는지 말씀해 주십시오.11)

6. '애욕의 살해자(Kamari)'12)라고 당신은 헌신자들에 의해
      늘 찬양받습니다.
   예, 예, 맞습니다만, 당신께 그것이 어울리는지 의문입니다.
      오, 아루나찰레스와라!
   만약 그것이 어울린다면, 비록 용맹대담하고 힘세다고는
      해도, '몸 없는 자(Anangan)'13)가
   어떻게 애욕의 살해자이신 당신의 두 발이라는 성채에 피난한
      (우리의) 마음 속에 들어올 수 있습니까?

7. 안나말라이시여! 저를 당신께서
      당신 것으로 하신 순간 (저의) 영혼과 육신은
   당신의 차지였는데, 저에게 어떤 결함이 있겠습니까?
      결함과 덕은 생각하지 않고 당신만을
   생각하겠습니다, 저의 삶이시여!
      (당신께서) 무엇을 원하시든 그것을 하시고,
   사랑하는 님이시여, 당신의 두 발에 대한
      사랑이 날로 커 가게만 허락해 주소서!

---

11) T. 아루나찰라는 우주의 '어머니'이기 때문에 이렇게 말한 것이다.
12) 애욕의 신인 Kama를 죽인 자. 시바가 고행을 하고 있을 때 Kama가 그를 애욕에 빠트리려고 하자, 시바는 제3의 눈으로 쏘아보아 Kama를 불태워 버렸다. 슬퍼하는 그의 아내를 가엾게 생각한 시바는 나중에 그가 미세신으로 계속 살아 있게 해 주었다.
13) T. 시바에 의해 몸을 잃은 Kama를 가리킨다.

8. 세상의 신성한 읍들 가운데 물이 차오르는 곳14)으로 불리는
 띠루쭐리에서, 덕 있는 수행자 순다라(Sundara)와
 (그의) 충실한 아내 순다리(Sundari)15)에게 나는 태어났네.
 세간의 하찮은 감각기관들의 사악함 속에서 겪는
 비참한 고통을 끝내 주시려고, 당신의 심장이
 기쁨으로 넘치면서 당신의 상태를 나에게 주셨으니,
 의식이 빛을 발하고 **실재**가 번성하도록 하기 위해
 세상 가운데 서 계신 분이 **붉은 산**(아루나찰라)의 **주님**이시라네.

9. 어머니와 아버지로서 저를 세상에 낳아 보살펴 주시고
 저 세간환世間幻(*jaganmaya*)16)의 깊은 바다에 제가 빠져죽기 전에,
 제 마음속에 들어와 (저를) 끌어당겨 당신의 발에 자리잡게 하셨으니,
 의식의 성품이신 **아루나찰라**, 당신의 은총이 얼마나 놀라운지요!17)

---

14) *T.* 띠루쭐리의 부미나떼스와라 사원(Bhuminatheswara Temple) 내에 있는 성수지는 일년 중 일정한 때에 물이 저절로 차올랐다가 내려가는 특이한 곳이라고 한다.
15) 순다리는 '아름다움'을 뜻하며, 바가반의 어머니인 알라구(Alagu)를 가리킨다.
16) '세간환'이란 우주적인 환(universal illusion)을 말한다.
17) *T.* 아루나찰라는 시바 자신이자, 시바와 빠르바띠가 하나로 합쳐진 형상이라고도 한다. 이 연의 취지는, 바가반이 세상에 온 것 자체가 아루나찰라의 뜻이었고, 당신의 진정한 부모는 아루나찰라였다는 것이다.

4.3. 아루나찰라 11연시聯詩
Arunachala Padikam

1. 은총으로 저를 당신 것으로 하신 당신께서, 저에게
    당신의 모습을 자비롭게 드러내지 않으신다면
   어둠의 비참한 세상 속에서 (당신을) 그리며 심히 고통 받은
    이 몸이 만약 떠나[죽어] 버릴 경우, 저는 어떻게 되겠습니까?
   태양이 바라봐 주지 않고 연꽃이 피어날 수 있습니까?
    태양에게 태양이시고,
   은총이 풍성히 솟구치며 급류처럼 쏟아지는 곳,
    위대한 **아루나** 산으로 불리는 **사랑**이시여!

2. 사랑의 형상이신 **아루나찰라**시여, 불 속의 밀랍처럼
    심장 속에서 당신을 생각하다 부드러워져 녹아버릴,
   사랑 없는 저에게 당신에 대한 사랑을 하사하지 않으시어,
    이미 당신 것으로 하신 저를 망치심이 (당신께) 어울리는지요?
   사랑에서 나오는 **지복**이시여! 헌신자들의
    심장 속에서 샘솟는 (아무리 마셔도) 물리지 않는 감로시여!
   무슨 말을 (제가) 하겠습니까? 당신의 뜻이 저의 뜻이오니
    그것이 저에게 행복입니다. 제 삶의 주님이시여!

3. 주님이신 당신을 생각할 마음이라고는 없었던
   저를 당신은 은총의 밧줄로 끌어당겨
   생명이라고는 없이[1] 죽이기로 (결심)하시고 서 계셨습니다.
   이 가엾고 못난 제가 무슨 잘못을 저질렀습니까?
   이제 무슨 사소한 장애가 있어 저를 반쯤만 살려 두시고
   왜 이렇게 괴롭히시는지요?
   주님이신 **아루나찰라시여!** (당신의) 뜻을 이루시고,
   일자—著[유일한 존재]로서 영겁토록 머무르소서.

4. 세상에 사는 (모든) 사람들 중 (선택하신) 저에게서,
   무슨 이익을 당신께서 얻으시는지요?
   허공 속으로 이 가엾은 사람이 떨어지지 않도록 구하시어
   저를 당신의 발 아래 붙들어 두셨습니다.
   은총의 바다이신 **주님**! 당신을 생각하면
   저는 너무나 부끄럽습니다.
   아루나찰라, 당신께 영광이 있으시기를! 당신을 찬양하고
   장식하며 제 머리를 숙입니다.

5. 주님, 당신께서는 은밀히 저를 데려오셔서 당신의
   발아래 이제까지 붙들어 두셨지요.
   주님, 당신의 성품이 무엇이냐고 묻는 사람들에게
   (제가) 고개를 숙이고 석상처럼 (서) 있게 만드셨지요.
   주님, 제가 그물에 걸린 사슴처럼 되지 않도록
   저의 고단한 고통을 소멸해 주소서.

---

1) *T.* '생명이라고는 없이'는 '신과 영혼(의 구별)이 없이'로 옮길 수도 있다. *ASP*(O), 129쪽.

주님이신 **아루나찰라**시여, (당신의) 뜻이 무엇인지를
   이 가엾은 사람이 누구라서 알겠습니까?

6. 지고의 **실재**시여! 늘 당신의 발 곁에 머물러 있지만,
    연꽃 줄기의 개구리가 저입니다. (그보다는)
   의식의 상태라는 훌륭한 꿀을 빠는 꽃벌로 (저를)
    만들어 주시면, 해탈이 있을 것입니다.
   당신의 신성한 연꽃 발 앞에서 제가 생명을 버린다면,
    그것은 당신께 기둥처럼 우뚝한[2] 불명예가 될 것입니다.
   붉게 퍼져나가는 빛살의 형상이신 산이시여!
    허공보다도 더 미세한 은총의 공간이시여!

7. 허공·공기·불·물·흙과 많은 중생들로
    나타나는 원소들과 물질적 대상들이
   빛의 허공이신 당신에 다름 아니라면,
    제가 (당신 말고) 달리 누구이겠습니까, 오염 없는 분이시여!
   심장 속 공간으로서 당신께서는 별개의 것 없이 빛나시는데,
    별개로서 나온 저는 누구입니까?
   나오십시오, **아루나찰라**시여! 그의 머리 위에[3]
    (당신의) 광대한 연꽃 발을 얹으시며.

8. 당신께서는 세상에서 살아가는[생계를 유지하는] 방도를
    아는 지성을 소멸하여 저를 쓸모없게 만드셨습니다.

---

2) T. 아루나찰라는 땅에서 하늘까지 솟아 있는 빛의 기둥으로 묘사된다.
3) T. '일어나는 에고의 머리 위에'의 뜻이다.

이렇게 (저를) 두시면 누구에게도 행복이 아니고 불행일 뿐입니다.
이런 삶보다 죽음이 더 낫기 때문입니다.4)
미친병5)에 씌어 (지知의) 열매를 빼앗긴 저에게, 당신의
두 발과 결합할 희유한 약을 자비롭게 내려주십시오.
미친병에 대한 약으로서 지상에서 빛나시는
아루나 산의 형상을 취하신 지고자시여!

9. 지고자시여! 당신의 두 발을 집착 없이 붙드는
위없는 지혜를 갖지 못한 사람들 중에서 (제가) 으뜸입니다.
저의 행위들을 당신의 짐으로 하셔서 소멸해 주소서.
(전 우주를) 유지하시는 당신께 무엇이 짐이 되리까?
지고자시여! 당신을 놓아 버리고 이 세계를 머리 위에
이고 감으로써 제가 받은 과보는 이제 충분합니다.
지고자이신 아루나찰라시여! 이제부터는 저를 당신의
두 발에서 떨어지게 하실 생각은 하지 마소서!

10. 나는 놀라운 것을 보았네. 영혼을 강제로 끌어당기는 자석인 산을!
이 산은 한번이라도 그것을
생각한 영혼의 짓궂은 (마음) 활동을 억누르고,
(그 영혼을) 끌어당겨 일자인 그 자신과 대면하게 하며,
그를 그 자신처럼 움직임이 없게 만들어
그 맛난6) 영혼을 먹고 산다네. 이 얼마나 (놀라운) 일인가!

---

4) T. 이런 호소는 '세간적 삶을 살기도 어렵고 당신과의 합일을 이루지도 못한 이런 삶은 몹시 고통스럽다'는 뜻이다.
5) T. '당신에 대한 사랑'을 뜻한다. 한편 뒤에 나오는 '미친병'은 '세간에 대한 욕망'을 뜻한다.
6) T. '맛난'은 '순수해지고 성숙된'의 뜻이다.

영혼들이여! 심장 안에서 이 영혼의 파괴자[7]로 빛나시는
위대한 아루나 산을 생각함으로써 구원받으시라.

11. 이 산을 지고자로 생각함으로써 나처럼
사멸한 이들이 얼마나 많은가! 오!
늘어나는 불행으로 인해 이 삶에 대한 욕망을
포기해 버리고 몸을 버릴 방도를
찾아 헤매는 사람들이여, 마음속으로 한 번만
생각해도 (그를 실제로) 죽임이 없이 죽이는,
희귀한 약 하나가 지구상에 있으니, 그것이 실로
아루나 산임을 알라!

---

[7] *T*. '개체적 자아들의 파괴자'란 뜻이다. 사실 시바는 '파괴의 주'로 알려져 있다.

4.4. 아루나찰라 8연시 聯詩
Arunachala Ashtakam

> '지知 수행을 많이 한 사람들¹⁾을 자신에게로
> 끌어당기는 산이 이 아루나찰라로다.'
>
> — 구루 나마시바야, 「안나말라이 벤바(*Annamalai Venba*)」²⁾

1. 지각력 없는³⁾ 산인 양 그것은 조용히 서 있네. 아!
   그것의 작용은 불가사의하여 누구도 이해하기 어렵다네.
   아무것도 모르던 어린 시절부터 **아루나찰라**는
   가장 위대한 것으로서 (내) 마음속에 빛나고 있었건만,⁴⁾
   어떤 사람을 통해 그것이 띠루반나말라이라는 것을 알았을 때도
   나는 그것의 진리[의미]를 깨닫지 못했네.
   마음을 매혹하며 그것이 나를 가까이 끌어당겼을 때,
   나는 다가와서 그것이 하나의 산임을 보았다네.⁵⁾

2. "보는 자는 누구인가?" 하고 마음속에서 찾아보았을 때,
   보는 자가 사라지고 그 뒤에 남아 있는 것을 보았습니다.

---

1) T. 지知 수행이란 '지知의 길'을 따르는 자기탐구 수행을 가리킨다.
2) T. 구루 나마시바야(Guru Namasivaya)는 16세기경 아루나찰라에 살았던 진인이다. 그는 벤바 운韻으로 된 100연의 이 시로써 아루나찰라를 찬양했다.
3) 이 형용사는 또한 '(대상적인) 지知를 뿌리 뽑는'이라는 의미를 갖고 있다.
4) "찌담바람을 보는 것, 띠루바루르(Tiruvarur)에 태어나는 것, 베나레스(Benares)에서 죽는 것, 혹은 단지 **아루나찰라**를 생각하는 것만으로도 해탈을 보증받는다." 이 시구는 특히 남인도에서 잘 알려져 있다.
5) 다른 번역: "나는 그것이 절대적인 고요함을 의미한다는 것을 깨달았다네."

"내가 보았다"고 말할 마음은 일어나지 않았습니다.

"나는 보지 않았다"는 마음인들 어찌 일어날 수 있겠습니까?

말로써 이것을 드러낼 수 있는 힘을 가진 사람이 누가 있습니까?

당신조차도 옛적에 말없이 그것을 드러내셨는데 말입니다.[6]

말하지 않고 당신의 상태를 드러내시려고

하늘부터 땅까지 빛나는 산으로 당신은 서 계십니다.

3. 당신이 형상을 가지셨다고 생각하고 제가 다가갈 때,

당신은 지상의 한 산으로 서 계십니다.

당신의 (진정한) 형상은 형상이 없다고 (누가) 생각한다면[명상한다면],

(그는) 하늘을 보려고 세계를 방랑하는 사람과 같습니다.[7]

당신의 형상을, 생각함이 없이 생각할 때는[8] 바다에

넣은 설탕의 형상처럼 형상이 사라질 것입니다.

저 자신을 제가 알 때, 저의 형상이 (당신 외에) 달리 무엇이겠습니까?

(오직) 당신이 계십니다. 위대한 **아루나 산으로** 존재해 오신.

4. 존재하시고 빛나시는 당신을 떠나서 **신을** 찾는 것은,[9]

보십시오, 등불을 들고 어둠을 찾는 것에 지나지 않습니다.

존재하시고 빛나시는 당신 자신을 드러내시려고

당신은 모든 종교 안에서 다양한 형상으로

---

6) *T.* 시바는 곧 다끄쉬나무르띠이다.
7) *T.* 모든 생각은 형상에 지나지 않고, 신이 형상이 없다는 생각조차도 하나의 형상이다 (*ASP*(O), 154쪽). 그래서 '당신을 형상이 없다고 명상하는 것도, 마치 어디나 존재하는 하늘을 보려고 세계를 방랑하는 사람과 같다'는 것이다.
8) *T.* '당신의 형상을, 생각함이 없이 생각한다'는 것은, 무념으로 자신의 **진아**에 주의를 집중한다는 뜻이다. 그러면 '나'가 사라지고 형상 없는 신을 체험하게 된다. *ASP*(O), 154쪽.
9) *T.* '내가 있다는 존재-의식인 진아를 떠나 외적인 대상으로서의 신을 찾는 것은'의 의미이다. *ASP*(O), 157쪽.

존재하시고 빛나십니다. 당신을 사람들이 모른다면, 그들은
　해에 대해서 알지 못하는 장님에 지나지 않습니다.
두 번째가 없는 하나로 제 **심장** 속에서 존재하시고 빛나시는,
　위대한 **아루나 산**으로 불리시는 비할 바 없는 보석이시여!

5. 보석들이 달린 (목걸이) 줄같이, 모든 개인과 모든
　　다양한 종교들 안에 당신만이 **일자**로서 존재하십니다.
　보석을 연마하듯 마음을 마음이라는 숫돌 위에서
　　연마하여 흠을 없애면 당신의 은총의 빛이 발할 것이니,
　보석의 빛처럼10) 다른 어떤 대상에 대한 집착도 (거기에)
　　접근하지 못할 것입니다. 사진 건판에
　햇빛이 닿으면 (거기에) 인상이 새겨질 수 있겠습니까?
　　강렬히 빛나는 **아루나 산**이신, 당신 아닌 어떤 것이 있습니까?

6. 존재하는 유일한 **실재**, 의식의 빛, **심장**이야말로 당신입니다.
　　당신 안에는 (당신과) 다르지 않은 놀라운 힘(sakti)이 존재하는데,
　　그로부터 미세한 그림자 같은 일련의 생각들이, 의식(의 빛)에 의해
　　　발현업의 소용돌이 속에 있는 생각의 빛이라는 거울 위에서
　안으로는 그림자 같은 세계 화면11)으로 나타나고,
　　밖으로는 눈 등의 감각기관을 통해서, 마치 렌즈를 통해
　존재하는 영화 화면처럼 나타납니다.12) 은총의 산이시여,

---

10) T. '보석의 빛이 다른 대상의 영향을 받지 않듯이'의 뜻이다. *ASP*(O), 159쪽.
11) T. 미세한 세계의 이름과 형상들. 라마나스라맘에서 간행한 단행본 *Five Hymns to Sri Arunachala*에서는 이것을 '심령적 세계'로 옮기고, 각주에서 "이것은 거친 물질세계가 거기서 일어나고, 그 안에 맹아의 형태로 들어 있는 미세한 상태의 세계를 말한다."고 했다.
12) T. 제6연의 이런 설명에 대해서는 『스리 라마나의 길』 '제2권 **부록** 4의 1)'에 스리 사두 옴의 더 자세한 주석이 있다.

그것들이 멈추든 계속하든,13) 당신을 떠나서는 존재하지 않습니다.

7. '나'라는 생각이 없으면 다른 어떤 것도 없을 것입니다.
　　　그때까지는, 다른 생각들이 일어나면 "누구에게?— 나에게"
　　'나'의 근원은 무엇인가? 하고 들어가야 하니, 내면으로 뛰어들어
　　　심장의 옥좌에 도달하면 한 일산日傘 그늘 밑의 군주14)가 됩니다.
　　안과 밖, 두 가지 업(선과 악), 생과 사 혹은
　　　쾌락과 고통, 어둠과 빛이라는 (이원적) 꿈이 없을 것이고,
　　심장의 뜰 안에서 움직임 없이 춤추고 계신, 아루나 산이라는
　　　무한한 은총의 빛으로 된 바다뿐일 것입니다.

8. 바다에서 구름으로 일어나 비 되어 내린 물은
　　　바다라는 근원에 도달하기까지는 장애가 있어도 멈추지 않습니다.
　　몸을 받은 영혼이 당신에게서 일어나면, 당신께 도달할 때까지는
　　　많은 길을 만나서 헤맨다 할지라도 멈추지 않을 것입니다.
　　드넓은 창공을 누비는 새도 (창공에) 쉴 곳은 없습니다.
　　　쉴 곳은 지상밖에 없으니 새는 온 길을 돌아가야 합니다.
　　영혼이 자신이 온 길을 되돌아가면, 지복의
　　　바다이신 당신께 합일할 것입니다. 아루나 산이시여!

---

13) *T.* '그것들이 사라지든, 나타나든'의 의미이다.
14) *T.* '한 일산 그늘 밑의 군주'는 타밀어 숙어로 '유일무이한 절대 군주'를 뜻한다. 이것은 우리가 심장에 도달하여 진아지를 성취하면 절대적 실재로 머무르게 된다는 뜻이다. *ASP*(O), 166-7쪽.

4.5. 아루나찰라 5보송 五寶頌
Arunachala Pancharatna

[옮긴이] 1917년 한 헌신자가 바가반에게 가장 어려운 산스크리트 운율의 하나인 아리야 브리타(*arya vritta*) 운율로 시를 한 수 지어 보시지 않겠느냐고 청했다. 그래서 바가반은 그 운율로 쉽게 산스크리트 시 한 수를 지었다. 얼마 후 이 시를 본 가나빠띠 무니가 그 완벽한 작품성에 놀라 바가반에게 같은 운율로 다른 시를 한 수 지어 달라고 했다. 이에 바가반은 또 한 수를 지었다. 그러자 가나빠띠 무니는 지知·요가·행위·헌신의 각 길에 대해 한 수씩 더 지어 달라고 청했다. 바가반은 지知·요가·행위·헌신의 길을 다루는 시를 3수 더 지어 모두 5연의 산스크리트 시가 되었다. 바가반은 이 시들을 「아루나찰라 5보송」이라고 이름 지었다. 그 뒤 다이바라따(Daivarata)라는 헌신자가 이 「5보송」에 산스크리트어로 종결시를 한 수 지었다.

    1922년에 바가반은 「5보송」을 타밀어로 번역해 달라는 한 헌신자의 청을 받고 이 시들을 타밀어 벤바 운으로 옮겼다. 다이바라따가 지었던 종결시도 타밀어로 번역하여 끝에 붙였다. 영어판에서는 산스크리트 「5보송」만 번역했으나, 타밀어 「5보송」도 바가반의 작품이므로 여기서는 함께 번역하였다('T'로 표시한 것이 타밀어 버전이다). 각 연에 이어지는 주註는 영어판에 있던 것을 버리고, 스리 사두 옴과 마이클 제임스의 주석본 「아루나찰라 5보송(*Sri Arunachala Pancharatnam*)」에서 적절히 발췌·요약한 것이다(이 주석은 '타밀어' 「5보송」을 중심으로 이루어져 있다).

1. 은총의 충만함인 감로의 바다시여!
    당신의 빛살 안에 견고한 우주가 삼켜지는,
   오 아루나찰라, 지고의 진아시여!
    해가 되시어 (제) 마음 연꽃을 완전히 개화시켜 주소서.

T. 은총의 충만함인 감로의 바다시여!
    퍼져 나가는 빛살로써 일체를 삼키시는
   아루나기리, 지고의 **진아시여**! 부풀어 오르는 마음 연꽃을 완전히
    개화시킬 해로서 빛나소서.

주註:
이 연의 첫 구절에서 **아루나찰라**를 '은총의 충만함인 감로의 바다'라고 했다. 바가반은 이렇게 말한 적이 있다. "신의 은총의 충만함이란 무엇입니까? 신이 이름과 형상으로 나타나거나 해탈을 하사하는 것입니까? 아니, 그럴 수 없지요. 왜냐하면 모든 개아에게 친견이나 해탈을 하사할 수는 없기 때문입니다." 한정된 자들에게만 줄 수 있는 친견이나 해탈은 '은총의 충만함'일 수 없다. 신이 모든 존재에게 늘 주고 있는 것만이 '은총의 충만함'이라 할 수 있고, 그것은 모든 개아의 **심장** 안에서 '나, 나'로서 빛나는 의식의 빛이다. 따라서 바가반은 **아루나찰라**를 **심장** 안에서 '나'로서 늘 빛나는 **진아** 의식의 빛으로 보고 있는 것이다.

개아가 주의를 내면의 이 '나'라는 의식으로 돌려서 **진아**를 깨달으면, **진아** 의식의 빛이 찬란히 발하면서 외관상 견고하게 보이던 현상계가 **진아**에 삼켜져 사라진다. 즉, **마야**(무지)의 은폐력(*avarana*)과 (현상계를 창조하는) 투사력(*vikshepa*)이 **진아**의 빛에 의해 모두 소멸하는 것이다. 이는 마치 희미한 빛 속에서는 영화를 볼 수 있으나 밝은 빛 속에서는 영화의 화면이 사라지는 것과 같다.

그 뒤에 나오는 '부풀어 오른 마음 연꽃'은 충분히 성숙하여 깨달음을 앞둔 마음을 가리킨다. 햇빛이 없으면 연꽃이 피어날 수 없듯이, 성숙한 헌신자의 마음도 **진아**인 **아루나찰라**의 은총 없이는 완전한 깨달음에 이를 수 없다. 그래서 바가반은 헌신자의 입장에서 **아루나찰라**께 '마음 연꽃을 완전히 개화시켜 달라'고 기원한 것이다.

2. 당신 안에서, 오 **아루나찰라**! 이 모든 그림이
　　생겨나고 유지되고 파괴됩니다.
　당신은 **심장**(*hridayam*) 안에서 **진아**인 '**나**'로서
　　춤추고 계시니, '**심장**'이 당신의 이름이라고 그들은 말합니다.

T. 그림인 이 모든 것은, **붉은 산**이시여, 오직 당신 안에서
　　떠오르고 머무르고 가라앉습니다. 영원히 당신은
　　'**나**'(진아)로서 **심장** 안에서 춤추고 계시므로, 당신의 이름
　　자체가 **심장**이라고 그들(진인들)은 말합니다.

주註:

　영화 화면이 스크린 위에서 나타나고 사라지듯이, 모든 세계는 **진아**인 **아루나찰라** 안에서 생겨나고 유지되고 소멸한다. 그러나 **아루나찰라**는 단지 세계라는 그림이 나타나고 사라지는 스크린만은 아니다. 세계라는 그림, 그 그림을 보는 자, 그 그림이 나타나는 스크린과 그것을 비추는 빛 모두 **아루나찰라**일 뿐이다.

　그렇기는 하나 **아루나찰라**는 세계를 나타나게 하는(즉, 창조하는) 능동인能動因은 아니다. "**진아** 자체가 많은 이름과 형상들의 세계로 보이기는 하나, 그것은 세계를 창조하고 유지하고 파괴하는 원인으로 작용하는 행위자는 아니다"(『진어화만』, 제85연). 그래서 바가반은 이 모든 것이 '당신 안에서' 떠오르고 머무르고 가라앉는다고 표현했다. 세계를 창조하는 것은 **진아**가 아니라 마음(까르마가 내장된 의식)일 뿐이다.

　아루나찰라의 '지知의 불길'은 모든 세계를 태워 소멸하기 때문에 '**붉은 산**'이라고 했다. **아루나찰라**는 세계의 외관상 창조·유지·파괴에 영향 받지 않고 **심장** 속에서, 순수한 '**나**' 의식으로서 움직임 없이 영원히 춤춘다. 그래서 바가반은 이 연의 후반부에서 **아루나찰라**의 이름이 곧 '**심장**'이라고 했다. 즉, **아루나찰라**는 마음과 세계가 나타날 때든 소멸할 때든, 영원히 **심장** 속에서 빛나는 '**나**'인 것이다.

　이 '**나**'가 **심장** 안에서 춤춘다고 했으나, 실은 **심장**은 어떤 장소가 아니라 **진아** 자체이다. 따라서 **심장**과 '**나**'로서 빛나는 **진아**는 동일한 실재이다. 이것은 마음 연꽃이 완전히 개화한 사람들만이 안다. 바가반은 여기서 그런 이들을 '그들'이라고 불렀다.

3. '나'라는 것은 어디서 오는가?
　　이렇게 추구하며 오염 없는 마음으로 내면으로 들어가
　자기 자신의 형상을 깨달으면, (우리는)
　　바다에 들어간 강처럼, 오 **아루나찰라**, 당신 안에서 고요해집니다.

T. '나'를 향함(*ahamukham*)인 오염 없는 마음으로
　'나'라는 것은 어디서 일어나는가? 하고 탐색하여 '나' 형상을
　분명하게 알고 나면, (우리는) 바다에 들어간 강처럼
　오 **아루나찰라**, 당신 안에서 사라집니다.

주註:
　이 연은 지知의 길, 즉 **자기탐구**의 길을 설명한다. 첫 행에서 바가반은 우리가 진아 의식에 도달하는 수단은 '나'를 향하는 오염 없는(즉, 순수한) 마음'임을 밝힌다. 진아를 깨달으려면 먼저 마음이 순수해야 한다. 세간적 욕망과 집착에 물든 마음은 순수하지 못한 마음이며, 이러한 욕망과 집착에서 벗어나야 한다.
　그러나 마음을 순수하게 하는 것만으로는 부족하고, 그것이 **자기**를 향해야 한다. 그것은 "바깥의 대상들을 내버리고 마음이 그 자신의 빛의 형상을 아는 것"(「가르침의 핵심」, 제16연)이다. 따라서 '나'를 향함이란 자기를 자각 또는 주시하는 것이다. 그러면서 그 '나'가 어디서 일어나는지, 곧 '나'의 근원이 무엇인지를 탐구해야 한다. 바가반은 우리가 순수한 마음으로 '나'의 근원을 면밀히 탐색하면 '나'의 형상을 알게 된다고 말한다. '나'의 형상을 안다는 것은 무슨 뜻인가? '나'의 참된 성품은 일어나고 가라앉는 마음이 아니라, 일어나고 가라앉음이 없이 항상 존재하며 빛나는 단순한 존재-의식(being-consciousness)임을 아는 것이다. 즉, '나'의 형상은 '나'라는 말의 참된 의미인 **실재**를 뜻한다. 그것은 에고 자아가 없는 (깊은) 잠 속에서도 존재하기를 그치지 않는 것이다(「가르침의 핵심」, 제21연 참조).
　이 '나'의 형상을 분명하게 알고 나면 우리는 마치 바다에 합일된 강처럼, 무한한 '나' 안에 합일되어 개별적 존재성을 잃고 고요해진다. 그래서 이 연에서는 **자기탐구**의 방법과 결과가 모두 이야기되었다.

4. 바깥의 대상들을 내버리고
　제어된 호흡과 제어된 마음으로, 내면에서 당신을
명상하는 요기는 빛을 보고,
　오 아루나찰라시여, 당신 안에서 드높아집니다.

T. 바깥의 대상들을 내버리고, 오 빛나는 주 아루나(Arunesa)시여,
호흡을 제어할 때 정지하는 마음으로 심장 안에서
당신을 명상하는 요기는, 빛을 보고
당신 안에서 드높음[위대함]을 성취합니다.

주註:
　이 연이 아루나찰라를 이름과 형상으로 명상하는 법을 말한다고 해석한 이들도 있으나, 바가반이 여기서 말하고자 하는 것은 그것이 아니다. 왜냐하면 '바깥의 대상들을 내버리고' 명상하기 때문이다. 따라서 '나'로서 빛나는 진아야말로 아루나찰라이며, 그것을 명상하는 것은 제3연에서 말한 '나'의 근원을 탐색하는 것과 동일하다.
　제3연에서 '나'를 향하는 순수한 마음을 이야기한 반면, 이 연에서는 '호흡을 제어하여 고요해진 마음'을 이야기한다. 여기서 한 가지 차이가 있다면, 호흡을 제어하여 고요해진 마음이 반드시 순수한 마음은 아니라는 것이다. 호흡제어는 마음을 순수하게 하기 위한 보조수단에 불과하다. 호흡이 제어되는 동안은 마음도 일시적으로 제어되지만, 호흡이 일어나면 마음도 따라서 일어난다. 따라서 호흡제어로 마음이 고요해진 사람은 그 마음을 이용하여 자기주시(self-attention)를 하도록 노력해야 한다. 그렇지 않으면 심잠心潛(manolaya)에 떨어질 수 있다. 따라서 이 연은 (호흡제어를 말하고 있기는 하지만) 겉보기와는 달리 라자 요가의 길을 옹호하는 것이 아니다. 호흡제어로써 마음이 고요해지면 자기탐구를 해야 한다는 것이 이 연에서 말하고자 하는 바가반의 본의이다.
　이 연에서 말하는 '요기'는 진아와 하나가 되어 개인성을 잃어버린 사람을 뜻한다. 그는 늘 진아로 안주하며, 진정으로 위대하다고 불릴 만하다. '당신 안에서'는 '당신처럼' 또는 '당신과 동등하게'로 옮길 수도 있는 구절이다.

5. 당신께 내맡긴 마음으로 당신을

　　보면서, 일체를 당신의 형상으로 늘 숭배하되

　남[他者]이 없는 사랑으로써 하는 사람은,

　　오 **아루나찰라**시여, 당신 안에서 지복에 잠겨 승리합니다.

T. 당신 안에 내맡겨진 마음으로 늘

　　당신을 보고, 일체를 당신의 형상으로, 남이 없이

　사랑하는 사람은, 오 **아루나찰라**시여,

　　지복의 형상이신 당신 안에 잠겨 승리합니다.

주註:

　신께 '내맡겨진 마음'이란 마음이 완전히 가라앉아 **진아**에 합일되어 별개의 존재성을 갖지 않는 상태를 뜻한다. 이렇게 **진아**에 합일되어 **진아**로 안주하는 마음만이 참으로 신을 본다고 할 수 있다(「실재사십송」, 제8연 참조). 신을 '늘' 본다는 것은 생시·꿈·잠의 세 가지 상태와 과거·현재·미래에서 다 보는 것이다.

　우리가 마음을 신에게 내맡기면 남는 것은 **진아**뿐이다. 이때 신을 보는 것은 '마음'이 아니라 **진아**이다. 왜냐하면 마음이 독자적 존재성을 잃고 **진아**로서 빛나고 있기 때문이다. 이 상태에서는 세계·신·중생 등 일체가 다름 아닌 **진아**로 체험된다. 이것이 '일체를 당신의 형상으로' 보는 상태이다. **진아**의 참된 성품을 깨닫기 전에는 일체를 신으로 볼 수가 없다. 한 번도 본 적이 없는 사물을 우리가 상상할 수 없듯이, **진아**인 신의 실체를 보지 못한 사람이 "나는 일체를 **신**으로 본다. 나는 모든 사람을 나 자신으로 사랑한다"고 말하는 것은 무의미하다. 자기순복으로써 마음을 소멸하고 비이원적 **진아**로 확고히 안주하는 사람만이 일체를 **진아**로 볼 수 있고, 일체를 '남'이라는 느낌 없이 사랑할 수 있다. 따라서 행위 요기(karma yogi)가 참으로 일체를 신으로 보고, 사랑하고, 숭배하려면 먼저 자기 마음을 신에게 내맡겨야 한다.

　이 연에서 **실재**의 세 가지 측면인 존재-의식-지복이 모두 이야기된다. 마음을 신에게 내맡긴 뒤의 **진아**안주 상태는 존재이고, 그 상태에서 영원한 **진아**지로 빛나는 것, 즉 '늘 당신을 보는 것'이 의식이며, '남이 없는 사랑'은 **지복**의 측면이다.

종결시

스리마드 라마나 마하르쉬의
   드러내심인, **아루나찰라**에 대한 산스크리트
아리야 기타(*arya-gita*) 운의 이 5연시는
   실로 우파니샤드의 보석이라네.[1)]

T. 아루나기리 라마나께서는, 산스크리트어로 드러내셨던
   베단타의 귀중한 취지인 "아루나찰라 5보송"을,
   감미로운 타밀어 벤바(*venba*) 운으로
   세상 사람들에게 즐거이 하사하셨네.

기원시

은총을 넉넉히 하사하시는 강력한 **아루나찰라**의 이름이 영원하기를!
당신의 이름을 지닌 이 다섯 찬가(*Stuti Panchakam*)가 영원하기를!
당신의 입에서 이것이 피어난 드높으신 **라마나**의 두 발이 영원하기를!
그 두 발에 확고히 안주하는 덕 있는 헌신자들이 영원하기를![2)]

           옴 따뜨 사뜨(Om Tat Sat)

---

1) *T.* 이 시는 바가반의 헌신자인 다이바라따가 산스크리트로 지은 것이다.
2) 이 기원시는 스리 무루가나르가 지은 것이다.

[첨부 2]

아루나찰라 3연시—여섯 번째 찬가
Arunachala Stuti: The Sixth Hymn to Arunachala

바가반이 스깐다쉬람에 사실 때, 가나빠띠 무니가 당신께 다가가서 산스크리트 시 한 수를 인용하면서 말라얄람어에도 그에 상당하는 운韻이 있는지 여쭈었다. 바가반은 그런 것이 있다고 대답하고 나서, 그것을 보여주기 위해 말라얄람어로 다음 세 수의 시를 지었다. 말라얄람어가 모국어인 꾼주스와미는 그 시들을 암기했다가 자기 공책에 적어 두었다. 그 뒤 이 시들은 한동안 잊혀졌고, 바가반의 저작 전집을 편집한 여러 사람들에게서도 무시되었다. 이 시들은 1980년 K. 나떼산이 편집한 바가반 탄신 100주년 기념 소책자에 타밀어 음사본音寫本으로 처음 간행되었다. 그러나 아직까지 타밀어판이나 영어판 저작 전집에 실린 적이 없다.

다음은 바가반의 말라얄람인 헌신자인 K. K. 남비아르(Nambiar)가 영어로 옮긴 것이다. (*MP*, 1982 January, p.35)

1. 우주의 **원초적 주**主이시여, 당신의 형상은 끊임없는 **의식**이시고,[1]
   당신의 두 발은 베다에 의해 장식되며, 당신은 당신께 절하는 이들의 죄를 소멸하시니, 산들의 주이시여! 자비심에 눈물 젖은 눈으로 저를 곁눈질로라도 보아주소서. 제가 짐승처럼 살다 삶을 마감하지 않도록.

2. 여덟 가지 형상을 한 우주의 화신이신 **아루나찰라**시여,

---

[1] 다른 해석: "우주의 주이신 지고의 신이시여, 당신의 형상은 영원한 자각이시고".

세간의 고통이 저를 그만 괴롭히도록[또는, 완전히 사라지도록],
부디 자비의 시선을 던져주시어, (제가) 아무 아픔도 느끼지 않고
에고의 매듭을 끊어 버리게 도와주소서.

3. 모든 경전의 핵심적 가르침에서 선언하고 있듯이,
   지고의 주主 **아루나찰라**의 성스러운 발을 부단히 내관하면
   저는 타고난 자만·집착·분노·망상·정욕과 탐욕에서 벗어나
   틀림없이 구원[해탈]을 얻으리이다.

5. 가르침의 핵심
Upadesa Saram

전설에 따르면, 한 무리의 리쉬(rishis)들이 다루까 숲(Daruka forest)에 모여 살면서 의식儀式을 거행하여 초자연적 능력을 얻었다. 그들은 같은 방법으로 궁극적인 해탈을 성취하기를 원했다. 그러나 이 점에서는 그들이 잘못 생각하고 있었다. 왜냐하면 행위는 행위를 낳을 뿐, 행위의 그침을 가져다주지 않기 때문이다. 의식儀式은 능력을 가져다줄 수는 있지만, 의식과 능력들, 그리고 행위의 모든 형태를 넘어서 있는 해탈의 평안은 가져다줄 수 없다. 시바는 그들에게 오류를 납득시켜 주려고 방랑하는 사두로서 그들 앞에 나타났다. 비슈누는 아름다운 여인의 모습으로 그와 동행했다. 모든 리쉬들은 이 여인에게 반해서 마음의 평형을 잃었고, 그래서 그들이 거행하던 의식도 등한시되고 능력도 감소했다. 더욱이 그들과 함께 숲속에 살고 있던 그들의 아내들은 모두 이 낯선 사두를 보고 사랑에 빠졌다. 여기에 화가 난 리쉬들은 코끼리 한 마리와 호랑이 한 마리를 마법의 의식으로 불러내어 시바를 공격하게 했다. 그러나 시바는 손쉽게 그것들을 죽여서 코끼리의 가죽은 옷으로 삼고 호랑이의 가죽은 몸가리개로 했다. 리쉬들은 비로소 자신들이 자기들보다 더 강한 자를 상대하고 있음을 깨닫고, 시바에게 절하고 가르침을 청했다. 그러자 시바는 그들에게 사람은 행위로써가 아니라 행위를 포기함으로써 해탈을 성취하는 것이라고 설명했다.

시인 무루가나르(Muruganar)는 이 주제에 관해 100연의 시를 짓고 싶었으나, 70연 이상은 쉽사리 지어지지 않았다. 이때 그에게, 시바의 가르침에 관한 시를 지을 적임자는 바가반이라는 생각이 떠올랐다. 그래서 바가반에게 그 시들을 지어 달라고 청했고, 그에 따라 바가반은 30연의 타밀시를 지었다.[1] 그리고 당신 자신이 나중에 그것을 산스크리트어로 번역했다. 이어서 바가반은 이 30연의 시를 텔루구어로 번역하여 처음에는 「아누부띠 사람(*Anubhuti Saram*)」이라는 제목을 붙였고, 나중에는 「우빠데사 사람(*Upadesa Saram*)」이라고 했다.[2] 바가반은 그것을 말라얄람어(Malayalam)로도 번역했다. 산스크리트 번역본인 「우빠데사 사람」은 베다와 함께 당신의 앞에서 매일 찬송되었고, 지금도 당신의 삼매지 앞에서 계속 찬송되고 있다. 다시 말해서, 이것은 하나의 경전처럼 다루어진다. 그는 해탈에 이르는 여러 가지 길들을 언급하면서 그것들을 효율성과 우수성의 순으로 등급을 매기고, 가장 뛰어난 것은 자기탐구임을 보여주고 있다.[3]

1. 행위가 열매를 맺는 것은 **주재자**[4]가 그렇게 정해놓았기 때문이네.
   행위가 어떻게 하느님일 수 있겠는가?
   행위는 지각력이 없다네.[5]

2. 행위의 열매가 사라졌어도 그것은 씨앗을 남겨
   행위의 바다에 (사람을) 떨어지게 하며,
   해탈을 가져다주지 않는다네.

3. 주재자께 맡기고 하는 사심 없는 행위는

---

1) T. 무루가나르는 1927년에 「띠루운디야르」라는 시를 지으면서 제70연부터 102연까지 다루까 숲에서의 이야기를 다루었고, 시바의 가르침 부분인 제103연부터 132연까지의 30연을 바가반에게 지어달라고 부탁했다. 스리 사두 옴과 마이클 제임스의 *Upadesa Undiyar of Bhagavan Sri Ramana(UU)*, 2쪽 참조.
2) T. 바가반이 지은 타밀시 제목은 「우빠데사 운디야르」인데, 30연 전체가 무루가나르가 원래 붙인 '운디바라(*undibara*)'라는 후렴구로 끝나기 때문에 붙여진 이름이다(이 번역에서는 이 후렴구를 생략했다). 「우빠데사 사람(*Upadesa Saram*)」은 산스크리트어・텔루구어・말라얄람어 본의 제목이다(산스크리트어 본은 「우빠데사 사라(*Upadesa Sarah*)」라고도 한다).
3) T. 전체 30연 중에서 전반 15연은 행위・헌신의 길(1~10연)과 요가의 길(11~15연)을 다루고, 후반 15연(16~30연)은 지知의 길, 특히 자기탐구를 다루고 있다.
4) T. 주재자(*Karta*-행위자)는 우주 전체를 관장하는 하느님인 이스와라(*Isvara*)를 가리킨다. 이스와라, 곧 절대적 의식이 모든 행위와 그 열매를 결정하는 진정한 의미의 '행위자'이다.
5) T. '업(행위)의 힘'은 하느님인 의식에서 나오며, 업 자체에 내재하지 않는다는 의미이다.

마음을 정화하며, 그것은
해탈의 길을 보여준다네.

4. 이것은 확실하니, 예공(*puja*-신에 대한 숭배)과 염송(*japa*)과 명상은
   몸과 말과 마음으로 행하는 것이지만,
   뒤의 것일수록 더 낫다네.

5. 여덟 가지 형상6) 모두가 하느님의 형상이니, 그렇게
   생각하고 숭배하는 것이
   하느님에 대한 좋은 숭배라네.

6. 찬가보다 큰 소리 염송이 (낫고), (그보다 나은) 속삭이는 염송보다
   마음으로 하는 것(내심염송)이 더 낫다네.
   이것이 명상이라고 하는 것이네.

7. 단속적斷續的인 명상보다, 물줄기나 흘러내리는 기(ghee-정제 버터)같이
   끊어짐 없는 명상이
   수승殊勝한 명상이네.

8. 타자他者 명상(*anya bhava*)7)보다는 '그가 나다'라는
   비非타자 명상(*ananya bhava*)8)이
   모든 것[명상] 중에서 으뜸이라네.

---

6) T. 5대 원소(공지수화풍)와 해·달·개아(중생)의 여덟 가지이다.
7) T. 신을 자기와 다른 존재로서 명상하는 것.
8) T. 신을 자기와 다르지 않은 존재로 명상하는 것. 이것은 "그가 나다"라고 확신하면서 진아에 대해 명상하는 것이며, 이는 곧 진아주시이다. *UU*, 12쪽.

9. 명상의 힘으로써, 명상을 초월하는 존재의
상태(*sat-bhava*) 안에 안주하는 것이야말로
지고한 헌신(*parabhakti*)의 진리라네.

10. (우리가) 일어난 곳으로 가라앉아 머무르는
그것이 행위요, 헌신이며,
그것이 요가요, 지知라네.

11. 호흡을 내면에서 억제하면, 그물에 걸린 새처럼
마음도 가라앉으리니,
이것이 (마음을) 억제하는 수단이네.

12. 마음과 호흡은 앎과 행함을 (각각의 기능으로)
가진 두 갈래이지만,9)
그것들의 기원은 하나라네.

13. (마음의) 침잠(*laya*)과 소멸(*nasa*)의 두 가지 가라앉음이 있으니,
침잠된 것은 (다시) 일어나겠지만,
그 형상이 죽으면 일어나지 않는다네.

14. 호흡을 제어함으로써 가라앉은 마음을
한 길10)로 나아가게 할 때
그 형상은 죽게 된다네.

---

9) *T.* 마음은 '앎(knowing) 또는 생각하기'의 힘을, 호흡은 '행함(doing) 혹은 행위'의 힘을 가지고 있다. 그러나 마음과 호흡의 형태로 기능하는 원래의 힘은 하나다. *UU*, 14쪽.
10) *T.* '한 길'은 자기탐구의 길을 의미한다. *UU*, 16쪽.

15. 마음 형상이 죽고 **실재**에 자리 잡은 위대한 요기에게는
    (해야 할) 어떤 행위도 없네. (왜냐하면 그는)
    자신의 성품[11]을 성취했기 때문이네.

16. 바깥의 대상들을 내버린 마음이 그 자신의
    빛의 형상을 아는 것[12]이야말로
    참된 지知라네.

17. 마음의 형상을 망각(주의의 놓침) 없이 면밀히 살펴보면,
    마음이라고 하는 것은 존재하지 않으니,[13]
    이것이 누구에게나 직접적인 길이라네.

18. 생각이야말로 마음이며, 모든 것[생각] 중에서 '나'라는
    생각이야말로 뿌리이니,
    마음이라고 하는 것은 (이 뿌리생각인) '나'라네.

19. '나'가 일어나는 곳[14]은 무엇인가? 하고 내면에서 살피면
    '나'는 죽을 것이니,
    이것이 지知의 탐구(*jnana vichara*-자기탐구)라네.

20. '나'가 합일되는 곳에서 '나, 나'라는 하나[존재-의식]가

---

11) *T*. 진아안주의 상태, 즉 진아로서의 자신의 본래적 상태.
12) *T*. '바깥의 대상을 내버리는 것'은 자기탐구의 소극적 측면이고, '마음이 그 자신의 형상을 아는 것'은 자기탐구의 적극적 측면이다. 바깥의 대상들을 내버리는 것만으로는 참된 지知를 성취하기에 충분치 않고, 적극적 자기탐구가 필요하다. *UU*, 17쪽.
13) *T*. 이 대목은 제16연을 이어받아 '마음이 그 자신의 형상을 아는' 방법을 말하고 있다. 여기서 '망각'이란 망념이나 잠(혼침)으로 인해 자기주시를 놓치는 것이다. *UU*, 18쪽.
14) *T*. '나가 일어나는 곳'은 어떤 장소가 아니라 진아, 즉 '내가 있다'는 존재-의식이다.

자연발생적으로 나타나니,

그것 자체가 **전체**(*Purna*)[완전자]라네.

21. '나'라는 말의 의미는 늘 그것이니,

    (왜냐하면) '나'가 없는 잠 속에서도

    우리는 존재하기 때문이네.

22. 몸 · 마음 · 지성 · 호흡(생기) · 어둠[잠 속의 무지][15]은 모두

    지각력이 없고 실재하지 않으므로,

    실재인 '나'가 아니네.[16]

23. 존재하는 것[실재, 존재]을 아는 다른 의식은 존재하지 않기에

    존재하는 것이 곧 의식이며,

    의식 자체가 우리라네.[17]

24. 존재한다는 성품상[18] 신과 영혼들은

    오직 하나의 본체이며,

    부가물-지(知)[19]만이 (서로) 다르다네.

25. 부가물들을 내버리고 자기 자신을 아는 것 자체가

---

15) *T.* 이 다섯 가지는 '다섯 껍질'을 뜻한다('마음'의 타밀어로 '감각기관'을 뜻하는 단어가 쓰였으나, 감각기관을 통해 작용하는 것은 마음이다). 깊은 잠 속에서 경험하는 '무지의 어둠'은, 잠 속에서 다른 네 가지 껍질이 사라진 뒤 남아 있는 지복껍질을 가리킨다. *UU*, 21쪽.
16) *T.* 다섯 껍질 모두 '실재인 나가 아니'라는 것은, 전통 경전에서 말하는 '이건 아니다, 이건 아니다(*neti, neti*)'가 수행 방법이라기보다 **진아체험**의 결과라는 의미이다. *UU*, 21쪽.
17) *T.* 제3행 타밀 원문의 의미는 '의식이야말로 우리로서 존재한다네'이다. 요컨대 이 연에서 말하고자 하는 것은, 우리의 실체가 **존재-의식**이라는 것이다. *UU*, 22쪽.
18) *T.* '내가 있다'는 존재-의식은 신이나 영혼들 모두의 참된 성품이다.
19) *T.* 혹은 '부가물-의식'. 개아가 자신이 제한적으로 가졌다고 상상하는 개인적 지(知)나 의식.

하느님 자신을 아는 것이네.

(왜냐하면) 그가 자기 자신으로[20] 빛나기 때문이네.

26. 진아로 존재하는 것이야말로 **진아**를 아는 것이니,

    진아는 둘이 아니기 때문이네.

    이것이 **실재**로서 안주함(tanmaya nishta)이네.

27. 지知와 무지 둘 다가 없는 **지**知야말로

    (참된) **지**知라네. 이것이 진실이니, (그 상태에서는)

    (자기 자신 외에) 알아야 할 것이 없기 때문이네.

28. 자기 자신의 성품이 무엇인지를 알고 나면,

    (남는 것은) 시작도 없고 끝도 없는 **존재**이자

    끊임없는 **의식**-**지복**이라네.

29. 속박과 해탈이 없는 위없는 **지복**을 성취한 후

    이 상태에 안주하는 것이

    하느님에 대한 봉사에 안주함이네.[21]

30. '나'[에고]가 사라진 뒤 남아 있는 것이 무엇인지를 아는

    그것이야말로 수승한 **따빠스**(tapas)라고

    주主 **라마나**는 말씀하셨네.[22]

---

20) T. 즉, '우리 자신으로'. 우리의 안에서 '내가 있다'로서 빛나는 것이 신의 참된 성품이다. 따라서 그는 우리의 안에서 우리 자신으로 빛나고 있다. UU, 23쪽 참조.
21) T. 개인성을 소멸하고 진아에 안주하는 것이 신에 대한 참된 봉사이며, 그런 사람의 행위는 곧 신의 행위이다. 개인성이 소멸한 사람은 신에 다름 아니기 때문이다. UU, 25쪽.
22) T. 이 제30연의 타밀어 버전은 스리 무루가나르가 지은 것이다. UU, 26쪽.

6. 실재사십송과 그 보유 補遺
Ulladu Narpadu & Ulladu Narpadu—Anubandham

바가반은 한때 당신의 중요한 가르침을 담고 있는 20연의 타밀어 시를 지었다. 그 시들은 하나의 시가 되도록 어떤 특정한 순서로 지은 것은 아니었다. 그래서 스리 무루가나르는 바가반에게 전통적인 연수聯數인 40연이 되도록 20연을 더 지어 보시라고 권했다. 그에 따라 바가반은 20연을 더 지었다. 이 40연 중에서 까비야깐따 가나빠띠 무니(Kavyakanta Ganapati Muni)가 2연을 기원시로 골라냈다. 그러자 바가반은 40연을 채우기 위해 2연을 더 지었다. 그 시들 중의 어떤 것은 산스크리트 원전을 번역한 것이었는데, 헌신자들이 40연 모두 독창적인 시이기를 원했기 때문에 그것들을 빼고 그 대신 새로운 시들을 지었다. 그리고 이 시편들은 하나의 시가 되게 연속적인 순서로 배열되었다. 나중에 재차 40연의 시로 이루어진 '보유補遺'가 추가되었다. 바가반은 작자가 되는 데 워낙 관심이 없었기 때문에 그 '보유 시'들을 모두 창작하지는 않았다. 적당한 것이 발견되면—대부분은 산스크리트 원문에서 번역한 것인데—그것을 사용했고, 적당한 것이 없으면 당신이 지었다. 원래의 40연에서 빠진 시들은 이 보유에 포함되었다.[1]

이 80연의 시는 마하르쉬의 가르침을 가장 폭넓게 드러내고 있는 것이다. 여기에 대해서 몇 가지 번역본이 나왔고 주석서들도 쓰여졌다.[2] 그리고 『실재사십송

---

[1] 바가반이 예전의 출처에서 가져온 것은 「보유」 중에서 기원시, 제1~7연, 제9연, 제12연의 마지막 문장, 제18~30연, 제34연, 제37연 그리고 제39~40연이다.
[2] T. 현재 구해 볼 수 있는 것으로는 락슈마나 샤르마의 산스크리트어 번역과 타밀어 주석서 *Bhagavan Sri Ramana Maharshi's Reality in Forty Verses*(2013), T. M. P. 마하데반의 영문 번역과 주석서인 *Ramana Maharshi and His Philosophy of Existence*(PE), T. R. 까나깜말의 *Commentary on Arunachala Stuti Panchakam and Upadesa Nun Malai*(2009), 사두 옴/마이클 제임스의 *Sri Ramanopadesa Noonmalai*(RN)가 있다.

(*Ulladu Narpadu*)』,『실재지實在知(*Sad-Vidya*)』,『드러난 진리(*Truth Revealed*)』등의 제목으로 아쉬람에서 별개의 소책자들로 출판되었다. 바가반은 이 시들을「실재사십송(*Unnadi Nalupadi*)」이란 제목의 텔루구어 시로 번역했고,「실재직견實在直見(*Sad-darsanam*)」이란 제목의 말라얄람어 시로도 번역했다.

6.1. 실재사십송 實在四十頌
Ulladu Narpadu

[옮긴이] 바가반은 「실재사십송」을 모두 벤바 운으로 지었는데, 나중에 깔리벤바 (*Kalivenba*) 운으로 각 연들 사이에 '연결어'를 몇 단어씩 두어 연들이 자연스럽게 연결되게 하여 40연 전체를 한 수의 시처럼 노래할 수 있게 만들었다. 이 연결어들 외에 나머지 내용은 벤바 시와 동일하다. 여기서는 이 깔리벤바 시를 번역한다.

서시[1]

1. "실재의 성품과 그것을 성취하는 수단을 저희에게
   보여주시어, 저희가 구원 받게 하소서"라고 무루가나르가 청하자,
   비실재 세계의 미혹에서 벗어나 계신 고귀하신 스리 라마나께서
   권위 있게 즐거이 '실재사십송'을 드러내셨네.

2. 실재는 하나가 아니라 다수라고 말하는 사람들이 이해할 수 있도록,
   실재가 하나임을 선언하기 위해 노래하신 저 '실재사십송' 벤바들을
   하나의 훌륭한 깔리벤바로, 스리 라마나께서 적절히
   바꾸어 주셨다는 것을 알라.

---

1) *T.* 이 서시는 스리 무루가나르가 지은 것이다.

기원시

1. **실재**가 없다면, '있다'는 의식이 존재할 수 있는가?[2] **실재**는
   생각이 없이 **심장** 안에 존재하는데, **심장**이라고 하는
   실재를 어떻게 명상할 수 있는가? **심장** 안에서 있는 그대로
   안주하는 것이야말로 (실재에 대해) 명상하는 것임을 알라.

   — 내면에서

2. 죽음을 몹시 두려워하는 (성숙된) 영혼들이, 피난처로서
   죽음도 탄생도 없는 위대한 **주님**의 두 발에
   매달리면, 그 매달림에 의해 (개인으로서의) 그들은 죽은 것인데,
   죽음이 없는 그들에게 죽음에 대한 생각이 있겠는가?[3]

본문

— 시각과 결합된

1. 우리가 세계를 보기 때문에, 다양한 힘을 가진
   하나의 원리를 받아들이는 것이 불가피하네. 이름과 형상들의
   화상畫像, 보는 자, 공존하는 스크린과 편재하는 빛[4]
   —이 모두가 **진아**인 그라네.

---

[2] *T. RN*, 5쪽(이 책은 깔리벤바 시를 토대로 번역·주석하고 있다). 여기서 실재는 진아로서의 '나'이고, '있다'는 의식은 곧 '내가 있다'는 앎이다. 바가반이 나중에 이 구절을 산스크리트로 옮긴 것은, "실재가 없다면 실재에 대한 지知가 있을 수 있는가?"이다.

[3] *T.* 제1연이 진아안주에 의한 탐구의 길을 말하고 있다면 이 연은 신에게 자신을 내맡기는 순복의 길을 말하고 있다. 그러나 스승 또는 신의 진정한 발은 우리 내면의 진아이므로, 이 또한 진아안주가 진정한 순복임을 말하는 것이라고 할 수 있다. *RN*, 8쪽.

[4] *T.* 이 '편재하는 빛'은 진아의 빛의 한 반사광인 '마음 빛'을 의미한다. *RN*, 11쪽.

— 세계, **주재자**(신), 영혼의

2. 세 가지 원리를 모든 종교가 처음에 전제하지만,
"하나의 원리만이 세 원리로 존재한다, 세 원리는 늘 세 원리다"라고
다투는 것은 에고가 존재하는 동안만 그렇다네. '나'를 절멸하고
진아의 상태 안에 안주하는 것이 최상이라네.

— 헛되이

3. "세계는 참되다, 거짓된 겉모습이다, 세계는 지각한다, 그렇지
않다, 세계는 행복이다, 그렇지 않다"5)고 다투는 것이 무슨 소용
있는가? 세계를 포기하고 **자기**를 알아서, 하나와 둘 다 끝이 나고
'나'가 사라진 그 상태가 모두에게 좋은 것이네.

— 살로 이루어진

4. 형상이 **자기**라면, 세계와 신도 마찬가지일 것이네.
형상이 **자기**가 아니라면, 그들의 형상을 누가
어떻게 볼 수 있으며, 보이는 모습이 눈과 다를 수 있겠는가?6)
그 눈인 **진아**는 무한한 **눈**이라네.

— 면밀히 살펴보면

5. 몸은 다섯 껍질의 형상이니, 그 다섯 가지가
몸이라는 말 안에 모두 들어 있네. 몸이 없이
세계가 존재하는가? 몸을 내버리고7) 세계를

---

5) *T*. 이것은 세계가 '**존재, 의식, 지복**'인지 여부에 대한 논쟁을 의미한다.
6) *T*. "눈(보는 자) 없이, 보이는 모습이 있을 수 있겠는가?"로 옮길 수도 있다. 여기서 '눈'의 타밀어 단어(*kan*)는 '의식'이라는 의미도 있다. '눈인 **진아**'는 '의식인 진아'라는 의미도 갖는다. *RN*, 17쪽.
7) *T*. 잠이 들었거나, 죽었거나, 진아를 깨달은 경우 등을 의미한다.

본 사람이 있는지 말해 보라.

— 보이는

6. 세계는 다섯 감각 지각의 형상 외에 달리 무엇이 아니고,
   이 다섯 감각 지각은 다섯 감관에게 지각되네. 세계를 마음
   하나가 다섯 감관을 통해서 지각하니,
   마음이 없다면 세계가 존재하는지 말해 보라.[8]

— (우리) 앞의

7. 세계와 마음은 함께 일어나고 가라앉지만,
   세계는 마음으로 인해 빛난다네. 세계와 마음이
   나타나고 사라지는 터전인, 나타나지도 사라지지도 않고 빛나는
   그 **전체**야말로 **실재**라네.

— (원래) 가능한 일이지만,

8. 어떤 이름을 붙여 어떤 형상으로 누가 (그 **실재**를) 숭배하든, 그것은
   (그) 이름과 형상으로[9] **실재**를 보는 길이네. 그러나 그 **실재**의
   진리 안에서 자신의 진리를 알고 가라앉아 (그것과) 하나가 되는 것이
   진실로 (**실재**를) 보는 것임을 알라.[10]

— 하늘의 푸름(같이 실재하지 않는)

---

8) *T*. 마음이 없으면 세계가 없으므로, **자기탐구**를 통해 **진아**를 깨달아 마음이 소멸되면 세계도 소멸되며, 마음과 세계가 본시 생겨난 적이 없고, 우리는 불생불멸인 단 하나의 **진아**라는 불생不生(*ajata*)의 도리를 깨닫게 된다. 이 체험이 지고의 절대적 진리이다. *RN*, 20쪽.
9) *T*. 타밀 원문은 "이름도 형상도 없는"으로 해석될 수도 있다.
10) *T*. 신이나 스승과 같이 이름과 형상을 가진 **실재**를 아는 것이 가능하기는 하지만, 이름과 형상이 없는 **실재**를 보는 것이 참으로 **실재**를 깨닫는 것이다. 제3행에서 '자신의 진리를 안다는 것은 에고가 실재하지 않음을 아는 것이다. *RN*, 24쪽.

9. '둘'과 '셋'들11)은 늘 하나[에고]에 매달려
 존재한다네. "그 하나가 무엇인가?" 하고 마음 안에서
 찾아보면 (그것은) 떨어져 나갈 것이고, 그것을 본 사람들만이
 진리를 본 것이니, 그들은 동요되지 않네. 그렇게 보라.

— 어둠같이 짙은

10. 무지 없이는 지知가 없고, 지知 없이는
 그 무지가 없네. "그 지知와 무지가 누구에게 있는가?" (하고
 물어서) 최초의 토대인 자(에고)12)의 근원을
 아는 것이야말로 (참된) 지知라네.

— 알려지는 대상들을

11. 아는 자기는 모르면서 다른 것들을
 아는 것은 무지인데, 그것이 (참된) 지知일 수 있겠는가?
 지知와 '다른 것'(무지)의 바탕인 자기를 알면,
 지知와 무지는 사라질 것이네.

— 아예

12. 지知와 무지가 없는 것이 (참된) 지知라네.
 (대상들을) 아는 그것은 참된 지知가 아니네. 알 것도
 알려지게 할 것도 없이13) 빛나기에, 진아가 (참된) 지知라네.
 그것은 공空이 아님을 알라.14)

---

11) '둘'이란 고통-쾌락, 지知-무지와 같은 '상대물의 쌍들'을 말하고, '셋'이란 '아는 자, 앎, 알려지는 대상'과 같은 3요소(triads)들을 말한다.
12) *T.* '최초의 토대인 자'는 '지知와 무지의 토대인 개인적 자아', 곧 에고이다. *CASU*, 413쪽, 또한 *RN*, 28쪽.
13) *T.* '그것이 알아야 할 대상도 없고, 다른 무엇에 의해 알려지지도 않는'의 의미이다.
14) *T.* 이 연과 같은 취지의 「가르침의 핵심」, 제27연을 보라.

— 풍성한

13. 지知인 진아만이 실재하며, 다양한 지知는
    무지라네.15) 실재하지 않는 무지조차도, 지知인 진아와
    별개로 존재하지는 않네. 많은 금붙이들은 실재하지 않으니,
    (그것들이) 실재하는 금과 별개로 존재하는지, 말해 보라.

— '몸이 나'라는 저

14. 1인칭이 존재하면 2인칭과 3인칭도 존재할 것이네.
    1인칭(에고)의 진리를 자세히 살펴보아 그것이 사라지면
    2인칭과 3인칭도 사라지고, 하나로서 빛나는
    그 상태야말로 실로 자기의 성품이라네.

— 항상 머무르는

15. 현재에 의존하여 과거와 미래가 성립하네.
    일어날 때는 그 둘 다 현재이니, (시간은) 현재 하나뿐이네.16)
    현재의 진리를 모르면서 과거와 미래를 알려고 하는 것은,
    '하나' 없이 숫자를 세려는 것과 같네.

— 알려진, 존재하는 실재인

16. 우리가 없이, 시간이 어디 있고 공간이 어디 있는가?
    우리가 몸이면 우리는 시간과 공간에 걸려든다네. 우리가 몸인가?
    우리는 지금, 그때, 늘 하나이고, 여기, 저기, 도처에서 하나이므로

---

15) *T.* 비이원적 진아만이 실재하며 이 세계의 많은 대상들은 실재하지 않으므로, 그런 것들을 아는 지식은 무지일 뿐 진정한 지知가 아니다. *RN*, 33쪽.
16) *T.* 현재가 '내가 있다'는 단순한 존재(being)로서만 경험되면 그것은 실재하지만, 만일 그것이 과거와 미래에 대한 생각들이 일어나는 '세 가지 시간(과거·현재·미래) 중 하나로 경험되면, 그것은 실재하지 않는다. 생각은 과거나 미래에 대해서만 있을 수 있고, 현재에는 오직 '있음' 또는 '있음의 자각'(존재-의식)만이 가능하기 때문이다. *RN*, 38쪽.

6.1. 실재사십송 **179**

우리가 존재하네, 시간 공간이 없는 우리가.

— 결함 있는 이

17. 몸은 진아를 모르는 이들에게나 아는 이들에게나 '나'이네.
진아를 모르는 이들에게는 '나'가 몸에 한정되어 있으나,
몸 안의 진아를 아는 이들에게는 진아가 '나'로서 가없이 빛난다네.
이것이 그들 간의 차이라는 것을 알라.

— 목전의

18. 세계는, 모르는 이들에게나 아는 이들에게나 실재한다네.
모르는 이들에게는 실재가 세계에 한정되어 있으나,
아는 이들에게는 실재가 세계의 바탕으로서 형상 없이 빛난다네.
이것이 그들 간의 차이라는 것을 알라.

— 서로 다른

19. 운명과 자유 의지의 뿌리에 대한 이해가 없는 사람에게만
운명과 자유 의지의 어느 쪽이 우세한가 하는 논쟁이 해당되네.
운명과 자유 의지의 한 뿌리인 자아를 알아버린 이들은 그것들을
내버렸는데, 그들이 다시 거기에 말려들겠는지,[17] 말해 보라.

— (앞에) 오는 것을

20. 보는 자기는 버려두고 자기가 신을 보는 것은
마음의 투사물을 보는 것일 뿐이네.[18] 자기(진아)를 보는 이만이
신을 본 사람이라네. 자아의 기반이 소멸된 뒤의

---

[17] *T.* 다른 번역: "그것들에 의지하겠는지."
[18] *T.* 바깥 대상으로서의 신은 하나의 개념, 즉 의식의 창조물일 뿐이다.

자기는 신과 다르지 않기 때문이네.

— 자신이 개인이라고 생각하는

21. 자기를 자기가 보고, 신을 본다고 많은 경전에서
말하는 진리19)가 무엇이냐고 묻는다면, (그 답은) "자기를
자기가 어떻게 보는가, 자기는 하나다"라네. (자기를) 볼 수 없다면,
신은 어떻게 보는가? (그에게) 먹히는 것이 (신을) 보는 것이네.

— 일체를 보는

22. 마음에게 빛을 주며 저 마음을 비추는
신(내면의 진아)에게로 마음을 돌려서 신의 안에
가라앉지[합일되지] 않고서, 신을 마음으로써 아는 것이
어떻게 가능하겠는지, 생각해 보라.

— 지각력이 없으므로

23. 이 몸뚱이는 '나'라고 말하지 않고, "잠 속에서는
'나'가 없다"고 아무도 말하지 않네. '나' 하나가
일어나면 일체가 일어나니, 이 '나'가 어디서
일어나는지 예리한 마음으로 살펴보면, (그것은) 슬며시 사라진다네.

24. 지각력 없는 몸은 '나'라고 말하지 않고, 존재-의식은 일어나지 않네.
그 둘 사이에서 몸을 한도로 하여 '나'라는 생각이 일어난다네.20)

---

19) T. 예컨대 『해탈정수』, 1:20에서는 이렇게 말한다. "만약 개인적 자아와 그 바탕인 진아를 보게 되면 그는 그 바탕, 곧 브라만이 될 것이고 탄생에서 벗어날 것이다."
20) T. 몸에게는 지각력이 없어 '나'라는 내재적 느낌이 없다. 존재-의식인 진아는 일어나지도 가라앉지도 않는다. 일어나는 '나'는 몸도 아니고 진아도 아니지만 그 둘의 속성을 함께 가져서, 몸처럼 시간과 공간에 제약되고 일어나고 가라앉으면서도 진아처럼 '나'로서 빛난다. 그래서 그것을 진아인 의식과 지각력 없는 몸 간의 매듭이라고 한다. RN, 54-5쪽.

이 의식과 지각력 없는 것[몸] 사이의 매듭이 속박이고 개아이며,
미세신이고 에고라네. 이것이 윤회이고 마음임을 알라.

— 얼마나 놀라운가!

25. 형상을 붙들면서 생겨나고 형상을 붙들면서 머무르며,
형상을 붙들고 먹으면서 더 커지네. 한 형상을 놓으면서
다른 형상을 붙드나, 찾아보면 그것은 달아나 버리네.
형상 없는 (이) 유령 같은 에고가 이러함을 알라.

— 배아胚芽인

26. 에고가 생겨나면 모든 것이 생겨나고,
에고가 없으면 모든 것이 없다네.21) 에고야말로
모든 것이므로, "이것이 무엇인가?" 하고 살펴보는 것이야말로
모든 것을 놓아 버리는 것임을 알라.

— 첫째인 양 일어나는 이

27. '나'가 일어나지 않는 상태가, 우리가 그것으로 존재하는 상태라네.
'나'가 일어나는 근원을 탐색하지 않고, '나'가 일어나지 않는
자기소멸(self-extinction)을 어떻게 성취하며, 자기가 그것인
자신의 (참된) 상태 안에 어떻게 머무를 수 있겠는지, 말해 보라.

— 처음

28. 일어나는 에고의 그 일어나는 곳[근원]을, 마치 물에
빠진 물건을 찾기 위해 잠수하듯이,

---

21) *T.* 몸과 현상계는 에고가 확장된 것이므로, 에고는 일체의 씨앗 형상이다. *RN*, 59쪽.

예리한 마음으로 말과 호흡을 제어하면서 내면으로
뛰어들어, 알아내야 한다는 것을 알라.

— 송장인 양 육신을 내버리고

29. '나'라고 입으로 말함이 없이, 내면으로 뛰어드는 마음으로
'나'가 어디서 일어나는지 탐색하는 것만이 지知의 길이네.
그러지 않고 "이건 내가 아니다. 나는 **그것**이다."라고 생각하는 것은
탐구의 보조방편이네. 그것이 (올바른) 탐구인가?[22]

— 따라서 위의 방식으로

30. "나는 누구인가?" 하고 마음이 내면을 탐색하여 **심장**에 도달하면,
그 '나'는 죽고[23] '나, 나'로서 나타나는
하나가 저절로 나타나지만, 그것은 '나'(에고) 아닌 **실재**인
전체이니, 곧 진아의 **본체**라네.[24]

— (그것이) 넘쳐 올라 나타날 때

31. 에고를 소멸함으로써 일어나는 진아의 **지복**인 사람에게
무엇 하나 할 일이 있겠는가? 진아 외의
다른 어떤 것도 알지 못하는 그의 상태가
어떤 것인지, 어찌 헤아릴 수 있겠는가?[25]

— 지고자라고 공언되는

---

22) *T.* 우리가 몸이 아니라 **브라만**이라는 진리를 이해하고 확신한다면, 그것을 되뇌기만 해서는 안 되고 **자기탐구**를 해야 한다는 뜻이다. *RN*, 65쪽.
23) *T.* '죽고'의 원문은 '부끄러워 고개 숙이고'이지만, 이것은 '죽다'는 뜻의 숙어이다.
24) *T.* 이 제30연과 같은 내용이 「가르침의 핵심」, 제19, 20연에 나온다. *RN*, 67쪽.
25) *T.* 「가르침의 핵심」, 제15연과 비교해 보라. *RN*, 68쪽.

32. "그것이 그대"라고 경전에서 선언하고 있는데, 자기가
    무엇인지를 스스로 알아내지는 않고, "그것이 '나'이고
    이것은 '나가 아니다"라고 생각하는 것은 힘이 부족한 탓이니,
    (왜냐하면) 늘 그것만이 진아로서 존재하기 때문이네.

                                                — 그 외에
33. "나 자신을 모른다"거나 "나 자신을 알고 있다"고
    말하는 것은 웃음을 살 일이네. 왜인가?
    자기가 '아는 대상'이라면, 자기가 두 개라는 것인가?
    (자기가) 하나라는 것이 모두가 경험하는 진리이기 때문이네.

                                        — 단 한 생각도 없이
34. 항상, 모두의 성품으로 존재하는 실재를
    심장 안에서 깨달아 확고히 안주하지 않고,
    "그것이 있네 없네, (그것의) 형상이 있네 없네, (그것이) 하나네, 둘
    이네, 아니네"라고
    다투는 것은 마야에서 나온 무지이니, (그런 논쟁을) 포기하라.

                                        — 마음이 가라앉은 뒤
35. 성취되는 실재를 알고 그것으로 존재함이 (참다운) 싯디(성취)라네.
    다른 싯디(초능력)들은 모두 꿈속에서 얻는 성취에 불과하네. 잠에서
    깨면 (그것들이) 실재하는가? 실재 상태에 안주하면서 실재하지 않는
    상태를 버린 이들이 미혹되랴? (이것을) 잘 알고 있으라.26)

---

26) T. 이 구절을 RN, 74쪽에서는 '그렇게' 알고 (실재인) 그대로서 있으라'로 옮겼으나, 취하
지 않는다. CASU, 504쪽에서는 '이것을 확실히 알라'로 옮기고 있다.

─ 미혹을 지닌 채

36. 우리가 (자신을) 몸이라고 생각하면, "아니다, 우리는 **그것이다**"라고
    생각하는 것이, 그것으로 안주하는 좋은 보조방편일 것이네. 늘
    우리가 **그것**인데, 왜 우리가 **그것**이라고 생각해야 하는가?
    "나는 사람이다"라고 생각하는 사람이 있는가?

─ (진리를) 모르면서 우리가 취하는

37. "수행하는 동안은 이원성, 성취한 뒤에는 단일성"이라고
    하는 주장도 맞지 않네. 어떤 사람이 열심히
    찾고 있을 때나 자신을 발견했을 때나, 그 사람은
    열 번째 사람27)이었을 뿐 다른 누구도 아니라네.

─ 씨앗 같은

38. 행위들을 '하는 자'가 우리라면, 그로 인한 열매를 경험할 것이네.
    "행위를 하는 자는 누구인가?" 하고 물어서 **자기**를 깨달으면,
    행위자 느낌이 사라지고 세 가지 업28)이 떨어져 나간다네.
    이것이 실로 영원한 **해탈**의 상태라네.

─ 미친 사람이 되어

39. "나는 속박되어 있다"고 느끼는 동안만 속박과 해탈의 생각이 있네.

---

27) *T.* 바가반이 언젠가 이야기한 우화에서, 열 명의 바보가 강을 건너갔다. 그들은 건너편에 도착하자 모두 잘 건너왔는지 세어 보았다. 그러나 자기 자신을 세지 않았기 때문에, 누가 세어도 아홉 명뿐이었다. 그들은 '열 번째 사람'을 잃어버렸다고 생각하고 울었다. 지나가던 어떤 사람이 그들에게, 각자 한 명씩 자신을 세면서 숫자를 외쳐 보라고 했다. 마지막 사람이 '열'을 외치자, 그들은 열 번째 사람이 실종되지 않았다는 것을 알고 모두 기뻐했다.

28) *T.* '세 가지 업'은 무수한 전생에 축적된 업의 집적체인 누적업累積業(*sanchita karma*), 누적업 중에서 금생에 발현되도록 예정된 발현업(*prarabdha karma*), 그리고 금생에 지어서 미래에 발현될 미래업未來業(*agami karma*)이다.

"속박된 자는 누구인가?" (하고 탐구하여) 자기를 보게 되면, 항상 해탈해 있는 자[진아]만 진리로서 남네. 속박이란 생각이 머무를 수 없는데, 해탈이란 생각이 머무를 수 있겠는가?

— 마음에 맞추기 위해

40. "형상이 있고, 형상이 없고, 형상이 있기도 하고 없기도 한 세 가지 중에 어느 것이 우리가 얻는 해탈인가?"라고 한다면, "'형상이 있다, 형상이 없다, 형상이 있기도 하고 없기도 하다'고 분별하는 에고의 형상이 소멸되는 것이 **해탈**"이라고 말하리라.29) 그렇게 알라.

---

29) *T.* 마음의 다양한 수준(성숙도)에 맞추기 위해 경전에서 다양한 해탈을 묘사하지만 실은 단 하나의 해탈이 있을 뿐이며, 그것은 곧 에고의 소멸이다. *RN*, 84쪽.

6.2. 실재사십송—보유補遺
Ulladu Narpadu—Anubandham

기원시*1)

그것 안에 모든 세계가 꾸준히 존재하고, 이 모두가 그것의 것이고,
그것에서 이 모든 세계가 일어나고, 그것을 위해 이 모든 것이 존재하며,
그것에 의해 이 모든 세계가 생겨나고, 실로 그것이 이 모든 것인 것,
그것이야말로 존재하는 실재이니, 그 진아를 심장 안에 간직합시다.

(『요가 바쉬슈타』, 5.8.12)

본문

1.* 실재와의 친교2)로 (대상들과의) 연관이 제거되고, 연관이 제거될 때
   마음의 집착[원습]이 소멸되네. 마음의 집착에서 벗어난
   사람들은 움직임 없는 것 안에서 소멸되고, 생전해탈을
   성취한다네. 그들과의 친교를 소중히 여기라.

(샹까라, 「바자 고빈담(Bhaja Govindam)」,
일명 「미혹을 깨는 망치 찬가(Mohamudgara Hymn)」, v.9)

---

1) T. 별표(*)가 붙은 시편들은 바가반이 다른 저작에서 가져와 번역한 것이다.
2) T. 깨달은 자(진인)들과의 친교, 즉 사뜨상가(sat sanga)를 말한다.

2.* 사두(진인)들과 친교할 때 심장 안에서 일어나는 명료한 탐구에 의해
　　여기서[이번 생에] 성취되고 찬양받는 그 지고의 상태는,
　　설법을 듣거나 경론을 공부하거나 공덕을 쌓거나, 다른 어떤
　　수단에 의해서도 성취할 수 없다네.

　　　　　　　　　　　　　　　　　　　(『요가 바쉬슈타』, 5.12.17)

3.* 사두(진인)인 그들과의 친교를 얻는다면
　　이 모든 계율(niyamas)이 다 무슨 소용 있는가?
　　기분 좋은 서늘한 남풍이 불어오는데, 부채를
　　들고 있는 것이 무슨 소용 있는지, 말해 보라.

　　　　　　　　　　　　　　　　　　　(『요가 바쉬슈타』)

4.* 열기는 서늘한 달빛이, 가난은 천상의 소원성취수[3])가,
　　죄는 성스러운 갠지스 강이 없애준다지만, 열기를 위시한
　　이 세 가지 모두는, 비할 바 없는 사두들의
　　위대한 눈길만으로 사라진다네.

　　　　　　　　　(『수바쉬따 라뜨나 반다가라(Subhashita Ratna Bhandagara)』, 3.6.)[4])

5.* 물로 이루어진 성수지聖水池(목욕지)와 돌과 흙인 신상神像들은
　　위대한 영혼들에 비할 수 없다네. 아, 그것들은
　　무수한 날들이 지난 뒤에 (마음의) 순수함을 안겨주지만, 사두들은
　　눈으로 바라보아 주는 순간에 그러함을 알라.

　　　　　　　　　　　　(『스리마드 바가바땀(Srimad Bhagavatam)』, 10.48.31)

---

3) T. 소원을 성취시켜 준다는, 천상에 있는 나무.
4) T. 까쉬나트 샤르마(Kashinath Sharma, 12세기)가 산스크리트 문헌들에서 가려 뽑은 지혜로운 경구(subhashitas) 1만 개 이상을 모은 책. 뒤의 제34연도 여기서 가져온 것이다.

6.* (제자:) "신은 누구입니까?" (스승:) "마음을 아는 자이다."
(제자:) "제 마음은 영혼인 제가 압니다." (스승:) "그래서 그대가 신이다. 또 경전에서 이렇게 선언하기 때문이다. '신은 오직 하나다5)'라고."

7.* (스승:) "그대에게는 무엇이 빛인가?"
(제자:) "낮에는 햇빛, 밤에는 불빛입니다."
(스승:) "그 빛을 아는 빛은 무엇인가?"
(제자:) "눈입니다." (스승:) "그것을 아는 빛은?"
(제자:) "그 빛은 마음입니다." "(스승:) 그 마음을 아는 빛은 무엇인가?" (제자:) "그것은 저(aham)입니다."
(스승:) "그 빛의 빛은 그대이다."
스승이 이렇게 선언하자, (제자:) "제가 그것입니다."

(6과 7, 샹까라짜리야,「에까 슬로끼(Eka sloki)」)

8. 심장동혈洞穴(Heart-Cave)의 한가운데에 하나인 브라만이 홀로
'나-나'로서 직접 빛나고 있네, 진아의 형상으로.6)
심장으로 들어가 자기를 탐색하여 가라앉거나, 호흡과 더불어
마음이 가라앉게 하여, 진아 안에 안주하라.7)

---

5) T. '오직 하나'는 '아는 자' 혹은 '아는 성품', 곧 진아를 가리킨다.
6) T. '나'라는 자각은 브라만이라는 빛의 한 빛살이다. 몸-마음에서 이 '나'라는 자각을 분리하여 내면을 향한 마음으로 그것의 근원을 추구하면, 심장에 도달하게 된다. 이렇게 심장에 도달하면, 에고는 죽고 진아의 광휘가 찬란하게 빛난다. 락슈마나 사르마,『실재사십송 주석(Bhagavan Sri Ramana Maharshi's Reality in Forty Verses)』(RFV), 177쪽.
7) 1915년에 바가반은 비루팍샤 산굴에 살고 있었다. 자가디스와라 사스뜨리라는 젊은 헌신자가 바가반을 찾아왔다가 어떤 종이에 산스크리트로 'hridaya kuhara madhye(심장 동혈의 한가운데)'라고 써 두었다. 그런 다음 출타했다가 돌아와 보니 놀랍게도 그 구절로 시작하는 완전한 산스크리트 시 한 수가 적혀 있었다. 그것을 지은 사람은 바가반이었다. 이 시는 나중에 바가반이 타밀어로 번역하여「실재사십송 보유」에 들어갔고, 가나빠띠 무니도 이것을 그가 엮은『스리 라마나 기타』, 제2장 2연에 넣었다.

9.* 심장연꽃 안에 있는 순수한 부동不動의
'나'[진아]라는 형상은 어떤 의식이오? '나'[에고]를
제거하면 그 '나'인 의식(arivu)이야말로
진아인 해탈을 하사한다는 것을 아시오.8)

(「데비깔롯따람」, 제46연)9)

10. 몸은 질그릇처럼 지각력이 없어 '나'라는 의식이 없고,
'나' 아닌 그 몸이 없는 잠 속에서도 매일 우리는 존재를 경험하네.10)
이 에고는 누구며, 어디 있는지를 알고 (진아로서) 안주하는 이들의
심장동혈 안의 소함 스푸라나(Soham sphurana)11)로서 **아루나찰라 시바**
께서 스스로 빛나고 계시네.12)

11. 태어나는 것은 누구인가? 자신의 근원인 **브라만** 안에서,
"나는 어디서 태어났는가?"를 탐색하여 태어나는
그 사람이 실로 태어나니, 그는 영원한 성자들의 주主이며,
늘 새롭고 싱그러운 자임을 알라.13)

---

8) *T.* 몸에 집착하면서 '나는 몸이다'로서 일어나는 의식은 에고인 '나'인 반면, **심장연꽃** 속의 진아는 그런 집착 없이 순수한 의식(자각)으로서 부단히 빛난다. 에고인 '나가 심장 속으로 가라앉아 죽고 진아가 빛을 발하는 것이 곧 해탈이다. *RFV*, 179쪽 참조.
9) *T.* 이 연은 「데비깔롯따람」의 제46연을 타밀어로 옮긴 것이지만, 243쪽의 제46연과는 같은 내용임에도 문장 표현이 다르다. 서로 다른 두 가지 번역 버전으로 볼 수 있다.
10) *T.* 깊은 잠 속에서는 몸이 지각되지 않고 존재하지 않지만, 그럼에도 '나'는 존재한다.
11) *T.* "그가 나다"라는 스푸라나. '스푸라나'는 **심장**에서 일어나는 진아의 빛 혹은 진동이다.
12) 이 연은 바가반이 산스크리트로 지은 다음 타밀어로 옮긴 것이다.
    T. 이 연은 "몸은 내가 아니다. 나는 누구인가? 그가 나다(deham naham koham soham)"라는 베단타의 가르침을 요약한 것이라고 설명된다. 즉, 첫째와 둘째 행에서 "몸은 내가 아니다"라는 진리를 확립한 다음, 이 진리를 깨닫는 방법은 "나는 누구인가?"의 탐구임을 말하고, 이 방법으로 진아를 깨닫고 나면 그 상태는 "그가 나다"라고 하는 **심장** 속의 안주라는 것이다. 이로써 바가반은 "그가 나다(soham)"를 수행 방법이 아닌 깨달음의 결과로 제시하고 있다는 점에 주목할 필요가 있다. *RN*, 105쪽.
13) *T.* 이 연은 바가반의 구두 가르침을 락슈마나 샤르마가 산스크리트 시로 기록한 것을 바가반이 다시 타밀어로 옮긴 것이다.

12. '역겨운 몸뚱이가 나'라는 생각을 내버리고, 늘
    끝없는 지복인 진아를 알라. 죽어 없어질
    몸뚱이를 소중히 여기면서 진아를 알려고 하는 것은,
    강을 건너기 위해 악어를 뗏목 삼으려는 것과 같네.14)

13. 보시, 고행, 희생제, 덕행(dharma), 요가, 헌신과,
    천상계, 부富, 평안, 진리, 은총, 침묵, 안정,
    죽음 없는 죽음, 지知, 포기(출가), 해탈, 지복은,
    "몸이 나다"라는 관념(dehatma bhava)을 소멸하는 것임을 알라.15)

14. "행위, 비非헌신(vibhakti), 비非요가(viyoga), 무지(ajnana)16)가
    누구에게 있는가?"라고 탐구하는 것 자체가 행위, 헌신, 요가(yoga),
    지知라네. 탐구하여 '나'가 없어지고 그것들도 존재하지 않을 때
    진아로서 안주하는 것이야말로 진리라네.17)

15. (진아의) 힘(sakti)에 의해 자기들이 움직이는 방식은 모른 채
    "모든 싯디를 우리가 얻겠다"며 행위하는 미친 이들의 어릿광대짓은,
    "나를 일으켜 세워 주면 이 적들은 아무것도 아니야."라고
    말하는 불구자의 이야기와 같네.18)

---

14) 앞의 2행은 바가반이 지은 것이고, 뒤의 2행은 『분별정보』, 제84연에서 가져온 것이다.
15) T. 『진어화만』, B17연도 같은 내용이다.
16) T. 여기서 '행위'는 '행위자 관념'이 있는 행위를 말하며, 비헌신은 '신에 대한 무관심' 혹은 '신에게서 벗어남', 비요가는 '진아와의 분리'를 뜻한다. 그 뒤에 나오는 '행위'는 행위자 관념 없는 행위이고, 요가는 '진아와의 합일'이다.
17) T. 이 연은 "나는 누구인가?"의 자기탐구로써 에고를 소멸하는 것이 전통적인 네 가지 길을 성취하는 수단임을 말하고 있다. 에고가 소멸하면 네 가지 길도 목적을 다해 더 이상 필요 없고, 진아안주만이 남는다. 「가르침의 핵심」, 제10연과 비교해 보라.
18) T. 『진어화만』, 제169연도 같은 취지이다.

16. 마음의 평안(chitta-santi)이야말로 우리가 얻는 참된 해탈인데,
    마음의 활동 없이는 성취할 수 없는 싯디들에
    마음을 두고 있는 사람들이, 어떻게 마음의 번뇌가 없는
    해탈의 즐거움(mukti-sukha)에 잠길 수 있겠는가?19)

17. 세계라는 짐을 신이 져 주는데, 가짜 영혼[에고]이 지는 척하는 것은
    마치 탑을 받치는 듯한 조각상의 형상같이 우스운 것이네.
    큰 짐도 날라주는 기차를 타고 가는 사람이 짐을 내려놓지 않고
    머리에 인 채로 힘들어한다면, 이는 누구의 잘못인가?20)

18.* 두 젖꼭지 사이, 가슴 아래 배 위에
    여섯 가지 기관이 있는데 색깔은 여러 가지네.
    그 중의 하나는 연꽃 봉오리같이 생겼고 안에 있는데,
    손가락 두 개 폭만큼 (중앙에서) 오른쪽에 있는 **심장**이라네.

19.* 그 입구는 닫혀 있고, 그 작은 구멍 안에는
    욕망 등이 함께 하는 짙은 어둠이 존재하는데,
    거기에 모든 큰 신경들(nadis)이 연결되어 있다네.
    그것은 호흡과 마음, (의식의) 빛21)이 거주하는 곳이라네.

                    (18과 19, 『아쉬땅가 흐리다얌(Ashtanga Hridayam)』, 말라얄람어판)

20.* 심장연꽃의 동혈에서 '나'로서 빛나는 주主는
    '동혈의 주主(Guhesa)'로 숭배 받으시네.

---

19) *T*. 『실재사십송』, 제35연도 이와 비슷한 취지이다.
20) *T*. 「아루나찰라 11연시」, 제9연에서도 비슷한 관념을 묘사하고 있다.
21) *T*. '의식의 빛' 혹은 '자각의 빛'은 '나, 나'로서 영원히 춤추는 브라만이다. *RFV*, 199쪽.

부단히 "저 동혈의 주主가 나다"라는 형태의 "그가 나다"라는

　　관법에 의해, 마치 그대의 몸 안에

'나'(에고)라는 관념이 확고히 자리 잡고 있듯이, 수행의

　　힘으로 그 주主로서 (확고히) 안주하게 되면

죽어 없어질 몸이 '나'라는 무지는, 떠오르는

　　해 앞의 어둠처럼 사라질 것이네.

(『쁘라부링가 릴라(Prabhulinga Leela)』22) 깐나다어판,
제45, 46연에 나오는 관념을 채용하여 바가반이 지은 시)

21.* "그것의 큰 거울 안에서 이 모든 것[세계]이

　　하나의 상像으로서 (우리 앞에) 나타나며,

이 우주 안의 모든 존재들의

　　심장이라고 선언되는 것이 무엇인지 말씀해 주십시오."라고

질문한 라마(Rama)에게, 진인 바쉬슈타(Vasishta)가 말했다.

　　"이 세계의 모든 존재들의 심장에는

두 가지가 있음을 성찰할 수 있다네."

(『요가 바쉬슈타』, 5.78.32-33)

22.* "받아들일 만한 것과 배척할 만한 것이 있으니

　　이 두 가지의 특징을 들어 보게.

육신의 가슴 속 어느 곳에 위치한

　　심장이라고 하는 기관은

배척할 만한 것이고, 하나인 의식의 형상을 한

　　심장은 받아들일 만한 것이라고

---

22) T. 진인 쁘라부링가(Prabhulinga)가 고라끄나트를 가르친 내용을 담고 있는 저작. 『라마나 마하르쉬와의 대담』, 대담 334 참조.

알게. 그것은 안팎으로 존재하지만
안이나 밖에만 존재하지는 않는다네."

(같은 책, 5.78.34-35)

23.* "그것이야말로 본질적인 심장이며, 그 안에
이 모든 것[세계]이 들어 있다네.
그것이 바로 모든 사물이 비치는 거울이고,
그것이야말로 모든 부富의 거주처[원천]이네.
그래서 모든 존재들의 의식이야말로
심장이라고 선언된다네.
(그것은) 죽어 없어질, 돌같이 지각력 없는
이 육신의 작은 일부가 아니라네."

(같은 책, 5.78.36-37)

24.* "따라서 의식의 성품인 순수한
심장 안에 마음을 고정하는
수행(sadhana)에 의하여, 원습들과 함께 호흡[생기]도
자동적으로 가라앉게 된다네."

(같은 책, 5.78.38)

25.* "'일체의 부가물(upadhis)이 없는 의식인
내가 저 시바다'라고 심장 안에서
부단히 명상함으로써
마음의 모든 집착을 소멸하시오."23)

(「데비깔롯따람」, 제47연)

---

23) T. 이 연은 같은 「데비깔롯따람」 제47연 번역인데도, 243쪽의 제47연과는 표현이 다르다.

26.* "여러 종류인 모든 상태들을 탐구하여,

　　거짓이 없는 **지고의 상태**인 그 하나를

　확고히 마음으로 꽉 붙들고,

　　늘 세상 속에서 (그대의 역을) 연기하게, 영웅이여,

　그대는 온갖 겉모습들의

　　실재로서 **심장** 속에 존재하는 **그것**(진아)을 알았으니,

　그 소견을 버림이 없이 항상,

　　마치 욕망하듯이 세상 속에서 연기하게, 영웅이여."

(『요가 바쉬슈타』, 5.18.20-23)

27.* "마치 마음의 흥분과 기쁨을 가진 사람처럼,

　　마치 마음의 걱정과 혐오를 가진 사람처럼,

　마치 노력하고 솔선하는 사람처럼, 그러나 (그런 모든)

　　결함 없이 세상 속에서 연기하는 존재로, 영웅이여,

　미혹이라는 모든 속박에서 벗어난 자로서,

　　확고히 모든 상황에서 평정심으로

　겉으로는 가장한 역할에 맞는 행위를 하며,

　　그대 좋을 대로 세상 속에서 연기하게, 영웅이여."

(같은 책, 5.18.24-26)

28.* 지知로써 감각기관들을 정복하고, **의식-존재**로

　안주하는 자가 **진아**를 아는 자이니, 그는 지知의 불,

　지知의 천둥번개를 휘두르는 자, 시간을 정복한 자이며,24)

---

24) T. 여기서 지知(*arivu*)는 '의식' 또는 '자각'으로도 옮길 수 있다. '진아를 아는 자'가 '지知의 불'인 것은 그가 무지를 태워버렸기 때문이고, '시간을 정복한 자'인 것은 '지知의 천둥번개를 휘둘러 시간을 소멸하고 무시간적인 불멸의 존재가 되었기 때문이다. *RN*, 139쪽 참조.

죽음을 죽인 영웅이라고 일컫는다네.25)

(같은 책)

29.* 실재를 알아 버린 사람은 점점 더해 가는 광채와
지성과 힘으로 빛나기를, 마치 봄이 오면 대지 위의
나무들이 아름다움과 같은 모든 자질로써
빛나듯 할 것임을 알라.

(같은 책, 5.76.20)

30.* 마음이 멀리 가 있으면서 (남의) 이야기를 듣는 사람같이,
원습이 소멸된 마음은 행위해도 한 것이 아니지만, 원습에 젖은
마음은 행위하지 않았어도 한 것이네. 마치 여기서 꼼짝 않고
누워 자는 사람이 꿈에서는 산을 올랐다가 절벽에서 떨어지듯이.

(같은 책, 5.56.13-14)

31. 달구지에서 잠든 사람에게 그 달구지의 움직임, 멈춤,
달구지에서 소의 멍에가 벗겨짐이 그러함과 같이,
달구지인 몸 안에서 잠들어 있는, **실재를 아는 자**(진인)에게도
행위, 삼매, 잠이 그와 같다네.

32. 생시, 꿈, 잠을 경험하는 사람에게는 이 셋을 넘어선
생시-잠이 있으니, **뚜리야**(*Turiya*)라고 하는 것이네.
그 **뚜리야**만이 실재하며 세 가지 겉보기 상태는 실재하지 않으므로
(그것은) **뚜리야**를 넘어선 상태(*Turiyatitam*)26)임을 알라.

---

25) *T.* 『진어화만』, B20연도 같은 내용이다.
26) *T.* 뚜리야는 '네 번째' 상태라는 뜻이지만, 세 가지 상태는 실재하지 않고 뚜리야만이 유일하게 실재하는 상태이므로, 이를 **뚜리야띠따**('네 번째를 넘어선 것')라고도 한다. *RN*, 145쪽.

33. 누적업累積業과 미래업은 **진인**에게 붙지 않으나 운명(발현업)은
    남을 거라고 하는 것은, 사람들의 질문에 대한 하나의 답변이네.
    남편이 죽으면 과부가 되지 않는 아내들이 없듯이,
    행위자가 사라지면 세 가지 업 모두 사라진다는 것을 알라.

34.* 배움이 적은 사람들에게는 아내, 자식과 같은
    남들로 이루어진 하나의 가족밖에 없지만, 방대한 학식을
    가진 사람들의 마음속에는 하나가 아닌 많은 책이라는 가족들이
    요가(수행)의 장애물로 존재함을 알라.

    (『수바쉬따 라뜨나 반다가라』, 제6장 13연)

35. 문자를 배운 자가 어디서 태어났는지 탐구하여 (운명의) 문자를
    지워 버리려 하지 않는 이들에게, 문자가 무슨 소용 있습니까?27)
    그들은 녹음기의 성품을 얻은 것입니다. **소나기리**(아루나찰라),
    (실재를) 아시는 분이시여, 달리 그들이 무엇인지 말씀해 주십시오.

36. 학식은 있으되 겸허함이 없는 이들보다 무식한 이들이 구제된다네.
    (배운 이들을) 장악하는 자만심이라는 악마에게서 벗어나고, 무수한
    망념의 병통에서 벗어나며, 명리名利를 좇아 달려감에서 벗어난다네.
    그들이 벗어나는 것은 하나가 아니라는 것을 알라.

37.* 모든 세계가 지푸라기 같고, 온갖
    경전이 그의 손 안에 있다 해도,
    아부라고 하는 못된 매춘부에 지배되는 사람은,

---

27) *T.* 힌두적 관념에 따르면 사람의 이마 위에는 운명의 문자가 씌어져 있다고 하며, 따라서 '문자를 지워버린다'는 것은 운명을 초월함을 뜻한다.

노예 상태에서 벗어나기 어렵다네.

(사다시바 브라멘드라, 『사다까 아바스타(Sadhaka Avastha)』)

38. 자기 자신과 남들을 별개로 생각하지 않고,
    자신의 참된 상태에서 벗어나지 않으면서 **진아**에 늘 안주한다면,
    누가 자신에 대해 무슨 말을 한들 어떠랴? 자기가 자신을
    칭찬하거나 비방한들 어떠랴?28) 그 자신 아닌 누가 있는가?

39.* 비이원성(advaita)을 늘 **심장** 속에서 경험하되,
    결코 비이원성을 행동으로 옮기지는 말아야 한다, 아들이여.
    비이원성이 비록 삼계三界에 해당된다 할지라도,29) 스승에게는
    해당되지 않는다는 것을 알라.

(샹까라짜리야, 『따뜨와 우빠데샤(Tattvopadesa)』, 제87연)

40.* 모든 베단타의 최종적 결론의 핵심을
    내가 진실로 선언하노라. '나'(에고)가 죽고
    '나'(진아)가 그것이 되면, 의식[자각]의 형상인 저
    '나'만이 남는다는 것을 알라.

---

28) T. 남과 자기가 둘이 아니므로, 남이 자기를 칭찬하거나 비난하는 것도 실은 자기가 자신에게 하는 것일 뿐이다.
29) T. RN에서는 '삼계'를 브라마, 비슈누, 시바의 세계로 해석한다. 따라서 이들 신에게 "당신과 나는 둘이 아니다"라고는 말할 수 있어도, 스승에게 그래서는 안 된다는 것이다.

7. 진아 5연시 五聯詩
Ekatma Panchakam

이것은 바가반이 (1947년에) 지은 마지막 시이다. 이 시들은 『라마나스라맘에서 보낸 편지』의 저자인 수리 나감마(Suri Nagamma)의 요청으로 지어졌다. 바가반은 이 시를 먼저 텔루구어로, 그러나 벤바(*venba*)라고 하는 타밀시 운율에 따라 짓고, 그런 다음 그것을 타밀어로 번역했다.[1] 이미 샹까라짜리야가 지은 「아뜨마 빤짜깜(*Atma Panchakam*)」이라는 작품이 있었으므로, 바가반은 당신의 작품을 「에까뜨마 빤짜깜(*Ekatma Panchakam*)」[2]으로 부르기로 했다.

서시[3]

여기 당신이 이전에 자비롭게 하사하셨던 '에까뜨마 빤짜깜'을
주主 라마나 스승님께서 몸소 다시 사랑스럽게 지으시어
진정한 헌신자들이 창송하기 좋게 하셨으니,
'(에까뜨마) 비베깜'이라는 탁월한 깔리벤바가 그것이네.

---

1) *T.* 바가반은 나중에 벤바 운의 타밀시를 깔리벤바 운으로 전환하여 각 연 사이에 '연결어'를 조금씩 두어 연들 전체가 하나의 시처럼 읽히도록 했다. 그리고 그 제목을 '에까뜨마 비베깜(*Ekatma Vivekam*)'이라고 했다. 여기서는 이 깔리벤바 운의 텍스트를 번역한다.
2) *T.* '*Ekatma*'(타밀어로 *Ekanma*)는 '하나인 진아' 혹은 '진아의 단일성'이라는 뜻이다.
3) *T.* 이 서시는 스리 무루가나르가 지은 것이다.

— 자신의 예전

1. 자기를 잊어버린 채 몸만을 자기로 여기며
   무수한 탄생을 거듭하다가 마침내 자기를 알고
   자기가 되는 것은, 온 세상을 헤매고 다니던
   꿈에서 깨어나는 것일 뿐이네.

— 늘

2. 자기로 존재하면서도, 자기에게 "나는 누구인가?
   내가 있는 곳은 어디인가?" 하고 묻는 사람은
   "내가 누구지?" "내가 어디 있지?" 하고
   술 취한 사람이 묻는 것과 같네.4)

— 존재-의식-지복인

3. 자기 안에 몸이 있는데도, 자기가 저 지각력 없는
   몸 안에 있다고 생각하는 그런 사람은
   화면(영화의 장면들) 안에 그 화면의 지지물인
   천(스크린)이 있다고 생각하는 사람과 같네.

— 실체인

4. 금과 별개로 (금) 장신구가 존재하는가?
   자기 없이 몸이 어디 있는가?
   자신을 몸으로 생각하는 이는 무지한 사람이고,
   진아로 여기는 이는 진아를 알고 있는 진인이라네.5)

---

4) *T.* 이 연은 탐구자가 '나' 또는 '내가 있다'는 느낌을 붙들지 않고 "나는 누구인가?", "나는 어디서 왔는가?" 하고 입으로 되뇌는 폐단을 지적하려는 것이다(*MP*, 1982 January, 8쪽).
5) *T.* 「실재사십송」, 제17송 참조.

— 자신의 빛에 의해

5. 늘 존재하는 저 하나인 진아(eka atma)야말로 실재이네.
옛적에 저 실재를 태초의 스승(다끄쉬나무르띠)께서도 말없는
말로써(침묵으로써) 드러내셨는데, 누가
말로써 드러낼 수 있겠는지, 말해 보라.

— 이와 같은 말씀으로 이제 저
하나인 진아의 진리가 그러함을 분명히 함으로써
(헌신자들의) "몸이 나다"라는 관념을 소멸하시고, 하나인 진아에 대한
지知의 형상(jnana swarupa)으로서 안주하시는 스승 라마나께서
이 시에서 이렇게 노래하셨네.6)

---

6) 이것은 스리 무루가나르가 지은 것이다.

8. 압빨람의 노래
Appalappattu

1915년에 바가반은 어머니와 함께 비루팍샤 산굴에 살고 있었다. 음식의 요리는 대부분 어머니가 맡고 있었다. 바가반도 요리에 능숙하여, 두 사람은 나중에도 그랬지만 그때도 음식을 준비할 때 서로 돕곤 했다. 한번은 어머니가 검정콩 가루를 바삭하게 튀겨 만드는 얇고 둥근 음식인 압빨람(appalams)[1]을 만들고 있었는데, 그에게 좀 도와달라고 부탁했다. 그러나 당신은 어머니를 도와주는 대신, 압빨람을 만드는 과정을 비유하여 영적인 발전을 위한 가르침을 주는 이 시를 지었다.

후렴

압빨람을 좀 만들어 보세요,
그걸 드시면 당신의 소망이 이루어질 테니.

소후렴

이 세상 속을 갈망하며 떠돌지 말고
존재-의식-지복이신 참스승(다끄쉬나무르띠)께서
말없이 일러주신 진리인

---

[1] T. 말라얄람어로는 뽑빠둠(*poppadum*), 북인도에서는 빠빠드(*papad*)라고 한다.

비할 바 없고 위없는 특유의 말씀[침묵]에 따라

> 압빨람을 좀 만들어 보세요,
> 그걸 드시면 당신의 소망이 이루어질 테니.

1. 진아 아닌 다섯 껍질의 몸 안에서 번성하는
   자기(에고)라는 집착인 검정콩을
   "나는 누구인가?" 하는 지(知)의 탐구라는 맷돌에서
   "(이것은) 내가 아니다"라면서 빻아 가루로 만들어

   > 압빨람을 좀 만들어 보세요,
   > 그걸 드시면 당신의 소망이 이루어질 테니.

2. 사뜨상가(*sat sanga*)2)인 삐란다이 즙3)과 섞어
   평정(*sama*)의 커민 씨앗,4) 자기절제(*dama*)의 후추와
   물러남(*uparati*)인 저 소금을 넣고,
   심장 속의 좋은 원습인 아위(阿魏)5)도 넣고

   > 압빨람을 좀 만들어 보세요,
   > 그걸 드시면 당신의 소망이 이루어질 테니.

3. 절구인 **심장** 안에 반죽을 넣고, "나, 나" 하며 동요 없이
   내향(內向)의 절굿공이로 점점 세게 찧은 다음
   평안(*santam*)의 밀대로 삼매(三昧)의 석판 위에서

---

2) T. 깨달은 진인들과의 친교를 말한다. 삿상(*satsang*).
3) T. 삐란다이(*pirandai*)는 약용 식물의 일종이다.
4) T. 미나리과의 식물인 커민(*cummin*)의 열매는 향신료로 쓰인다.
5) T. 미나리과의 식물인 아위(*asafetida*)에서 얻는 수액을 굳힌 것. 향신료로 쓰인다.

꾸준히 즐겁게, 지루하지 않게 밀어 보세요,

    압빨람을 좀 만들어 보세요,
    그걸 드시면 당신의 소망이 이루어질 테니.

4. 무한한 **침묵**의 표지인 냄비에 넣어
   지知의 불길로 가열된 순수한 **브라만**의 기(ghee) 속에서
   "내가 **그것이다**"로서 계속 튀겨 내어
   진아를 있는 그대로, **그것**의 성품으로서 맛보세요.

    압빨람을 좀 만들어 보세요,
    그걸 드시면 당신의 소망이 이루어질 테니.

9. 진아지 眞我知

Atma-Vidya[1)]

한 헌신자가 종이에 "진아지는 가장 얻기 쉬운 것이다, 왜냐하면 우리는 이미 진아이기 때문에."라고 써서 그것을 바가반께 건네 드리고, 그 주제에 관한 시를 한 수 지어 달라고 청했다. 바가반은 이에 응하여 다음과 같은 시를 지었다.

후렴

보라! 아주 쉽다네, 진아지는.
보라! 정말 쉽다네.[2)]

소후렴

평범한 사람에게도, 손 안의 암라까 열매가 그에 비하면
실재하지 않을 만큼 너무나 실재하는 것이, 진아(자기)라네.[3)]

---

1) T. 타밀식 표기로는 *Anma Viddai* (*Kirtanm*)이다.
2) T. 이 후렴은 스리 무루가나르가 지은 것이다.
3) T. 영어판은 이 소후렴을 제1연으로 삼았으나 타밀어판을 따른다. 아말라까(*amalaka*)는 타밀인들이 넬리까이(*nellikai*)라고 부르는, 서양의 구스베리와 흡사한 과실이다. 어떤 것이 아주 분명할 경우에 타밀인들은 "손 안에 든 넬리까이 같다"고 표현한다.

보라! 아주 쉽다네, 진아지는.
보라! 정말 쉽다네.

1. (유일한) **실재**로서 늘 **진아**가 의심할 수 없이 존재하지만
  실재하지 않는 몸과 세계가 실재하는 듯이 일어나 나타난다네.
  실재하지 않는 어두운 생각들이 털끝만큼도 남김없이 소멸되면,
  실재하는 **심장공간**(Heart-space)에서, **진아**의 태양이 저절로
    빛날 것이네. 어둠은 사라지고 불행은 끝이 나며,
      지복이 용솟음칠 것이네.

  보라! 아주 쉽다네, 진아지는.
  보라! 정말 쉽다네.

2. "살로 된 이 몸이 '나'다"라는 생각이야말로
  온갖 생각들이 꿰어져 있는 하나의 실이므로,
  "나는 누구며, 그곳이 어딘가?"[4] 하고 내면으로 들어가면 생각들이
  사라지고, '나, 나'로서 내면의 동혈에서 저절로 빛나는 **진아**지가
    있을 것이네. 이것이야말로 **침묵**이고, 유일한 공간이며,
      지복의 처소라네.

  보라! 아주 쉽다네, 진아지는.
  보라! 정말 쉽다네.

3. 진아를 모른다면 다른 것들을 안들 무슨 소용 있으랴?
  진아를 알아버리면 달리 알아야 할 것이 뭐가 있으랴?

---

4) *T.* 이 구절은 "'나'가 거주하는 곳은 어딘가?"로 번역될 수도 있다.

살아 있는 존재들 안에서 차별 없이 빛나는
그 **진아**를 자신 안에서 알면, 자기 안에서 **진아**의
   빛이 번쩍이리니, 은총의 빛남이요, '나'의 소멸이며,
      지복의 개화開花라네.

      보라! 아주 쉽다네, **진아**지는.
      보라! 정말 쉽다네.

4. 업(karma) 등의 속박을 풀고 탄생 등의 소멸을 가져오려면
   다른 어떤 길보다 이 길이 극히 쉽다네.
   입과 마음과 몸의 움직임이 조금도 없이
   그저 고요히 머무르라. 아! **심장** 안 **진아**의
      빛은 영원의 체험이고, 두려움 없음이며,
      지복의 바다일 것이네.

      보라! 아주 쉽다네, **진아**지는.
      보라! 정말 쉽다네.

5. 허공 등을 비추는 눈 등의 감각기관들에게
   눈인 마음의 눈에게조차 **눈**이고, 마음의 공간에게조차
   공간인 하나의 **실재**는, 다른 어떤 것도 생각함이 없이 있는 그대로
   내면을 주시하는 마음 안에서 빛나는 **안나말라이**라는 **진아**임을
      보게 되네. 은총이 필요하고 (진아에 대한) 사랑도 있어야만
      지복이 솟구친다네.

      보라! 아주 쉽다네, **진아**지는.
      보라! 정말 쉽다네.

10. 기타의 시들
Miscellaneous Verses

[옮긴이] 이 시들은 이런저런 경우에 바가반이 단편적으로 지은 것들이다. 영어판에서는 '기타의 시들'과 '수시로 지은 시들(Occasional Verses)'로 장을 나누어 짧은 시들을 뒤에 두었는데, 여기서는 장을 합치고 일부 시들의 배열 순서를 바꾸었다.

아루나찰라 라마나

암리따나타 야띠라는 헌신자가 한 장의 종이에 바가반이 하리(Hari)[비슈누]인지, 시바구루(Sivaguru)[수브라마니아]인지, 야띠바라(Yativara)[시바]인지, 아니면 바라루찌(Vararuchi)인지 말씀해 달라고 간청하는 말라얄람어 시 한 수를 썼다. 바가반은 같은 종이에 같은 말라얄람어 운율로 답변을 썼다. 그것을 번역한 것이 이것이다.

비슈누(Hari)를 위시한 모든 이들의 **심장연꽃** 동혈洞穴 속에
의식으로서 지복스럽게 **빠라마뜨만**(지고아) 아루나찰라 라마나가 존재하니
사랑으로 마음이 녹아, 자비로운 **지고자**가 거하는 **심장동혈**에 도달하면
의식인 눈이 열리고 진리를 알게 되니, 그것이 스스로 드러난다네.[1]

---

1) T. 이 시는 타밀어 빠라야나 때 「아루나찰라 5보송」에 이어 창송된다.

바가반 탄신일 경축에 대한 시

바가반은 1879년 12월 29일에 태어났다. 그러나 그의 탄신일은 타밀 태양력에 따라 달이 뿌르나바수(*purnarvasu*) 별과 함께 올 때인 다누르마사(*Dhanurmasa*) 날에 지켜진다. 서양력으로 이날은 12월에서 1월 사이에 든다. 이날은 아쉬람에서 큰 연례 축일이었고 지금도 그렇다. 그러나 이 날을 경축하자는 제안을 처음 받았을 때, 당신은 반대하면서 다음과 같은 시를 지었다. 그러나 여하튼 당신의 헌신자들은 이 날을 경축하기 시작했다.

1. 생일을 경축하고 싶어 하는 그대들이여, 먼저 누가
   태어났는지를 탐구하오. 우리의 진정한 생일은,
   태어남도 죽음도 없이 영원히 빛나고 있는
   그 영원한 존재 속으로 우리가 들어갈 때라오.

2. 모든 날 중에서도 자기의 생일에는, (윤회계 속으로)
   떨어진 것을 슬퍼해야 하리. 그것을
   축일로 경축함은 시체를 장식하고 찬미함과 같으리.
   자신의 진아를 추구하여 그 안에 합일함이 지혜로다.

위장의 불평

하루는 아쉬람에서 잔치가 있었다. 많은 사람들은 진수성찬을 과식하여 속이 더부룩했다. 어떤 사람이 압바야르(Avvayar)라는 타밀 시인이 위장에 대해 불평한 이러한 시를 인용했다. "너는 하루도 음식 없이는 못 살고, 한꺼번에 이틀 분은 받지도 않는구나. 너는 내가 너 때문에 얼마나 고생하는지 전혀 모른다. 오 한심한 위장아! 너하고는 사이좋게 지낼 수가 없구나!"

그러자 바가반은 즉시 위장이 에고에 대해 불평하는 패러디 시로 화답했다.

너는 너의 위장인 나에게 단 한 시간도 휴식을 주지 않는구나!
날이면 날마다, 시간마다 먹어대는구나. 너는 내가 얼마나
고생하는지 전혀 모른다. 이 골치 덩어리 에고야!
너하고는 사이좋게 지낼 수가 없구나!

아홉 편의 산시散詩

오랜 헌신자인 소마순다라 스와미가 한번은 바가반에게 자기 공책에 최소한 한 악샤라(akshara)[음절]만이라도 적어달라고 간청했다. 악샤라는 또한 '불후不朽'라는 뜻이 있고, 브라만을 의미하기도 한다. 바가반은 악샤라를 적기 어렵다는 짤막한 경구를 썼다. 그것이 아래의 첫 연이다. 나머지 시들은 바가반이 그때그때 지은 것으로, 무루가나르의 일부 시에도 포함되었다. 이 순서는 바가반이 제시한 것이다.

1. 한 음절이 심장 안에서 진아로서 빛나고 있네.
   그것을 적을 수 있는 사람이 어디에 있으랴?[2]

2. 염송이 그 소리의 근원에 도달하게 하는 것이, '나'의 근원인
   의식 안에 확고하게 머무르지 못하는 이들에게 최선의 길이라네.[3]

3. 이 똥 만드는 몸뚱이를 자기(진아)로 오인하는 사람은,
   돼지로 태어나 똥을 음식으로 여기는 이보다 더 못하다네.[4]

4. 진아에 대한 부단한 탐구를, 신에 대한 지고의 사랑이라 하네.
   왜냐하면 그분이야말로 진아로서 모든 이의 심장 안에 안주하므로.[5]

5. 안으로 향한 마음이 평안이라 하는 것이, 밖으로는 힘으로 나타나네.

---

2) T. 또한 225쪽의 시 '한 글자'를 참조하라.
3) T. 이 시는 『진어화만(Guru Vachaka Kovai)』에 B12 연으로 실려 있다.
4) T. 위의 책, B10 연.
5) T. 위의 책, B13 연.

이 진리에 도달하여 이를 본 이들은 그것들이 하나임을 알고 있네.6)

6. 자신의 운명에 만족하는 사람은 질투에서 벗어나 있나니,
   복락과 불운에 흔들리지 않으며, 행위(업)에 구속되지 않는다네.

7. 자신을 구제한 사람만이 남을 자유롭게 할 수 있나니,
   (그러지 않고서) 남을 돕는다는 것은 장님이 장님을 인도함과 같네.7)

8. 질문과 답변은 언어의 것, 이원성이 그들의 영역이네.
   일원론(monism) 안에서는 그것들을 어디서도 찾아볼 수 없다네.8)

9. 창조도 해체도 없고, 운명도 자유 의지도 없다네.
   길도 없고 성취도 없으니, 이것이 궁극적인 **진리**라네.9)

---

6) *T.* 위의 책, B6 연.
7) *T.* 위의 책, B15 연.
8) *T.* 위의 책, B27 연.
9) *T.* 위의 책, B28 연. 또한 375쪽의 각주 54)를 보라.

말벌들에 대한 사과

하루는 바가반이 산을 오르다가 말벌집을 건드렸고, 벌들은 당신의 종아리와 허벅지를 아주 맹렬하게 쏘았다. 당신은 그들을 방해했다는 자책감을 느꼈다. 무루가나르가 (나중에) 그 일에 대해 다음과 같은 시로 질문했다.

   웃자란 푸른 잎의 덤불을 보시고,
   거기를 디뎠다가 말벌들에 쏘여 다리가 부어올랐을 때,
   벤까따(Venkata)시여, 실은 우연히 발을 디디신 것이었는데
   왜 함부로 침입한 것처럼 인정사정없는 대우를 받으신 것입니까?

당신은 다음과 같이 대답했다.

말벌들이 보복으로 내 다리를 쏘자
다리는 벌겋게 부어올랐네.
잎이 무성한 덤불 속에 지어둔
그들의 집, 내가 무심코 밟았지만,
최소한 그런 잘못을 범한 데 대해
후회도 않는다면 그건 어떤 마음일까?[10]

---

10) T. 『진어화만』, B16 연.

어머니에 대한 답변

바가반이 출가했을 때 가족들은 그를 찾아내려고 애썼으나 처음에는 실패했다. 그들은 몇 년이 흐른 뒤에야 그가 띠루반나말라이에 있다는 것을 알았다. 세간을 떠나서 그의 곁에 올 만큼 아직 성숙되지 않았던 어머니는, 그를 찾아가서 자기에게 돌아오도록 설득하려고 했다. 당시 그는 묵언을 하고 있었기에, 짤막한 글을 써서 일어나도록 정해진 일만 일어난다고 답했다.

다음은 A. W. 채드윅 소령이 그것을 시적으로 표현한 것이고, 스리 바가반의 점검을 받았다.

영혼들의 운명은 그들이 한 행위에 따라
모두 신이 정해 놓았다네.
결코 이루어지지 않도록 정해진 일은
아무리 애써도 결코 이룰 수 없고,
언젠가 일어나게 정해진 일들은
아무리 막으려 해도 일어난다네.
이것은 틀림없는 사실이니, 결국 우리는
침묵하는 것이 최선임을 알게 되네.

어머니의 회복을 위하여

1914년에 바가반의 어머니는 띠루반나말라이로 그를 잠시 찾아왔다. 와 있는 동안 그녀는 심한 열병에 걸렸는데, 어떤 사람들은 그것이 장티푸스라고 생각했다. 어머니의 목숨이 위태로웠기에 바가반은 그녀의 회복을 위해 다음과 같은 시를 지었다. 말할 필요도 없이 어머니는 회복되었다. 2년 후 그녀는 돌아와서 산 위의 바가반 아쉬람에 영구적으로 거처를 정했다.

1. 되풀이되는 탄생의 병을 치유하시는 저의 피난처인 산이시여,
   오, 주이시여! 제 어머니의 열병을 치유하실 분은 **당신**이십니다.

2. 죽음 자체를 쳐부수는 신이시여, 저의 유일한 피난처시여!
   제 어머니에게 은총을 베푸시어, 그녀를 **죽음**으로부터 지켜주소서.
   자세히 살펴본다면 **죽음**이 무엇입니까?

3. 아루나찰라, 타오르는 지知의 불길이시여! 당신의 빛 안에
   제 어머니를 감싸주시고, 그녀가 당신과 하나 되게 하소서.
   그러면 화장火葬이 무슨 필요 있겠습니까?

4. 아루나찰라, 환幻을 쫓아버리는 분이시여! 왜 당신께서는
   제 어머니의 착란 상태를 쫓아버리는 것을 미루십니까!
   당신 외에, 어머니 같은 보살핌으로, 간청하는 영혼을 보호하고
   운명의 엄습을 비켜가게 할 수 있는 분이 누가 있습니까?

심장 안의 진아

이것은 「실재사십송-보유」의 제8연을 시적으로 옮겨본 것이다. 이것이 지어진 배경은 그 연의 각주(189쪽)에서 설명했다.

가장 안쪽의 핵심인 심장 안에
오직 브라만으로서, '나-나'가
빛나고 있음을 진아가 알고 있다네.
진아를 탐구하여 심장 속으로
깊이 들어가거나, 아니면 호흡을
제어하면서 깊이 뛰어들어,
항상 아뜨만 안에 안주하라.

스리 가네샤께 바침

1912년의 어느 날 한 도공陶工이 자신이 만든 스리 가네샤의 작은 상像 하나를 비루팍샤 산굴로 가져와 스리 바가반께 드렸다. 이스와라 스와미는 자신과 스리 바가반이 각자 이 일을 기념하는 시를 한 수씩 짓자고 제안했다. 이것이 스리 바가반이 지은 것이다.

당신을 어린아이로 낳으신 분을 당신은
거지로 만드셨으니, 당신 자신이 어린아이이면서도
당신의 커다란 배를 채우기 위해 당신은
어디에서나 사셨고, 저 또한 어린아이입니다.
오, 저 벽감壁龕 안의 어린아이 신이시여!
당신 뒤에 태어난 사람을 만나고서도,
당신의 마음은 그렇게도 무정하신지?
부디 저를 바라보아 주시기를!11)

---

11) *T.* 이 시는 영어판에서 편자가 「아루나찰라 다섯 찬가」의 서두에 넣었던 것이다. 그러나 이것은 「다섯 찬가」와 무관하고 위치가 적절치 않아 여기로 옮겼다.

하라와 우마

어느 날 이스와라 스와미가 바가반께, 시로써 이렇게 질문했다.

    무구하신 분이시여, 부디 영구적인 띠루쭐리에서, 그곳을 흐르는 강과,
    춤추는 하라(Hara-시바)와 우마(Uma-빠르바띠)의 이름을 말씀해 주십시오.12)

바가반은 다음과 같은 시로써 답변했다.

그것은 거기서 목욕하는 사람들의 죄를 소멸하므로,
띠루쭐리를 흐르는 강은 빠바하리(Pavahari)13)로 알려져 있다네.
하느님(시바)은 온 세상이 숭배하는 분이므로 부미사(Bhumisa)이며,
데비(여신)의 이름은 뚜나이말라이 암마이(Tunaimalai Ammai)라네.

---

12) *T.* 띠루쭐리의 부미나떼스와라 사원(Bhuminatheswara Temple)에 모셔진 시바와 빠르바띠의 상들을 거기서는 어떤 이름으로 부르는지를 질문한 것이다. 같은 신도 지역과 사원에 따라 부르는 이름이 다를 수 있다. Bhuminatheswara나 Bhumisa는 '대지(지구)의 하느님'이라는 뜻이다.
13) *T.* '빠바하리'는 '죄의 소멸자'라는 뜻이다. 이 강에서 목욕하면 병이 낫는다고 한다.

고향과 부모

바가반이 아루나찰라 산 위에 살고 계실 때 이스와라 스와미가 바가반의 고향과 부모님 이름을 알려 달라는 내용의 시를 지었다.

　번영하는 스리 아루나로서 사시는 라마나시여, 당신의
　출신내력을 숙고하여 즉시 말씀해 주셔야 한다고 생각합니다.

답변으로, 바가반은 다음과 같은 시를 지었다.

참된 진인의 마음과 자아는, 황혼빛의 님[14]을
한시도 떠남이 없이 머무른다오. 그렇지만,
내 아버지는 나무들로 둘러싸인 띠루쭐리의 순다라(Sundara)였고,
어머니는 그분의 두 발을 숭배한 알라감마(Alagamma)였다오.

띠루쭐리

바가반은 마니까바짜가르(Manikkavachagar)가 띠루쭐리에 관해 지은 시를 들은 뒤 다음 시를 지었다.

헌신자들의 심장 속에서 끊임없는 지복으로서 춤추는 진아,
독특하신 시바, 밝은 띠루쭐리에서 쉼 없이 빛나는 지고의 빛이시여,
당신의 은총을 저에게 내려주시고, 제 가슴속의 심장으로 빛나소서.

---

14) T. 아루나찰라를 가리킨다. '아루나(aruna)'는 해가 뜨고 질 때의 붉은 황금빛을 뜻한다.

수브라마니아에 관하여

T. K. 순다레사 아이어가 수브라마니아 신(God Subramanya)15)에 대한 한 산스크리트어 시의 타밀어본에서 그 신의 이름을 라마나로 대체한 것을 하나 갖기를 원했다. 스리 바가반은 다음과 같이 썼다.

덕 있는 자들의 (무지의) 어둠을 소멸하는 분, **동혈거주자**,
빛으로 꽉 찬 **불멸자**, 영원한 태양, 자각의 창을 휘두르는 분,
심장동혈 안의 **라마나**16), 그분을 숭모합시다.

무루가의 특징

라마나에게는 왜 무루가17)의 특징들이 보이지 않느냐는 질문에 대한 답변이다.

던지는 창槍, 밝은 동쪽 산, 어머니의 은총의 젖, 열두 개의 팔18),
마음을 사로잡는 큰 푸른 공작,19) 이 모두는 우리가 어머니 라마나를
두려워하며 세상을 살아가는 정도만큼 존재한다네.

---

15) *T.* 시바의 둘째 아들인 신이다. 헌신자들 중에는 바가반을 수브라마니아의 화신으로 여긴 사람들이 있었다.
16) *T.* 여기서 바가반은 수브라마니아를 당신 자신과 동일시하고 있다.
17) *T.* 무루가(무루간)는 수브라마니아의 다른 이름이며, 특히 타밀인들이 흔히 그렇게 부른다.
18) *T.* 수브라마니아는 빠르바띠가 여섯 명의 어린 아들들을 하나의 몸에 합체시켜 만들어낸 존재였다고 하며, 그래서 여섯 개의 얼굴과 12개의 팔을 가진 것으로 묘사된다.
19) *T.* 푸른 공작은 무루간이 타고 다니는 탈것이었다. 여기서 열거된 사항들은 모두 무루가의 특징적 모습으로 알려진 것이다.

가네샤

이것은 모든 장애를 제거해 주는 신인 가네샤(가나빠띠)에 대한 기원이다. 여기서는 비야사(Vyasa)가 『마하바라타』를 지을 때 가네샤가 필기사로 봉사했다는 뿌라나의 이야기를 언급하면서, 베단타 철학을 가호해 달라고 가네샤의 은총을 기원하고 있다.

오, 비나야까(Vinayaka)[20]시여, 대진인[비야사]의 말씀을
(메루 산의 기슭에서) 두루마리에 적으시고
승리의 아루나찰라에 거주하시는 분이시여,
거듭되는 탄생의 원인인 질병[환幻]을 제거하시고
진아의 꿀로 가득 넘치는, 위대한
성스러운 믿음을 자비롭게 가호해 주소서.

비슈누

다르마가 쇠퇴하고 비非다르마가 증가할 때마다, 당신은 덕德과 덕
있는 자들을 지키고 모든 악을 소멸하기 위해 몸을 받아 오십니다.[21]
이렇게 당신은 지상의 삶을 되풀이하는 불가사의한 분이십니다.
그렇다면 당신의 형상을 생각하는 우리는 누구입니까?

---

20) *T.* 비나야까는 가네샤의 다른 이름이다.
21) *T.* "다르마(*dharma*)가 쇠퇴하고 비非다르마(*adharma*)가 흥할 때마다, 나는 자신을 세상에 내 보낸다. 덕 있는 자들을 보호하고 악한 자들을 멸하기 위하여, 다르마를 확립하기 위하여, 나는 유가(*yuga*)마다 세상에 온다." —『바가바드 기타』, 4:7-8.

디빠발리

다음의 두 연은 디빠발리(Dipavali)[빛의 축제][22]의 의미를 설명한다.

지옥을 다스리는 악마 나라까(Naraka)[에고]는
"나는 이 몸이다"라는 관념(을 가지고 있네).
나라야나는 지知의 원반으로,
"이 악마는 어디에 있는가?" 하고 탐구하여
그 악마를 죽이네. 그리고 이 날이
나라까 열 나흗날(Naraka-Chaturdasi)의 빛의 축제일이네.

비참한 고통의 집인 살덩어리 육신을
'나'라고 여긴 탓에 많은 고통을 받은
사악한 죄인인 나라까[에고]를 죽인 뒤에
찬란한 진아로서 빛나는 이것이
빛의 축제, 디빠발리라네.[23]

---

22) *T.* 디빠발리는 나라야나(비슈누=크리슈나)가 악마 나라가아수라(Naragasura)를 죽인 것을 기념하는 '빛의 축제'로, 인도 전역에서 거행된다.
23) *T.* 이 두 연은 『진어화만』에 B4와 B5 연으로 실려 있다.

비루팍샤 산굴山窟

형상 없는 불멸의 존재는, 삼안신三眼神24)의 형상화된 친존親存인
이 나의 아루나 산으로 모습을 나투어 서 계시네.
비루팍샤 산굴은 그 신의 **심장동혈** 내에 살고 있는 헌신자들 자신을
지탱해 주므로, 우리는 그것을 어머니라 불러도 좋네.

암소 락슈미25)

사르바다리(Sarvadhari) 해의 아니(Ani) 초닷새,26)
비사카(Visakha) 별자리 아래의 차는 달27) 열 이튿날 토요일,
암소 락슈미는 해탈을 성취하였노라.

---

24) *T.* 삼안신(three-eyed God)은 양미간에 제3의 눈을 가지고 있다는 **시바**를 가리킨다.
25) *T.* 바가반이 쓴 암소 락슈미(Cow Lakshmi)의 묘비명이다. 라마나스라맘에서 여러 해를 산 이 암소는 1948년 6월 18일 죽을 때 바가반의 은총에 힘입어 해탈을 성취했다. 라마나스라맘 경내에 있는 락슈미의 삼매지에 이 묘비명이 새겨져 있다.
26) *T.* '사르바다리'는 연도의 이름이고, '아니'는 타밀력에서 세 번째 오는 달이다.
27) *T.* '차는 달(waxing moon)'이란, 그믐에서 보름까지 달이 차는 기간을 말한다.

다끄쉬나무르띠의 기적[28]

반얀나무 밑의 젊은 스승이 누구인가?
그를 찾는 제자들은 나이가 아주 많다네.
이 멋진 스승의 말씀은 **침묵**이지만,
제자들의 의문은 모두 사라진다네.

훌륭한 반얀나무 아래 젊은 스승이 빛나네.
나이든 제자들이 그에게로 온다네.
침묵이 이 스승의 언어이니,
제자들의 마음속 의문은 사라진다네.

침묵

한 헌신자가 바가반에 대해 쓴 글에 이런 제목이 붙었다. "침묵이 영감에 찬 하나의 설법인 곳". 이것을 보신 바가반이 타밀어 시를 지었고, 그것을 번역한 것이 아래의 것이다.

침묵은 독특한 언어이니,
심장에서 늘 솟구치는 은총의 상태라네.[29]

---

28) *T*. 이 시는 같은 내용의 두 연으로 되어 있다. 표현이 약간 다른 두 가지 버전을 같이 수록한 것으로 보인다.
29) *T*. 이 시는 『진어화만』, 제1173a연이다.

한 글자

악샤라(*akshara*)는 특별한 글자라네. 그대는 내가
이 책에 그 특별한 글자를 써 주기를 원하지만,
그 특별한 글자는 **심장** 안에서 **진아**로서 스스로
영원히 빛나는데, 실로 누가 그것을 쓸 수 있겠는가?

생시의 잠

생시-잠의 상태는 부단히 자기 자신을
탐구함으로써 얻을 수 있다네.
잠이 생시와 꿈에서 편재하며 빛날 때까지
지속적으로 그 탐구를 하라.[30]

진아

만약 우리가 **심장** 안에서 자신의 참된 성품을 깨달으면,
그것은 시작도 끝도 없는, **존재-자각-지복**의 충만이라네.[31]

---

30) *T.* '생시-잠'은 깊은 잠 속에서도 깨어 있는 상태, 이른바 숙면일여熟眠―如의 상태를 말한다. 이 시에서 '잠이 생시와 꿈에서 편재하며 빛난다'는 것은, 생시와 꿈의 상태에서도 마치 잠과 같은 진아몰입 상태가 유지된다는 뜻이다. 이 상태에 도달할 때까지는 부단히 자기탐구를 해야 한다는 것이 이 시의 취지이다. 『진어화만』, B19연이다.
31) *T.* 이 시는 「가르침의 핵심」, 제28연을 다시 풀어쓴 것이다.

해탈

사냥꾼의 손아귀에서 벗어난 비둘기는
그 숲에서도 벗어난다고 하지만
사냥꾼이 돌아가면 비둘기는 남을 것이네.
그 숲이 하나의 집이 될 터이므로.32)

진인과 그의 몸

이것은 스리 바가반이 임종을 앞두었을 때 지어졌다.

우리가 음식을 먹은 뒤 엽반葉盤을 버리듯이,
진인은 (다 쓰고 난) 그의 육신을 버린다네.33)

---

32) T. 이 시에서 사냥꾼은 '마야', 비둘기는 '개아', 숲은 '거친 몸', 즉 몸을 의미한다. 한 헌신자가 사냥꾼과 비둘기의 비유로써 시를 지어, 마야를 벗어난 사람은 바로 몸을 벗어 버리지 않겠느냐는 뜻으로 질문하자, 바가반은 그 대답으로 이 시를 지어 진아를 깨달은 사람이 몸을 벗어 버릴 필요는 없다고 대답했다. 왜냐하면 진인의 관점에서는 몸도 진아와 다르지 않기 때문이다. 이 시는 『진어화만』, 제1147연과 관련된다.
33) T. 이 시는 『진어화만』, 제1141연과 관련된다.

제2부
번안과 번역

  உலகத்தில் எல்லா ஜீவர்களும் துக்கமென்ப தின்றி எப்போதும் சுகமாயிருக்கவேண்டுமென, தன் சுபாவமல்லாத ரோகாதிகளே நீக்கி எப்போதும்போற் சுகமாயிருக்க வேண்டு மென்பதுபோலக் கோருதலானும் யாவர்க்கும் தன்னிடத்திலேயே அத்தியந்தம் பிரீதி யிருப்பதானும், பிரியம் சுகத்திலன்றி புண்டாகாததாலும், நித்திரையில் ஒன்று மின்றியே சுகமாயிருக்கு மனுபவத்தாலும் சுகமென்பது தானுகவே யிருக்க, தன்னையறியாத அஞ்ஞானத்தாலேயே அபார சம்சாரத்தி லுழன்று, சுகந்தரும் மார்க்கம் விட்டு, இபர போக மடைதலே சுகவழியெனப் பிரவிருத்திக்கின்றனர். ஆனல் துக்கமற்ற சுகங்கிடைக்கிறதில்லே. இதன் நேர்வழி காட்டவே சாக்ஷாத் ஸ்ரீ சங்கரர் சங்கர வேஷம் பூண்டு இச்சுகத்தின் பெருமையைக் கீர்த்திக்கும் வேதாந்தத்தின் பிரஸ்தானத் திரயத்திற்கும் பாஷ்யஞ்செய்து வழி காட்டி நடந்துங் காட்டினார். அவற்றைப் பார்த்தலி லசமர்த்தராய் அதி தீவிர சுகேச்சுக்களான முமுக்ஷுக்களுக்கவை பயன்படாமையின், அவற்றினந்தரங்கத்தை இந்த **விவேக சூடாமணிக்** கிரந்தத்தால் வெளிப்படுத்தி முமுக்ஷுக் களுக்கு வேண்டிய விஷயங்களே விஸ்தாரமாய்க் கூறி நேர் மார்க்கங் காட்டியிருக்கின்றனர்.

11. 아가마 번역

Translations from the Agamas

아가마(*Agamas*)는 권위와 진정성에서 베다에 못지않은 것으로 간주되는 전통적 힌두 경전이다. 이 경전들은 신적으로 계시 받은 가르침이지 사람이 지은 것은 아니라고 여겨진다. 사원의 예배 의식이 주로 여기에 근거하고 있다.

권위 있는 전거로 받아들여지는 아가마에 28종이 있다. 그 중에서 순수한 아드와이따, 즉 비이원론의 관점을 탁월하게 표현하는 것으로는 『싸르와 냐놋따라(*Sarva Jnanottara*)』와 『데비깔롯따라(*Devikalottara*)』가 있다.

마하르쉬는 이 두 아가마 텍스트 중 일부를 자진하여 타밀시로 옮겼다.[1] 『데비깔롯따라』의 '지행탐구' 장章은 그가 비루팍샤 산굴에 살고 있던 초기에, 『싸르와 냐놋따라』의 '진아 깨달음' 장은 산기슭의 라마나스라맘으로 내려와서 살던 1933년에 번역했다. 둘 다 지知의 길에 관한 주主 시바의 가르침인데, 전자는 아내인 빠르바띠(Parvati)에게, 후자는 아들인 구하(Guha)[주 수브라마니아]에게 베푼 것이다.

『데비깔롯따라』의 제70-72연은 식물을 상하게 하는 것도 금하고 있으나, 이는 이 길의 수행자들에게 적용되는 것으로 보아서는 안 된다. 그들에게는 어떤 극단적 계율이나 행동도 요구되지 않는다. 실로 이 두 아가마에서 일반적으로 지적하듯이, 이 길에서는 다른 길에서보다 계율·의식·행동의 문제가 덜 중요시된다. 왜냐하면 이것은 심장에 직접 작용하여 영적인 지知를 일깨우는 길이기 때문이다.

---

1) *T.* 아가마는 사원 건축, 신상 조성, 의례 등을 세밀히 규정한 경전들이며, 28 아가마 외에 더 확장된 소小 아가마들(*Upāgamas*) 중 이 두 경이 포함되어 있다. 이 텍스트들은 시바가 설하는 비이원론의 가르침을 포함하고 있어 바가반이 일부씩만 특별히 번역했다. 바가반은 이 두 번역 작품을 벤바 운으로 짓고 나서, 빠라야나를 하기에 좋도록 '연결어'를 추가한 깔리벤바 버전도 만들었다. 우리는 여기서 깔리벤바 버전을 번역한다.

11.1. 데비깔롯따라 — 지행탐구장 知行探究章[1]
Devikalottara—Jnanachara Vichara Padalam

스리 바가반의 서문 (Avathārikai)

소小 아가마(upāgamas)의 하나인 『스리 데비깔롯따라』는 성숙된 영혼들이 성취하는 지고의 지知(jnana)와 행行(achara)을 설명하고 있다. 지고의 주主 시바가 지고의 빠르바띠(Parvati)에게 설한 이 '지행탐구장'은 영적인 지知의 문제에 관한 모든 아가마 경전의 정수이다. 이것은 진실로, 생사의 끝없는 순환이라는 윤회의 슬픈 바다에서 가라앉았다 떠올랐다 하며 힘들게 몸부림치는 중생들을 구원하여, 직접적인 길로써 그들을 해탈의 물가에 데려다줄 수 있는 배이다. 진지한 모든 해탈열망자들(mumukshus)은 어찌할 바를 몰라 어둠 속에서 더듬다가 길을 잃지 말고, 곧장 나아가는 이 길의 도움을 받아 지복과 평안이라는 지고의 상태(parama-padam)에 도달하기 바란다.

---

[1] T. 이 '지행탐구장'은 2,400연의 『데비깔롯따라』 중 제65장의 85개 연을 번역한 것이다. 이 번역은 비루팍샤 산굴 시절에 처음 간행되었고, 타밀어판 『저작 전집』의 초판이 나올 때 바가반이 문장을 약간 손질한 다음 거기에 포함시켰다.

기원시

데바[시바]께서 신성한 입으로 데비[빠르바띠]의 귓속에 설해 주신
『데비깔롯따라』에서 드러난 지고한 지_知의 힘찬 결실로 빛나는,
신적 지복의 감로이자 은총으로 가득하고 비이원적인,
침묵하는 까리(Kari)[주 가네샤]를 심장 속에서 명상하라.

> 주註: 타밀어 원문에서 '까리(kari)'란 단어는 '코끼리'를 의미하며, 이는 전통적으로 주 가네샤를 가리킨다(가네샤 신은 코끼리 얼굴을 하고 있다). 그러나 'kari'는 '주시자'라는 뜻도 있는데, 이는 비이원적 체험과 부합되는 **보편적 진아**를 뜻한다.

본문

데비:
　　　　　　　　　　　　— 데비께서 또한 (여쭈었다.)

1. 모든 존재들이 해탈을 얻을 수 있도록, 그 해탈을
   얻는 수단인, 저희가 알 수 있고 따를 수 있는 그러한 위없는
   지_知의 길과 행위 규범을, 그것을 알고 싶은 저에게 자비심으로
   신들의 하느님이신 당신께서 부디 하사해 주십시오.

하느님(시바) :
　　　　　　　　　— 그러자 지_知인 시바께서는 (말씀하셨다.)

2. 그것을 준수하면 분별 있는 해탈 추구자들이,
   어떤 오염도 없고 묘사하기 어려운 저 해탈을 얻을 수단인,
   최고의 지_知와 행위 규범을, 여인들의 여왕이여,

내가 오늘 그대에게 명료히 설명하겠소.

— 속박을 절단하는

3. 이 **성숙지**成熟知(*Kāla jnana*)[2]로도 대상 없는 **지**知(직접적인 진아체험)가
심장 속에서 밝아오지 않는 사람에게는, 아름다운 용모의 부인이여!
허공처럼 널린 무수한 경전들을 공부한다 해도
참된 **자각**[지知]이 일어나지 않을 것임을 아시오.

— 이것은 확실하오.

4. 그러니 (이 길을 따르는 데 대한) 모든 두려움을 던져 버리고 모든
의심을 버리시오. 어떤 것에 대한 집착이나 욕망도 포기하고,
오롯한 신심과 어떤 미혹도 없는 열의로 지知를
닦는 데 온 힘을 쏟으시오.

— 제 것이라고 붙드는

5. '내 것'의 관념이 어디에도 없고, 자비심 가득히 모든
산 존재들을 보호하여 어떤 중생도 그대를 두려워하지 않게 하며,
해탈을 열망하여 요가[3]에 몰입하고, 이 **깔롯따라**(*kalottara*)가 설하는
단 하나의 길을 오롯이 확고하게 따르시오.

— 한눈팔지 않는

6. 이런 사람이 진실로 **브라마**요, **시바**요, **비슈누**이고
천신들의 주 **인드라**요, 주 **수브라마니아**[4]이며,

---

[2] *T. T. R.* 까나깜말(Kanakammal)의 *Commentary on Anuvada Nunmalai*(이하, *CAN*), 제1권 235쪽에서는 *Kāla jnana*를 '최종 성숙 단계에서 설해지는 지知'로 풀이한다.
[3] 개아와 지고자(*Para*)의 합일.
[4] 모든 천군天軍(celestial forces)의 사령관. 시바의 아들이다.

모든 천신들의 **스승**5)이고 요기들의 왕일 뿐만 아니라
온갖 고행(*tapas*)의 결과를 성취한 자이며,

— 일체를 아는

7. 대大학자(*pandita*)6)이고 탁월한 인간이며, 진정한
영적인 목표를 성취한 자이니, 그것은 바로
'회오리바람처럼 요동하고 들끓는 마음을 제어하여
(그것을) 고요히 유지할 수 있는 사람'이라오,

— 심장이 순수한 이여.7)

8. 그것이 실로 해탈을 얻는 수단이고, 그것이야말로
영원한 **실재**를 추구하는 사람들에게 유익한 것이며,
그 자체가 **순수한 의식**(*prajna*)이고 확고부동의 상태이며,
그것이야말로 분별력 있는 공부인들이 따라야 할 올바른 의무이고,

— 나아가

9. 그것이야말로 성스러운 물가로의 순례요, 그것이야말로 보시이며,
그것이야말로 고행인데, 이 점은 의심할 여지가 없으니,
가만히 있지 못하고 바람보다 더 빨리 돌아다니는 이 마음을
제어한다는 것이 바로 '그것'이라오.

— 모든 면에서

---

5) *T.* 브리하스빠띠(Brihaspati). 그는 원래 신들에게 제사를 지내는 제사장을 의미했으나, 후기 베다 문헌에서는 지혜와 시詩의 신, 신들의 스승으로 묘사되는 신이다.
6) 모든 베다와 경전에 통달한 사람.
7) *T.* 제6연과 7연은 연결해서 읽어야 한다. 제8연과 9연도 마찬가지이다. 제6연 첫머리의 '이런 사람'과 8연 첫머리의 '그것'은 각기 제7연과 9연의 후반부에서 설명된다.

10. 마음이 조금만 움직여도 윤회계(*samsara*)라오. 확고하게
    움직임 없이 안주할 때 그것이 해탈이니, 이것은 확실하오.
    따라서 지혜로운 사람은 **지고의 의식**으로 저 마음을
    확고히 붙들어야 한다는 것을 아시오.

                                — 그것이 움직이지 않고 있을 때
11. 이 홀로됨 안에서 성취하는 행복, 그것이야말로
    최상의 무한한 **지복**이라오. 배운 사람 치고
    어느 누가, 어떤 업[활동]도 없는 저 너머의 것(실재) 안에서
    즐거워하지 않겠소? 어디 말해 보오.

                                                    — 분별되는
12. 모든 대상적 지知를 떨쳐버리고, 일체에 편재하고
    형상 없는 순수한 지知를 얻은 대장부는,
    비록 해탈을 얻겠다는 욕망이 없다 하더라도
    틀림없이 영구적인 해탈(*moksha*)을 얻을 것이오.

                                                   — 시바만이
13. '있다'는, 자각과 연관되는 **의식**[자각]의 형상이 **샥띠**(*Sakti*)인데,
    우주는 그것의 빛으로 빛나고 있소. 전 현상계가
    샥띠의 생각(*sankalpa*)이라오. 성취해야 할 순수한 지知는
    모든 집착이 완전히 사라진 상태라오.

                                        — 타자로 보이는 일체가 없는
14. 둘이 없는 하나인 **전체로서의 공**空은, 스스로 자각의 빛이어서

지각되는 현상들이 아예 없고, '나'라는 측면이 지배하는
자각의 광채로 빛나니, 실로 그것이 **지고자**와의 합일을
하사하여 깨닫게 하는 '**해탈의 씨앗**'이라는 것이오.

― 진아를 열망하지 않고

15. 차크라(*chakras*)나 나디(*nadis*),[8] 연꽃 자리에 있는 신들[9],
    (그들과 관련되는) 만트라 문자[10]와 만달라 형상[11]들에 대해
    결코 조금이라도 명상해서는 아니 되오.
    이 직접적인 길을 버리고서 말이오.

주註: 어떤 수행인들은 혹독한 고행과 힘든 수행에 몰두하여 몇 가지 기법을 통달하고 우연히 특이한 초자연 능력을 얻기도 한다. 그러나 이런 것들은 궁극적인 평안과 기쁨을 가져다주지 않기 때문에 모두 피해야 한다. 반면에 여기서 말하는 **성숙지**(*Kala jnana*)는 해탈에 이르는 직접적인 길이다.

― 개아의 한 속박인

16. 수많은 다양한 만트라나 생기를 단속하는
    조식調息(*stambanam*) · 지식止息 · 응념(*dharana*) 등의 요가 행법을,
    영구불멸의 해탈을 구하는 사람들은
    닦으려고 애쓸 필요가 없다오.

---

8) T. 몸 안의 에너지 통로. 요가에서는 우리 몸 안에 72,000개의 나디가 있으며, 그 중에서 척추 중앙에 있는 '수슘나'와 그 좌우의 '이다'와 '핑갈라'가 가장 중요하다고 말한다.
9) T. 차크라는 연꽃이 피어 있는 모양들을 하고 있으며, 맨 밑의 물라다라(*muladhara*) 차크라부터 순서대로 각기 가네샤, 브라마와 사라스와띠, 비슈누와 락슈미, 시바와 빠르바띠, 지바(*jiva*-개아), 아그니(불의 신) 그리고 스승(Guru)과 연관된다고 한다. (사라스와띠는 브라마의 반려자이고, 락슈미는 비슈누의 반려자이다.)
10) *Mantraksharas*. 이러한 신들을 숭배하는 강력한 소리 음절들.
11) *Mandala murtis*. 해를 제어하는 해 만달라(*Surya Mandala*)를 비롯하여, 달 만달라(*Chandra Mandala*), 불 만달라(*Agni Mandala*) 등 신의 여러 측면을 나타내는 형상들.

— 늘 마음을 가지고

17. 예공(puja)·절하기(vanakam)·염송(japa)·명상 등을
    닦을 여지가 전혀 없다오. 베다에서 선언한 최고의 진리는
    지知를 통해서만 알 수 있다는 것을 나에게서 들으시오.
    그것이 자기 바깥에 있다고 알 필요는 전혀 없다오.

— 들뜸이 생겨

18. 바깥의 대상에 마음이 끊임없이 달라붙는 사람들에게는
    속박을 가중하는 요인들이 늘 일어날 것이오. 바깥으로
    헤매는 마음이 안으로 향해져 그 본래적 상태에 머무른다면,
    그는 세상에서 더 이상 슬픔을 겪지 않을 거라는 것을 아시오.

— 청정무구하고,

19. 안팎이 없고, 위·아래·중간 등의 방향이 전혀 없고,
    창조계 안에서 일체의 형상을 취하지만 그 자체는 형상이 없으며,
    그 자신에 의해서만 알려질 수 있고, **자기 스스로 빛나는**,
    그 하나인 **완전한 전체**와 합일하시오.

— 굳센 마음의

20. 사람들은 자기 나름의 목표가 있어 그에 따라 행위하고,
    그 목표를 이루면서 그 행위들의 결과를 거둔다오.
    결함 있는 그런 행위들을 피하고 주의를 안으로 돌려
    지각을 넘어서 있는 그것(진아)을 내관하시오.

— 진리는 하나여서

21. 원인과 결과, 행위는 본래적 상태 안에 존재하지 않고
다른 모든 이론들도 존재하지 않소. 차별상을 지닌
이 다양한 세계도 존재하지 않고, 세계에 집착해 있는
세간의 개아個我들도 존재하지 않는다오.

— 존재하는 듯이 보이는

22. 이 우주는 **무의물**無依物(nirālamba)[12])이고, 더욱이
그것은 그 무의물의 비춤으로 빛나고 있다오.
마음을 안으로 향한 요기는 세계의 모든 대상을 그것과 합일시켜,
그 자신 **무의물**이 된다는 것을 아시오.

— 형상이 없고, 하나인

23. 의식-허공의 형상으로 일체에 편재하는 저 큰 공空을
명상하지 않는 사람은, 그래서 영원히
자신의 고치 속에 갇힌 누에처럼, 세간적 집착에
속박된 세속인(saṃsāri)이 되고 만다는 것을 아시오.

— 넷으로 이야기되는[13])

24. 모든 존재들은 종류를 막론하고,
거듭거듭 갈수록 더 많은 불행에 직면한다오.
이 모든 고통과 슬픔의 해법은, 내 말을 들어 보오,
저 무한한 공空을 끊임없이 내관하는 것이라오.

---

12) 아무 의지물 없이 존재하는 실재.
13) T. 존재들의 네 종류는 '태胎에서 나는 것, 알에서 나는 것, 씨앗에서 나는 것, 습기에서 나는 것'이다.

— 번뇌가 없는

25. 선한 행위와 고상한 행동을 권장하는 것은 '지知의 여명'으로
이끌기 위함일 뿐이오. 어떤 형상을 붙들고 마음 속에서
그것을 명상하는 유의有依 요가(salamba yoga)14)를 버리고,
무無세계의 본래적 상태에 늘 머무르시오.

주註: 권장되는 행위들 가운데는 자기 마음 밖에서는 물론 안으로 시바를 숭배하는 것도 포함된다. 시바를 사원 안의 유성有性(saguna)의 형상으로 숭배하는 것에 대해서 아가마 경전들이 말하는 여러 가지 의식儀式들은 '선한 행위'에 들어간다.

— 확고하게

26. 맨 아래 지하계(Patala)에서부터 맨 위 사띠야 로까(Satya loka)15)까지,
서로 의존해 있는 모든 원리들을 공심空心(sunyabhava)16)의 화살로
없애버릴 수 있는 자17)는, 용감한 대장부라오. 그는
대상이 없는 공空의 지知를 얻은 사람(Sunya jnani)이오.

주註: 공심空心의 상태에 있는 사람은 오직 자기가 존재하고 있다는 것만 분명하게 자각하며, 다른 모든 것은 허공(sunya)과 같이 존재성이 없다.

— 저급한

27. 감각 대상들을 향유하려는 마음은 원숭이보다도
더 날뛰지만, 감각 대상을 쫓아가지 않게 제어하여

---

14) '의지물(alamba)이 있는' 요가, 즉 어떤 대상을 의지물로 삼는 수행이다. 제35, 38, 40, 41 연 참조.
15) 가장 높은 원리들(tattvas) 중의 하나.
16) T. 일체를 공空으로 보는 마음의 태도, 혹은 그런 관법.
17) T. 아수라들이 이동이 자유로운 세 도시(Tripura)를 기반으로 우주를 휩쓸고 다니며 악행을 일삼자, 시바가 강력한 화살로 세 도시를 한 번에 꿰뚫어 파괴했다는 전설에 비유했다.

일체공空(Sarva Sunya) 안에 자리 잡게 하는 사람은,
곧바로 열반(nirvana)을 성취할 것이오.

— 지고의 실재로서

28. 모든 원리들과 한데 어울리면서도 그것들과 다르지 않고,
"나는 몸이다"라는 느낌이 아니되
'나'라는 말의 참된 의미에 다름 아닌 것으로서 빛나는
완전한 의식이, 일체에 편재하는 **실재**라오.

— 알려지는 저

29. 허공처럼 모든 창조계의 안팎에 편재하는 이 완전한
전체, 단 하나인 바탕은 형상이 없다오.
이 **지고의 지복**에 잠겨 있는 사람들은, 사랑하는 이여,
그 **지복** 자체가 된다오. 얼마나 경이로운지 보시오!

— 불길이 약해지고

30. 연료가 떨어진 불이 제풀에 잦아들어
점차 꺼지듯이, 그것이 붙들 대상을 빼앗기면
많은 생각들로 뻗어나가는 마음도 (대상을) 붙들기를 그치고
평안 속에서 가라앉을 것이오.

— 따라서 (우리를) 엄습하는

31. (원하는 대상에 대한) 탐닉과 (그에 따른) 망상, 기절과 꿈의
네 가지 상태 모두와, 어둠에 싸인
잠(sushupti)과 생시, 기타 이야기되는 다른 것들은

모두 쓸어내 버려야 할 것임을 알아야 하오.

— 성품상 거친

32. 몸에 미묘하게 붙어 있는 생기(prana)와, 기억·지성·
에고 등 네 가지 내적기관과는 다른
단 하나의 자각으로 빛나는 저 의식(chit)을 명상하면,
그는 그 의식 안에 자리 잡게 될 것임을 아시오.

— 서로 다른

33. 혼침昏沈(잠)과 망념妄念(생각)들 때문에 마음은 예리함을 잃고
갈수록 어리석어져 결국 못쓰게 되니, 마음을 일깨우고
그것이 헤매지 않게 노력하여, 자기(진아)의 상태 안에
자리 잡게 하되, 거듭거듭 가차 없이 그렇게 하오.

— 따라서 자각의 형상으로서

34. 마음이 안정되고 나면, 어떤 이유로도
그것이 동요되어 움직이게 하거나, 어떤 의문을 일으켜
그 무엇도 생각할 필요가 조금도 없소.
마음이 그것의 근원에 확고하게 고정되어 고요히 있게 하오.

— 속박하는

35. 의지물을 찾아 감각 대상들에 집착하는 마음을
의지물들과 그에 대한 집착에서 떠나게 하시오. 의지하며
헤매는 마음을 고요히 움직이지 않게 하고, 그 고요함이
조금도 흐트러지지 않게 하오.

— 평안을 얻고 나면,

36. 5대 원소가 해체될 때도 그 원소들에 편재하는 허공이
오염되지 않고 순수하게 남아 있듯이 (창조계의) 모든
형상들에 두루 편재하면서 오염 없이 남아 있는,
저 비할 바 없는 진아에 대해 명상하시오.

— 그와 함께

37. 그것이야말로 (사람으로) 태어난 목적의 달성이고
그것 자체가 (진정한) 학식의 표지인 것은, 바로 이
들떠서 움직이는 것이 바람과 같은 마음을 고요하게 하여
들뜸이 없게 하는 수행(sadhana)을 닦는 것이라오.

— 자신의 바탕[진아]을 떠나서

38. 마음을 여섯 차크라나, 위나 아래, 중간,
혹은 그 어디에도 고정하지 마시오. 마음이
내면적인 모든 태도(bhavana)와 의지물을 포기하게 하고,
이것을 지속적으로 수행해야 하오.

— 그것(마음)이 둔해지는

39. 혼침昏沈이 엄습하면 마음을 깨워서 각성시키고,
망념에 마음이 휘둘리면 그 움직임을 즉시 제어하시오.
혼침도 망념도 없는 상태를 얻게 되면,
그 본래적 상태 안에 흔들림 없이 머무르시오.

— (속박하는) 덫이 없고

40. 의지물 없이 마음이 집착할 데가 없어
 결함이 없고 순수하며, 욕망과 집착이 없는 상태가
 '지知로써 얻는 해탈(jñeya mukti)'의 표지라오.
 이것을 확고히 마음에 새기시오.

— 자기에게 낯선

41. 모든 집착의 대상을 포기하고 어떤 자취도 남기지 않는
 그런 마음을 심장 안에 확고히 고정하면,
 순수한 자각이 밝고 명료하게 빛날 것이오.
 그 자각이 온전한 힘을 얻도록 꾸준히 수행해 나가시오.

— 거기서 물러남이 없이

42. 저 지고의 공空(Parama Sunya)을 명상하고
 그 부단한 수행의 힘으로 그 안에 자리 잡은 사람은,
 탄생과 죽음을 넘어선 그 드높은 지고의 거주처를
 확실히 성취하게 될 거라는 것을 아시오.

— 드높은

43. 신과 여신같이 자기 자신 아닌 것들(anya)과
 죄업과 복업福業, 그 과보들, 의지물[집착의 대상]들과
 그런 대상들에 대한 지식―이 모든 것이
 윤회계(samsara)의 강력한 속박이라오.

— 속박인

44. 집착의 대상들을 '상대물의 쌍들'이라고 하오.

상대물의 쌍들을 버리면 비이원적 **지고자**를 깨닫는다오.
속박에서 벗어난 그런 요기가 생전해탈자(*jivanmukta*)이며,
그가 몸을 떠나면 무신해탈자(*videhamukta*)가 된다오.

— 업의 소산인

45. 몸을 무욕의 견지에서 버리려는 생각은, 분별력 있는
    현명한 사람은 해서는 아니 되오. 몸을 있게 한 발현업이
    소진되고 나면, 이 몸이라고 하는 짐은
    자동적으로 떨어져 나갈 것이오.

— 몸 안에 자리한

46. **심장연꽃** 안에서 '나'로서 빛나는 의식은,
    티 없이 순수하고 완벽하게 고요하다오. 거기서
    일어나는 에고를 소멸하면, 그 의식 자체가 해탈의
    지복을 하사한다는 것을 확신하시오.

— "나[에고]의 형상인

47. 모든 부가물(*upadhis*)에 의해 오염되지 않고 남아 있는,
    의식의 형상인 저 **시바**가 곧 나다."라고
    크나큰 신심으로 부단히 명상하여
    그대의 모든 집착을 극복하시오.

— 분별력으로

48. (그대가 사는) 나라와, (속한) 계급(*caste*),
    흠 없는 공동체, 인생단계들과 그와 연관되는 것들에 대한

모든 관념을 포기하고, '나'의 기원인 **자기**(진아)의 본래적 상태를
늘 고수하며 명상을 닦으시오.

— 두려움 없는

49. '나'만이 있으니, 누구도 나에게 속하지 않고,
    나도 누구에게 속하지 않으며, 나를 자기 것이라고 할
    누구도 나는 볼 수 없고, 내 것인 어떤 자도
    나는 볼 수 없소. 나[진아]는 홀로 있다오.

— "불변의

50. 나는 **빠라브라만**이다. 나는 우주의 스승이며 **하느님**이다."라는
    확신을 체험하고 거기서 퇴보하지 않는 사람이 진정한 해탈자이고,
    그에 배치되는 길들을 따르는 자는
    속박되어 있는 자임을 아시오.

— "몸이 나다"라는 관념을 제거하고

51. 자기의 몸이 없는 진정한 형상을
    자신의 **지**(知)의 눈으로 보는 바로 그날,
    그의 모든 욕망이 사라지고,
    그는 **평안의 지복**을 체험한다오.

— 자기 홀로 있는

52. 불생자인 **하느님**이라고 모든 경전에서
    찬양하고 선언하는, 형상 없고 속성 없는
    진아(*Atma*)의 형상으로 남아 있는 그것이 나이니

여기에 대해서는 조금도 의심의 여지가 없소.

— '나'라는 자각으로 빛나는

53. 명지(*Vijnana*)의 형상을 한 순수한 해탈자가 나이고,
도처에 영원히 있는 자가 나라오. 알 수 없는 자가 나이고,
붙잡거나 놓아버릴 수 없는 자가 나이며, 슬픔이 없고
늘 브라만의 성품을 지닌 자가 나라오.

— 생명으로 하나가 된

54. 머리 꼭대기부터 발바닥 사이에 있고,
안의 내적기관에서부터 살가죽까지인 이 지각력 없는 몸과는
다른 의식의 형상이자, 불멸이며 완전한 전체성인 **자기**로서
안주하는 **진아**가 나임을 아시오.

— "직접 지각되는

55. 움직이거나 움직이지 않는 모든 것들의 **하느님**(*Isan*)인 나는,
우주의 아버지요 어머니며, 아버지의 아버지이다"라고 생각하면서,
해탈을 열망하는 이들은 저 드높은 **뚜리야** 상태인 나를
집중된 마음과 열의로써 명상한다오.

— 늘

56. 브라마를 위시한 모든 천신들과, 많은 이들이 찾는 천녀들과
인간과, 야차(*yakshas*)[18] · 건달바[19] · 용(*naga*) 등 인간 아닌 부류와

---

18) T. 부富의 신 꾸베라(Kubera-毘沙門天)의 권속이라고 하는 반신半神의 부류. 선량한 자도 있고 포악한 자도 있으나, 통상 악인만 잡아먹는 귀신의 무리.
19) T. 반은 사람, 반은 새의 모습을 한 반신의 무리. 신성한 음료인 소마(soma)를 지킨다고 하며, 인드라(Indra-帝釋天)를 모시고 음악을 연주한다고 한다.

기타 많은 중생들이 모두 희생제와 고행으로
오직 나를 숭배한다는 것을 아시오.

— (나의) 은총을 구하여

57. 대단하고 희유한 힘든 고행과 보시행, 다양한 덕행으로써
모두가 나에게 예배하고 오직 나를 숭배한다오.
움직이거나 움직이지 않는 이 광대한 창조계와 모든 대상은
모두 나 자신일 뿐임을 아시오.

— 형상이 없어

58. 거칠지도 미세하지도 않고, 공하지도 않은 나,
우주의 친족인 나는 지知의 성품으로 충만한 자이고, 거기다가
영원한 자, 하느님, 무구한 자, 계속되는 상태들[20]이 없는 자이며,
우주(prapancha)가 없는 자라오.

— 더욱이, 확고하게

59. 시작 없는 이 **명지**明知는 불생이고, 태곳적이고, 완전하며,
심장동혈이라는 자신의 집 안에 영원히 거주하고 있고,
형상도 세계도 오염도 없고, 비교도 집착도 없다오.
그것은 (우리가) 이해하거나, 보거나, 지각할 수 없소.

— "알 수도 없는,

60. 틈새 없이 영원하고 일체에 편재하는 **실재인 브라만**,
저 비이원적 형상, 그가 나다."라고 자주 거듭거듭 명상하시오.

---

20) *T.* 번갈아드는 생시, 꿈, 잠의 세 가지 상태를 의미한다.

오래 이렇게 명상하며 고요히 머무르는 자는 참으로
빠라브라만이 되고 불멸을 성취할 것이오.

— 진아로서 안주하는

61. 지_知의 성품을 이와 같이 설명하여
상존하는 해탈을 누구나 성취할 수 있게 했으니, 고귀한 부인이여,
오늘은 구도자들이 준수해야 할 행위에 대해 설하겠소.
완전한 안식과 주의력으로 들어보오.

— 오염을 없애기 위한

62. 성수(신성한 강물) 목욕, 염송(*japa*), 매일 하는 호마(*homa*)21), 예공,
이글거리는 불 속에 공물 바치기, 알아야 하고 지켜야 할
이 모든 행법들 중 어떤 것도 그는 할 필요가 없소.
여인들 중의 여왕이여, 이것을 명심하오!

— 헌신을 증장하는

63. 권계勸戒(*niyamas*), 성지에서 하는 신들에 대한 숭배,
명호숭배(*nama-archanas*)22), 조상천도식(*pitru-karmas*)23), 지상의
성지들을 순례하기, 큰 공덕이 있는 맹세들의 준수 등
어느 것도 저 지_知 수행자에게는 필요치 않다는 것을 아시오.

— 경전에서 말하는

64. 선행善行이든 불선행不善行이든 그는 행위의 과보를 거두지 않소.

---

21) 불 속에 기, 우유, 향 등의 공물을 바쳐 태우는 의식. 통상 개인이 하는 소규모의 것이다.
22) 신성한 이름을 음송吟誦하면서 하는 신들에 대한 예배.
23) 조상들이 높은 상태에 도달할 수 있도록 도와주기 위해서 하는 헌공 등.

세상 사람들이 열심히 따르는 중요한 날이나 특별한 의식들도
그에게는 해당되지 않는다오. 모든 종류의 행위와
온갖 세간적 행위 규범을 포기하시오.

— 찬양 받는

65. 모든 종교적 관행을 완전히 포기해야 하오.
모든 행위는 속박을 가져다주므로,
모든 의도(sankalpa)와 분별(vikalpa), 계급과 계급 의무와의
인연을 아주 멀리하도록 하오.

— (구도자에게) 다가오는

66. 온갖 싯디[초자연적 능력]와 땅 밑에 묻힌 것을
보는 능력 같은 것을 열망하여 (성취하고) 그것을
세상 사람들 앞에서 과시할 수 있다 해도, 그런 데 속지 말고
수행자는 확고히 진아에 안주해야 하오.

— (많이) 이야기되는

67. 이 모든 것들은 그 개아(jiva)에게 속박일 뿐이며,
나아가 사람을 비천한 행위의 낮은 길에 떨어지게 한다오.
위없는 해탈의 즐거움(mukti-sukha)은 그런 어떤 것에도 있지 않고,
일체에 편재하는 무한한 의식 안에만 있다오.

— 심적인 피로를 놓아버리고

68. 어떤 상황에서 어떤 사건에 의해서도 영향 받지 않고
퇴전退轉함도 없이 요가에 전념해야 하며, 의심으로 인해

성지와 사원에서의 숭배에 끌리는 망상이 일어난다면,

즉시 그것을 물리쳐야 한다오.

― 미물인

69. 곤충·벌레·새이든, 나무·덤불·덩굴식물 등

어떤 형태의 생명체든, 사랑하는 부인이여,

그것을 죽이고 파괴하는 어떤 행위도 하지 않는 분별인은,

참된 자각을 추구하는 사람인 줄 아시오.

― 은총을 얻고 싶다면

70. (숭배 목적으로) 식물의 연한 뿌리를 뽑아도 안 되고

나뭇잎 하나도 (함부로) 따서는 아니 되오.24) 화를 내며

어떤 생물도 상하게 해서는 안 되고, 꽃 한 송이도

무정하게 꺾어서는 안 되니, 이것을 명심하오.

― (식물에) 붙어 있지 않고

71. 저절로 떨어진 깨끗한 꽃들로만 숭배해야 하니

그것이 시바에게 최선의 예공이라오. 그는 마라나(*marana*),25)

우짜따나(*ucchatana*),26) 비드웨샤나(*vidveshana*)27), 악명 높은

스땀바나(*stambhana*)28)를 쓰거나, 나아가 고통을 주고,29)

---

24) T. 이것은 예컨대 음식으로 먹기 위해 채소를 뽑거나 병 치료를 위해 약초를 뜯는 것까지 금하는 것이 아니라, 숭배 등의 목적으로 생물을 상하지 말라는 것이다.
25) 어떤 만트라를 사용하여 죽이거나 파괴하는 것.
26) 만트라의 힘으로 남을 몰아내는 것.
27) 친구들 사이를 이간하여 서로 미워하게 하는 것.
28) 남이 신체 기능을 쓰지 못하게 만드는 것.
29) T. '나아가 고통을 주고'는 72연과 이어지는 '연결구'인데, 여기서는 71연에 덧붙여졌다. 사실 타밀어 빠라야나 텍스트에서는 모든 연결어들이 앞 연의 끝부분에 붙어 있다.

72. 열병을 유발하고, 악령에 씌게 하고, 나쁜 행성 기운을 받게 하고,
    (남을) 악마적 힘에 사로잡히게 하고, 삿되게 지배하고, 유인하고
    매혹하는 등 삿된 행위에 빠지지 않고 그런 것을 피해야 하며,
    나무나 돌로 만든 신상 등에 대한 숭배를 완전히 버려야 하오.

                                    — 영원한 해탈을 얻으려고

73. 성지聖地에 거주하는 신들을 숭배할 때 하는 다양한
    무드라(mudras)30)와, 그들을 기쁘게 하려는 희생제들을 포기하고,
    과거에 한 그런 행위로 축적된 원습도 포기하고, 일체에 편재하는
    의식인 자기[진아]에 대해서만 명상하시오.

                                    — 심장(마음) 안에서조차도

74. 모든 대상에 평등하고 무엇도 편애하거나 열망하지 않으며,
    행복과 불행(sukha-duhkha)에 공히 평정심을 지키고,
    친구와 적을 평등하게 대하며, 옹기 조각과
    금 덩어리를 똑같이 보고, 내면을 향한 마음으로

75. 감각 대상을 즐기려는 욕망에 결코 지배되지 않으면서,
    '내 것'이라는 관념(mamakara)을 포기하여, 마음의 힘이 강해졌고
    욕망과 두려움에서 벗어나 진아 안에서 늘 즐거워하는 자가,
    결점 없는 큰 요기라는 것을 아시오.

                                    — 결점이 없으므로

76. 비방이나 칭찬에 똑같이 평정심을 유지하고,

---

30) T. 춤이나 의식에서 취하는 상징적 동작들. 신적 능력의 어떤 측면이나 속성을 나타낸다.

모든 존재들을 차별 없이 대하는 평등견平等見(sama drishti)을
지녀 그 자세를 결코 벗어나지 않으면서
모든 중생을 자기 자신으로 보아야 하오.

— 침묵으로

77. 소득 없는 논쟁과 세속적인 사람들과의 교제를 피하고
남들 사이에서 헛된 다툼과 오해를 유발하지 말며,
경전(Shastras)에 해박한 종교 단체들에 가담하지 말고,
욕설과 칭찬의 말을 공히 포기해야 하오.

— 가슴속에서 들끓는

78. 질투와 음해(비방), 거만함과 정념情念,
그에 수반되는 증오와, 가슴 속에서 솟는
욕망과 분노, 공포와 슬픔 등
그 모든 것들을 점차 완전히 없애야 하오.

— 원습으로 인한

79. 상대물의 쌍들에서 벗어나 그것들이 붙지 않게 하고
항상 홀로 있으면서 사람들의 무리를 멀리하는 이는,
현재의 몸을 가지고 있는 동안에도 일체를 알게 되고
큰 광휘 안에 자리 잡아 찬란히 빛날 것임을 아시오.

— 무지를 소멸하는

80. 지知에 의해서만 해탈을 성취할 수 있고
다른 능력들(siddhis)로는 그것을 이룰 수 없는데도, 저열한

세속적 즐거움과 삿된 능력들에 사로잡힌, 욕념에 미혹된
구도자들(sadhakas)은 그것을 추구한다오.

— 베다에서 칭송하는

81. 초자연적 능력들이 자신에게 다가오든 않든,
    순수하고 결함 없는 '몸의 주인(dehi)'31)은
    오염 없는 저 **지고의 브라만**을 체험하고, 틀림없이
    해탈의 집에 도달할 것임을 아시오.

— 진아의 거주처인

82. 몸은 5대 원소로 이루어져 있고, 거기에
    일자-者로서 빛나는 **시바** 또한 잘 자리 잡고 있다오.
    나뉨 없이 도처에 편재하는 **시밤**(Sivam)32)에서부터 이 세계까지,
    전 우주가 **샹까라**(Sankara-시바)의 형상이라는 것을 확신하시오.

— 깨달은 자인

83. 이런 **진인**을 친견하면, 마음과 말과 몸을 오롯이 하여
    향기로운 백단향(sandal-paste)33), 과일, 꽃, 향과 목욕물,
    깨끗한 옷과 음식 등을 가슴 녹는 사랑으로 공양하고
    그를 숭배하는 이들은, 생사를 초월할 것이며,

84. 해탈의 길을 열망하는 진지한 구도자들은, 사랑하는 이여,
    진실로 직접 **해탈**을 얻을 것이오. 인간들 중의 최고인

---

31) *T.* 자신이 몸이 아니라 몸 안팎에 편재하는 진아임을 깨달은 자를 뜻한다.
32) *T.* 가장 높고 오묘한 원리.
33) *T.* 백단향 나무를 긁어낸 가루를 물에 개어 신이나 스승 앞에 올리는 공양물이다.

저 진인을 숭배하는 이들은 그의 덕행의 열매를 거두고,
비방하는 이들은 그의 죄업의 열매를 거둘 것임을 기억하시오.34)

— 이렇게 하느님은

85. "그대가 청한 대로, 지知와 그에 따르는 행行에 관한
진리를 설했거니와, 이 전체 길은 실로
성숙지(Kāla jnana)라오. 그대의 마음 속에 더 묻고 싶은
것이 있으면, 여인들 중의 여왕이여, 말해 보오."

— 라고 말씀하셨다.

기원시

— 세상 사람들이 구제되도록
생전해탈자이신 **스리 라마나**께서 번역하신 이 저작은
고상한 사람들의 **심장** 안에서 (지혜의 빛으로) 빛날 것이네.

---

34) T. 깨달은 사람에게는 전생에 지은 복과 죄의 과보 중 아직 실현되지 않은 것이 많은데, 그를 공경하는 사람은 그 복의 과보를, 비방하는 사람은 죄의 과보를 나눠 받는다고 한다.

11.2. 싸르와 냐놋따라 — 진아 깨달음 장章
Sri Sarva Jnanottara[1] — Atma Sakshatkara Prakaranam[2]

기원시

진아이신 하느님(시바)께서 구하(Guha)에게 자비롭게 하사하신
이 진아 깨달음(Atma Sakṣhatkaram) 장章을, 진아로서
내 심장 속에 안주해 계신, 만물의 으뜸 원인이신
하느님께서 오늘 타밀어로 말씀하시네.

본문

— 실재로 빛나시는
1. 저 시바께서는 나아가 자비롭게 말씀하셨다. 구하여,
   저 실재에 도달하는 다른 방도를 말해 주겠다. 그것은
   부분도 형상도 없이 모든 것에 편재하고, 워낙 미세하여
   (마음으로) 파악할 수 없지만, 잘 듣고 — 명심하라.

---

1) 아가마 텍스트인 『싸르와냐놋따라(Sarvajnanottara-'모든 지知의 정점')』 중 '진아 깨달음' 장이다. 산스크리트 원문을 바가반이 타밀 시로 번역했다.
2) T. Atma Sakshatkara는 '진아에 대한 직접체험', 곧 진아 깨달음을 뜻하고, Prakaranam은 '장章'을 의미한다. 영어판은 장명章名인 'Atma Sakshatkara'만 표시했으나, 여기서는 타밀어판을 따라 경명經名과 함께 표시한다.

2. 그것을 들으면 **체험지**知(*Anubhava-jnana*)를 성취할 수 있고,
    그것을 알면 **시바 자신**이 되는 것이지만,
    여태껏 내가 누구에게도 말하지 않은 저 **명지**(*Vijnana*)를
    오늘 나에게서 들어 보아라.

— 내가 선언하는

3. 이것은 스승들의 계보(Guru *parampara*)를 통해서 전해졌고
    이론가들이 이해할 수 있는 범위를 넘어서 있다.
    이것은 생사의 속박(*bhava-bandha*)에서 벗어남을 목표로 하며,
    그 지고한 얼굴(*mukha*)[3]은 모든 곳에서 빛난다.

— 만물을 창조하고

4. 만물에 '있음'으로써 편재하는 완전한 일자이고,
    모든 것으로서[만물의 진아로서] 빛나며, 그의 얼굴이
    도처에 있고, 생각을 넘어서 있고, 모든 범주들(*tattvas*) 안에 머무르되
    그것들을 초월해 있는 그가 곧 진아이다.

— 다수로 파편화된

5. 다양한 모든 진리들(verities)을 초월해 있고,
    말과 마음과 이름이 미칠 수 있는 범위를 넘어서 있는
    "저 **하느님**[시바]이 나다"라고, 차별상(*vikalpa*) 없는 마음으로
    시바 명상(*Siva chintana*)[4]을 부단히 하라.

---

3) *T*. 지고한 '시선' 또는 '견見'(*drishti*)으로 옮길 수도 있다.
4) *T*. "시바가 나다(*Sivoham*)" 명상을 의미한다. *CAN*(제1권) 255쪽에서는 '자신을 그저 자각으로 보는 것이 시바 명상'이라고 풀이한다.

— 늘 새롭게

6. 영원히 존재하고 확고히 자리 잡은 그것은, 불멸·불변이고
마음으로는 가늠할 수 없고, 도처에
무형상의 지知로서 편재하며, 선행원인 없이
비할 바 없는 그 자체로서 빛난다는 것을 알라.

— 무어라고 집어낼

7. 특징이 없고, 파괴할 수 없고, 고요한 평안으로 충만하며,
모든 대상을 초월하는 지知이고, 생각과
모든 개념, 모든 의심의 범위를 넘어선
그것이 곧 '나'이니, 여기에는 어떤 의심도 없다.

— (누구도 그를) 저버릴 수 없는

8. 저 지고의 하느님인 시바가 곧 '나'이니,
(나는) 만트라들의 형상이고 본질이자 기초이며, 만트라들을
모두 초월해 있고, 그것들의 너머로서
(우주의) 창조나 파괴 같은 어떤 활동도 없다.

— 나 없이는 존재성이 없는

9. 보이는 것과 보이지 않는 것, 움직이는 것과
움직이지 않는 것—이 모두에 내가 편재해 있다.
내가 바로 이 우주의 하느님이다.
모든 것은 나로 인해 빛난다.

— 서로 대립되고

10. 각기 서로 다른 다양한 형상들로 가득하고,
    무수한 세계들로 겹겹이 형성된, **시바**에서부터
    이 우주에 이르기까지의 그 모든 것은
    내 안에 거주하고 내 안에 자리 잡고 있다.

    — 곧바로 잘

11. 이 세계 안에서 지각되는 모든 것,
    들리는 모든 것, 몸의 안팎에서
    나타나고 빛나는 모든 것에 내가 편재하고 있으니
    그렇게 편재되는 모든 것이 나일 뿐임을 알라.

    — (그가) 알아야 할

12. "진아가 나다"라면서 저 **지고아**(*Paramatman*)를 성취하려 하지만
    시바가 자기와 다르다고 (상상하여)
    그런 미혹 속에서 그를 숭배하는 사람은
    그런 수행으로는 **시바** 지위(*Sivatva*)를 성취하지 못한다는 것을 알라.

    — 따라서 어떻게든

13. "**시바**는 내가 아니고, 나는 **시바**가 아니다"라는
    차별상 관념(*bhinna-bhava*)을 뿌리 뽑고, "저 **시바**가
    다름 아닌 나다"라는, 자타의 분별이 없는
    비이원적 태도(관법)를 끊임없이 닦아라.

    — 끊임없이

14. 비이원적 태도에 확고히 자리 잡고 늘

모든 곳에서 진아에 안주하는 사람은,
모든 사물과 모든 존재들 안에서 시바를 보리니,
여기에는 털끝만큼도 의심의 여지가 없다.

— 한량없이

15. 하나인 진아에 대한 확신 안에 늘 머무르며 놓치지 않는 사람은
    망상 분별(moha-vikalpa)을 벗어날 것이며,
    그런 요기에게는 모든 것에 대한 지知[전지全知]가 생긴다고
    베다에서 선언하고 있으니, 이것을 알아 두어라.

— 실로 다양한

16. 모든 경전에서 불생자不生者 하느님으로
    찬양 받는 자, 저 몸 받음이 없고
    속성이 없는 자, 진아인 그가 실로 나이다.
    여기에는 조금도 의문의 여지가 없다.

— 실로 진아인

17. 자신의 참된 성품을 알지 못하는 자는
    탄생·죽음 등의 다르마(dharma)에 지배되는 개아(pasu)이다.
    자신의 진아를 아는 자는 영원하고 청정하니, 그가 시바다.
    그것을 알면 의심이 있을 수 없는데, — 탄생이 어디 있는가?

18. 따라서 분별 있는 사람들은 매일 잘 탐구하여
    이 진아를 직접 체험할 필요가 있다. 그것은
    초월적인 것과 세간적인 것, 거친 것과 미세한 것의

두 종류로 서로 달리 빛난다는 것을 이해하라.

― 성취한

19. 지고의 열반(*Parama nirvana*)5)은 높은 것이고,
    낮은 것(*apara*)은 창조 등[다섯 가지 기능]6)과 연관된다.
    만트라들은 그것의 거친 형상이라고 말해지고, 미세한 형상은
    마음 안에 불변의 헌신[또는 명상]으로 거주하는 것이다.

― 내관으로

20. 그것[진아]을 깨닫지 못한다면 샨무카(Shanmukha)7)여,
    그것에 대해 끝없이 설명해 본들 무슨 소용 있겠느냐?
    그런 것은 모두 어리둥절케 하는 영리한 말놀음이며,
    마음을 미혹하는 원인이라는 것을 명심하라.

― (개아가) 욕망하는

21. 모든 다르마는 진아 안에 있을 뿐이다.
    개아가 그 중의 어느 것을 자신의 생각으로 창조하고자
    거듭해서 꾸준히 일념 집중하면, 그 얻고자 한 것을 성취한다.
    이것은 의심의 여지가 전혀 없다. ― 진리를 성취하라.

22. 이와 같이 진아의 지知(*Atma jnana*)를,
    모든 경전지의 핵심을 집약하여 간명하게 이야기했으니,

---

5) T. *CAN*(제1권)에서는 이것을 니르구나 브라만(Nirguna Brahman)으로 풀이한다. 여기서 '열반(*nirvana*)'은, 지각의 대상이 없는 완전한 상태, 곧 순수한 의식의 상태이다.
6) T. '다섯 가지 기능'은 '창조, 유지, 파괴, 숨김, 은총'을 뜻한다. 41쪽의 각주 11) 참조.
7) T. '여섯 얼굴(Shan-mukha)의 주', 곧 수브라마니아를 말한다. 220쪽의 각주 18) 참조.

모든 수단에 의해 일체는 진아의 성품이라는 것을 깨닫고
진아내관(Atma-cinta) 안에서 늘 힘을 얻고 살아가라.

— 다양한

23. 신들, 베다들, 불 희생 의식,
    그런 의식 때 바치는 갖가지 사례물(dakshina)[8], 그 어떤 것도
    거기에는[9] 없으니, 무구하고(nirmala) 도처에 빛나는 얼굴의
    저 진아의 지知에 의지하라.

— 불명예인

24. 생사윤회(marana-bhava samsara)의 큰 바다에 빠져 허우적대면서
    피난처를 찾는 개아個我에게
    피난처를 제공하는 것은, 진아의 지知 외에
    달리 아무것도 없다는 것을 알라.

— 확고한

25. 지고자가 됨으로써 지고아의 성품을
    있는 그대로 확고히 깨닫는 사람은, 여러 가지
    상태들을 겪는 것처럼 보인다 해도, 아무 애씀 없이
    틀림없이 해탈을 얻을 것임을 알라.

— 영광스럽기 그지없는

26. 진아를 얻는 것 외에 달리

---

8) T. 전통 베다 의식 때 승려들에게 사례로 주는 선물들.
9) T. '진아의 성품 또는 진아의 체험 속에는'의 의미이다.

성취할 만한 어떤 축복도 없으니, 진아를
언제나 명상하고 공경하라. 이 진아인 사람은 실로
도처에서 둘이 없는 **지고아**이다. ― 늘 명심하라.

27. 그것은 쁘라나(prana)10)도 아빠나(apana)11)도 아니고,
그보다 우위의 행위나 감각기관도, 내적기관(karanas)도 아닌,
일체의 주시자[자각], 완전한 실재(paripurna)인 **진아**이니,
가슴속에서 늘 그것을 내관하고 그것으로 안주하라.

― 그것을 알면

28. 안도 아니고 밖도 아닌 그것은
멀지도 가깝지도 않으니, 저 형상 없는
지고의 거소(Parandāmam)는 도처에 빛나며 일체를 채우니,
거기로 늘 마음(cinta)을 향하게 하라.

― 얼마나 놀라운가!

29. 중간, 위, 아래, 안과 밖 등 공간 구분을 포함하여
언제 어느 때나 늘, 지각 범위를 넘는 **진아**는 절대적
공空(Sunya)으로서 자신의 빛으로 빛난다. 진아만을
늘 명상하라, 더욱 더 많이.

― 허공처럼

30. 공空도 아니고 불공不空(asunya)도 아니되
불공不空이기도 하고 공空이기도 한,

---

10) *T.* 다섯 가지 '생기(vāyus)'를 대표하는 가장 기본적인 생기. 안쪽으로 움직이는 생기이다.
11) *T.* 바깥쪽으로 움직이는 생기.

도처에 편재하고, 선호나 치우침 없이 도처에서 빛나는
진아를 언제 어느 때나 내관하라.

— 괴로운

31. 번뇌[12]가 없고 지지물이 없고, 계급(varna-카스트)도
이름과 형상도 붙지 않는
저 청정무구하고 속성 없는(nirguna) 진아를
너는 끊임없이 내관하라.

— 확고함을 얻으려면

32. 의지처(asraya)도 의지물(alamba)도 없고,
마음으로는 알 수 없고, 비교할 것도 없으며,
본래 결함이 없고 영원히 존재하는, 저 진아를
매일 즐거이 명상하라.

— 뿐만 아니라

33. 업이라는 모든 활동을 포기하고, 무욕(nirasa)으로
모든 욕망을 내려놓고, 사람들과의 어울림을 벗어나면,
그때부터는 늘 자기로서 자기 내면에 자리 잡고
자기[진아]에 대해 명상해야 한다는 것을 알라.

— (자기 아닌) 딴 것인

34. 나라와 출생신분(jati), 계급(varna)과 인생단계(asrama),
이런 것들에 따른 뿌리 깊은 생각들을

---

[12] T. 번뇌에는 무수한 종류가 있지만, 그 뿌리는 '몸이 나다'라는 관념에 기초한 에고이다.

소멸한 뒤에, 분별력 있는 사람은 **자기의 성품**에 대한
내관을 매일 해야 한다.

— 으뜸가는

35. 이것이 (염해야 할) 만트라이고 이것이 (숭배해야 할) 신이며,
    이것이야말로 명상(dhyana)이라 하는 것이고, 이것이야말로
    따빠스이니, 생각을 모두 소멸하고
    자신의 참된 성품(svarūpa)에 대한 내관을 확고히 붙들고 가라.

— 온갖 종류의

36. 생각이 없는 것이 **자기**[진아]이니, 생각과 결합되는 마음이
    생각을 할 수 없게 하라. 생각하는
    마음을 **진아** 안에 단단히 고정시켜
    아무것도 생각하지 못하게 하라.

— 마음으로

37. 생각할 수 있는 대상이 아니나 생각할 수 없지도 않고,
    생각하는 마음이 아니나 그 자체 생각이기도 한, 어디에도
    치우치지 않고 모든 곳에 평등히 있는 **지고**의 저 **진아**를
    끊임없이 늘 내관하라.

— 마음조차도 안으로 돌려

38. 생각의 범위를 넘어서 있는 **그것**에 대해
    마음을 의지물이 없게 만들어서 늘 명상하라.
    저 **행복**, 곧 저 범주들을 넘어선(tattvatita) **진아** 안에서

풍요롭게 성취되는, [다음 연으로 이어짐]

— 순수하고

39. 차별상이 없고(nirvikalpa) 생각으로 파악할 수 없고,
    선행先行 이유도 없고, 묘사와 비교 범위를 넘어선
    무한하고 드높은 그것은 지고의 지복(Paranānda)이라고 말해진다.
    그것의 형상 안에 푹 잠겨라.

— 애착하는

40. 대상들에 대한 모든 집착을 버리고 마음속에서
    가지를 뻗는 생각들(vrittis)의 물결을 소멸시켜, 마음이
    고요해진 비이원적 상태(unmani-bhava)를 성취했을 때, 그것을
    지고의 지복이라고 한다. — 괴로움이라고는 없는.

41. 모든 방향, 모든 장소와 모든 시간이
    진아요가(진아내관)를 하기에 좋다고 경전에서 선언하거니와,
    지知 안에서는 계급과 인생단계 등의 구분들이
    어떤 차이도 낳지 않음이 진리라는 것을 알라.

— 음료인

42. 우유의 색깔은 하나지만 암소들의 색깔은 갖가지이듯
    지知의 성품도 그와 같다고, 현자들은 본다. 성질과
    형상이 다른 모든 존재들의 특징도 암소들의 거죽 같은 것이니
    여기서 말한 비유를 명심해야 한다.

— 집착 없이

43. 모든 것에 편재하는 저 **브라만**은 도처로 향한 얼굴로
 빛나고 있으므로, 끊임없이
 네 마음을 저 **브라만** 안에 확립하고, 장소와 방향의
 이런 구분을 조금도 생각하지 말라.

— 그것이 무엇이든

44. 이 세상에서 구별할 특징도 인생단계도 (그 단계의) 규범도 없이
 저 **지고아**에 합일된 사람에게는, 그 현자(purusha)가
 무엇을 해서 얻는 것도 없고 해야 할 일도 없고,
 해야 한다는 어떤 계명誡命도 없다는 것을 확신하라.

— 세상 속에서

45. 움직이거나 가만히 있거나 잠을 자거나,
 신자들과 어울리거나, 깨어 있거나, 먹고 마시거나,
 바람, 추위, 뜨거운 햇볕을 만나도, 모든 상황에서 언제나
 그는 영향을 받지 않는다.

— 안에서 나타나는

46. 공포, 빈곤, 신체적 질환, 뜨거운 열병이나 소화불량이
 닥쳐온다 하더라도, 전혀 동요되지 않는
 진아안주자(atma-nishthan)는 평화롭게 차별상 없이
 진아 안에서 자족한다.

— 세상에서 한 몸을 가지고

47. "가든 오든, 가는 자나 오는 자는
나가 아니고, 자세히 살펴보면 가고 옴이 없다. 나는 저
쁘라끄리띠(*prakriti*)13)의 부단히 변하는 본성(*dharma*) 안에
잠겨 있은 적이 없고, 결코 그러지 않을 것이다."

— 나와 관계되는

48. "쁘라끄리띠의 효과가 행위이니,
쁘라끄리띠가 모든 행위의 근원이다. 나는 때[垢] 없는 자14)이고,
함이 없는 자다." 실재를 아는 사람(*tattva-vid*)은
그와 같이 성찰할 것이다.

— 그것[진아]으로 안주하는

49. 그에게는 쁘라끄리띠에 의한 속박이 없어
그는 해탈자(*Mukta*)라는 이름으로 불린다. 그는
쁘라끄리띠의 효과라고 말해지는 결함15)에 의해
결코 오염되지 않는다.

— 퍼져나가는

50. 빛으로써 어둠의 형상을 없애고
등불이 빛나듯이, 설명할 수 없고 드러나지도 않는
무지(*ajnana*)에서 일어나 에워싸는 어둠을 소멸하고 빛나는
순수한 지知(*sujnana*)의 빛이 진아이다.

---

13) *T.* 우주를 만드는 원초적 물질. 여기서는 '환幻의 현상계'를 의미한다.
14) *T.* 쁘라끄리띠로 인해 오염되지 않는 사람.
15) *T.* '결함'이란 무지에서 비롯되는 모든 한계 또는 불완전성이다.

— 진아로서 빛나는 **명지인**(*Vijnani*),

51. 기름이 다 된 등불이 **적멸**(*nirvana*)16) 속으로 꺼지듯
   진정한 **진아내관**을 끊임없이 하는 저 요기는
   진아 안에 영원히 안주할 것이니, 진아보다
   더 큰 것은 아무것도 없다는 것이 진리이다.

— 진아는 허공으로 불리니

52. 항아리를 옮길 때 항아리 안의 공간이
   항아리와 함께 옮겨진다고 생각되지만, 항아리만
   옮겨지지 그 안의 공간은 움직이지 않는다. 진아도
   공간처럼 그대로 머물러 있다.

— 나아가

53. 항아리가 깨지면 항아리 안의 공간은
   즉시 **대공**大空(*maha-akasa*)과 하나가 된다. 지각력 없는
   몸이 떨어져 나가면, 그 몸 안에 있던 자아도
   즉시 **지고아**(*Paramātma*)와 하나가 된다. — 이것은 실로 확실하다.

54. 이와 같이, 만물의 주이신 일체를 아시는 하느님이
   권위 있게 말씀하셨다. "모든 속박에서
   벗어나 해탈을 얻은 사람은, **절대적 자각**을 가지고
   끝없이 도처에 편재한다."

— 따라서 분별력 있는 사람은

---

16) T. 적멸(*nirvana*)은 본시 '불이 꺼진 상태'를 뜻한다.

55. 모든 아가마(*agamas*)17)를 완전히 내버리고, 오염 없는
진아합일(*atma-yoga*)의 삼매에 자리 잡아서, 이 이상 성취해야
할 것이 없음을 깨닫고, 모든 마음속 차별상(*vikalpas*)을
하나도 일어나지 않게 소멸하라.

— 진아에 자리 잡고

56. 명지(*Vijnana*)를 이렇게 끊임없이 내관하는 그 요기는
몸 없는 이 본래적 상태에 늘 머무른다. 저 순수한 진인(*sujnani*)은
이 다르마(*dharma*)18)를 자신의 다르마로 지녀 안팎으로 빛나고,
해탈자로서 어디든지 마음대로 돌아다닌다. — 아무 장애 없이.

57. 전지全知, 지복, 지혜, 자기주권(자재함)과
다함없는 무한한 힘—이런 것들을 모두 성취한
괴로움[탄생이라는 병] 없는 진아로서, 그는 시바 안에서
순수한 몸과 합일한다.

— 그에게는 세인들이 중시하는

58. 명호염송名號念誦(*nama-japa*), 아르짜나(*archana*)19), 성스러운
강에서의 목욕, 호마(homa) 등 어떤 수행도 필요 없고,
선善(*dharma*)과 불선不善(*adharma*)의 과보나, 조상 제사 등
그 무엇도 그에게는 필요 없다는 것을 들어 두어라.

— 닦아야 할

---

17) T. 여기서는 아가마 경전에서 권장하는 온갖 의식상의 규범을 뜻한다.
18) T. 여기서는 '몸이 없는' 자신의 본래 성품을 뜻한다.
19) T. 신의 명호를 염하면서 꽃이나 잎 기타 물건을 바치는 예배.

59. 권계勸戒(niyamas)도 단식(upavasa)도 없고,
참여해야 할 활동(pravritti)도 없고, 물러나야 할
무활동(nivritti)도 없으며, 브라마짜리(독신)의 서원도
그에게는 없다는 것을 알라.

— 아무 쓸데없는

60. 불이나 물에 뛰어들기, 절벽에서 뛰어내리기(자살)를 버리고
순수한 **시바지**知(Siva-jnana)의 감로를 마셔서, 영원하고 청정한
시바의 형상이 되어, 창조계(srishti)의 법칙에서
벗어나 마음대로 소요하라.

— 아들아!

61. "진리다, 진리다, 진리다(satyam, satyam, satyam)"라고, 세 번 거듭
진리임을 내가 지금 너에게 확인해 주마. 이보다 더 높은 것,
이보다 더 알아야 할 가치가 있는 것은
결코 어디에도 없다, **구하여**.

— 따빠스로 충만하고

62. 오염에서 벗어나 아둔함을 없애어, 순수한 지성으로
청정무구한 **진아**가 되어, 순수한 지각으로
눈에 보이는 모든 것이 **시바**의 순수한 형상이라고 보면,
지고의 **실재**를 성취할 것이다. — 라고 데바께서 말씀하셨다.

이 저작을 타밀어로 이렇게 **스리 라마나**가 노래했으니,
이것은 당신의 **심장**에서 솟아난 감로라네.

12. 바가바드 기타 요지要旨
Bhagavad Gita Saram

바가반은 언젠가 당신을 찾아온 한 전통 학자(pandit)와 『바가바드 기타』의 위대한 장점에 대해 이야기하고 있었다. 이때 한 헌신자가 700연이나 되는 시편을 다 기억하기 힘들다고 하소연하면서 『기타』의 정수로서 기억할 만한 한 연이 없느냐고 여쭈었다. 이에 바가반은 『기타』 제10장 20절(아래 본문의 제4연)을 들었다. 나중에 당신은 『기타』에서 다음의 42연을 골라, 가르치는 지침이 되기에 적합한 순서로 배열했다. 당신은 이 연들을 타밀어와 말라얄람어로도 번역했다.1)

기원시2)

빠르타(Partha)의 전차에 마차꾼으로 앉으시어3) 신성한 말씀으로
그의 번민을 없애주신 은총의 화신이시여, (저희를) 가호하소서.

---

1) *T.* 영어판의 이 작품 제목은 '천상의 노래(*Song Celestial*)'인데, 그 번역은 『바가바드 기타』의 산스크리트 원문 번역이지 바가반의 번역시를 옮긴 것이 아니다. 바가반의 타밀어 번역은 2행시인 산스크리트 시편들을 4행시로 바꾸어, 원문의 의미를 더 명료하게 드러내고 있다. 여기서는 까나깜말의 *Commentary on Annuvāda Nānmālai*(*CAN*, 제2권)에 기초해 그 타밀시 번역문을 옮기고, 제목도 바가반이 붙인 「바가바드 기타 요지」로 하였다. 이 작품은 전체가 벤바 운이며, 여기서는 각 연들 사이에 '연결어'가 있는 버전을 옮긴다.
2) *T.* 바가반은 타밀어로 지은 이 기원시를 나중에 산스크리트어로도 번역했다.
3) *T.* 빠르타('쁘리타', 곧 꾼티의 아들이라는 의미)는 『기타』에서 크리슈나의 가르침을 듣는 아르주나의 별칭이며, 크리슈나는 쿠루크셰트라 전쟁에서 아르주나를 위해 전차를 몰아주었다.

본문

산자야[4]:

1. 자비심과 누를 길 없는 비통함이 흘러넘치는 가슴으로
   눈에 눈물을 가득 담고 슬퍼하는 저 빠르타에게,
   그의 슬픔이 사라지도록 은총의 눈길을 하사하면서
   마두수다나(Madhusudhana)[5]는 이 가르침을 들려주셨습니다.   [2:1]

스리 크리슈나:

— 빠르타여,

2. 이 몸은 즐김을 경험하는 곳으로서 들판(kshetra)으로 불린다.
   몸을 (자기 아닌) 한 대상으로 아는 사람은 몸의 주인(dehi)인 그이니
   직접체험으로 그것을 깨달은, 진리를 본 현자들은
   그를 (몸과) 구분하여 '들판을 아는 자'라고 부른다는 것을 알라. [13:1]

— 실로 거친,

3. 들판으로 불리는 모든 몸들 안에, 그와 함께 머무르는
   '들판을 아는 자'(진아)가 나임을 알라. 몸과
   몸을 아는 자의 성품을 탐구하여 얻을 수 있는 지知야말로
   내가 받아들일 수 있는 참된 지知이다.   [13:2]

— (그 둘을 구분 못하고) 하나인 줄 알지만

4. 나는 모든 존재들의 심장 안에

---

4) T. 『바가바드 기타』의 화자話者. 『기타』는 그가 드리타라슈트라 왕에게 크리슈나의 가르침을 보고하는 형식으로 되어 있다.
5) T. '마두를 죽인 자.' 크리슈나는 마두(Madhu)라는 악마를 죽였으므로 이렇게 불린다.

자리 잡고 있는, 자각의 형상인 진아이다. 아르주나[6]여,
이 모든 존재들의 기원이요, 중간이요, 끝이며,
이 셋의 원초적 내용이자 원인이 나임을 알라.   [10:20]

― 언제나 진리이지만
5. 세상에 태어나는 자는 누구나 죽게 되어 있고,
   죽는 자는 다시 태어나게 되어 있다는 것은 확실하다.
   이것은 하느님이 정해 놓은 가차 없는 법칙이니, 이 불가피한
   질서 안에서 왜 불필요하게 슬퍼하는가?   [2:27]

― 번뇌를 가져오는
6. 태어남도 죽음도 없고, 결코 죽지 않는 이 진아는 영원하니
   태어나서 한동안 존재하다가 사라지는 일이 없다.
   불생이고, 상주불멸하며, 설사 몸이 살해된다 해도
   살해되지 않는 그는 태고의 존재이니, 이것을 명심하라.   [2:20]

― 영원히
7. 그는 베어지지 않고, 불에 타지 않으며,
   그는 물에 젖거나 햇볕에 마르지도 않는다. 영원하고
   일체에 편재하며, 성품상 불변이고 항구적인 그는
   부동의 상태로 도처에 진아로서 머무른다.   [2:24]

― 불가분이고
8. 이 모든 지각 가능한 세계에 편재하는

---

6) T. 산스크리트 원문은 '구다께샤(Gudakesa-'잠의 제어자', 아르주나의 별칭)'이지만, 바가반이 타밀시로 옮기면서 '아르주나'로 바꾸었다.

그것은 실로 파괴 불가능함을 알지니,

그 불멸인 것을 파괴할 수 있을 만큼 강한 자는

아무도 없다는 것을 알라. [2:17]

— 이 진리를 들어 보라,

9. 실재하지 않는 것에는 어떤 존재성도 없고, 실재하는 것(실재)에는

어떤 비존재성도 없다. 따라서 (전자는) 비실재이고 (후자는) **실재**라는

두 가지 진리를 직접체험으로 아는 현자들은, 비록 몸을 가졌어도

지知의 참된 형상을 안 고행자들 중에서 최고이다. [2:16]

10. 허공은 미세하기에 모든 장소와 모든 사물에 편재하지만,

그것이 편재하는 대상들의 변화에 영향을 받지 않듯이,

온 몸에7) 두루 편재하는 몸의 주인인 **진아**도

몸의 변화에 영향 받지 않는다는 것을 분명히 알라. [13:33]

— 창공의 빛으로 빛나는

11. 해와 달, 그리고 불빛도 그것[진아]은

단 한시도 비출 수 없으니, 그 처소(상태)에

도달한 이들은 (윤회계로) 다시는 돌아오지 않는다.

그것이 나의 **지고한 거소**居所이니, 그렇게 알라. [15:6]

— 지각 가능한 형상을 가진

12. 생生이 없고 멸滅이 없다고 베다에서 말하는

그 상태는, 파괴 불가능한 최고의 경지로 이야기된다.

---

7) *T.* 혹은 '모든 몸들에.'

더욱이 그것을 성취하여 합일된 이들은 다시 돌아오지 않는다.
그것이 나의 **지고한 거소**라는 것을 알라. [8:21]

— 자부심을 가진

13. 에고가 없고 미혹이 없어, 마음에 붙는 온갖 욕망에서
    벗어나 늘 진아로서 **진아** 안에 머무르며, 몸의 쾌락과
    고통이라는 이원성을 소멸한 무욕의 진인들은
    영원한 상태를 성취하고 그것을 지배한다. [15:5]

— 과도한 욕망으로

14. 경전의 규율에 따라 사는 것을 버리고
    하고 싶은 대로 제멋대로 무가치하게 사는 사람은,
    인간 삶의 목표인 평안(*shanti*)과 행복(*sukha*)도 얻지 못하고,
    해탈이라는 높은 경지에도 도달하지 못한다. [16:23]

— 직접

15. 모든 존재들 안에 하나로서 똑같이 자리 잡고 있고,
    사멸할 모든 존재들 안에 머무르기는 해도 모두의
    지각을 넘어서 있는, 저 **지고의 주**를 보는 사람이
    실로 '보는 자'이니, 남들이 어찌 '보는 자'일 수 있겠는가? [13:27]

16. 다른 것을 생각하지 않는 확고한 헌신으로 나를 명상하는
    그런 사람들만이, 고상한 아르주나여, 나를 이와 같이
    본질 면에서 **지고의 진아**로 알고, (모든 것에서) 나를 보고,
    내 안에 들어올 만한 사람이 될 것이다. [11:54]

― 다양한 부류의

17. 사람은 각자 타고난 성품에 따라 믿음이
    나타나고 작용한다는 것을 알라. 이 세상에서 사람은
    진실로 그 믿음의 형상이니, (전생의 원습으로 인한) 그 믿음에 따라
    그런 사람이 된다는 것이 일반 원칙이다.　　　　　　　　　　[17:3]

― 진리를 알기 위해

18. (진아지에 대한) 믿음을 가졌고, 감각기관을 안으로 돌려 마음이
    자신의 참된 형상 외에 어떤 대상도 생각하지 않게 제어한 사람은
    참된 지(知)를 얻고, 그 지(知)를 얻고 나면 지고의 평안을
    여기서(금생에) 지체 없이 얻는다.　　　　　　　　　　　　[4:39]

― 이 진리를 깨닫고자

19. 나에게만 마음을 확고히 고정하고 늘
    가슴 녹는 사랑으로 헌신하는 헌신자들에게는, 그들이 그것으로
    나에게 올 수 있는 **실재**-지성의 요가(Sat-buddhi yoga)[8]를
    내가 나의 은총으로 하사할 것임을 알라.　　　　　　　　　[10:10]

― 그 요가를 고수하는

20. 그들의 심장 안에 내가 사는 그 사람들에게는,
    나의 자비심으로 (그들의) 시작 없는 무지의 어둠을,
    눈부신 지(知)의 빛으로 완전히
    소멸한다는 것을 알라.　　　　　　　　　　　　　　　　　[10:11]

---

8) *T. CAN*(제2권, 79쪽)에서는 이것을 '자기탐구의 요가'라고 설명한다.

— (그렇게) 얻은

21. (진아의) 지_知로써 심장 속의 짙은 어둠을
    완전히 소멸한 사람들에게서는, (그들의) 지_知가
    (세계를 비추는) 해처럼 지고의 실재를 찬란히
    즉시 빛나게 할 것이다.   [5:16]

— 지각되는 세계보다

22. 감각기관들이 더 위대하다지만, 그보다 더
    위대한 것은 마음이며, 그 마음보다 더 위대한 것은 지성이고,
    지성보다 더 위대한 것은 자기광휘 속에서 빛나는 그 자신,
    곧 지고의 진아임을 알라.   [3:42]

— 지_知인 진아,

23. 지성보다 훨씬 위대한 그를 이같이 알고, 마음을
    지성으로 안정시키고 진아 안에 지성을 내재시켜,
    비자야(Vijaya)9)여, 제압하기 어려운 욕망(*kāma*)이라는
    진정한 적을 제압하라.   [3:43]

— 잘 지핀

24. 타오르는 불길이 불에 타는 재료를 모두
    태워서 재로 만들어 버리듯이, 지_知의 불길은
    모든 행위(업)를 어떤 잔재도 없이 태워서
    재로 만들어 버린다는 것을 알라.   [4:37]

---

9) *T.* 아르주나의 별칭. '늘 승리하는 자'라는 뜻이다.

— 그 위없는 **지**知에 의해

25. 모든 노력과 욕망과 생각,
    이런 것들에서 벗어나서 (자연발로적으로) 활동하는 사람10),
    지知의 불길에 의해 업이 다 소진된 사람을, 현자들은
    지知의 빛을 성취한 **빤디뜨**(Pandit)라고 말한다.   [4:19]

— 참된 **지**知를 얻어

26. 욕망과 분노에서 벗어났고, 조복調伏된 마음으로
    지知의 광휘인 **진아**를 깨달은 이들, 집착이 없는
    이 진인들에게는 완전한 **열반의 지복**(nirvana-sukha)이
    늘 직접 체험된다.   [5:26]

— 그것을 얻으려고 한다면

27. 용감하고 분별력 있는 지성으로써 마음을 차츰차츰
    모든 생각에서 벗어나 움직이지 않게 하고, 힘센 전차꾼이여,
    마음을 **진아** 안에 확고히 고정하여 다른 어떤
    생각도 전혀 하지 말라.   [6:25]

— 원숭이처럼

28. 한시도 안정됨이 없이 늘 동요하는 마음이
    어떠한 대상을 붙들고 밖으로 달아나든, 그것을 그 대상에서
    거두어들이고, 그 마음을 늘 **진아** 안에
    잘 고정하여 안정시켜라.   [6:26]

---

10) T. 이런 사람의 행위는 이른바 '행위자 없는 행위'이다. 『바가바드 기타』에서 "요가란 행위에서의 기술(yogah karmasu kausalam)"(2:50)이라고 했을 때 이 '행위에서의 기술'이 바로 이런 자연발로적 행위를 가리킨다(CAN, 제2권, 100쪽 참조).

— 이렇게 하여

29. 감각기관, 마음, 지성을 조복 받고
    욕망, 두려움, 증오를 버린 뒤에, 오로지
    해탈에만 몰두하여 그것을 열심히 추구하는 현자는
    현자들 중 최고이며 (속박에서) 해탈해 있다. [5:28]

— 영원히

30. 모든 존재들 속에서 자기[진아]를 보고
    모든 존재를 자기[진아] 속에서 보는, 오염 없는 마음을 가졌고
    요가로써 조화로워져 도처에서 평등한 눈을 가진
    그런 요기는 실로 가장 복된 사람이다. [6:29]

— 그처럼 진아에 자리잡아

31. 다른 어떤 생각도 없이 나만을
    늘 내관하고, 내 안에 늘 합일되어 있는 사람들에게는
    내가 그 헌신자들의 성취(yoga)와 보전(kshema)[11]을
    내가 머리 위에 이고 책임진다.[12] [9:22]

— 합일된 이들 중

32. 진리를 있는 그대로 아는 진인이 합일 헌신가(ananya bhakta)[13]이니,
    그는 부단히 진아와 합일해 있는 요기이고,
    그는 모든 이들 중 으뜸이며, 나는 그에게 아주 소중하고,

---

11) *T.* 여기서 '성취'는 '그들에게 없거나 부족한 것을 얻는 것'을 의미하고, '보전'은 '그들이 성취한 것을 지키고 보존하는 것'을 의미한다.
12) *T.* 『기타』 원문의 "맡아서 책임진다"를 바가반이 "머리 위에 이고 책임진다"로 바꾸었다. 이것은 완전히 책임진다는 것을 강조한 것이다.
13) *T.* 신을 '자신과 다른 존재로 보지 않는(*ananya*-'타자가 아닌')', 즉 신과 하나가 된 헌신가.

그도 나에게 아주 소중하다. [7:17]

— 연속적으로

33. 무수한 탄생과 다양한 숭배 끝에 마지막 생에 진인이 되고
심장 속에서 늘 나를 명상하여
모두가 **바수데바**14)임을 깨닫고 나에게 도달하는 자는
보기 드문 위대한 **마하트마**이다. [7:19]

— 무수한

34. 욕망이 아무 잔재 없이 다 제거되고
자기[진아] 안에서 **자기**에 의해 지복을 발견할 때,
그는 **참된 지자**知者가 된다고,
진리를 잘 아는 이들이 가려서 인정하였다. [2:55]

— 언제나

35. 모든 욕망을 버리고, 이루지 못한 욕망에 대한
미련이 없으며, '나'와 '내 것'이라는
느낌이 없는 저 드높은 사람은 항상
평안을 성취한다는 것을 알아. [2:71]

— 그렇게 안정된

36. 그로 인해 세상이 조금도 두려움으로 동요되지 않고,
그 또한 세상에 의해 동요되지 않는 자,
기쁨, 분노, 두려움, 근심에서 벗어난 자,

---

14) *T*. Vāsudeva는 크리슈나의 이름이 하나다.

그는 나에게 소중하다는 것을 알라.　　　　　　　　　[12:15]

　　　　　　　　　　　　　　　　　— 그 누구든
37. 명예와 불명예를 똑같이 보고
　　적과 친구들을 똑같은 태도로 대하며, 자기 스스로
　　자기[진아]를 꽉 붙들고 모든 (의식적) 노력들과 거리를 두는15) 자는
　　모든 성질들(gunas)을 넘어섰다고 말해진다.　　　　[14:25]

　　　　　　　　　　　　　　　　— 결코 벗어남 없이
38. 진아 안에서만 즐거워하는, 나아가
　　진아 안에서 만족하는 사람, 진아 안에서만
　　기쁨으로 행복해 하는 그런 사람에게는 늘,
　　실로 해야 할 어떤 일도 없다.　　　　　　　　　　[3:17]

　　　　　　　　　　　　　　　　　　— 나아가 그는
39. 그가 한 행위로 얻는 것도 없고, 하지 않는
　　행위로 잃는 것도 없고 짓는 죄도 없으니, 그에게는
　　어떤 존재에 의지하여 얻을 가치가 있는 것이라고는
　　어디에, 어떤 식으로도 없다.　　　　　　　　　　[3:18]

40. 무엇이든 다가오는 대로 만족하며, 상대물의 쌍들을
　　넘어섰고, 시기심이 없고, 얻음의 행복과
　　얻지 못함의 불행에 똑같이 평온하고, 탁발을 한다 해도
　　그는 (행위자 관념이 없어) 결코 속박되지 않는다.　　[4:22]

---

15) T. '(의식적) 노력들과 거리를 둔다'는 말은 '행위자 관념' 없이 행위한다는 뜻이다.

— 집착 없이

41. 하느님(Isan)은 모든 존재들의 심장 구역 안에
거주하며 영원히 빛나면서, 큰 **마야**의 미혹하는
힘으로 그들을 윤회의 바퀴 위 꼭두각시들처럼
쉴 새 없이 회전시킨다. [18:61]

— 모두의 벗인

42. 그에게서 피난처를 구하여 온 정성을 다하라.
그의 은총으로 지고의 **평안**과, 그의 은총으로
영원한 해탈의 상태를 얻게 될 것이다, 바라따(Bharata)[16]여.
이보다 더 큰 이익은 없다. — 라고 하였다. [18:23]

축시

『바가바드 기타』라는 이 저작의 핵심이
되는 42연의 적절한 시편들을,
라마나께서 한데 모아 압축하여 하사하시니,
이를 귀히 여기는 가슴은 진실로 **하느님**의 자리로다.

아르주나에게 『기타』를 전수하신 분께서 오래 사시기를!
방대한 저작을 간결히 압축한 이 텍스트가 오래 가기를!
이를 찬송하는 이들이 오래 살고, **스리 라마나**의 두 발이
오래 살기를! 그 은총의 발들이 오래 살기를!

---

16) *T.* 바라따 제국을 세운 왕. 아르주나는 그 후손의 한 사람이므로 이렇게 호칭했다.

13. 샹까라짜리야 저작 번역
Translations from Shankaracharya

8세기에 이르러 순수한 베단타의 가르침, 즉 힌두교의 정수인 비이원론(*advaita*)은 이미 퇴조해 있었으나, 위대한 영적 스승 스리 샹까라(Sri Sankara)—샹까라짜리야(Shankaracharya)['교사 샹까라'라는 뜻임]라고도 알려져 있는—에 의해 다시 왕성하게 회복되었다. 완전한 진인, 즉 미망에서 해방되어 절대지 안에 자리 잡고 있던 분이었던 라마나 마하르쉬는 스리 샹까라의 가르침을 당신 자신의 것으로 받아들였다. 그는 이따금 자발적으로, 혹은 산스크리트를 읽지 못해서 타밀어 번역본이 필요했던 어떤 헌신자의 요청을 받아 샹까라의 몇몇 저작을 번역했다.[1]

---

1) *T.* 이 장章에 나오는 작품들 중 「구루 찬가」와 「하스따말라까 송찬」은 샹까라의 제자들에게서 나온 것이지만, 여기서는 편의상 샹까라 저작 번역이라고 했다.

13.1. 다끄쉬나무르띠 송찬頌讚
Dakshinamurti Stotra

힌두 전설에 따르면, 다끄쉬나무르띠(*Dakshinamurti*)—'남쪽을 바라보는 분'이라는 뜻이다—는 청년으로 나타난 신, 즉 시바로서, 자신보다 나이가 많은 제자들을 그들의 심장에 미치는 침묵의 감화력을 통해 인도한다. 그 이름은 또한 다끄쉬나-아무르띠(*Dakshina-amurti*)로 나누어지며, '형상 없는 힘'을 뜻한다.

마하르쉬는 시바의 화현, 곧 침묵을 통해서 가르친 신적 스승이었으므로 다끄쉬나무르띠와 동일시되었다.

서문[1)]

세계(우주)의 창조주인 **브라마**(Brahma)는 생각의 힘으로 네 명의 아들, 곧 사나까, 사난다, 사나뜨수자따 그리고 사나뜨꾸마라를 만들어내어 그들에게 세계를 창조하고 유지하는 등의 일을 보살피라고 했으나, 그들은 그런 일에 흥미가 없고 완전히 초연하여 평안과 고요를 찾아 방랑했는데, 그들이 극히 욕망이 없고 (영적인 가르침을 받기에) 적합했기에, 위대한 **자비**의 **주**主이신 **빠라메스와라**(시바)께서 반얀나무 밑에 앉은 **다끄쉬나무르띠**의

---

1) *T*. 이 서문은 바가반이 쓴 것이며, 원문은 단 두 개의 문장으로 되어 있다. 여기서는 타밀 원문에 최대한 가깝도록 옮겼다.

형상으로 그들 앞에 나타나 오른손을 찐무드라(chinmudra)[2]라는 모양을 하고 말없이 그 자신 속에 몰입해 앉아 있었고,[3] 네 구도자는 자석에 끌리는 쇠처럼 그에게 이끌려와 그의 앞에 앉아 그와 같이 진아에 몰입하였다.[4] 그러한 침묵의 상태를 진실로 이해할 수 있는 힘은 진보된 구도자들도 쉽게 얻지 못하니, 그들을 장애하는 요소인 '보이는 세계, 보는 자, 보게 하는 빛'을 파괴하는(흡수하는) 힘(sakti)이 그것들을 있게도 하고 없게도 하므로, '모든 것이 그것'이라는 일체진아성一切眞我性(sarva atmatva)의 진리가 집약된 이 송찬을 스승 샹까라가 설한 것이다.

기원시

가장 뛰어난 네 리쉬가 평안을 성취하여 안주하도록
남쪽을 향하신 형상으로 반얀나무 아래 앉아 참된 **침묵**의 상태를
드러내시고, 일체가 **진아**의 형상임을 이 찬가에서 설하신
저 샹까라께서 내 안에 안주하고 계시도다.[5]

---

[2] 문자적으로 '순수한 의식(chit)의 수인手印(mudra)'. 이것은 엄지와 검지가 서로 닿게 하고 나머지 세 손가락을 편 형태로, 요가 수행자들이 명상할 때 흔히 이 수인을 한다. 이 수인은 다양성 이면의 단일성을 상징할 뿐 아니라, 개인적 자아와 지고아의 동일성도 상징한다.
[3] T. 그 장소는 카일라스 산의 마나사로바르 호수 북쪽이었다. 더 자세한 이야기는 『라마나스라맘에서 보낸 편지』, 1947년 2월 7일자 참조.
[4] T. 바가반이 무루가나르에게 들려준 이야기에 따르면, 처음에 이 네 명의 제자들은 반얀나무 아래 앉아 있는 다끄쉬나무르띠를 만나자, 실재의 본질과 그것을 성취하는 방법에 관한 진지한 질문들을 하기 시작했고, 다끄쉬나무르띠는 자상하게 답변해 주었다. 이러한 질문과 답변이 1년이나 계속된 뒤에 마침내 다끄쉬나무르띠가 침묵에 잠겼고, 네 제자도 같이 침묵에 잠겨 실재를 깨달았다고 한다(MP, 1982 January, pp.11-2).
[5] T. 이 시는 비스와나타 스와미가 산스크리트어로 지은 것을 바가반이 타밀어로 옮겨 채택한 것이다. Sri Dakshināmurti Stotram, Ātmabodha, Gurustuti, Hastāmalakam(라마나스라맘, 1998), p.9 각주 참조.

송찬 頌讚

1. **침묵**으로 자비롭게 가르치신, **빠라브라만**의 화신이자 청년이시고,
   시바 상태에 자리 잡은 참제자들에 둘러싸인 가장 저명한 스승이시며,
   찐무드라(Chinmudra)를 하시고, **지복**의 형상으로 **진아**에 잠긴 채
   즐거운 얼굴을 하신, 남쪽을 향한 형상6)의 아버지를 찬송합시다.

2. 세계는 거울에 비친 도시처럼 우리 안에 있음에도, 무지로 인해
   잠 속의 꿈처럼 바깥에서 나타난다고 하지만, **진지**(jnana)의 상태를
   깨달을 때, 자신의 진정한 형상이 두 번째 없는 하나임을 체험하는,
   태초의 스승이신 저 **다끄쉬나무르띠** 님께 경의를 표합니다.7)

3. 씨앗 속에 숨어 있는 싹처럼 처음에는 구분되지 않고 있었으나
   마야의 창조로써 공간·시간·업의 작용과 다양한 이름과 형상의 이
   세계를 당신의 의지의 힘으로 싯다나 마법사같이 펼쳐 보이시는 분,
   스승이신 저 **다끄쉬나무르띠** 님께 경의를 표합니다.

4. 당신의 광명이 허망한 겉모습의 비실재물들에조차 편재하며 빛나고,
   당신께 귀의한 이들을 "그대가 **그것이다**"라는 진리로써 교화하며,
   당신을 깨달으면 더 이상 윤회 바다에 떨어지지 않는, 큰 수행인들이
   성취하는 스승이신 저 **다끄쉬나무르띠** 님께 경의를 표합니다.

---

6) 지고의 스승은 영적인 북극이며, 따라서 전통적으로 남쪽을 향하고 있다.
7) T. 개아가 "진지의 상태를 깨달을 때"는 자신의 진아와 스승이 하나임을 알게 되므로, 그렇게 무지에서 깨어난 진아와 다끄쉬나무르띠를 동일시하면서 진아에 경의를 표한 것이다. 이 송찬에 대해서는 바가반이 『라마나 마하르쉬와의 대담』, 대담 569에서 좀 더 자세한 설명을 하고 있다.

5. 구멍 많은 단지 안에 둔 등불에서 흘러나오는 빛처럼, 당신의 **지**知가 눈 등 감각기관을 통해 밖으로 분출하여 감각대상들 사이를 달리면서 "나는 안다"는 자각을 드러내면, 세계가 당신을 따라 온통 빛나는 분, 저 **부동의 스승**이신 **다끄쉬나무르띠** 님께 경의를 표합니다.

6. 몸, 생기, 감관, 지성과 그것들이 다 가라앉는 공空을 '나'로 알고, 여자들, 아이들, 장님들과 지각없는 바보들처럼 논쟁하는 사람들의 무지에서 나온, 저 무겁게 자리 잡고 있는 미혹을 소멸하고 **지**知의 장애를 없애는 스승이신 저 **다끄쉬나무르띠** 님께 경의를 표합니다.

7. 라후가 집어먹은 해나 달처럼,[8] **마야**에 싸여 광대히 확장된 마음이 가라앉으면 잠을 자고, 깨어나서 마음이 나타나면 "지금까지 나는 잤구나"라면서 자신의 **존재**를 깨닫는 분,[9] 움직이거나 움직이지 않는 존재들의 스승이신 저 **다끄쉬나무르띠** 님께 경의를 표합니다.

8. 유아기·생시 등[10]과 고통·쾌락 등 다른 모든 상태는 번갈아들지만, 그것들과 섞여도 늘 불변이고, 내면에서 '나'로서 영원히 맥동하는 **진아**를, 당신께 순복한 이들에게 **찐무드라**로써 자비롭게 드러내시는, 눈이 '**지**知의 불'인 스승이신 저 **다끄쉬나무르띠** 님께 경의를 표합니다.

9. 생시나 꿈의 상태에서는 **마야**에 의해 미혹되어, 우주를 원인과 결과, 주인과 하인, 제자와 **스승**, 아버지와 아들 같은

---

[8] *T.* 일식이나 월식 때의 해와 달. 인도 신화에서 일식이나 월식은 라후(Rahu)라는 아수라 (악마)의 머리가 해나 달을 집어먹어서 생긴다고 한다.
[9] *T.* 이것은 전체적으로, 진아가 외관상 잠과 생시의 상태로 변화하는 모습을 묘사한다. 여기서도 역시 다끄쉬나무르띠를 우리 자신의 진아로 간주한다.
[10] *T.* 유아기·소년기 등 마음의 발달 과정과, 생시·꿈·잠 등 마음의 세 가지 상태.

다양한 구분이 있는 것으로 지각하는 이 사람,11) 곧
세계의 스승이신 저 다끄쉬나무르띠 님께 경의를 표합니다.

10. 지·수·화·풍·공, 해와 달, 영혼이라고 하는
움직이거나 움직이지 않는 세계들의 여덟 가지 형상으로 빛나시는,
탐구자들에게 지고자이자 일체에 편재하여 당신과 별개로는 아무것도
존재하지 않는, 자비로운 스승이신 저 다끄쉬나무르띠 님께 경의를
표합니다.

11. 일체가 진아인 원리를 명료히 설하는 이 송찬을, 믿음을 가지고
경청하고 그 의미를 성찰하며, 그에 대해 명상하고 그것을 찬송하면,
일체가 자기[진아]라는 큰 부富와 함께 하느님 지위(*Isan tanmai*)가
생기고, 여덟 가지 싯디12)가 저절로 성취되리라.

---

11) *T.* 이것은 마야에 미혹되어 이원적 분별을 하는 자아도 실은 진아라는 것을 의미한다. 뿐만 아니라 마야 자체도 진아에 다름 아니다. 바가반은 "마야는 신의 힘, 즉 실재의 활동일 뿐이다"라고 하였다(『라마나 마하르쉬와의 대담』, 대담 399).
12) *T.* 경전들이 언급하는 여덟 가지 싯디(*ashta siddhi*)는 다음과 같다.
   1) 아니마(*anima*): 원자만큼이나 작아질 수 있는 능력.
   2) 마히마(*mahima*): 마음대로 커질 수 있는 능력.
   3) 가리마(*garima*): 무한히 무거워질 수 있는 능력.
   4) 라기마(*laghima*): 거의 무게가 없어질 수 있는 능력.
   5) 쁘랍띠(*prapti*): 어디든 마음대로 갈 수 있는 능력.
   6) 쁘라까미야(*prakamya*): 자신이 욕망하는 어떤 것도 얻을 수 있는 능력.
   7) 이쉬뜨와(*isitva*): 자연력에 대한 우월성.
   8) 바쉬뜨와(*vasitva*): 5대 원소로 이루어진 모든 존재들을 복속시킬 수 있는 능력.

13.2. 진아각지송 眞我覺知頌
Atma Bodha[1]

(1948년에) 한 무슬림 헌신자가 샹까라짜리야의 이 시에 대한 (자신의) 타밀어 번역본을 바가반에게 보냈다. 바가반은 다음과 같은 새로운 타밀어 번역을 했다. 당신은 이 번역을 아주 빨리 했는데, 밤에도 회중전등을 밝히고 작업했다!

기원시[2]

스승 샹까라, 곧 예전에 '진아의 지知'를 하사하신 분이
저 진아와 다른 분일 수 있겠는가? 진아로서
내 안의 계신 그분 외에, 오늘 타밀어로 이것을
말씀하시는 분이 달리 누구이겠는가?

---

1) T. 타밀어로는 *Anma Bodha*이며, 샹까라의 산스크리트 원작인 *Atma Bodha*의 타밀어 번역이다. 바가반은 이 『진아각지송』을 벤바 운으로 번역한 뒤 각 연 앞에 한두 단어씩을 추가한 깔리벤바 버전도 만들었다. 제목에서 '*bodha*'는 '지知, 의식, 자각'을 뜻한다.
2) T. 이 기원시는 바가반이 본문을 완성한 뒤에 지었다.

본문

1. 따빠스로 죄를 씻어내고 정화되어 마음이 평안하고 고요하며,
 욕망과 집착에서 벗어나, 세간적 삶에서의 해탈(bhava-mukti)을
 열망하는 이들이 얻기 적합한 것이
 「진아각지송」이라는 이 피난처 ― 지知라네.

2. 지知만이 해탈을 위한 직접적이고 강력한 수단이니,
 다른 모든 수행의 길들보다 낫다네. 지知 없이
 해탈의 성취가 불가능한 것은, 불이 없이
 요리를 할 수 없는 것과 같다는 것을 알라.

― 미혹이라는

3. 무지에 반대되는 것이 아니기에 행위(karma)는
 무지를 소멸하지 못하고, 지知만이
 무지를 (마치) 빛이 어둠을 소멸하듯
 소멸한다는 것을 알라. ― 완전히.

4. 무지로 인해 가려진 것 같은 **진아**가
 무지가 소멸되면 **일자**一者, 곧 부분 없는 **전체**로서,
 마치 구름이 걷히면 해가 비치듯이
 자기를 드러내며[순수한 자각으로서] 빛을 발한다네.

― 세계 안에서

5. 무지로 인해 미혹되어 어쩔 줄 모르는 개아가
 순수한 **지**知 수행을 통해서 무지를 소멸하면, 저 **지**知는

마치 정수제淨水劑가 물속의 때를 뺀 뒤에

바닥으로 가라앉듯이3) 스스로 해소된다네 — 내면에서.

6. 애착·혐오 등의 변상變相(vikaras)을 가진 세간(samsara)의
삶은 꿈과 비슷하다네. 그것이 형상을 현현할 때는
실재하는 것처럼 빛나지만, 지知가 밝아올 때는
실재하지 않게 되네. 그때는 — 슬픔이 없다네.

7. 얼마나 오랜 시간이든, 저 불멸의
바탕인 **브라만**을 탐구로써 알아내어 안주하지 않는 한,
우주 전체는 마치 자개에서 은이 보이듯
실재하는 것처럼 보인다는 것을, 확실히 알라.

— 전체이자

8. 제1원인이고 일체의 지지물인
저 **지고의 하느님** 안에서, 물 위에서
일어나는 물거품 같은 모든 세계(우주)들이
일어나고, 머무르고, 스러진다는 것을 알라.

— 제1자(태초의 신)이자

9. 존재-의식-지복으로서 일체에 편재하는
저 미현현의 **비슈누**(브라만) 상태 안에서, 마치 순금
에서 팔찌 등 장신구들이 나타나듯 다양한 겉모습이 나타나지만,
그것은 **브라만**과 별개가 아님을 알라 — 영원히 존재하는

---

3) T. 니르말리 나무(Nirmali tree, *Strychnos potatorum*)의 열매를 갈아서 탁한 물에 넣으면 불순물들과 함께 가라앉아 물이 맑아진다. 이런 것을 '천연 응집제凝集劑'라고도 한다.

10. 허공 속에서처럼, 도처에서 빛나는 하느님 안에서 나타나는
무수한 부가물들(upadhis)을 용납하고 그와 연관되면, 지고자가
저 다양한 부가물들로 인해 차별이 있는 것처럼 보이지만,
그것들이 떨어져 나가면 온전한 그로서 빛난다네.

— 흔히 이야기하는

11. 여러 가지 부가물들, 곧 이름·
계급·인생단계 같은 관념들은, 마치 물의
맛·색깔 등이 (순수한 물에 대해) 그러하듯,
순수한 진아에 덧씌워진 것임을 알라.

— (하나의) 형상을 이루는

12. 5대 원소의 혼합으로 인한 결과와
과거 행위의 결과로 얻은 그릇(조대신)은, 마음을 동요시키는
괴로움과 즐거움을 모두 경험하기 위한
장소라는 것을 알라.

— 몸 안의

13. 다섯 가지 기氣, 마음·지성과, 다섯 가지씩의
지각기관과 행위기관(10가지 감각기관)으로 이루어진 미세신은
다섯 가지 미세원소4)에 의해 형성된 효과인
끝나지 않는 기쁨과 슬픔들을 경험하기 위한 도구임을 알라.

— 때[垢]5)가 되는,

---

4) T. 미세원소는 5대 원소가 서로 결합하여 분화하기 전의 상태이다. 63쪽 각주 11 참조.
5) T. '때'란 형상 없는 무지가 마야에 의해 불순한 형상인 몸이 된 것을 가리킨다.

14. 시작 없고 뭐라고 표현할 수도 없는 무지는
　　원초적 부가물(adi upadhi-원인신)6)이라고 말해지네.
　　위의 세 가지 몸(조대신·미세신·원인신)과 다르고
　　부가물이 없는 것이 진아임을 알라.

― 저 부가물들인

15. 다섯 껍질의 몸과 진아가 연관되면
　　순수하고 오염되지 않은 진아도, 마치 앞에 놓인
　　푸른 천과 접촉한 무색의 수정이 그 색깔을
　　갖듯이, 그렇게(그 껍질의 형상을 가진 것처럼) 보인다네.

― 있지 않은

16. 몸의 다섯 껍질이라는 덮개를 찢어서 벗기면
　　온통 빛나는 청정순수한 진아가 드러난다네. 확고한
　　분별과 논리적 추론으로 그것들을 벗겨내어
　　진아를 분리해야 한다는 것을 알라.

― 동질적으로

17. 도처에 항상 존재하는 진아이지만
　　도처에서 진아가 빛나지는 않고, 예리하고
　　미묘하며 정화된 지성 안에서만, 마치 수정처럼 깨끗한
　　것에서 반사가 일어나듯, 그렇게 빛난다네.

― 집착 대상인

18. 몸·감각기관·마음·지성·마야 등과

---

6) T. 모든 몸은 '부가물'이며, 원인신은 무지와 같은 차원이다.

다르고, 그것들이 하는 행위의
주시자일 뿐인 진아는 늘 그것들을 지배하는
왕과 같다는 것을 알라.

— 귀 등의

19. 감각기관들과 그것들의 활동을 보고서 분별력 없는 자가
그 행위자를 자기라고 인식하는 것은, 급히 흘러가는
하늘의 구름을 보고 달 자체가 달려간다고
말하는 것과 같네.

— 그처럼, 비할 바 없는

20. 지知의 빛인 진아와 함께하는 덕에 몸·감각기관·
마음·지성 등이 각각의 영역에서 활동하는 것은,
해의 찬란한 빛에 세상 사람들이 제각기 자신의
활동을 하는 것과 같다는 것을 알라.

— 실재하는 것처럼 보이는

21. 몸·감각기관과 그것들의 특징과
기능들을, 미혹되어 분별력 없는 바보들이
순수한 존재-의식인 진아 위에 덧씌우는 것은,
투명한 하늘에서 푸른색을 상상하는 것과 같다는 것을 알라.

— 비천한

22. 마음이라는 부가물이 갖는 '행위자 관념(kartritva)'과
향유자 관념을, 무지라는 미혹으로 인해
진아의 것으로 상상하는 것은, 달이 반사되는 물의 움직임을

하늘에 가만히 있는 달의 움직임으로 상상하는 것과 같네.

— 온갖 종류의

23. 좋아함·욕망·슬픔·쾌락, 이 같은 것들은
    지성이 있음으로써만 존재하고, 그것이 없는
    잠 속에서는 없다네. 따라서 그것들은 지성에 속할 뿐이네.
    주의 깊게 살펴보면 **진아**에 그런 것이 있겠는가?

— 그러니, 우리가 보는

24. 해에게는 빛이, 물에게는 차가움이,
    불에게는 열이 본래적 성품이듯이,
    존재·의식·지복·영원성·순수성이
    진아의 성품임을 알라.

— 그 다섯 가지 성품 중에서

25. 존재-의식의 형상이라는 진아의 측면과
    지성의 상相, 이 두 가지를 무분별하게 섞다 보니
    "나는 안다"는 느낌이 일어나고,
    그래서 사람이 행위한다는 것을 알라.

— 어떤 식으로도

26. 언제나 **진아**에는 아무 변화도 없고, 지성은
    언제나 지知가 없는데, 그럴 때도 개아는
    "내가 모든 것을 알고, 행하고, 본다"는
    관념의 미혹에 떨어진다는 것을 알라.

— 존재로서 머무르는

27. 진아가 자신을 개아로 여겨서, 밧줄을 뱀으로
착각하여 두려워하듯 (생사의) 두려움에 사로잡히네.
자기를 개아로 알지 않고 "나는 지고아다"라고 알고 깨달으면,
그는 두려움이 없게 된다네.

— 빛으로 가득 차서

28. 하나로서 빛나는 진아가 마음·감각기관·지성 등을,
마치 등불이 항아리 등을 비추듯 비춘다네.
그러나 진아는 그것들에 의해 비추어지지 않으니,
그것들은 지각력이 없고 스스로 빛나지 않기 때문임을 알라.

— 밝게 빛나는

29. 불 켜진 등불의 형상을 드러내기 위해
다른 등불이 필요하지는 않듯이, 지知 자체로서
늘 빛나는 진아는 그 자신을 알기 위해
다른 어떤 지知도 필요로 하지 않는다네.

— 그 밖의

30. 모든 부가물을 "이건 아니다, 이건 아니다"라는 말씀으로
제거하고, 부가물 없는 개인아(jivatman)가
저 지고아(paramatman)와 동일함을, 큰 말씀들(mahavkyas)을
잘 탐구하여 깨달으라.

— 저 실재하지 않는,

31. 부지에서 생겨난 몸 등의 지각 대상 전체는

물 위의 거품들처럼 소멸하겠지만, 이 모든 것과 별개인
오염 없는 브라만이 실로 '나'라는 것을
지칠 줄 모르고 부단히 탐구하여 알고, (그렇게) 있으라.

― 생명 없는

32. 몸과는 다르므로, 나에게는 태어남 · 늙음 ·
쇠약 · 죽음 등이 속하지 않네. 도처에 편재하는
소리 등 감각 대상들은 나와 무관하고
감각기관들도 그러하니, 그것들은 내가 아니네.

― 요동하는

33. 마음은 내가 아니고, 따라서 슬픔 · 욕망 ·
분노 · 두려움 등은 결코 나에게 속하지 않네.
"나는 저 생기도 아니고 마음도 아닌 순수한 자다"라고
경전에서 선언하지 않는가? 그것을 분명하게 알라.

― (브라만의) 저 많은 이름들인

34. 속성 없는 자, 오염 없는 자, 영원한 자, 형상 없는 자,
차별 없는 자, 순수한 자, 행위 없는 자, 의심 없는(nirvikalpa) 자,
항상 해탈해 있는 자라고 이야기되는
그 모든 것이, 실로 '나'라는 것임을 알라.

― 청정순수한

35. 허공처럼 일체에 안팎으로 편재하는 자,
모든 것 안에서 늘 동일한 자, 몸 등에 대한

집착이 없고, 늘 오염이 없고, 동요가 없는 자인,
그러한 그가 '나'라는 것을 알고 — 그대도 그것이 되라.

36. 영원하고 순수한 것, 자유롭고 오직 하나인 것,
끊임없는 지복이고, 둘이 없는 것,
존재-의식-지복이며, 초월적인 빛인 저 **빠라브라만**으로
남아 있는 것, 그것이 '**나**'다. 이것을 알라.

— 나날이

37. 부단히 이와 같이 닦아가는
"저 **브라만**이 **나**다"라는 명상은
무지로 인한 동요와 미혹을 소멸한다네.
더없이 강력한 약이 불치병을 뿌리 뽑듯이.

— 특별히 중요한

38. 혼자만의 장소에 앉아서 욕망 없이
감각기관들을 제어하면서, 유일하고
끝없는 **진아**를, 오롯한 마음과 주의력으로
명상해야 한다는 것을 알라.

— 이같이 집중하는

39. 지혜로운 사람은 (모든) 지각 대상들을 **진아** 안에
지성으로써 녹여 넣고,[7] 오염 없는 순수한
허공처럼 하나로서 빛나는 저 **진아**를

---

[7] T. '녹여 넣는다'는 것은 '용해견(*pravilapa drishti*)을 사용하는 것이다. 366쪽 주 48) 참조.

언제나 명상하라.

　　　　　　　　　　　　　　— 이렇게 궁구窮究하여

40. 실재를 깨달으면, 형상과 색깔 등
　　모든 구분의 미혹들을 완전히 내버리고, 심장 안에
　　거주하는 무한한 의식-지복(chidananda)[자각의 기쁨]이 자신의
　　진아임을 깨달을 것임을 분명히 알라.

　　　　　　　　　　　　　— (개아에게) 일어나는

41. '아는 자', '알려지는 것', '앎'의 차별은
　　실재하는 지고아에게는 일어날 수 없네.
　　저 자각의 기쁨은 하나로서 안주하며
　　그 자체의 형상으로 빛난다는 것을 알라.

　　　　　　　　　　　　　— 몸 안의[자기 안의]

42. 진아라는 저 채화목鑽火木(arani)[8] 안에서
　　진아명상(Atmadhyana)을 힘써 휘젓되
　　끊임없이 그렇게 하면, 여기서 일어나는 지知의 불길이
　　모든 무지를 태워서 재로 만들어 버린다네.

　　　　　　　　　　　　　— 밝아오는

43. 여명이 밤의 어둠을 흩어 버리듯
　　앞서 일어난 지知로써 무지를 소멸하면,
　　떠오르는 진아가 온통 찬란하게 빛난다네.

---

[8] T. '채화목'은 옛사람들이 불을 얻기 위해 서로 마찰하던 나무들이다. 아래쪽의 우묵한 채화목에 채화목 가지를 넣고 '휘저어(비벼)' 불을 일으켰다.

떠오르는 태양이 그러하듯.

— 가려짐 없이

44. **진아**는 늘 성취되어 있는 **실재**이지만
    무지로 인해 성취되지 않은 것처럼 보이네. 무지가 소멸되면
    그것이 새로 성취된 것처럼 빛나네. 자신의 목에 두른 목걸이를
    (잃어버린 줄 알고 찾다가) 발견하면 새로 얻은 것 같듯이.

— 늘 성취되어 있는

45. **브라만**이 무지로 인해 개아로 보이는 것은 (어둠 속의) 기둥이
    사람으로 보이는 것과 같네. 상상된 이 형상의
    참된 성품이라는 기본적 사실을 알게 되면
    미혹에서 나온 저 형상은 사라지니, 그것을 명심하라.

— 존재하는 것인 저

46. **실재**의 참된 성품(*swarupa*)에 대한 체험에서 일어나는
    드높은 **지**知가 즉시 저 환幻인 것, 곧
    '나'와 '내 것'이라는 무지를 소멸함은, 방향을
    잃고 헤매다가 해가 뜨면 (길을) 찾는 것과 같네.

— 진아로서 빛나는,

47. 참으로 **진아**를 아는 **명지인**明知人이나 요기는
    일체가 자신의 **진아** 안에 있는 것을 본다네. 일체로서
    머무르는 그는, 둘이 없는 하나의 **진아**로서
    지知의 눈을 통해 지각한다는 것을 명심하라.

— 전체이고 완전한

48. 진아야말로 이 모든 세계(우주)이며, 그 무엇도
    진아에게는 (자신과) 다른 것이 하나도 없으니, (깨달은 이는)
    일체를 진아로 보네. 항아리 등이 진흙과
    별개인지 어디 말해보라.

— (실재를) 깨달은

49. 생전해탈자(*jivanmukta*)인 **지자**知者(*vidvan*)는 이전에 자신이
    가졌던 부가물들의 성질을 포기하고, 자신의
    참된 형상인 **존재-의식-지복**을 즉시 성취한다네. 마치 애벌레가
    말벌의 형상을 얻듯이.⁹⁾ 그와 같이 확고히 안주하라.

— 진아로서 안주하는 그런 사람,

50. 미혹의 바다를 건넜고, 욕망·분노 등의
    사나운 악마들을 죽여 버린 요기는,
    평안과 합일하여 진아의 **지복** 안에
    즐거이 안주하면서 빛난다는 것을 알라.

— 감관을 조복 받고

51. 무상한 외적 대상들에서의 쾌락에 대한 집착에서 벗어나
    진아인 자신의 지복에 만족한 그는, 늘 진아의
    빛으로, 항아리 안에 둔 등불처럼
    내면에서 자신의 **진아**로서 빛난다네.

---

9) *T*. 말벌이 다른 종의 애벌레를 붙잡아다 가둬놓으면 그 벌레는 말벌을 미워하며 계속 생각하다가 결국 말벌이 된다는 이야기이다(『라마나 마하르쉬와의 대담』, 대담 592 참조).

— (진아로서) 자리 잡아

52. 부가물들과 연관되어도 사물에 오염되지 않는 허공처럼,
(그는) 저 부가물들의 특징에 영향 받지 않네. 부가물이 없고
'일체를 아는 자'인 **성자**(Muni)는, 바보처럼 공기처럼
집착함이 없이 세상을 돌아다닌다네. ― (그 무엇도) 붙들지 않고.

53. 부가물들을 소멸하면 그 성자는
부가물 없는 **비슈누**[도처에 편재하는 브라만] 안에, 아무 차별 없이,
마치 물 속에 물이, 허공 속에 허공이,
불 속에 불이 합쳐지듯, 합일된다는 것을 알라.

― 순수한 것인

54. 이것을 성취하면 더 성취할 것이 아무것도 없고,
이러한 지복을 넘어 달리 어떤 지복도 없으며, 이러한 지知를
넘는 더 높은 어떤 지知도 없으니,
그것이 곧 **브라만**이라는 것을 알라.

― 나아가

55. 그것을 자신의 형상으로 보고 나면 더 보아야 할 것이 없고,
그것의 형상이 되고 나면 더 이상 탄생이 없으며, 그것을 알면
달리 알아야 할 것이 아무것도 없는
그것이 곧 **브라만**이라네.

― 나아가

56. 위, 아래, 맞은편이고 도처를 채우는 것,

존재-의식-지복이며 둘이 없는 것, 무한하고
영원불멸이고 하나인 것, 존재로서 빛나는 그것이
곧 브라만임을 깨달으라.

— 영원한 것은

57. 소멸됨이 없고, "이건 아니다, 이건 아니다"라고
베단타가 설명하는 것, 하나인
단절 없는 지복으로서 안주하는 것, 그것이 곧
스스로 빛나는 브라만임을 알라.

— 흔히 말하는

58. 단절 없는 행복으로 가득 찬 진아 안에서 미미한
행복을 성취하는 천신들,10) 곧 빛나는
브라마를 위시한 여타 신들은, 그들의 수준에 따라
그 지복을 즐긴다는 것을 확실히 알라.

— 지고자인

59. 그것[브라만] 안에 대상들의 세계 전체가 들어 있고,
그것에만 모든 행위들이 기초해 있네. 따라서
일체에 두루 편재하는 지고의 실재(*Param*)는 우유 속에
두루 퍼져 있는 버터와 같다네.

— 그것은 형상이 없고

60. 거칢과 미세함, 탄생과 파괴가 없고,

---

10) *T.* 『따이띠리야 우파니샤드』(II.8.1)에서는 브라마 이하 10등급의 세계를 나누어 각기 아래 세계보다 백 배의 행복을 누린다고 말한다. 따라서 다른 천신들의 행복은 미미하다.

짧은 것도 긴 것도 없고, 형상과
성질, 계급과 이름도 없는 것,
그것이 브라만임을 예리하게 관찰하고 깨달으라.

— 내면의 의식인

61. 그것의 빛에 의해 태양 등이 빛을 발하지만,
그것 자체는 그것들에 의해 비추어지지 않으며,
그것의 빛에 의해 이 모든 세계가 빛나는 것,
그것이야말로 저 브라만임을 확실히 알라.

— 또한

62. 세계의 모든 것을 비추며 그것의 안팎에서
저 브라만이 스스로 빛나는 것은, 마치
불 속에서 잘 달구어져 불길이 이글거리는 저
쇠공 안의 불과 같다는 것 — 그렇게 있다는 것을 알라.

63. 브라만은 우주와 별개이지만 저
브라만과 별개인 어떤 원자도 없다네. 브라만과
다른 어떤 것이 나타난다면, 그것은 신기루에서
보이는 물과 같다고 생각하라.

— 내관해 보면

64. 지각되거나 들리는 그 어떤 것도
저 브라만과 다른 것일 수가 없네. 그 모든 것이
실재지知(tattva jnana) 안에서 지각될 때는 존재-의식-지복이니,
둘이 없는 브라만으로 빛난다네.

— 동질적으로

65. 도처에 편재하는 존재-의식-지복인 저
    브라만을 지知의 눈으로는 볼 수 있지만
    지知의 눈이 없는 사람은 볼 수 없다네.
    장님이 눈앞에서 빛나는 해를 못 보듯이.

— (개아가) 어리석기는 하나

66. 청문(sravana) 등을 통해 달구어진 지知의
    불길 안에서 부단히 구워지면, 모든
    오염이 소멸되고, 개아는 오점 없는 금과 같이
    오염 없는 자로서 빛을 발한다네.

— 남아 있는 것, 즉

67. 심장의 허공에서 뜨는, 무지의 어둠을 몰아내는
    지知의 태양이라는 진아가 빛나면서, 부단히
    일체에 편재하고 일체를 유지하며,
    일체를 빛나게 한다고 생각하라.

— 무슨 수로든

68. 방향 · 장소 · 시간 등을 찾을 것 없이 늘,
    모든 곳을 지속적 현존으로 채우며 추위 등을 소멸하는,
    오점 없는 영원한 지복인 진아라는 성수聖水(tirtha)에
    자신을 담그는 사람, (해야 할) 어떤 행위도 없고,
    일체를 알고, 일체에 편재하고, 불멸이 되어 죽음을 초월하는
    사람은, 영원히 빛난다는 것을 알라.

13.3. 구루 찬가
Guru Stuti

스리 바가반의 서문

스리 자가드구루(Jagadguru)[1] 샹까라가 전국을 돌아다니며 여러 학파의 논객들과 토론하여 그들을 논파하다가, 한번은 북부 지방의 마히슈마띠(Mahishmati)라는 읍에 와서 이곳에 사는 베다 의식의 신봉자인 만다나 미슈라(Mandana Mishra)라는 학자와 토론하여 이겼으나, 그의 아내가 자기가 패배하기 전에는 패배를 인정할 수 없다고 하므로 그녀와도 토론하여 모든 주제에서 이겼는데, 그녀는 성전性典(kama shastra-부부간의 성애에 관한 경전)으로 논쟁을 이어갔다. 샹까라는 한 달간의 말미를 얻어 어느 산의 동굴 안에 자기 몸을 벗어두고 제자들에게 지키라고 한 다음, 갓 죽은 아마루까(Amaruka) 왕의 몸 안으로 들어가 백 명의 왕비들과 함께 유희하며 즐겼다. 정해진 기간이 지났는데도 스승이 돌아오지 않자 걱정이 된 제자들 몇 사람이 유랑하는 음유시인의 복장을 하고 왕궁의 그의 친존에 가서 다음과 같은 노래를 불렀다.

---

1) *T.* Jagadguru는 '세간의 스승'이라는 뜻이다.

본문

1. "이건 아니다, 이건 아니다"라고 경전에서 지적한 대로, 거친 형상과
   미세한 형상들을 완전히 내버리고, 버릴 것이 남아 있지 않을 때,
   위대한 사두들은 그것을 진아의 참된 형상으로 심장 속에서 깨달으니,
   저 원초적 원인이고 존재-의식-지복인 지고자, 당신이 그것 아닙니까?

2. 경전에서 말하는 추론법을 공이 삼아 다섯 껍질을 잘 찧고,
   겨를 벗기고 키질하여 얻는 쌀처럼, 예리한 지성으로 탐구하여
   진인들이 심장 속에서 깨달아 즐기는,
   저 불멸이고 영원히 깨달아져 있는 지고자, 당신이 그것 아닙니까?

3. 감각기관이라는 질주하는 말들이 감각대상을 즐기는 결함을 보이면,
   분별의 채찍으로 때리고 자기를 향한 고삐로 끌어당겨 제어하면서
   저 진인들과 현자들은 그들을 붙들어 매어 마구간에 넣으니,
   모든 지각 대상들을 초월하는 저 지고자, 당신이 그것 아닙니까?

4. 꽃과는 다른 것이지만 그것을 통해 꽃줄(화만)이 유지되는 실처럼,
   생시·꿈·깊은 잠의 그런 모든 상태들과 다르고 (그 상태들의) 초연한
   주시자로만 남아 있는, 참으로 아는 현자들이 심장 속에서 몰입하는,
   창조도 소멸에도 지배되지 않는 저 지고자, 당신이 그것 아닙니까?

5. (금으로 만든) 팔찌와 왕관 등이 다수로 보여도 모두 금일 뿐이듯이
   지각력 없는 전 세계는 의식의 형상이니, 하나인 전체와 차별이 없고
   그 형상으로 빛나는, 베다에서 "일체가 진아다"라는 원리로 선언하는,

시작도 중간도 끝도 없는 저 **지고자**, 당신이 **그것** 아닙니까?

6. 해 안에서와 자기 안에서 '나'로서 빛나는 자는 비이원적 **하나**라는
것의 진리성에 완벽히 동의하는 베다 학자들은, 열심히 그리고
즐거이 그 **진리**를 진술하고, 설명하고, 가르칠 것입니다.
그 오염 없고 참된 지知인 저 **지고자**, 당신이 **그것** 아닙니까?

7. 베다를 암송하고 암송시키며, 가슴에서 우러난 신심으로 숭배하고
고귀한 고행과 희생의식(*yagas*)과 보시(*dana*) 등으로 위대함을 얻은
순수한 베다 학자들이 간절히 알고자 하는 **그것**,
희유한 베다에 숨겨져 있는 저 **지고자**, 당신이 **그것** 아닙니까?

8. 평온·절제 등으로 순수해진 마음으로 늘 **자기**로써 자신 안에서
탐구하여 깨달은 대장부들은 초월적인 **존재-의식-지복**으로 남아
슬픈 윤회를 벗어나고 해야 할 일을 다 해 마친 자로서 빛나니,
깊은 내적 탐구로써만 알게 되는 저 **지고자**, 당신이 **그것**입니다.

이것을 들은 **아짜리야**는 그들에게 돌아가라고 명한 뒤에 얼른 왕의 몸에서 빠져나와 자신의 몸 속으로 다시 들어갔고, 그 부인[만다나 미슈라의 아내]을 토론에서 패배시킨 뒤 두 사람[그 아내와 남편]을 자신의 추종자로 만든 다음, 온 세상 사람들을 깨우치는 여정을 계속했다.

13.4. 하스따말라까 송찬
Hastamalaka Stotra

스리 바가반의 서문

스리 샹까라 자가드구루는 인도의 서부 지역을 여행하며 여러 학파의 논객들을 논파해 나가던 중 스리발리라는 마을에 갔을 때, 그 마을에 사는 쁘라바까라(Prabhakara)라는 이름의 브라민이 그가 왔다는 소문을 듣고 열세 살 난 아들을 데리고 찾아와 샹까라에게 오체투지 하고 자기 아들에게도 오체투지를 시킨 다음, 그 아이가 어릴 때부터 벙어리였고 좋아하는 것도 싫어하는 것도 없으며, 명예나 불명예에 대한 의식도 없이 완전히 수동적이라고 설명했다. 그러자 스승은 그 소년을 일으켜 세워 다음과 같이 명랑한 기분으로 물었다.

본문

1. "여기 온 너는 누구냐? 애야, 너는 누구의 아들이냐? 너는 어디로 갈 것이며, 네 이름은 무엇이냐? 너는 어디서 여기 왔느냐? 이 질문에 대답하여 내 마음을 기쁘게 해다오."라고 샹까라가 말하자, 소년은 처음으로 자신의 상태를 이야기했다.

하스따말라까가 대답했다.

2. 저는 인간도 아니고, 천신도 아니고, 야차도 아니고,
브라민도 크샤트리아도 바이샤도 수드라도 아니고, 브라마짜리도,
재가자도, 산림 은거자도, 출가수행자도 아닙니다.
그 어디에도 속하지 않는, 참된 **자각**의 형상이 저입니다.

3. 해가 세상의 모든 활동을 일어나게 하는 원인이라고 하듯이,
마음·눈 등 기관들[1]이 활동하게 하는 원인인 자,
모든 부가물을 내버리고 허공처럼 머물러 있는 자,
불변의 성품인, 영원하고 직접 체험되는 저 **진아**가 저입니다.

4. 불과 그 열이 연관되듯이 (진아 안의) 영원한 **자각**의 형상인 자,
두 번째가 없이 부동이면서도 빛과 광채를 주는 자,
지각력 없는 마음과 감관이 그에 의존해 각기 그 영역에서 활동하는
지知의 형상인, 영원하고 직접 체험되는 저 **진아**가 저입니다.

5. 거울에서 반사되는 얼굴이 그 얼굴 아닌 다른 대상이
아니듯이, 지성 안에서 반사되는 의식의 반사(chidabhasa)인 개아들도
의식의 형상들이고, 파편화된 그도 진아와 조금도 다르지 않습니다.
두 번째가 없는, 영원하고 직접 체험되는 저 **진아**가 저입니다.

6. 거울이 없다면 그 속의 저 반사된 얼굴도 없을 것이고,
남아 있는 것은 변함없는 단 하나의 얼굴입니다. (마찬가지로)
지성이 소멸할 때 반사 없이 온전하게 빛나는 자,

---

[1] T. '마음·지성 등 내적기관들과 눈·귀·코 등 감각기관들'을 총칭한 표현이다.

그 힘을 가진, 영원하고 직접 체험되는 저 진아가 저입니다.

7. 마음·눈 등 기관들과 섞이지 않고 결부되지 않는 자,
  마음·눈 등 기관들에게 마음·눈 등인 자[마음의 마음, 눈의 눈인 자],
  마음·눈 등 기관들에 의해 섞여질 수 없는 자,
  저 불멸인, 영원하고 직접 체험되는 저 진아가 저입니다.

8. 저는 영원한, 단 하나의 의식하는 진아이며,
  여러 지성 안에서 반사됩니다. 마치 태양이
  여러 수면에서 반사되듯이 말입니다.
  새로 얻어지지 않는, 영원하고 직접 체험되는 저 진아가 저입니다.

9. 빛의 형상 자체인, 하나인 해가 많은 눈들을 비추고, 동시에
  세계와 그 안의 대상들을 비추듯이, 하나인 지知의 형상인 자가
  모두의 지성 안에서 지知의 빛으로 머무르며 세계 자체를 비춥니다.
  한량없는, 영원하고 직접 체험되는 저 진아가 저입니다.

10. 해에 의해 비추어지는 눈들만 그 앞의 대상들을 지각할 수 있고,
  해에 비추어지지 않는 눈들은 그것을 지각할 수 없듯이, 해 자체가
  그것(진아)의 광휘에 의해 비추어지면 빛나면서 눈 등을 비추는
  무형상의 실재인, 영원하고 직접 체험되는 저 진아가 저입니다.

11. 흔들리며 물결치는 수면에 반사되면 하나인 해가 여럿으로 보이지만
  흔들림 없는 고요한 수면에서는 그것이 하나뿐인 것으로 보이듯이
  요동하는 다양한 마음 안에서 반사되면 다수로 보여도 늘 하나인 자,

움직임 없는, 영원하고 직접 체험되는 저 **진아**가 저입니다.

12. 무지한 바보가 짙은 구름에 해가 가리면 자신의 광명을 잃었다고
 생각하듯이, 무지의 구름에 가려진 무지한 바보의 미혹된 지각
 안에서는 윤회의 족쇄에 속박된 몸을 가진 개아로 보이는 자,
 움직임 없는, 영원하고 직접 체험되는 저 **진아**가 저입니다.

13. 세계의 모든 대상들 안에 편재하면서 서로 스며 있지만
 그 모든 대상들 안에서 접촉되지 않고 섞여지지 않는 자,
 하늘처럼 늘 순수하고 오염 없는 형상인 자,
 나(*aham*-에고) 없는, 영원하고 직접 체험되는 저 **진아**가 저입니다.

14. 다양한 대상들과 접촉하면 색깔 없는 수정이 다양한 색상을 띠듯,
 다양한 분별과 함께하면 분별 없는 당신께 나, 너 구별이 나타나고,
 일렁이는 물이 수면에서 반사되는 고요한 달의 춤으로 오인되듯,
 일렁이는 마음과 함께하면 도처에 편재하시는 당신께도 마음이 있습
 니다.

15. 손(*hasta*) 안의 아말라까(*amalaka*)처럼 **진아**를 분명히 드러낸 이것은
 「하스따말라까 송찬」이라는 이름을 얻었고, 나아가
 하스따말라까로 불리게 된 저 **지**知가 성숙한 소년은
 세상 사람들로부터 큰 경외감으로 존경받았으니, 얼마나 놀라운가![2]

---

[2] *T*. 이 제15연은 타밀어판에는 있으나 영어판에서는 생략되었다. 하스따말라까는 샹까라의 4대 제자의 한 사람으로 꼽는다.

이러한 말을 듣고 소년의 아버지는 너무 놀라 말문이 막혔으나 **아짜리야**는 말하기를, "이 아이는 못다 이룬 고행 때문에 당신의 아들이 되었습니다. 이는 당신에게 큰 복입니다. 이 아이는 이 세상에서 당신에게 아무 소용이 없을 것입니다. 아이가 저와 함께 있도록 하시지요." 그는 그 아비를 돌아가게 하고 소년을 데리고 다니며 여행을 계속했다. 제자들이 스승에게 여쭈었다. "이 아이는 어떻게 해서 가르침을 듣지도 않고 **브라만**의 상태를 성취했습니까?" 스승은 이렇게 대답했다. "그의 어머니가 하루는, 야무나(Yamuna) 강둑에서 고행을 하고 있던 높은 성취를 이룬 한 위대한 요기에게 두 살 난 아기를 맡기고 다른 여자들과 함께 강에 목욕을 하러 갔다. 그 사이에 아기는 강물 쪽으로 아장아장 걸어가서 물에 빠져 죽고 말았다. 그 사두는 슬퍼하는 어머니에 대한 연민의 마음에서 자신의 몸을 버리고 그 아기의 몸으로 들어갔다. 그래서 이 아이는 이렇게 높은 상태를 성취한 것이다."

13.5. 분별정보 分別頂寶
Vivekachudamani

샹까라짜리야의 이 저작은 뒤에 나오는 「능지소지분별」과 함께, 바가반이 비루팍샤 산굴에 살고 있을 때 타밀어 산문으로 번역했다. 이것은 아주 의역이어서, 문단의 순서마저 어느 정도 바뀌어져 있다.[1]

스리 바가반의 서문

세간의 모든 존재가 불행을 벗어나서 늘 행복하기를 바라는 것은, 자신의 참된 성품 아닌 질병 등을 벗어나 언제나 행복하기를 바라는 것과 같고, 누구나 자기 자신에 대해 많은 사랑을 가지고 있으며, 사랑은 행복이 없는 곳에서는 생겨날 수 없고, 잠 속에서 아무것도 없을 때는 행복하다는 것을 경험하므로 행복이라는 것이야말로 자기 자신이지만, 그들은 자기 존재에 대한 무지로 인해 한량없는 윤회계(samsara)에서 버둥거리면서, 행복에 이르는 길을 내버리고 이 세상이나 저 세상(내세)에서 쾌락을 얻는 것만을 행복에 이르는 길로 여기면서 행위에 몰두한다. 그러나 불행에서 벗어난 행복은 얻어지지 않는다. 이 행복에 이르는 길을 보여주기 위하여 **스리 샹까라**[주 시바] 자신이 샹까라의 모습을 띠고 이러한 행복의 수승 殊勝

---

[1] T. 바가반이 이 번역을 한 것은 1903~4년경이다. 이 번역은 운문체의 산스크리트 원문을 산문체로 옮기면서 문장을 자유롭게 확장한, 일종의 창조적 번안이라고 할 수 있다.

함을 찬양하는 베단타의 3전범三典範(*Prasthana Traya*)2)에 대한 주석서들을 지어서 그 길을 보여주었을 뿐 아니라, 모범을 보임으로써 그것을 가르쳤다. 그러나 그 주석서들은, 누구보다도 열렬히 행복을 원하지만 그것을 공부할 수 없는 구도자들에게는 소용이 없으므로, 그것들의 내적인 핵심을 이 『분별정보分別頂寶』3)라는 시게詩偈(*grantha*)4)에서 드러내어 구도자들에게 필요한 사항들을 설명했고, 그럼으로써 직접적인 길을 제시하였다.

여기서는 사람으로 태어나는 것이 희유한 일이라 하고, 따라서 자신의 성품인 해탈의 지복(*mokshananda*)을 얻기 위해서는 노력이 필요하다고 하며, 지知에 의해서만 해탈이 있을 수 있다고 하고, 지知는 탐구(*vichara*)에 의해서만 생긴다고 하며, 그것을 위해서는 스승을 갖는 것이 필요하다고 하면서 스승의 특징, 제자의 특징(자질), 스승 시봉侍奉(*guru seva*)을 이야기하고, 행복을 얻으려면 자기 자신의 노력이 필수적이라고 하며, 단순히 지식만으로는 행복을 얻을 수 없다고 하고, 청문聽聞을 위시한 탐구5)야말로 해탈의 방편(*moksha sadhana*)이라는 말로 시작하여, 세 가지 몸은 비아非我(*anatma*)이고 비실재(*asatya*)이며, '나'라는 진아는 그것들과 다르고, 비아 안에서의 '자기'라는 느낌(*atma-buddhi*)6)이 속박이며, 그것은 무지에 의해 속박되었으므로 지知를 통해서 소멸된다는 청문(*sravana*)과; "나는 누구인가?"라는 심장 안에서 하는 미세한 탐구7)를 통해 저 세 가지 몸을 구성하는 다섯 껍질 모두를 '나' 아닌 것으로 배제하고 나서,8) 하나이며 심

---

2) *T*. 문자적으로는 '세 가지 출발점(근원)'이라는 뜻이며, 베단타의 권위 있는 전거로 간주되는 우파니샤드, 『브라마경(*Brahma Sutras*)』, 그리고 『바가바드 기타』를 가리킨다.
3) *T*. '분별의 정수리 보석'이라는 뜻이다. '정수리 보석(*chudamani*)'이란, 왕관의 맨 위에 박히는 가장 값진 보석이다.
4) *T*. *grantha*는 8음절씩의 4행으로 1연을 이루는 산스크리트 운문체 작품을 말한다.
5) *T*. '청문을 위시한 탐구'란 지知의 길에서 말하는 깨달음의 세 가지 단계인 '청문(*sravana*), 성찰(*manana*), 일여내관―如內觀(*nididhyasana*)'을 가리킨다.
6) *T*. "나는 이 몸이다"라는 느낌을 말한다.
7) *T*. 「분별정보」 본문에는 "나는 누구인가?" 방식의 탐구에 대한 언급은 없다. 이것은 바가반이 '청문을 위시한 탐구'의 수행을 적극적인 자기탐구로 재해석한 것이다.

장 안에 '나(aham)'로서 존재하고 '그대(tvam)'라는 말의 의미인 **진아**를 마치 문자(munja)[9] 풀의 줄기를 그 대궁에서 세심하게 뽑아내듯이 분리하는 성찰(manana)과; '**그것**(tat)'이라는 말에 대한 부가물인 이름과 형상들의 세계를, 그 부가물이 오직 **브라만**임을 알아서 제거하는 것과; '**그것**'이라는 말의 의미와; 저 두 단어('그대'와 '그것')의 의미인, 자기와 **지고자**가 하나임을 드러내는 "그대가 **그것**이다(Tat tvam asi)"라는 큰 말씀(mahavakya)의 가르침과; 이 "나는 **브라만**이다"로 안주하는 것이 필요하다는 것과; 설사 이같이 안주한다 해도 과거의 원습(purva vasanas)들이 아주 강하게 일어나서 장애를 조성할 거라는 것과 그런 습의 원인인 세 가지 습習,[10] 뿌리인 에고-습習(ahankara-vasana),[11] 이러한 상相이 번성하는 원인인 외적 차별의 습(bheda-bahya vasanas); 이것들을 초래하는 투사投射와 은폐의 힘들과; 이것들이 제거될 때까지 마음을 **심장** 안에 고정하고 망각(pramada)[12] 없이 부단히 행하는, "나는 **브라만**이다", "**브라만**이 나다"라는 (말로서 표현되는) 같은 근원의 참된 **진아** 형상의 상相[13]을 일어나게 하는 것이면서, 헌신·요가·명상이기도 하고 **자기주시**自己注視(atma-anusandhana)이기도 한 일여내관一如內觀(nididhyasana)[14]과; "이와 같이 **심장** 안에 마음이라는 교반봉攪拌棒(휘젓는 막대기)을 고정하되, 채화목採火木(arani)으로 불을 일으키고 응유에서 버터를 만들어내듯, 계속 흘러내리는 기름 줄기처럼 부

---

8) T. 여기서 바가반은 다섯 껍질 혹은 세 가지 몸을 배제하는 올바른 방법은 '나는 누구인가?' 하는 **자기탐구**임을 천명하고 있다.
9) T. 바구니를 엮는 데 쓰는 키 큰 풀의 일종. 『까타 우파니샤드』, 3:17에 나온다.
10) T. 세 가지 습은 346-7쪽을 보라.
11) T. 에고를 '나'로 아는 습.
12) T. 진아에 대한 주시 또는 자각을 놓쳐 버리는 것.
13) T. '**진아** 형상의 상'은 언어상으로는 하나의 상相, 즉 마음 활동인 것처럼 보이지만, 실제로는 그런 상이 아니라 **자기주시**의 결과로 모든 상들이 진아에 합일된 순수한 의식의 상태를 말한다. 바다로 들어간 강을 두고 '바다 형상의 상'이라고 말하는 것과 같다.
14) T. 일여내관은 **진아**에 대한 부단한 내관(자각)의 수행이며, **진아** 체험을 얻은 이후의 과정이다. 여기서 바가반은 상까라가 말하는 일여내관의 실제적인 방법이 ("나는 **브라만**이다"의 명상이 아니라) **자기주시**임을 분명히 하고 있다.

단한 브라만 수행(Brahma-abhyasa)의 교반력攪拌力으로 인해 드러나는 본연 무상삼매本然無相三昧(sahaja nirvikalpa samadhi) 안에서, 아무 애씀 없이, 도처에서 언제 어느 때나 하나로서 빛나는 무제약적이고 직접적인 브라만 깨달음(Brahma sakshatkara)이라는 지知의 체험이 성취된다. 그것에 의해 무지의 습習인 심장매듭(hridaya-granthi)과, 의심들과, 업業의 소멸이 성취된다. 끊임없는 해탈이 성취된다."라고 하는 수행 및 삼매와; 이 상태 안에는 털끝만큼의 차별상과 변화도 없을 것이라는 사실과; 이것을 성취하는 것이야말로 인생목적(purushartha)15)이고, 이것을 성취한 사람만이 생전해탈자(jivanmukta)이며, 간접체험으로 아는 사람은 (생전해탈자가) 아니라는 것, 그리고 생전해탈자의 특징과 세 가지 업의 소멸, 이 상태를 성취한 제자의 자기체험, 생전해탈자의 임의자재任意自在(yathecchacarana)16), 그가 성취하는 무신해탈無身解脫(videha-kaivalya), 다시 태어나지 않는다고 하는 사람의 여러 가지 직접체험과 이에 따른 많은 사항들에 관하여, 스승과 제자 간의 대화 형식으로 설명하였다. 이것은 이전에 브라마스리 빅슈 사스뜨리(Brahmasri Bhikshu Sastri)에 의해 타밀어 시로 번역되었다. (그렇기는 하나) 여러 가지 색깔의 많은 형태로 만들어진 단 하나의 단것(일 뿐인 여러 과자 중)에서 각자 자기 마음에 드는 것을 사고 나서, 분별 있는 사람들은 그 성질과 결함을 보지 않고 그것을 먹으면서 단 하나인 단것의 맛을 즐기는 것 아니겠는가!17)

---

15) *T*. 인간이 추구하는 바람직한 목표.
16) *T*. 자기가 하고 싶은 무엇이든 마음대로 할 수 있는 상태.
17) *T*. 이 마지막 두 문장은 타밀어 원문에 있으나 영역본에서는 생략되었다. 이 서문은 타밀 원문에 충실한 마이클 제임스의 영어 번역문을 주로 따랐다.

기원시

'나'라는 근본무지가 사라지도록 하기 위해
'나-나(aham-aham)'로서 밤낮 없이
내면에서 빛나는, 진아인 신의 두 발 안에서
진아의 지복으로 끊임없이 우리가 기뻐하기를.

스승에 대한 찬사

가장 열렬히 해탈을 추구하는 사람들이 해탈이 무엇인지를 알고, 쉽게 불멸을 성취할 수 있도록 하기 위해, 베단타의 의미와 그 핵심을 자세히 설하는 이 『분별정보』 저작에서 드러나는 시바의 참된 성품으로 빛나고 계신, 자가드구루 스리마드 샹까라 바가바뜨빠다짜리야(Jagadguru Srimad Sankara Bhagavatpada) 님의 연꽃 발에 늘 저의 심장연꽃을 바칩니다.18)

본문

베단타의 궁극적 진리에 의해서만 알 수 있고 다른 어떤 기준으로도 알 수 없는, 항상 지복 넘치는 참스승 스리 고빈다(Sri Govinda) 님께 경의를 표합니다.19)

---

18) T. 이 '기원시'와 '스승에 대한 찬사'는 바가반이 지었다. 샹까라의 호칭에서 'Srimad'는 '빛나는, 성스러운'의 뜻을 지닌 존칭이고, 'Bhagavatpadacharya'는 '존귀하신 스승'이라는 뜻이다.
19) T. 영어판은 이 문단을 '스승에 대한 찬사'의 후반부에 올려놓고 있으나, 실은 581연으로 이루어진 「분별정보」의 제1연으로 본문에 속한다. '스리 고빈다'는 샹까라의 스승이다.

개아個我들이 인간으로 태어나기는 아주 어렵다. 설사 사람으로 태어난다 하더라도 브라민이 되기는 매우 어렵다. 설사 브라민이 된다 해도 베다를 찬송하는 베다적 다르마의 길을 걷기는 더 어렵다. 완전한 학자가 되기는 더욱 어렵고, **진아**와 비진아에 대한 탐구를 하기는 더더욱 어렵다. 그러나 이 모든 것보다 더 어려운 것은 자기체험(sva-anubhava)에서 나오는 **지**知를 얻는 것이다. 그 **지**知로써 '**브라만** 형상으로서 안주함'에 의한 해탈은 무수한 생을 통해 이룩한 선행善行 없이는 성취할 수 없다. 그러나 위의 자격조건들을 다 갖추지 못했다 하더라도 **하느님**(Isvara)의 은총이 있다면, 얻기 어려운 인간의 몸, 해탈에 대한 열망(mumukshutva), 그리고 성인(mahatma)들과의 친교라는 이 세 가지 조건만 갖추고 있어도 해탈이 보장된다.

모순 아닌가! 만약 어떤 사람이 대단한 따빠스에 의해 그 귀하디 귀한 인간의 몸을 받고 경전의 의미를 이해할 수 있는 능력을 갖추었는데도, 지각력 없는 것들에 대한 집착 때문에 자신의 참된 성품이자 불변의 상태인 해탈을 얻기 위해 노력하지 않는다면, 실로 그런 사람은 진아살해죄(자살죄)를 저지르는 바보라 할 것이다. 자기 자신의 이익을 구하지 않는 사람보다 더 큰 바보는 없다.

경전을 독송하거나 신들을 숭배하거나 의식(karma)을 거행하거나 **신**에게 귀의하는 등의 방법을 천만 겁劫 동안 행한다 할지라도, **브라만**과 자기가 동일함을 아는 **지**知가 없다면 해탈을 성취할 수 없다. 따라서 "그런 것으로는(그러한 것들을 하는 행위(karma)로써는) 해탈을 얻지 못한다"고 경전에서 선언하는 것은 옳다. 해탈을 얻고자 하는 대장부라면 바깥의 대상들에서 얻는 쾌락에 대한 욕망을 끊어 버리고, 평안의 화신인 **참스승**(sadguru)을 찾아 그가 가르쳐 주는 진리에 마음을 집중하여 부단히 명상해야 하고, 그러한 요가에 의해 얻은 체험적 **지**知에 안주함이라는 배로써 윤회의 바다에 잠겨 있는 자기 자신을 해탈의 언덕까지 건네주어야 한다. 그러므로 용감한 정신의 소유자는 아내, 자식 그리고 재산에 대한 집착을 포기하고, 모든 행위를 포기해야 하며, 생사윤회의 속박에서 벗어나 해탈을 얻기 위한 수행을 해야 한다. 행위는 마음의 정화를 위해 권장되는 것일 뿐, **실재**를 깨닫기 위한 것은 아니다. **실재지**知(*vastu-jnana*)는 탐구(*vichara*)에 의해서 얻어지는 것이지 행위를 많이 한다고 해서 성취되지는 않는다. 밧줄을 뱀으로 오인하여 놀라는 사람의 그 뱀에 대한 공포와 그로 인한 불안은 "이것은 밧줄이다"라는 밧줄에 대한 지知로써 해소된다. 즉, 그것이 밧줄인 줄 아는 사람이 그렇다고 말해주면 자신이 살펴보고 나서 사실이 그렇다는 것을 알게 되고, 그밖에는 다른 방도가 없다. 마찬가지로 **브라만의 지**知는 스승의 가르침(*upadesa*)과 **실재**에 대한 탐구를 통해서 얻어지며, 목욕재계 · 보시布施 · 조식調息 기타의 행법으로는 그것을 깨달을 수 없다. 따라서 진아의 실상을 깨달아 해탈을 얻고자 열망하는 자는, 욕망에서 벗어나 있고 '브라만을 아는 자'이며 **은총**의 바다인 위없는 스승을 찾아서 **진아탐구**(*Atma-vichara*)를 해야 한다. 역량 있는 사람들(상근기 구도자들)은 주로 탐구를 통해서 **진아지**를 얻는다. 장소 · 시간 · **하느님의 은총**(*anugraha*)은 그 **지**知를 얻는 보조수단일 뿐이다.

이해력, 곧 본질적인 것을 꽉 붙들고 비본질적인 것을 배제하는 (지성의) 힘 외에도 **진아탐구**(자기탐구)를 해내기 위해서는 경전에서 말하는 여러 가지 자질을 가지고 있어야 한다. 그것이 어떤 것인가? 분별력이 있고, 집착이 없으며, 평온하고 절제되어 있고 성품이 순수하고 인내심이 있으며, 해탈에 대한 열망을 가지고 수행해 나가는 것이다. 그런 사람만이 **브라만 탐구**(*Brahma-vichara*)를 해낼 자격이 있다. 그 자격요건들은, (1) 영원한 것과 영원하지 않은 것의 **분별**, (2) 금생이나 내생에 자신의 행위의 열매를 즐기는 것에 대한 무욕, (3) 평온 · 절제 · 물러남 · 인내 · 믿음 · 집중의 여섯 가지 덕목, (4) 해탈에 대한 열망이다. 구도자가 **브라만 안주**(*Brahma nishta*-진아안주)를 성취하려면 실로 이러한 자질들을 가지고 있어야 한다. 이러한 자질이 없이는 진리를 깨달을 수 없다. 이런 자질들은, **(1) 브라만**이야말로 진리이며 세계(현상계)는 실재하지 않는다고 하는, 영원한 것과 영원하지 않은 것에 대한 **분별**(*viveka*); **(2) 브라마** 이하의 유정 有情(살아 있는 존재)들이 즐기는 모든 쾌락은 무상하고 영원하지 않으며 슬픔과 결함을 내포하고 있다는 것을 직접 보기도 하고 경전에서 배워 그런 쾌락에 대한 욕망을 포기하는 **무욕**(*vairagya*), 곧 무집착; **(3) (i)** 감각 대상들의 불완전성(결함)에 대해 자주 명상함으로써 마음을 그 목표에 고정하고 그것들에 환멸을 느끼는 **평온**(*sama*), **(ii)** 감각 대상으로 흘러가는 지식, 행위기관들을 제어하여 그것들을 그 각각의 영역(장소)에 고정하는 **절제**(*dama*), **(iii)** 마음을 목표에 확고히 고정하여 그것이 대상을 생각하는 종래의 습에 끌려가지 않게 하고 (마음의) 모든 외부적 움직임을 포기하는 **물러남**(*uparati*), **(iv)** 어떤 슬픔이 닥쳐와도 그것을 피하지 않고 견뎌내는 **인내**(*titiksha*), **(v)** 베단타 경전과 스승의 말씀이 갖는 진리성을 확고히 신봉하는 결과이자, 브라만 깨달음의 인因이 되는 **믿음**(*sraddha*), **(vi)** (바깥으로) 헤매는 습성을 가진 마음을 순수한 브라만에 고정하려고 갖은 노력을 다하는 **집중**(*samadhana*) 등 삼매의 수행에 필요한 **여섯 가지 자격 조건**; **(4)** 시작 없는 무지로 인한 '에고와 몸의 속박'에서 벗어남을 자신의 **진아**에 대한 **지**知로써 성취하려는 욕망인, **해탈에 대한 열망**(*mumukshutva*)이다. 이런 열망은 평범한 수준의 것도 있고, 무욕과 평온·절제 등의 자질을 구비하고 스승의 은총에 의해 계발된 수준의 것도 있다. 무욕을 갖추고 해탈에 대한 열망이 뜨겁게 타오르며, 평온·절제 등의 자질을 구비한 경우에는 그것이 열매를 맺을 수 있으나, 그러한 열망이 약하면 그 결과는 신기루의 물같이 겉모습에 그칠 수도 있다.

해탈을 얻는 모든 수단(수행법) 중에서 헌신(*bhakti*)이 가장 뛰어나다. 자기(진아)의 참된 성품(*svarupa*)에 대한 내관(*anusandhana*)이야말로 헌신이라고 큰 성인들은 말한다.

으뜸가는 자산인 수행을 성취하고 **진아의 진리**(*atma-tattva*)를 얻기를 희망하는 자격 조건을 갖춘 한 구도자가, 피난처가 되어 그의 속박을 소멸시켜 줄 수 있는 분이고, 지혜(*prajna*)를 가진 분이고, 일체를 포괄하는 분이며, 청정순수한 분이고, 욕망을 정복한 분이고, **브라만**을 아는 자들 중에서도 뛰어난 분이고, 다 타서 꺼진 불처럼 **브라만** 안에서 안식하고 있는 분이며, 끝없는 자비심의 바다이고, 그에게 매달리는 사두들에게 더할 나위 없는 친구(즉, 선지식)가 되어 주는 그러한 **참스승**을 찾아가서, 겸손함, 경외심 그리고 신심으로 그에게 절하고 여러 가지 방법으로 그에게 봉사함으로써 **스승**을 기쁘게 하고 나서, 이렇게 호소한다.

"**스승님**(Swami)! 불행한 자들의 벗이시여! 당신께 절합니다. 무서운 탄생(생사)의 바다에 빠져서 괴로워하고 있는 제가 이 바다를 건너 저편 언덕에 닿을 수 있도록 부디 도와주십시오. 당신의 자비로운 단 한 번의 눈길조차도 저를 구해주는 배입니다. 은총의 강이시여! 저는 흉악한 운명의 바람에 심하게 흔들리면서 어디로 가야 할지 모르는 채, 저를 에워싸고 타 들어오는 윤회계의 들불 때문에 고통 받고 있습니다. 부디 당신께서 자비의 감로수로 저를 진정시켜 주시기를 거듭 기원합니다. 평안에 안주하고 계신 분이시고, 큰 성인이시며, 봄철같이 세상 사람들을 끊임없이 이롭게 하는 분이시고, 당신 자신들이 탄생의 바다의 두려움을 뛰어넘었을 뿐 아니라, 다른 사람들의 두려움을 진정시킬 수 있는 분이신 당신 같은 사두님들은, 뜨거운 햇볕에 달구어진 세계를 서늘한 달빛이 식혀주듯이, 피난처를 구하는 저와 같은 사람들을 아무 이유 없이도 본성상 보호해 주십니다. 윤회의 숲에서 갈 곳 없이 헤매면서 피난처도 없이 고통

받고 있는 저는, 이 생사윤회에서 저를 보호해 주실 짐을 당신께 지워드렸습니다. 스승님! 삶의 괴로움(bhava-dukha)이라는 불길이 지금까지 저를 태워 왔습니다. 브라만 지복의 체험에서 나오는 지극히 서늘하고 순수한 당신의 얼굴을 보여주시고, 당신 말씀의 감로를 부어주시어 저를 빨리 적셔주십시오. 당신의 자비로운 시선을 받은 사람들은 복되며, 당신께 받아들여진 사람들은 복됩니다. 이 탄생의 바다를 제가 어떻게 건너야 합니까? 그렇게 하기 위한 어떤 방편이 있습니까? 무엇이 피난처입니까? 저의 운명이 무엇인지 모르겠습니다. 당신만이 저를 이 윤회의 괴로움에서 벗어나게 해주실 수 있습니다." 윤회의 숲의 불길을 견딜 수 없어, 경전에서 권장하듯이 이처럼 스승께 피난처를 구하고 스승의 시중을 드는 제자는 스승의 지시를 따름으로써 마음의 평안을 얻게 되고, '브라만 지자知者(Brahma-jnani)'인 스승은 자비심으로 가득 찬 시선을 그에게 쏟아주고 가호를 보장해 주며, 자상한 진리의 가르침을 그에게 베풀어준다.

"학식 있는 제자여! 두려워하지 말라. 지금부터는 그대에게 어떤 해害도 없을 것이다. 끝없이 넓고 무서운 이 윤회의 바다를 건너 지고의 지복을 얻을 수 있는 단 하나의 강력한 수단을 그대에게 주겠다. 사두인 은자들은 이것으로 윤회계를 건너갔고, 그대도 그 방편으로써 이 탄생의 바다를 두려움 없이 건너가서 위없는 지복(paramananda)을 얻게 될 것이다. 베단타의 의미를 탐구함으로써 지고의 실재지(tattva-jnana)를 얻으라. 그리하여 이 끔찍한 윤회의 속박을 소멸하라. '구도자들에게는 믿음·헌신·명상 그리고 요가가 해탈의 인因이다'라고 경전에서 선언한다. 이 위없는 수단을 얻어서 그것을 끊임없이 수행하면, 시작 없는 무지로 인한 저 몸의 속박에서 벗어날 것이다. 영원히 지고아(Paramatma)의 성품을 가지고 있는 그대에게, 무지로 인해 비진아인 윤회의 속박이 닥쳐온 것이다. 따라서 진아와 비진아에 대한 탐구에서 나온 지知의 불길에 의해 무지의 결과인 윤회의 속박과 그 고통이 완전히(원인인 무지와 함께) 소멸될 것이다." 이렇게 말하는 **스승**을 바라보면서 "스승님! 속박이란 무엇입니까? 그것은 어떻게 왔습니까? 어떻게 지속됩니까? 어떻게 소멸됩니까? 비진아는 무엇입니까? **진아**란 무엇입니까? 그리고 **진아**와 비진아 간의 분별은 무엇입니까? 부디 자비롭게 이러한 저의 질문에 답변해 주셔서 당신의 답변을 듣는 제가 축복을 받게 해 주십시오."라고 요청하는 제자에게 스승은 이렇게 대답한다.

"제자여! 무지로 인한 저 속박에서 벗어나 **브라만**으로 안주하고 싶은 욕망을 느꼈다면 그대는 실로 축복받은 자이고, 그대의 인생목적을 달성한 것이며, 그것으로 그대의 모든 삶을 신성하게 하였다. 아버지의 부채 負債를 아들들과 다른 친척들이 대신 갚아주듯이, 어떤 사람이 머리 위에 이고 가는 짐을 벗겨주는 다른 사람들도 있는 것이다. 그러나 허기에서 비롯된 고통은 제 스스로 음식을 먹어야 없어지지 다른 사람들이 그를 위해 먹는다고 하여 없어지지 않고, 그대가 병이 나면 그대 자신이 약을 먹고 적절한 식사를 해야지 어느 누구도 그대를 위해 그렇게 해줄 수 없듯이, 그대 자신의 무지에서 비롯된 속박은 그대 자신의 노력으로만 제거할 수 있으며, 수천만 겁 동안의 무지한 욕망과 업에서 비롯된 온갖 속박의 고통은 자신의 명철한 **지**知의 눈으로써 **브라만**을 깨닫지 않으면 아무리 많이 배운 사람이라 해도 그것을 깨달을 수 없다. 달을 그대 자신의 맑은 눈으로 보지 않는다면, 남들이 본다고 해서 그대가 보는 것이 되겠는가? 해탈은 **상키야**(sankhya)[20] · 요가 · 행위 · 학식 등에 의해서가 아니라, **브라만**과 **자기**의 동일성(Brahma-atma-aikya)에 대한 **지**知를 통해서 얻어진다. 비나(veena-인도의 현악기)의 아름다운 모습과 그 현絃의 음악은 사

---

20) T. 상키야 철학. 인도 6파 철학의 하나이며, 비슈누의 화신이라고 하는 고대의 진인 카필라(Kapila)가 창시한 철학 체계이다.

람들에게 즐거움만 줄 뿐 왕국을 안겨주지 않듯이, 그럴듯한 말, 영리한 논변, 경전을 해설할 수 있는 능력, 그리고 학자의 박식함은 한 순간의 즐거움만 줄 뿐이다. 경전 공부도 쓸데없으니, 그것은 바라는 결과를 가져다주지 않기 때문이다. 그대가 **지고의 실재**를 알고 나면 경전 공부는 필요하지 않은데, 왜냐하면 더 이상 얻을 것이 없기 때문이다. 따라서 그대는 마음의 혼란만 야기하는 경전들의 거대한 숲을 그냥 지나쳐야 하며, **실재지자**實在知者(tattva-jnani)인 **스승**을 통해서 **진아**의 진리를 실제로 체험해야 한다. 무지의 뱀에 물린 사람에게 구원은 **진아**지라는 특효약에서 오는 것이지, 베다·경전·염송, 혹은 다른 치료법에서 오는 것이 아니다. 병에 걸린 사람이 약을 먹지 않으면 병이 낫지 않듯이, 그의 속박의 상태도 자기 자신이 **진아**를 직접 체험하지 않으면 '나는 **브라만**이다' 같은 경전 문구에 의해서 제거되는 것이 아니다. '나는 왕이다'라고 말하는 것만으로는 왕이 되지 않으며, 적들을 죽이고 권력의 실체를 획득해야 왕이 되는 것과 같이, 무지에서 비롯된 이원성을 소멸하고 **진아**를 직접 체험하지 않고서는, '나는 **브라만**이다'라는 경전 문구를 암송하는 것만으로는 해탈을 얻을 수 없다. 땅 밑에 숨겨진 보물은 그 이야기를 듣는 것만으로는 얻지 못하며, 그것을 알고 있는 친구의 이야기를 들은 뒤에 땅을 파서 보물을 감추고 있는 판석板石을 들어내고 땅에서 보물을 꺼내야 하듯이, **브라만**을 아는 **스승**에게서 그대의 참된 성품에 대해 청문하고 나서 그에 대해 성찰해야 하며, 부단한 명상을 통해 그것을 직접 체험해야 한다. 이렇게 하지 않고 논의만 해서는 **마야**(Maya)에 의해 숨겨진 자기 자신의 **진아**의 실상實相을 깨달을 수 없다. 그래서 현명한 자들은 삶의 속박을 제거하고 해탈을 얻기 위해 스스로 온갖 노력을 다하는 것이다. 마치 어떤 질병을 고치려고 할 때 그렇게 하듯이 말이다."

"제자여! 그대가 질문한 주제는 가장 중요한 것이며, 경전에 통달한 **진**

인들이 승인하는 것이고, 수수께끼와 같으며, 미묘한 의미를 지니고 있기 때문에 해탈을 열망하는 사람들만이 이해할 수 있다. 여기서 내가 말하는 것을 차분한 마음으로 주의 깊게 들어 보라. 그러면 즉시 속박이 끊어져 나갈 것이다. 해탈을 얻는 데는 영원하지 않은 것에 대한 무욕을 얻는 것이 선행인先行因(전제조건)이다. 그 다음은 평온·절제·인내·일체의 활동 포기(물러남) 등이 준비단계의 인因이 된다. 그 다음에는 베단타의 진리를 청문하고, 그 다음에는 그 진리를 성찰하며, 또 그 다음에는 오랜 시간 동안 끊임없이 브라만에 대한 명상을 하는 것이 그 인因이 된다. 그러한 부단한 명상이 가져다주는 무상삼매無相三昧(nirvikalpa samadhi)를 통해서, 직접적으로 지각하는 브라만 깨달음의 지知라는 열매를 얻게 되고, 이로써 분별력 있는 영혼은 해탈의 지복을 지금 여기서 체험할 수 있게 된다. 이것이 해탈에 이르는 수단이다. 이제 그대가 알아야 할 진아와 비진아 간의 분별에 대해 말하겠으니 잘 듣고 마음에 새기도록 하라. 이 두 가지 중에서 나는 먼저 비진아에 대해 말하겠다."

"골수(뇌수)·뼈·지방·살·피·살갗·정액의 7가지 기질基質(dhatus)과 발·다리·가슴·어깨·등·머리 등 신체 부분들로 구성되고, '나'라고 하는 것이 여기에 갇혀 있어 (사람들의) 첫째가는, 그리고 가장 오래 가는 애착의 대상이 되며, (오관으로) 직접 지각되는 것이 '조대신粗大身(sthula deha)' 이라고 하는 것이다. 이 조대신은 5가지 미세원소(tanmatras)에서 각기 산출되는 5가지 조대원소(sthula bhutas-공지수화풍)로 구성된다. 5가지 미세원소는 75가지 감각 대상을 구성하는데, 감각 대상에 빠진 개아에게는 그것들이 마치 자신이 즐길 대상처럼 보인다. 무지한 사람들은 욕망의 고삐에 의해 감각 대상에 속박되며, 자신의 업력業力에 따라 거기에 이끌리는데 이 업력이 그들을 끌어올리기도 하고 끌어내리기도 하면서 그들을 고통 속에서 헤매게 한다. 뱀은 소리에 집착하다가 죽고, 코끼리는 촉감에,

새는 형상에, 물고기는 맛에, 딱정벌레는 냄새에 집착하다가 죽는다. 이 동물들이 한 가지 감각에 대한 집착 때문에 죽는다면, 다섯 가지 감각에 다 집착하는 인간의 운명은 어떻게 되겠는가? 감각 대상의 해독은 코브라의 독보다 더 해롭다.[21] 왜냐하면 독은 그것을 받는 사람만 죽일 뿐이지만, 감각 대상은 그것을 보거나 심지어 생각하는 사람까지 파멸시키기 때문이다. 무집착의 예리한 칼로 감각 대상에 대한 애착의 강한 고삐를 끊고 그것들에서 벗어나는 사람만이 해탈을 얻는다. 그렇지 않고는 여섯 교전敎典(six sastras)[22] 모두에 통달한 사람이라 할지라도 해탈을 얻지 못할 것이다. 확고한 무욕 없이 탄생의 바다를 건너 해탈의 언덕에 도달하려는 구도자가 있으면, 욕망이란 악어가 그의 목을 물어 그 몸뚱이를 낚아챈 뒤 잽싸게 끌고 가서 순식간에 윤회의 바다 한가운데로 끌어넣는다. 예리한 무욕의 칼로 그 악어를 죽이는 사람만이 그 바다를 건너 해탈의 언덕에 무사히 도달한다. 훌륭한 지성이 없는 사람은 감각 대상에 대한 집착에 이르는 이런저런 길로 들어가서 점점 큰 고통을 겪다가 결국 죽고 만다. 그러나 지혜로운 사람은 상황을 잘 판단하고 스승이 제시한 분별의 길을 걸어서 자신의 목표를 성취하게 된다. 이것은 **진리**이다. 따라서 그대가 진정 해탈을 원한다면, 감각 대상들을 마치 독毒인 양 내버리고 만족·자비·관용·성실·평온·자기절제 등의 순수한 성품(sad-guna)을 확고히 붙들어, 몸에 대한 집착에서 비롯된 모든 행위를 포기하고, 무지에서 비롯된 속박에서 벗어나도록 부단히 노력하라. 이 몸뚱이는 결국 땅이나 불, 혹은 야수나 새들이 먹어버릴 것이다. 자신의 참된 성품을 망각

---

21) 산스크리트어에서 이것은 하나의 언어유희이다. 왜냐하면 *vishaya*는 감각 대상을 뜻하고, *visha*는 독을 뜻하기 때문이다.
22) *T.* 인도의 6파 철학인 니야야(*Nyaya*)·바이셰시카(*Vaiseshika*)·상키야(*Samkhya*)·요가(*Yoga*)·미망사(*Mimamsa*)·베단타(*Vedanta*) 철학의 각 경전을 말한다(그 경전들은 예컨대 *Yoga Sastras, Vedanta Sastras* 등으로 불린다). 이 외에도 인도에는 법률·정치·윤리·과학·예술 등 세간적인 분야의 교전들도 있다.

하고 이 몸을 자기(진아)로 오인하는 사람은 몸에 집착하여 그것을 소중히 여기며, 그럼으로써 진아를 살해하는 자가 된다. 진아를 추구하면서도 여전히 몸을 아끼는 사람은 강을 건너기 위해 악어를 붙드는 사람과 같다. 몸에 대한 애착은 실로 해탈을 구하는 이에게는 치명적이며, 이러한 애착을 극복하는 자만이 해탈을 성취할 수 있다. 따라서 그것을 극복한 성인들이 저 비슈누의 지고의 경지(paramapada)를 성취했듯이, 그대 또한 몸과 처자식에 대한 애착을 극복하면 해탈을 얻을 수 있다. 이 거친 몸은 살갗·살·피·동맥과 정맥·지방·골수·뼈 등으로 이루어지고 오줌과 똥이 가득 찬 것이므로 아주 무시해야 할 것이다. 그것은 사람의 과거업에 의해 거친 원소들로 만들어진 것인데, 미세원소들이 이 거친 요소들을 결합시킨다. 그리하여 그것은 에고에 의해, 가정을 가진 자의 집과 같이 쾌락을 즐기는 거주처가 된다. 에고가 조대신을 경험하는 것은 생시의 상태에서이다. 이때 진아는 그것과 실제로는 분리되어 있는데도, 미혹에 빠져 자신을 그것과 동일시하면서 외부 기관들을 통해 화만華鬘·백단향·여자 등의 여러 가지 즐거운 쾌락의 거친 대상들을 즐기는데, 조대신은 이 상태에서만 경험되는 것이다. 외부의 윤회계 전체가 조대신의 매개를 통해 영혼(purusha)에게 닥쳐온다는 것을 알라. 탄생·성장·노쇠·죽음 등이 이 몸의 특징이다. 유년기·소년기·청년기·노년기가 그것의 단계이다. 계급과 인생단계 등은 그 규범이다. 그것은 또한 명예와 불명예 등 여러 가지 대우를 받게 되며, 갖가지 질병의 거처가 된다."

"귀·살갗·눈·코·혀는 75가지 감각 대상을 아는 지식기관(jnanendriyas)이다. 입(발성기관)·손·발·항문·생식기는 원습에서 비롯되는 행위들을 수행하므로 행위기관(karmendriyas)이다. 내적기관(antahkaranas)은 본시 하나이지만 욕망(sankalpas)과 분별(vikalpas)의 변상(vritti), 사물을 판별하는 변상, 자존심의 변상, 사물을 정리하는 변상이 있어서 각기 그 순서대로 마음(manas)·지성(buddhi)·에고(ahankara)·기억(chitta)23)의 네 가지로 불린다. 금이나 물 등이 모습을 달리하며 여러 가지 형태를 취하듯이, 생기(prana)도 하나이지만 그 변상을 세분하면 쁘라나(prana)·아빠나(apāna)·비야나(vyana)·우다나(udana)·사마나(samana)가 된다.24) 허공을 위시한 다섯 가지 조대원소, 귀를 위시한 다섯 가지 지식기관, 입을 위시한 다섯 가지 행위기관, 쁘라나를 위시한 다섯 가지 생기, 마음을 위시한 네 가지 내적기관에 무지(avidya)·욕망(kama)·업(karma)— 이것들이 합쳐져서 '여덟 가지 구성 요소들의 도시'라고 불리는 미세신(sukshma deha)을 구성한다. 다섯 가지 조대원소들이 혼합되기 전의 다섯 미세원소들로 이루어져 나타나고, 원습과 결합된 행위의 열매(업보)를 향유하는 도구로써 진아가 체험하는 이 링가 몸(linga deha)25)은, 무지에서 비롯된 시작 없는 부가물(upadhi)이다. 이 상태가 꿈의 상태이다. 이 상태에서 마음은 온갖 생시의 원습으로써 한 일들의 영향으로, 자신을 행위자로 경험하면서 그 나름대로 작동한다. 그 상태에서 스스로 빛나는 진아는, 마음의 행위에 집착하지 않고 단순한 주시자(sakshi)로 남아 있으면서 마음 위에 덧씌워진다. 자귀나 다른 연장들이 목수의 활동 수단이듯이, 지知의 형상인 진아의 모든 행위에서는 이 링가 몸이 그 활동 수단이다. 저 기관들(karanas)은 단지 진아의 곁에 있음으로 해서 모든 행위를 수행하지만, 진아는 (이러한 행위들에 영향 받지 않고) 항상 변함없이 남아 있다. 눈 기능의 결함 정도에 따라 어둠·둔함·강함(소경·나쁜 시력·좋은 시력)이 있고, 귀에도 아주 귀머거리와 귀가 잘 안 들리는 것이 있지만, 눈이나 귀와 같은 이런 기관들의 성품(dharma-특성)은 순수한 진아의 성품에 영향을 미치지 못한다.

---

23) T. 'chitta'는 보통 '잠재적 인상들(원습)의 창고'라고 설명되며, '기억'으로 번역된다.
24) T. 이 5가지 주요한 생기 외에도 5가지 보조적 생기가 있어 트림, 눈꺼풀 열고 닫기, 딸꾹질, 하품과 졸음, 담痰과 부어오름 등의 작용을 일으킨다고 한다.
25) T. 이것은 미세신의 다른 이름이다. linga sarira라고도 한다.

들이쉼 · 내쉼(위와 아래로 움직이게 하는 숨) · 하품 · 재채기 등은 생기의 작용이다. 배고픔과 갈증도 생기의 한 작용이다. 내적기관은 반사된 의식(chidabhasa)의 빛을 받아서 눈과 같은 기관 안에 자리 잡고 확고하게 '나'라고 자처한다. 그것이 에고이다.26) 이 에고는 행위자 · 향유자(행위의 결과를 즐기는 자)로 자처하면서, 사뜨와(sattva) 등 세 가지 구나(gunas)의 영향 아래 (생시·꿈·잠의) 상태들을 취하고, 마음에 맞는 감각 대상에서는 행복을, 싫은 감각 대상에서는 불행을 느낀다. 따라서 행복과 불행은 에고의 성품이지 항상 지복스러운 **진아**의 성품이 아니며, 대상들이 즐겁게 여겨지는 것은 **진아** 때문이지 그것들 안에 어떤 지복이 내재해 있기 때문이 아니다. 존재 안에는 **진아**의 무한한 즐거움이 있으므로, **진아**는 영원한 지복의 성품이다. 여기에 불행이란 조금도 없다. 이 대상 없는 **진아**의 지복은 깊은 잠의 상태에서는 누구나 경험하는 것이다. 이것은 경전과 직접 지각, 전통, 추론에 의해서 입증된다."27)

"**미현현자**(Avyakta) · 무지 · **마야** 등으로 알려져 있고, 세 가지 구나의 형상으로 되어 있으며, 이해력이 있는 사람들에 의해 그 존재가 그것에서 산출되는 효과로부터 추론되는 것이고, 모든 객관 대상보다 우월한 것이며, 전 우주를 창조하는 것이고, 존재, 비존재, 존재이면서 비존재인 것, 별개인 것, 별개가 아닌 것, 별개이면서도 별개가 아닌 것, 부분으로 이루어진 것, 부분으로 이루어지지 않은 것, 부분으로 이루어진 것이기도 하고 그렇지 않은 것이기도 한 것 등 아홉 가지 사항으로 묘사할 수 없는 성품의 것이고, 시작이 없는 것이며, 밧줄이라는 앎으로써 뱀이라는 착각이 소멸되듯이 순수한 비이원성인 **브라만**의 지知에 의해 소멸되는,

---

26) T. 여기서는 넓은 의미에서의 '마음'을 전체적으로 하나의 에고로 본 것이다. 내적기관들이 자리 잡는 장소 등에 관해서는 「자기탐구」의 6, 7번 답 참조.
27) T. 상키야 철학 등에서 말하는 올바른 인식 방법은 지각(praktyaksha) · 추리(anumana) · 증언(aptavacana)의 세 가지이다. 경전 말씀이나 전통은 증언에 속한다.

지고자(paramesvara)(브라만)의 대단히 놀라운 샥띠(Shakti)가 있다. 그것의 효과에 의해 잘 알려진 저 샥띠에는 (1) 사뜨와(sattva), (2) 라자스(rajas), (3) 따마스(tamas)의 세 가지 구나가 있다. 활동성을 띠고 있는 라조구나 (라자스)는 투사력(vikshepa shakti)이 있으며, 이것이 모든 활동의 근본 원인이 된다. 여기서 욕망과 슬픔을 야기하는 마음의 변상變相들이 일어난다. 욕정·분노·탐욕·허세·비방·아만·시기 등 마음의 변상들이 라자스의 특징이다. 이 투사력은 외적인, 곧 세간적인 습習들을 만들어내므로 속박의 원인이 된다. 따모구나(따마스)에는 은폐력(avarana shakti)이 있다. 이것은 사물을 그것의 본래 모습 아닌 어떤 것으로 보이게 한다. 이것이 투사력과 결합함으로써 인간의 끊임없는 환생의 근본 원인이 된다. 이 은폐력에 휩싸여 있는 사람은 설사 지혜롭거나, 학식이 있거나, 영리하거나, 경전들의 의미에 정통하거나, 놀라운 성취(초능력)를 과시할 수 있는 사람이라 해도, 스승이나 다른 사람들이 진아의 진리를 갖가지로 분명하게 설명해 주어도 그것을 이해하지 못하고, 무지와 망상의 모습을 띠고 있는 것들을 소중하게 여기면서 그것들을 성취할 것이다. 비록 가르침을 받는다 해도, 이 따모구나의 은폐력에 휩싸여 있는 사람은 부인否認(그것을 모른다고 함), 불이해(말을 이해하지 못하는 상태), 의혹(의심), 이상한 관념(미혹된 앎)에서 벗어나지 못한다. 투사력은 그를 늘 가만히 있지 못하게 한다. 무지, 나태함, 무력함, 잠에 빠짐, 직무 수행의 유기遺棄, 우둔함이 따모구나의 특징들이다. 이러한 특질을 가진 사람은 어떤 것도 이해하지 못하며, 마치 잠자는 사람이나 (무감각한) 기둥처럼 어리석게 살아간다. 이제 사뜨와 구나를 말해보자. 이것은 순수한 물과 같이 아주 맑은 것이지만, 만약 라자스나 따마스와 섞이면 혼탁해져서 속박의 원인이 된다. 진아는 마치 태양이 전 우주를 비추듯이 사뜨와를 통해서 빛난다. 혼합된 사뜨와를 통해서도 겸허, 금계禁戒(yama), 권계勸戒(niyama), 믿음, 헌신, 해탈에 대한 열망, 신적인 성품, 비실재를 멀리하는 등의 덕스러운 자질들이 나온다. 순수한 사뜨와의 명료함으로부터는 **진아 깨달음, 지고의 평안**, 결코 감퇴되지 않는 만족, 완전한 행복과 영원한 지복의 원천인 **진아안주**가 나온다. 세 가지 구나의 한 혼합물이라고 불리는 '미현현의 힘(avyakta shakti)'이 영혼의 원인신原因身(karana deha)이다. 그것은 모든 감각기관과 마음의 기능들이 휴식하는 깊은 잠의 상태이다. 이 상태에서는 모든 지각이 멈추고, 마음은 미묘한, 씨앗 같은 형상으로 지고의 지복을 경험하는데, 이것은 '아무것도 모르고 행복하게 잤다'고 하는 보편적 경험에서 입증된다. 지금까지 말한 것이 비진아에 대한 묘사이다. 진아에 속하지 않는 것은 이런 것들이다. 몸·감각기관·마음·에고를 비롯한 변상들(vikaras), 감각 대상에서 오는 행복, 허공을 위시한 원소 등과, 전체 세계에서부터 미현현의 **마야**에 이르기까지 이 모든 것이 비진아이다. **마야**와 그것의 효과인 대지성大知性(mahat-tattvas)에서부터 거친 몸에 이르기까지, 이러한 비진아들은 사막의 신기루같이 실재하지 않는다는 것을 알라."

"제자여! 이제, 그것을 깨달음으로써 인간이 윤회의 속박을 벗어나서 해탈(kaivalya-獨存)을 얻게 되는 저 **지고아**의 참된 성품에 대해서 말해주겠다. 그것은 '아함-아함(aham-aham)'('나-나')이라고 하는, 스스로 빛나는 체험으로만 표현되는 의미의 성품으로 이루어져 있고, (생시·꿈·깊은 잠의) 상태들의 주시자이며, 다섯 껍질과는 별개이고, 생시와 꿈의 상태에서는 마음의 상相들을 자각하고 깊은 잠 속에서는 그러한 상이 없는 것을 자각하는, '나'라는 말의 의미(aham padartha)의 성품으로 되어 있는 **진아**이다. 모든 것을 스스로 보지만 그 모든 것들 중 어느 것도 그것을 볼 수 없고, 그것이 지성과 에고를 비추어 주지만 이것들은 그것을 비출(지각할) 수 없으며, 그것이 우주에 편재하면서 그 빛으로 이 우주를 비추지만 우주는 그것에 조금도 편재하지 않고, 그것이 있음으로써 몸·감각기관·마음·지성이 마치 그것에 의해 명령받는 것처럼 기능하기 시작하며, 영원한 **지**(知)의 성품인 그것에 의해 에고에서 몸에 이르기까지의 모든 것과 감각 대상과 그것들에 대한 우리의 경험이 일어나고 지각되며, 그것에 의해 생명과 입(언어기관)과 다른 기관들이 작동하는 저 내적인 **진아**는, 태고의 **영**(靈)으로서 영원하고, 부분이 없고, 일체에 편재하고, 지복의 성품으로 되어 있고, 단일하고, **실재**의 형상이며, 각자의 몸 안에서 주시자(知)로서 빛나고 있다. 이 몸 안의 구멍인 **심장동혈** 안에서, 미세하고 일체에 편재하지만 그러면서도 드러나지 않는 허공처럼 장엄하게 빛나는 **진아**는, 허공의 태양처럼 자신의 빛으로 이 세계를 비추고 있다. 마음과 에고라는 변상들과, 몸·감각기관·생기의 작용들을 자각하며, 마치 벌겋게 달구어진 쇠공 안의 불이 그러하듯 그것들의 형상을 취하는 이것은, 자신은 아무것도 하는 일이 없고, 아무 변화도 겪지 않는다. 이 **진아**는 태어나지도 않고 죽지도 않고, 성장하지도 않고 쇠퇴하지도 않으며, 다른 변상을 취하지도 않는다. 항아리가 깨져도 깨지지 않는 항아리 속 공간처럼, 이 몸이 죽어도 그 속의 **진아**는 죽지 않는 영원한 성품으로 남는다. 쁘라끄리띠(*prakriti*)(원인인 **마야**)·비끄리띠(*vikriti*)(그것의 효과)[28]와는 별개이고, 순수한 **지**(知)의 성품으로 이루어졌으며, 존재와 비존재를 함께 비추고, 속성이 없고, 생시의 상태에서 지성을 주시하고 있는 '아함-아함'이라고 하는, 영원한 직접체험으로서 빛나는 저 **지고아**를 알려면, 오직 일념의 마음으로 "이 '나'가 **브라만**이다"라는 체험을 알라. 이렇게 함으로써 지성을 통해 그대 자신의 안에 있는 **진아**를 스스로 알 수 있고, 이 방법에 의해 생사의 바다를 건너고 자신의 삶의 목적을 성취한 사람이 되어, 오직 브라만의 성품으로서 영원히 머무르게 된다."

"비진아(자기 아닌 몸 등의 것들)를 '아함'('나')으로 아는 것이 모든 불

---

[28] *T*. 이것은 몸, 세계 등 실재 위에 덧씌워진 '변형물'(창조물)들을 말한다.

행의 원인이 되는 속박이다. 이 속박은 생사의 원인에 대한 무지를 통해서 사람에게 온다. 이 무지로 인해 지각력 없는 몸을 실재하는 것으로 간주하여 그것을 **자기**로 오인하고, 감각 대상들로써 그것을 유지하다가 결국 그 몸에 의해 죽임을 당하기 때문이다. 그것은 마치 누에가 자신이 뽑아낸 실로 자신을 보호하다가 결국 그 실에 의해 죽임을 당하는 것과 같다. 밧줄을 뱀으로 오인하는 사람들에게 원초적 상태의 전체적인 순수한 광휘는 마치 일식 때 해가 라후(Rahu)에 의해 가려지듯이 이 은폐력에 의해 가려지는데, 그 결과 영혼은 자신의 참된 성품을 망각하고 미혹의 악어에 잡아먹히며, 그 미혹에 의해 비진아를 **진아**로 오인하고 마음의 상태들에 의해 압도되어 감각 대상들의 독毒으로 가득 찬, 깊이를 알 수 없는 윤회의 바다에 잠겨 떠올랐다 가라앉았다 하면서 벗어날 길을 찾지 못한다. 라자스의 투사력이 따마스의 은폐력과 더불어 야기하는 고통이 이와 같다. 햇빛에 의해 생겨난 구름의 층들이 점점 두꺼워지다가 마침내 해 자체를 가려버리듯, **진아** 안에서 무지에 의해 야기된 에고의 속박은 점점 커져서 마침내 그 **진아** 자체를 숨기는 것이다. 마치 겨울날 해가 구름에 가려지면 서리와 찬바람이 우리에게 고통을 주듯이, 따마스가 **진아**를 가리면 라자스의 투사력은 무지한 자들로 하여금 비진아를 **진아**로 오인하게 하여 그들에게 많은 슬픔의 고통을 가한다. 따라서 **진아**가 속박에 빠진 것은 오직 이 두 힘 때문이다. 이 윤회의 나무에서 따마스(은폐력)는 씨앗이고, '몸이 나다'라는 관념(dehatma buddhi)은 싹이며, 욕망은 어린 잎이고, 행위는 물이고, 몸은 나무 둥치이며, 삶은 큰 가지, 감각기관들은 잔가지이고, 감각 대상들은 꽃이고, 행위에서 비롯되는 온갖 슬픔은 열매인데, 에고는 이 나무에 앉아 그 열매를 따먹는 새인 것이다.[29] 무지에

---

[29] *T*. '열매를 따먹는 새'의 비유는 『문다까 우파니샤드』, III.1.1, 『슈웨따슈와따라 우파니샤드』, IV.6 참조.

서 생겨나, 태어나서 죽을 때까지 개아에게 끝없는 괴로움을 야기하는 이 비진아들의 속박은 시작이 없지만, 내가 그대에게 일러주는 방법에 의해 그것은 완전히 소멸될 수 있다. 베다에 믿음을 갖고 거기서 제시하는 모든 행위를 하되, 그럼으로써 어떠한 이익을 얻겠다는 생각 없이 그렇게 하라. 이렇게 하면 마음의 순수성을 얻게 될 것이니, 이 순수한 마음으로써 끊임없이 명상을 하라. 그러면 진아체험의 지知를 얻게 될 것이다. 이 진아지는 결박을 끊어버리는 예리한 칼이며, 다른 어떠한 무기나 장치, 혹은 바람이나 불이나 무수한 행위로도 그것을 소멸할 수 없다."

"진아는 무지의 힘에 의해 생겨난 다섯 껍질에 덮여 있어서 마치 잡초에 뒤덮인 웅덩이의 물처럼, 명료하게 우리의 눈에 보이지 않는다. 그러나 물에서 잡초를 제거하면 사람이 그 물로 몸의 열기도 식히고 갈증의 고통도 해소할 수 있듯이, 미세한 지성으로 진아로부터 대상적인 다섯 껍질들을 '이건 아니다, 이건 아니다(neti, neti)'라고 하나씩 제거하는 과정에 의해서 벗겨내야 한다. 진아는 문자(munja) 풀의 대궁 속에 든 줄기처럼, 몸을 위시한 모든 형상들과 별개로서, 영원하고, 순수하고, 단일하고, 초연하며, 해야 할 일도 없고, 항상 지복스러운 성품의 것이고, 스스로 빛나는 것임을 알라. 밧줄 위에 상상으로 덧씌워진 뱀이 실제로는 밧줄일 뿐이듯이, 진아 위에 덧씌워진 모든 대상은 다름 아닌 진아임을 알고, 진아로서만 머무르는 사람이 해탈자(Mukta)이다. 따라서 분별력 있는 사람이 속박에서 벗어나 해탈을 얻으려면 진아와 비진아 간의 분별에 착수해야 한다. 음식·생기·마음·지성(vijnana)·지복으로 이루어진 다섯 껍질은 다음과 같다."

"음식으로 만들어져, 음식을 먹으면 늘어나고 음식이 전혀 없으면 죽고 마는 거친 몸이 '음식껍질(annamayakosha)'이다. 살갗·피·살·지방·뼈·똥과 오줌, 이런 것들로 혼합되어 있는 그것은 아주 혐오스러운 것이다.

그것은 태어나기 전이나 죽은 뒤에는 전혀 존재하지 않고 그 사이에서 나타나며, 매순간 변화를 겪는다. 그 변화를 지배하는 어떤 정해진 법칙은 없다. 그것은 항아리 같은 하나의 대상이며, 지각력이 없고, 다양한 형태를 갖는다. 그것은 다른 힘들에 의해 작동된다. 반면에 **진아**는 이 육신과 별개이며, 단 하나이고, 영원하며 순수하다. 사지四肢를 가진 몸이 소멸된다 해도 파괴될 수 없는 **진아**는 몸의 특성·행위·상태들을 아는 주시자이다. 그것은 자기를 자각하며 몸을 좌지우지한다. 몸과 **진아** 간의 대비가 이러한데 몸이 어떻게 **진아**일 수 있겠는가? 바보는 살·뼈·똥의 더미인 몸을 '나'라고 생각한다. 어느 정도 분별력이 있어 현명하게 행동하는 사람은 몸과 영혼을 합쳐서 '나'라고 여긴다. 그러나 탐구적 기질의 예민한 분별지分別知를 가진 큰 성인들은 자기 자신을 항상 이 몸과 별개인, 그 자체로 존재하는 **지고의 실재인 브라만**의 성품을 가진 존재로 안다. '몸이 나다'라는 관념이 인간에게는 탄생을 위시한 모든 불행의 씨앗이니, 그대는 자신의 그림자 몸, 영상影像 몸(거울이나 수면에 비친 몸), 공상 세계의 몸, 꿈의 몸 등에 '나'라는 느낌(atma-buddhi)을 두지 않듯이, 살갗·살·뼈 등의 변화하는 물질로 된 이 몸뚱이에 조금도 '나'라는 느낌을 두지 말고 힘써 노력하여 그러한 생각을 소멸하라. 그리고 모든 것의 **진아**인 **존재-의식-지복**으로 가득 찬, 차별상 없는 **브라만** 안에 '나'라는 느낌을 둠으로써 마음을 소멸하고 지고의 **평안**을 얻도록 하라. 그러면 그대에게 더 이상 탄생은 없을 것이다. 베단타의 의미를 완전히 이해하는 자라 하더라도 만약 미혹으로 인해, 실재하지 않는 몸 따위에 '나'라는 느낌을 계속 둔다면 해탈을 얻을 가망이 없다."

"다섯 가지 행위기관을 가진 생기들로 이루어진 것이 '**생기껍질**(prana-mayakosha)'이다. 앞에서 말한 음식껍질은 이 생기의 힘이 충만 되면 활동에 들어간다. 그것은 기氣의 한 변화 형태로서, 공기와 마찬가지로 몸 안을 들고나며, 그 자신이나 다른 기운들의 욕망이나 혐오를 알지 못한다. 그것은 **진아**에 영원히 의존하고 있다. 따라서 이 생기껍질은 **진아**가 아니다."

"지식기관 다섯 가지와 결합된 마음이 '**마음껍질**(*manomayakosha*)'이다. 이것은 **자기**(**진아**)를 '나'와 '내 것'으로 아는 그릇된 관념의 원인이며, '나'라는 생각을 위시한 온갖 상相과 분별들의 다발과 결합되어 있어서 아주 강력하다. 그것은 생기껍질 전체를 채우면서 여기에 두루 퍼져 있다. 다섯 감각기관을 다섯 호마사제(호마 의식을 행하는 사람)로 하고, 75가지 감각 대상들을 (제단의 불을 밝히는) 기름으로 하며, 원습들을 (공물을 태우는) 연료로 하여 타오르는 마음의 불길이 이 전 세계를 태우고 있다. 마음과 별개의 어떤 무지도 없다. 그것이야말로 생사라는 속박의 원인이다. 저 마음이 일어나면 일체가 일어나고, 마음이 가라앉으면 일체가 사라진다. 아무 대상이 없는 꿈의 상태에서 마음은 그 자신의 힘으로, 즐기는 자들과 다른 자들이 있는 꿈의 세계를 창조한다. 그와 마찬가지로 이 생시의 상태에서 마음이 지각하는 모든 것은 그 자신의 현출이며, 깊은 잠 속에서 마음이 가라앉게 되면 아무것도 (지각의 대상으로) 나타나지 않는다는 것을 누구나 경험하듯이 영혼이 겪는 윤회의 속박은 마음에 의해 **진아** 위에 덧씌워진 것일 뿐, 실제로 생사의 속박이란 존재하지 않는다. 바람이 공중에서 구름을 끌어 모았다가 흩어버리듯이, 사람이 고삐로 소를 죄었다가 풀어주듯이, 마음도 세 가지 구나 중 라자스나 따모구나와 결합하면 오염 등과 몸 등 모든 감각 대상들이 사람에게 욕망을 일으켜 속박을 가져오지만, 라자스와 따마스 없이 순수한 사뜨와를 따르게 되면 저 감각 대상들을 독毒과 같이 물리치고 무욕과 분별을 통해 청정한 해탈을 일으키는 원인이 되므로, 현명한 구도자는 그러한 분별과 무욕을 먼저 확립해야 한다. 마음이라고 이름 하는 큰 호랑이는 감각 대상들의 밀림 속을 늘 배회하므로 덕 있는 구도자는 그것에서 멀찍이 떨어져 있어야 한다. 개아에게, 미세하고 거친 대상들과 몸·계급·인생단계·출신 성분 등의 구별과, 구나와 행위, 원인과 결과 등 온갖 것이 늘 나타나게 하는 것은 다름 아닌 마음이다. 이 마음은 초연한 의식의 성품(chit rupa)을 가진 것(진아)을 유혹하여 몸·감각기관·생기·구나 등에 속박하고, 그것이 만들어내는 행위의 열매들을 즐길 때 '나'와 '내 것'이란 관념으로 (진아를) 미혹한다. 그러한 결함(dosha)에 의해 마음은 그 영혼에게 거짓된 윤회의 속박을 창조하는 것이다. 이것이 라자스와 따마스 구나라는 결함에 지배되어 분별심을 결여한 사람들을 구속하는 생사라는 슬픔을 야기하는 근본 원인이다. 바람에 구름 덩어리들이 빙빙 돌듯이, 이 세계도 마음의 미혹 속을 빙빙 돈다! 이 때문에, **실재**를 아는 자는 마음이 곧 무지라고 선언한다. 그러므로 해탈을 열망하는 자는 자신의 노력으로 이 마음을 탐색해 보아야 한다. 이러한 탐색을 통해 마음이 정화되면, 해탈은 명백하고도 본래적인 것으로서 드러난다. 해탈에 대한 욕망으로 다른 모든 욕망을 뿌리 뽑고 모든 행위를 포기하며, 믿음을 가지고 꾸준히 청문(sravana) 등의 수행에 몰두하면 마음의 파도들이 고요해질 것이다. 시작과 끝이 있고, 변화무쌍하며, 고통과 슬픔으로 특징 지워지고, 알려지는 것이며, 감각대상인 이 마음껍질은, 지각을 초월해 있는 **진아**일 수가 없다."

"다섯 지식기관과 결합된 지성은 '**지성껍질**(vijnanamayakosha)'이다. 이 또한 영혼에게는 윤회의 원인으로서, **쁘라끄리띠**의 변상이며, 시작이 없고, 의식의 반사된 빛을 통해 모든 경험적 행위(vyavahara)를 하는 에고의 본성을 갖는 개아의 형상으로 되어 있으며, 의식하는 행위자(karta)이고, 그 속성은 지知와 행위(kriya)이다. 그것은 몸과 감관을 '나'로, 그것들의 생활양식(asrama)·임무(dharma)·행위(karma)·성질(guna)들을 '내 것'으로 간주하고, 과거의 습에 의해 정해진 (조건 지워진) 선행이나 악행을 하며, 그러한 행위의 결과로 높거나 낮은 세계들(천상·지옥 등의 윤회계)을 얻고, 거기서 방황하다가 결국 자기를 끌어당기는 어떤 자궁 속으로 들어가서 다시 태어나게 된다. 그것은 생시·꿈 등의 상태와, 행복이나 불행이라는 행위의 열매들을 경험한다. 이 지성의 껍질을 넘어서 있는 **심장**(hridayam) 안의 불변자不變者(kutastha)는 스스로 빛나는 광휘로서 맥동하는(빛나는) 유일한 **진아**로서, 그 자성自性(svabhava)이 단일하고, 참되고, 일체에 편재하고, 완전하며, 불변인 **지고아**이다. 그것과 가까이 있다는 특성으로 인해 많은 빛을 받고 있는 가장 근접한 부가물인 이 지성껍질 안에서, 지성은 덧씌움(adhyasa)[30]과의 동일시로써 거짓된 한계들을 취하고, '저 껍질이 나다'라고 착각하게 된다. 마치 항아리를 진흙과 별개로 보듯이, 그것은 자신이 **진아**와 별개인 행위자이고 향유자라고 생각한다. 저 (쇠공의) 변형에도 전혀 변형되지 않는 (쇠공 속의) 불처럼, 저 부가물들의 속성에 자기가 영향 받지 않음을 모르는 무지로 인해서, 그것은 윤회를 겪게 되는 것이다."

이렇게 말한 **스승**을 바라보며 제자가 말한다. "스승님! **지고아**에게 미혹에 의해서든 다른 원인으로든 시작 없는 개아 관념(jiva-bhava)이 생겨났다면, 저 시작 없는 부가물에는 끝이 있다고도 볼 수 없습니다. 그렇다면 해탈이 어떻게 있을 수 있겠습니까? 그러나 만약 해탈이 없다면 개아 관념은 영원한 것이 되고, 윤회의 속박 또한 영원한 것이 됩니다. 이 점에 관해서 부디 저를 일깨워 주십시오." 여기에 대해 **스승**은 이렇게 답변한다. "학식 있는 제자여! 좋은 질문이다. 내가 말하는 것을 귀담아 들어보라. 미혹에 의해 나타난 것이 무엇이든, 이성의 순수한 빛 안에서 그것을 탐구해 보아야 한다. 미혹의 착각에 의해 상상되는 사물들은 그것을 모든

---

30) T. '덧씌움이란 형상 없는 실재 위에 환幻의 몸과 마음과 대상 세계를 투사하여 그것을 실재한다고 여기는 것, 혹은 그러한 환의 부가물(upadhi)을 말한다.

기준으로 잘 살펴보면, 밧줄 상에서 미혹이 지속되는 동안 나타나 보이다가 그 미혹이 소멸되면 사라지는 뱀과 같이, 미혹이 지속되는 동안은 실재하는 것처럼 보이나 그 미혹이 사라짐과 동시에 그것들도 실재하지 않고 현존하지 않는 것으로서 소멸한다. 초연하고, 행위함이 없고, 속성이 없고, 불변이고, 무형이며, **존재-의식-지복**(Satchidananda)이고, 내적인 주시자의 성품을 지니고 있으며, 하늘에 푸름이 있다고 하듯이 그것이 어떤 것과 어떤 관계를 가지고 있다고 생각하는 것은 하나의 망상일 뿐인 **진아**에게, 미혹된 앎으로 인한 시작 없는 거짓된 부가물과의 동일시인 이러한 '관계의 느낌(sambandhatva)'은 신기루의 물처럼 상상된 실재하지 않는 개아 관념(jiva-bhava)이며, (영혼을 윤회계로 실어 나르는) 시작 없는 운반구이다. 흙탕물에서 흙먼지를 제거하면 드러나는 맑은 물처럼, **진아와 비진아** 간의 분별을 통해 시작 없는 무지와 그것의 효과인 에고의 비실재물들을 '이건 아니다'라면서 제거할 때 청정하게 스스로 빛나는, 경전에서 **브라만과 자기의 동일성**(합일)이라고 인정하는 참된 **지**知에 의해 저 미혹은 소멸되니, 마치 시작 없는 '**본무물**本無物(pragabhava)'31)의 존재가 끝나 버리고, 생시에 꿈의 환영들이 끝나 버리듯이, 전체(시작 없는 무지를 위시한 부가물 일체)가 소멸되는 것이다. 진아와 비진아의 분별로써 얻어지는 참된 **지**知를 통해서가 아니면 거짓된 개아 관념이라는 속박에서의 해방은 결코 일어나지 않으므로, 그대도 분별하여 참된 **지**知로써 에고를 비롯한 비실재물들을 제거해야 한다. 이 지성껍질은 변화를 겪는 것이고, 지각력이 없고, 전체의 한 부분이며, (지각의) 대상이므로 저 수승한 **진아**일 수가 없다. 영원하지 않은 것이 영원한 것으로 될 수 있겠는가?"

"**브라만의 지복**이 반사된 것과 결합된 무지의 상相이 '**지복껍질**(ananda-

---

31) T. '과거에 존재하지 않은 것'(지금은 존재할 수도 있고 존재하지 않을 수도 있는). 여기서는 '원래 존재하지 않는 것으로 지금 확인된 것'(예컨대, 밧줄 상의 뱀)을 뜻한다.

mayakosha)'이다. 생시와 꿈의 상태에서 우리가 바라던 것을 경험할 때, 좋아함, 기뻐함, 사랑함(대상을 지각하고, 획득하고, 경험할 때 간헐적으로 체험하는 행복감)이라는 형태로 모든 사람이 어느 정도 체험하는 것이고, 깊은 잠 속에서는 애씀 없이 누구나 체험하는 이 지복껍질을,32) 분별을 수행한 사두들은 깊은 잠 속에서 아무 노력 없이 영구적으로, 그리고 완전히 충만하게 체험한다. 이것은 **쁘라끄리띠**의 한 변상으로서 (과거의) 공덕행의 결과이며, 역시 변상들인 다른 껍질들 안에 거주하고 있으나, 그것은 변화되지 않을 수 없고 속성을 가지고 있으므로, 이 지복껍질도 초월적인 **진아**일 수는 없다."

"이 다섯 껍질을 '**진아**가 아니다'라고 배제하고, 저 관념의 매듭 안에서 이것들과는 별개로 (세 가지) 상태의 주시자로서 스스로 빛나는, 불변이며 속임이 없고 영원한 **자각-지복**(*bodha-ananda*)의 성품을 지닌 **진아**, 대상인 항아리도 아니고 그것의 성품에 참여하지도 않는, 단지 주시자일 뿐인 데바닷따(*Devadatta*)33)와 같이, 대상인 다섯 껍질도 아니고 그것들의 성품에 참여하지도 않으면서 단지 그것들을 바라보는 주시자로서 탁월하게 나타나는 이 **진아**야말로 '나'라는 것을 알아야 한다."라고 **스승**이 말하자 제자는 이렇게 묻는다.

"**스승**님! 이 다섯 껍질을 순전한 거짓으로 받아들여 '이건 아니다'라고 배제하고 보니, 순전한 공_空 외에 '나'라고 하는 것은 전혀 남아 있지 않습니다. 그러니 '나'라고 하는 **진아**의 진리가 어디 있습니까?" 이에 **스승**은 이렇게 대답한다. "학식 있는 제자여! 그대는 탐구에 능하고 진리를 말했다. '어떤 것이 다른 어떤 것을 이것으로 지각한다면, 그 어떤 것이 다른 어떤 것의 주시자가 된다. 그러한 지각이 없으면 주시자도 없다'고

---

32) *T.* 깊은 잠의 상태에서는 앞의 네 껍질은 사라지고 지복의 껍질만 남는다고 한다.
33) 이것은 단지 하나의 예로서 든 (사람의) 이름일 뿐이다.

하는 추론(nyaya)에 의해, 무상한 온갖 형상이나 변상들과 결합되어 있는 에고를 비롯한 대상적 사물의 존재상(bhava)(존재하는 상태)과, 그것들의 비존재 형상인 공空(sunyata)[34]과, 이것들을 넘어선 지知의 참된 성품으로 남아 있는, 그것들의 주시자이며 나아가 이 전부를 아는 자기를 그 자신의 빛을 통해 스스로 앎으로써 그 자신의 주시자로 머물러 있는, 그리고 생시・꿈・깊은 잠의 상태에서 홀로 존재하는 독립적 자아(pratyaga-atma)이며, 심장 안에서 '나, 나'라고 하는 영원한 자기로서 스스로 빛을 발하는, 이 영원한 지知-지복(jnana-ananda)인 진아가 곧 '아함'('나')이라는 것을 그대의 미세한 지성으로써 알도록 하라. 바보는 항아리의 물에 비친 해의 영상을 보고 그것을 해라고 생각하나, 지혜로운 사람은 항아리와 물과 영상을 배제하고, 하늘에 홀로 떠서 (다른 사물의) 영향을 받지 않고 이 세 가지를 다 비추면서 스스로 빛나는 해를 있는 그대로 안다. 그와 마찬가지로, 바보는 미혹으로 인해 몸의 눈인 지성이라는 부가물 안에서 나타나는 진아의 영상인 개아個我를 '나'로 여긴다. 그러나 분별지를 가진 사람은 몸・지성 그리고 의식의 반사된 빛을 배제하고, 이 세 가지를 비추면서 심장공간 속에 단일하게 머무르고 있는 자신의 진아, 즉 영원하고, 일체에 편재하고, 일체를 비추며, 미묘하고, 경험적이며, 존재나 비존재와는 다르고, 안도 밖도 없이 스스로 빛을 발하는, 불가분한 지知의 성품을 지닌 자신의 본래 모습인 진아를 잘 탐구해 들어감으로써, 나고 죽음 등에 대한 두려움 없이 그리고 아무 괴로움 없이, 확고한 지복의 성품이 된다. 참된 지知이고, 무한한 지복이며, 단일한 본질(ekarasa)로서, 영원하고, 무한하며, 스스로 분명하고, 순수하고, 독립적이고, 무차별한 브라만을 있는 그대로 '나'로서 체험하여 깨달은 진인은, 다시는 이 윤회계(samsara)로 돌

---

[34] T. 이것은 현상계가 창조되기 전의 잠재적 상태인 '미현현의' 마야[무지], 즉 에고가 일어나기 전의 깊은 잠의 상태를 말한다.

아오는 일 없이 저 비이원적 지복인 브라만 자체가 된다. '브라만이 나다'라는 브라만과 자기의 동일성에 대한 지知야말로 윤회의 속박에서 벗어나는 으뜸가는 원인이다. 이 브라만이 자기라는 지知로써 삶의 속박에서 벗어나는 것 외에는 해탈열망자에게 다른 길이 없으므로, 그대도 '나는 브라만이다(Aham Brahmasmi)', '브라만이 나다(Brahma-aham)', '브라만이야말로 나다(Brahmaiva aham)'라는 것을 자신의 체험으로 깨닫도록 하라."

"이 브라만은 그 안에서 어떤 것도 별개로 구분되지 않는 지고의 비이원성이다. 진흙으로 만든 항아리에는 진흙의 형상 아닌 어떤 형상도 없고 진흙에 의하지 않고는 누구도 항아리를 보여줄 수 없으므로, 미혹에 의해 (항아리라고) 상상되어 그런 이름(과 형상)으로만 존재하는 가공적假空的 항아리는 오직 진흙으로서 실재할 뿐이고 그러한 성품으로서 변함없이 남아 있게 되는 것과 마찬가지로, 바탕(adhishthana) 위에 덧씌워져 그것과 별개인 것처럼 보이는 우주 전체는, 미혹에 의해 그 바탕(브라만)과 혼동되어 나타나 보이는데, 밧줄 상의 뱀과 같이 이렇게 덧씌워진 것들은 실제로는 존재하지 않고 순전히 가공적으로 나타난 것이다. 또한 자개의 바탕에 존재하는 것처럼 보이는 은銀은 그 바탕인 자개를 떠나서는 존재성이 없고 자개 자체일 뿐인 것과 마찬가지로, 현상계는 그것의 바탕인 브라만을 떠나서는 아무런 존재성이 없다. 무지와 그릇된 지知로 인해 미혹된 자에게 온갖 형상들의 이 현상계로 나타난 그 무엇이든, 그리고 마치 실재하는 듯이 보이는 어떤 객관 대상이든, 사두여! 실재를 있는 그대로 보는 지知 안에서는 그 모두 브라만의 효과이며 저 바탕인 브라만 위에 덧씌워진 별개의 사물들로서, 미혹으로 인해 바탕인 브라만과 혼동되어 마치 실재하는 듯이 보이는 것이므로, 단지 이름일 뿐이고 우유 한 방울만큼도 실재하지 않는 순전한 환상에 지나지 않으며, 저 바탕인 브라만 안에서는 아무 존재성이 없고, 떠오름도 가라앉음도 없는 존재-의식-지복인 브라만으로서만 존재한다. 만약 **브라만** 안에 현상계가 조금이라도 실재로서 존재한다고 하면, 그것은 **브라만**의 완전한 실재성(*paripurnatva*)을 손상할 것이고, '이 세계는 실로 **브라만**이다'라고 분명한 언어로 선언하는 『아타르바베다(*Atharvaveda*)』의 권위에 저촉될 것이며, 또한 일체를 아는 **이스와라**가 '모든 원소들은 내 안에 있지 않고, 불가분의 전체인 **나**는 그것들 안에 있지 않다.'고 했을 때 거짓말을 한 것이 될 것이다. 이러한 모순을 진정한 사두인 큰 성인들은 지지하지 않을 것이다. 그뿐만 아니라 깊은 잠 속에서는 세계가 전혀 나타나지 않고, 만약 탐구해 보면 그것은 꿈의 세계처럼 공허하고 거짓된 것으로 드러난다. 그와 같이 (현상계가 실재한다고) 말하는 저 미혹된 바보들의 말은, 잠을 자면서 하는 헛소리(잠꼬대)처럼 그릇된 것이며, 따라서 **브라만**이야말로 어디에서나 단일하면서도 완전하게 빛나고 있다. 비이원적이고, 형상이 없고, 행위함이 없고, 미현현이고(*avyakta*), 불멸이며, 측량할 수 없고, 시작도 끝도 없고, 참되고, 평안하고, 청정순수하고, 지복의 정수를 그 성품으로 하며, **마야**에 의해 창조된 일체의 차별이 없고, 영원하고, 지속적이고, 부분이 없고, 흠이 없고, 이름이 없고, 무차별하고, 스스로 빛을 발하고, '아는 자-앎-알려지는 것'의 3요소를 넘어서 있고, 비어 있고, 절대적이고, 끊임없고, 순수한 **영**靈이며, 영구히 빛나는 이 **빠라브라만**인 **실재**를 진인들은 알고 있다."

"제자여! 붙잡을 수도 내버릴 수도 없고, 마음과 언어로 포착할 수 없고, 측량할 수 없고, 시작도 끝도 없고, 일체에 편재하는 이 **브라만**이야말로 나이고, 그대이며, 다른 개인들이다. '그대가 **그것**이다(*Tat tvam asi*)'와 같은 큰 말씀들은 '**그것**(*tat*)'으로 알려진 **브라만**과 '그대(*tvam*)'로 알려진 개아의 동일성을 드러내지만, 그 동일성은 '**그것**'과 '그대'라는 문자적 의미에 의해서는 나타나지 않으니, '**그것**'의 문자적 의미는 우주의 원인인 **이스와라**의 마야이고 '그대'의 문자적 의미는 개아의 다섯 껍질이어서, 둘

다 실재하지 않는 원인과 결과인 부가물들이며, 해와 개똥벌레, 왕과 노예, 대양과 우물, 수미산須彌山35)과 원자처럼 서로 반대되는 속성을 가지고 있다. '그것'과 '그대'의 문자적 의미에서 브라만과 개인 간에는 어떤 동일성이 있을 수 없고, 경전에서 그 동일성을 규정하는 것은 그런 방식이 아니다. 문장의 의미를 해석하는 세 가지 락샤나 중 '자할' 락샤나와 '아자할' 락샤나를 배제하고 '자하-아자할' 락샤나를 취하면,36) '그가 저 데바닷따이다'37)라는 문구에서 (상이한 시간과 장소에 드러나는 데바닷따의) 모순되는 측면들은 배제하고 (시간과 장소에 관계없는) 데바닷따라는 사람의 동일성에 집중하는 것과 마찬가지로, 브라만 위에 덧씌워진 이원성을 배척하는 베다의 권위에 의거해서나 그대 자신의 분별지分別知에 의해, 마치 밧줄상의 뱀이나 꿈과 같이 덧씌워진 거짓된 대상인 부가물들('그것'과 '그대'의 속성들)을 '이건 아니다, 이건 아니다'라고 배제할 수 있다. 왕족인 사람의 방패 문양이나 노예의 소유자 표식과 같은 속성을 제거하면 두 사람 다 같은 인간이듯이, 이스와라와 개인이라는 형상을 떠난 의식의 나머지 측면에서는 그 문구가 이스와라와 개인의 성품이 동일함을 선언하며, 여기

---

35) T. 우주의 중심에 솟아 있다고 하는 큰 산.
36) "언어의 2차적 의미의 학學은 락샤나(lakshana)라고 하며 세 종류가 있다. 첫째는 자할-락샤나(jahal-lakshana)이고, 둘째는 아자할-락샤나(ajahal-lakshana)이며, 셋째는 자하-아자할-락샤나(jaha-ajahal-lakshana)이다. 첫째 것에서는 어느 말의 1차적 의미가 배제되고 2차적 의미가 보유된다. 두 번째 것에서는 1차적 의미가 보유되고 2차적 의미는 배제된다. 세 번째 것에서는 1차적 의미의 일부는 배제되고 일부는 보유된다."
T. 영어판에서는 이상의 구절을 편자가 본문 중에 괄호로 삽입하고 있으나, 타밀 원문에 없는 것이므로 여기서는 각주로 내렸다. 세 가지 락샤나를 구체적으로 설명하면 다음과 같다. 1) 자할-락샤나: "강 위의 마을"이라는 말에서 '강'은 '강변'을 의미하므로 그 1차적 의미인 '강'은 완전히 배제된다. 2) 아자할-락샤나: "붉은 것이 달린다"라는 말에서, '붉은 것'은 '붉은 말'을 뜻하므로 1차적 의미인 '붉은 것'이 보유되지만 그 함축된 의미인 '말'에 의해 보완된다. 3) 자하-아자할-락샤나: "그가 저 데바닷따이다"에서 '그'는 현재라는 시간 장소에 조건 지워진 데바닷따이고, '저'는 과거라는 시간 장소에 조건 지워진 데바닷따이다. 이때 '저'와 '그'라는 말의 의미의 일부, 즉 '과거라는 시간 장소에 조건 지워진'과 '현재라는 시간 장소에 조건 지워진'은 배제된다.
37) T. 이것은 비이원론자들이 사용하는 예문의 하나로, 특정한 이름과 형상을 가진 사람의 인격의 지속성(동일성)을 진술하는 명제이다.

에는 아무 모순이 없다. 왜냐하면 **의식**은 양자의 끊임없는 단일한 본질이기 때문이다. 큰 성인인 **진인**들과의 접촉을 통해, 그대 또한 실재하지 않는 몸을 '나 아닌 것'으로 배척함으로써 **브라만**과 **자기**(진아)의 이 복된 동일성을 알고, 명석한 지성에 의해 그대 자신이 곧 순수한 **의식**이고 허공처럼 미묘하며 항상 빛나는 참된 **지**(知)이자 **지복**인 일체에 편재하는 **브라만**임을 알라."

"진흙에서 생겨났고 진흙의 성품으로 되어 있는 항아리 등 모든 질그릇이 진흙일 뿐이듯이, **브라만**에서 생겨났고 **브라만**의 성품으로 되어 있는 이 세계도 **브라만**일 뿐이며, 꿈에서 나타나는 영원하지 않은 공간·시간·감각 대상, 그것들을 아는 자 등 일체가 거짓된 것이듯이, 이 생시에 자신의 무지로 인해 나타나는 몸·감각기관·생기·에고 등을 위시한 이 세계는 순전한 환(幻)이며 실재하지 않는다. 왜냐하면 이 전체 세계는 유일하게 실재하는 **브라만**에서 방출되며, **브라만** 자체이기 때문이다. 그것은 지극히 고요하고 완전히 청정한, 비이원적인 **브라만**이며, 진실로 '그대가 **그것**이다(*Tat tvam asi*)'. 그것은 탄생 등 여섯 가지 몸의 **변화**(탄생·어림·성장·늙음·쇠약·죽음)나, 출신 계급, 관습, 부족, 가문, 이름과 형상, 특징이나 속성이 없고, 장점이나 결함, 정신적 질병이나 신체적 질병도 없으며, 배고픔·목마름·슬픔·망상·늙음·죽음의 여섯 가지 악에서 벗어나 있고, 공간·시간 혹은 객관 대상이 없으며, 어떤 언어로도 묘사할 수 없고, 지혜의 눈으로만 이해할 수 있고, 요기의 **심장** 안에서 드러나는 것이고, 어떤 감각기관에 의해 지각되는 것이 아니며, 거친 마음으로는 알 수 없는 것이고, 미혹에 의해 투사되어 나타난 이 거짓된 세계의 바탕이며, 세계의 창조·유지·소멸의 원인이고, 결과인 이름과 형상의 모든 세계에 대해 원인이지만 그 자체는 어떤 원인도 없는 지고의 **원인**이며, 그러면서도 원인이나 결과와 별개이고 존재나 비존재와도 별개이고, '크샤라(*kshara*)'

(마야의 결과)나 '악샤라(akshara)'(마야)와 별개인 지고의 악샤라이고,38) 브라마에 의해 금과 같이 (갖가지) 이름·형상·속성·변상·차별로 나타나지만, 그것은 이름도 형상도 없고, 속성도 변상도 차별도 없고, 불균형도 없으며, 파도 없는 바다처럼 고요하여 움직임이 없고, 영원하며, 무형상이고, 오점이 없고, 비할 바 없고, 차별상이 없고, 영구히 해탈해 있고, 불멸이고, 시작이 없고, 청정순수하며(parishuddha), 그 너머에 아무것도 없는 것이고, 단일하여 부분이 없고, 일체에 편재하고(paripurna), 참된 지知이자 무한한 지복이며, 단일한 본질이자 이 모든 것인 브라만, '그것이 그대이다.' 이 진리를 예리한 지성으로 심장 안에서, 끊임없이 동요 없이 늘 명상하라. 그러면 손바닥 안의 물같이 명백하여 의심할 수 없는 실재지를 얻게 될 것이다. 자기 군대의 한가운데 있는 왕과 같이 몸의 (여러) 기능들을 거느리고 있는 지知야말로 브라만의 형상인 진아임을 (지혜로운) 분별로써 알고, 다른 모든 별개의 대상들을 이 실재 자체로 간주하면서 이 진아로서 항상 안주하면, 지복과 존재의 평안을 성취할 것이다."

"지성의 동혈 안에, 존재나 비존재와는 다른 비이원적 진리인 브라만이란 실재가 있다. 그 실재 자체로 항상 머무르는 자는 저 심장동혈 안에 확고히 안주하여, 몸의 동굴 속으로 진입하지 않는다(태어나지 않는다)."

"이러한 진리를 알고 있어도, 강력한 윤회계의 힘 속에서 '내가 행위자고, 향유자다'라는 느낌의 장애가 시작 없는 원습으로 인해 종종 일어난다. 자기 자신 보기(svatma drishti-자기주시, 곧 진아내관)로써 확고하게 자기 안에 머무르는 그대 자신의 노력으로 이러한 습習들을 제어하라. 바쉬슈타(Vasishta) 같은 진인들은 원습이 고사枯死하는 것만이 해탈이라고 선언하였다. 세간습世間習(loka-vasana), 육신습肉身習(deha-vasana) 혹은 경전습經典習

---

38) T. '크샤라(kshara-흐름, 변천)'는 흘러가며 변하는 현상계, '악샤라(akshara-불변, 불후)'는 그 변화의 바탕인 마야의 창조력을 말한다.

(sastra-vasana)39)을 통해서는 **진아**지가 있는 그대로 드러나지 않는다. '윤회라는 감옥에서 해방되려는 사람들에게는 이 세 겹의 습이 족쇄다'라고 깨달은 자들이 말하므로, 세간·경전·몸에 대한 집착을 포기해야 하며, 몸은 발현업(prarabdha)의 힘에 의해 유지된다는 것을 분명하게 깨달아야 한다. 따라서 이러한 집착들을 용감하게 포기하고 사뜨와와 라자스에 의해 따마스를 극복하도록 힘차게 분투해야 하며, 혼합된 사뜨와로써 라자스를, 순수한 사뜨와로써 혼합된 사뜨와를 극복해야 하고, '그대가 그것이다' 등 큰 말씀들을 통해 개아와 브라만이 다르지 않다고 선언하는 경전의 권위에 의해서, 그리고 자신의 확고한 결의와 자기 체험으로써, '나는 개아가 아니라 관념 형상들(buddhi-vritti)의 주시자인 나로서 체험되는 일체에 편재하는 브라만이다. 저 브라만이야말로 나다.'라고 하는 브라만과 **자기**의 동일성의 형상에 대한 지知를, 이 몸 안에 있는 '나'라는 관념(aham-buddhi)이 자취 하나 없이 완전히 뿌리 뽑힐 때까지, 그리고 개아들과 세계가 하나의 꿈처럼 보일 때까지, 부단히 명상하여 얻어야 하며, 탁발을 하고 자연적인(생리적인) 기능을 영위하는 것 외에는 다른 일 없이, 언제 어느 때에나 잠이나 세속적인 대화, 혹은 75가지 감각 대상에 빠져 **진아**를 잊어버리는 일이 조금도 없게 하면서, 부단히 **심장** 안에서 집중하여 단 하나인 **진아**에 안주함으로써, 원습 없는 **실재**에 대한 확고한 믿음을 얻고 저 원습을 꾸준히 벗겨내어, 덧씌움의 결과로 끊임없이 나타나는 '나'와 '내 것'이라는 느낌을, 몸과 감각기관들에서 완전히 뿌리 뽑아야 한다. 물과 접촉하여 나쁜 냄새에 뒤덮인 백단목 덩어리는 그것을 갈아서 나쁜 냄새를 없애 주면 본래의 향기가 다시 저절로 발산되듯이, 이 부단한 지知-수행(jnana-abhyasa)이라고 하는 연마를 통해 마음을 **진아** 안에 안

---

39) T. 세간습은 외부 세계의 일에 관심을 갖는 것이고, 육신습은 육신의 외양이나 건강에 신경을 쓰는 것이며, 경전습이란 책을 자꾸 더 많이 보고 싶어 하는 것이다.

주하게 하여 원습을 제거하면 평안이 **진아** 안에 자리 잡게 되며, 그러한 **진아** 안의 안주에 의해 요기는 마음을 소멸하고, 그럼으로써 **심장** 안의 비진아인 외부적 원습이 완전히 근절되며, 그 원습의 불가사의한 힘에 의해 가려져 있던 **지고아**의 체험이, 오염되지 않은 백단목의 향기처럼 청정하게 저절로 빛을 발한다."

"어떤 방식이든 대상으로 나타나는 에고 등(에고·몸·감각기관 등)은 완전히 거짓이고, 변상이며, 찰나적인 것으로 지각되는 것이고, 아무것도 알지 못하는 지각력 없는 것이며, 꿈속이나 깊은 잠 속에서는 흔히 잘 지각되지도 않는 것이므로, 그것은 저 **진아**, 즉 경전에서 말하는 대로 생사가 없고, 영원한 것이고, 주시자이고, 변하지 않는 것이며, 존재나 비존재와는 별개이고, '나'라는 말의 (진정한) 의미인 초연한 **진아**가 될 수 없다. 따라서 어머니와 아버지의 오염물에 의해 태어난 오염물의 살덩어리인 이 송장 몸을 더러운 물건 보듯이 무시하고, 이 거친 몸과, 관념으로 상상해 낸 이 아만과, 여기에 수반되는 이름과 형상, 관습, 부족과 가문, 출신 계급과 인생단계 등을 놓아버리며, 마찬가지로 링가 몸(미세신)과 행위자 관념 등 그것의 성품인 '나'라는 느낌(aham-buddhi)을 놓아버리고, **진리**이자 **지**知-**지복**인 **진아** 안에서 '나'라는 느낌을 붙들고, 그 **실재** 안에서 세계가 마치 거울 속에 비친 도시나 드리워진 그림자처럼 반사되어 보이는, 저 일체의 바탕인 스스로 빛나는 **브라만**의 대공大空(maha-akasa) 안에서, (바깥의 대공과 둘이 아닌) 항아리 안의 공간처럼 **자기**(진아)를 비추면서, '그것이 나다'라고 하는, 부분이 없고, 무형상이고, 무행위이며, 둘이 없는, 끝없는 **존재**-**의식**-**지복**의 성품을 가진 그대의 본래 모습(nija-rupa)을 체험하여 알고, 배우가 (연극이 끝나면) 분장했던 배역을 포기하고 자신의 본래 모습을 지키듯이, 이 거짓된 몸 자아를 놓아버리고 몸-우주(소우주)와 **브라만**-우주(대우주)를 오물 덩어리처럼 여기면서, 부동의 일여一如한 마음(bhava)

으로, 일여한 성품의 독존獨存하는 **브라만**으로서 영구히 고요함에 안주하여, 지고의 **평안**을 얻도록 하라."

 "영혼에게 윤회의 원인이 되는 장애들은 많지만, 최초의 변화로서 일어나는 에고야말로 그러한 장애들의 으뜸 원인이다. 무한한 영광을 지녔고, 영원하고, 단일하고, 불변이며, **진리**이자 **지**知**-지복**의 형상인 그대에게 이 에고에 의한 덧씌움과의 동일시 때문에 탄생·죽음·괴로움 등 윤회의 속박이 닥쳐왔지만, 성품상 그대에게는 전혀 그러한 속박이 없다. 몸 안에 독毒이 조금이라도 있어 그 영향이 지속되는 한 건강한 상태가 있을 수 없듯이, 에고와의 연관(동일시)이 지속되는 한 해탈이라는 말은 있을 수 없으며, 따마스의 은폐에서 비롯된 에고가 그것의 결과인 온갖 차별상과 더불어 아무런 자취도 남김없이 완전히 소멸되면 '**진아와 브라만의 동일성**'의 상태가 아무런 장애 없이 분명하게 드러나므로, 초연한 **진아**의 성품을 분별함으로써 '그것이 나다'라는, 스스로 빛을 발하고, 일체에 편재하며, 영원한 **지복**인 참된 성품의 **실재**를 발견하여, 라후에게서 벗어나 눈부시게 빛나는 보름달처럼 에고에서 벗어나 **진아**로서 영원히 빛나라. **심장**이라는 들판에 에고라는 엄청나게 무서운 뱀이 **진아**의 **지복**을 둘러싸고 똬리를 틀고 있으면서 구나의 세 겹 두건(hood)을 펼친 채 아무도 접근하지 못하게 하므로, 대단한 용기를 가진 자가, 경전에서 말하듯이 (진아에 대한) 체험적 **지**知라는 강력한 검으로써만 에고라는 뱀의 이 세 가지 무서운 머리를 절단할 수 있고, 이렇게 에고의 뱀을 죽인 사람은 **브라만의 지복**이라는 광대한 보물을 얻어서 그것을 누릴 수 있으니, 그대도 마치 실재물처럼 보이면서 스스로 행위자인 양 해도 실은 **진아**의 반사된 빛일 뿐인 에고의 '나'라는 느낌을 포기하고, 에고에 집착하는 모든 상相들을 내면으로 향하게 하여, 목에 걸린 가시처럼 해를 끼쳐온 그대의 적인 에고를 **지**知의 검으로 죽이고, **절대적 실재**의 성품을 성취함으로써 다른 모든 욕망을 소멸하여, 자신의 참된 성품인 진아의 왕국을 즐기면서 완전한 진아가 되어, 차별상 없는 브라만의 상태 안에서 항상 고요해지도록 하라."

"이런 식으로 에고를 죽일 수는 있겠지만, 만일 한 순간이라도 그에 대해 생각을 일으키면 그것은 되살아나 활동을 개시하여, 마치 바람이 겨울 구름을 몰아가듯이 사람을 자기 앞에서 몰아가니, 몸 등의 감각 대상들에 '나'라는 등('나·너·그것' 등)의 느낌을 연관시키는 사람은 속박되고, 그러지 않는 사람은 해방된다는 것을 기억할 것이며, 감각 대상에 대한 상념(chinta)들은 분별 관념(bheda-bhava)[40]을 통해 나고 죽음의 속박을 야기하는 원인이 되므로, 그러한 상념을 가진 적敵인 에고를 조금도 살려두면 안 된다. 말라서 시든 라임나무에 물을 주면 새 잎이 돋아나듯, 에고도 감각 대상에 대한 상념을 통해 되살아난다. 결과물이 늘어나면 그것들의 씨앗인 원인이 번성하고 결과물이 쇠퇴하면 그 씨앗도 소멸되므로, 생각이라는 결과물(상념)을 소멸하라. 결과물인 상념들이 번성하면 원인인 '나'(에고)를 위시한 저 원습들이 번성하고 상념들도 번성한다. 그 상념에서 외부적 활동들이 일어난다. 이 두 가지를 합친 것에서 원습이 발달하며, 영혼들이 거기에 지배되는 윤회의 속박이 만들어진다. 여기서 벗어나려면 앞에서 말한 세 가지(생각·활동·원습)를 모두 없애버리고, 모든 장소, 모든 시간, 모든 상태에서 '온갖 형상들로 나타나는 모든 것은 브라만 그 자체일 뿐이다'라는 소견(drishti)을 확고히 견지해야 하는 바, 이러한 태도를 확고히 견지하면 활동이 줄어들고, 그럼으로써 상념(생각)이 줄어들며, 그럼으로써 원습이 소멸된다. 그 원습의 소멸만이 해탈인 것이다. 이처럼 '일체가 브라만이다'라는 순수한 습習을 계발하면, 태양 앞에서 어둠이 사라지듯 '나'를 위시한 삿된 원습들이 그것의 온갖 음울한 결과들과 함께

---

40) T. '나'를 하나의 몸에 한정함으로써 '나', '너', '그것'으로 세계를 구분하는 의식, 혹은 자신을 지고자와 별개로 분리되어 있는 존재라고 생각하는 것('분리의 느낌').

사라질 것이며, 비이원적 **지복**의 체험이 떠오르면 속박도 그것의 모든 괴로움과 함께 자취도 없이 사라질 것이니, 그대도 모든 객관 대상을 오직 **브라만**으로 보면서, '저 **지복**인 **브라만**이야말로 나다'라는 흔들림 없는 태도를 가지고, 안팎으로 항상 삼매에 안주하여 업業의 속박을 해소하라."

"이렇게 **브라만**으로 안주하는 것을 한시도, 조금도 느슨하게 해서는 안 된다. 아는 이들은 진아망각(*pramada*)(**브라만** 안주에서 벗어나는 것)이야말로 죽음이라고 말한 **브라마**의 아들 사나뜨수자따 바가반에게 동의한다.[41] 자신의 참된 성품에서 이탈하는 그러한 진아망각으로 말미암아 미혹이 야기되고, 그 미혹에서 '나'라는 관념(*aham-bhava*)이 생겨나며, 여기서 속박이, 그리고 속박에서 괴로움이 일어난다. 따라서 진아망각만큼 깨친 자[42]에게 큰 불행은 없다. 웅덩이에서 건져낸 수초들이 물가에 가만히 있지 않고 웅덩이를 다시 덮어 버리듯이, 어떤 사람이 깨쳤다 하더라도 만약 그의 마음이 바깥으로 향하고, 그리하여 **마야**가 은폐력으로 그를 감싸기 시작하면, 그는 그릇된 지성에 의해 여러 가지 방식으로 지배될 것이다. 이것은 그가 정신 차려 깨어 있지 않았고, 자신의 진정한 상태를 잊어버렸으며, 감각 대상들을 향해 바깥으로 나갔기 때문이다. 그는 색녀色女에 빠져서 그녀에 의해 지배되고 휘둘리는 남자와 같다. 만약 실재에서 이탈함으로써 어떤 사람의 의식이 조금이라도 그 자신의 **진아**라는 표적에서 빗나가면, 그것은 외부적인 것들 속으로 들어가서, 마치 공이 손에서 미끄러져 계단을 굴러 내려가듯이 이 대상에서 저 대상으로 뛰어다닐 것이다. 그것은 외적인 경험들을 자신에게 좋다고 여기기 시작할 것이고, 그로부터 그것을 즐기려는 욕망이 일어날 것이다. 그러다 보면 그 경

---

41) *T.* 『사나뜨수자띠얌(*Sanatsujatiyam*)』이라는 경전의 서두에 이런 말이 나온다고 한다. "자기 자신을 잊어버리는 것을 나는 죽음이라고 말한다. 마찬가지로, 자기 자신을 기억하는 것을 나는 불멸이라고 부른다."(*MP*, 1982 April, p.87).
42) *T.* 여기서는 완전히 깨달은 자가 아니라, 진아를 체험하기 시작한 자를 뜻한다.

험들에 가담하게 되고, 그것은 다시 그의 **진아안주**를 무너뜨릴 것이며, 그 결과 그는 심연으로 빠져들어 거기서 다시는 일어나지 못한 채 죽고 말 것이다. 따라서 자신의 진정한 성품에서의 이탈을 의미하는 진아망각보다 **브라만 안주**(*Brahma-nishta*)에 더 큰 위험은 없다. 저 영구적인 안주 상태를 확보한 자만이 깨달음(*siddhi*)을 얻기 때문에, 모든 불행의 원인인 진아망각에서 일어난 망상(*sankalpas*)을 버리고, (마음이 밖으로 흐르지 않도록) 조심하면서 자신의 참된 상태 안에 안주하는 자로 머무르라."

"살아 있는 동안 **브라만**의 상태 안에서 해탈을 성취한 자(해탈자)는 몸이 없는 상태에서도 역시 그렇게 빛날 것이다. '조금이라도 분별 소견(*bheda-drishti*)이 있는 사람은 언제나 두렵다!'고 『**야주르베다**(*Yajurveda*)』에서 말한다. 일체를 포괄하는 **브라만** 안에서 극히 작은 분별이라도 보는 자는, 그 분별적 소견으로 인해서 두려움을 갖게 될 것이다. 여러 베다 경전(*Srutis*)과 다른 경전(*Smritis*)들에서 그토록 천시하는 거짓된 몸과 그 대상들에 '나'라는 느낌을 두는 자는, 불법적 행위를 저지른 죄인처럼 거듭되는 괴로움을 겪게 될 것이다. 우리는 진실에 몰두하는 자(정직한 사람)는 괴로움을 면하고 고귀함을 얻지만, 거짓에 몰두하는 자(거짓말쟁이)는 멸망한다는 것을, 결백한 자와 범행자를 판별하는 경우를 보아서 알 수 있고,[43] 거짓된 바깥의 대상들을 물리침으로써 **진아**에 대한 분명한 지각(진지眞知)을 마음에 얻게 되면, 이것이 윤회의 속박을 소멸하는 결과를 가져온다는 것을 안다. 따라서 바깥의 대상을 소멸하는 것이 해탈에 이르는 길이다. 해탈을 추구하면서 **실재**와 비실재를 분별하고, 성전聖典의 권위를 통해서 **지고아**의 진리를 알게 된 지성 있는 구도자라면, 어느 누가 자신이 망하는 원인인 줄 알면서 실재하지 않는 환상을 좇아 어린아

---

[43] 이것은 절도 용의자의 손에 뜨거운 쇠를 올려놓아 보면, 죄가 있는 자는 데고 죄 없는 자는 데지 않는다고 하는, 시련에 의한 심판을 두고 하는 말이다.

이처럼 달려가겠는가? 누구도 그렇게 하지 않을 것이다. 따라서 분별력 있는 구도자라면 속박의 원인이 되는 나쁜 습習들을 키우는, 거짓된 바깥 대상을 추구하는 것을 포기하고, '참된 지知-지복인 지고의 브라만이 바로 나다'라는 체험으로써 무지에서 비롯되는 모든 괴로움을 지워버리고, 지고의 지복을 안겨주는 브라만 안에 안주해야 한다. 생시의 상태에 있는 사람은 꿈을 꾸지 않고, 꿈의 상태에 있는 사람은 깨어 있지 않아 둘이 서로를 배제하는 것과 마찬가지로, 몸에 집착하지 않는 사람은 해탈을 얻지만 집착하는 사람은 그럴 수 없다. 해탈한 존재는 미세한 마음을 통해서 자기 자신을, 움직이거나 움직이지 않는 사물들의 세계 안팎에 두루 존재하는 주시자(진아)이자 바탕으로 보며, 일체진아관一切眞我觀(sarva-atma-bhava)44)으로 모든 부가물을 제거하고, 영속적인 완전한 실재로서 머무른다. 그런 사람만이 해탈할 것이며, 그는 몸에 대한 아무런 집착이 없다. 이러한 일체진아관 외에는 어떤 방법으로도 삶의 속박(bhava-bandha)45)에서 벗어나 해탈을 얻을 수 있는 길이 없다. 일체진아관은 영속적으로 진아에 안주하면서 집착 없이 대상들을 배제함으로써 얻을 수 있다. '몸이 나다'라는 관념을 가지고 외부의 대상에 집착하면서 늘 그 대상들이 시키는 대로 행위한다면, 어떻게 그것을 배제할 수 있겠는가? 그것은 불가능하다. 따라서 업業(karma)과 규범(dharma)에 기초한 모든 행위를 포기하고, 실재지와 부단한 진아안주(atmanishta)로써 영속적 지복 안에 잠길 수 있도록 마음을 준비시키는 노력을 통해서만 대상들을 배제할 수 있을 것이다. 이렇게 하여 대상을 배제하고 지속적으로 일체진아관을 이뤄내면 '평안하고 절제된 사람(santo danta)'이라고 말하는 경전에서, 월제식月制食(chandra-yana)46)을 하고 청문 등(청문·성찰·일여내관)을 한 구도자들에게 늘 무상삼매

---

44) T. 모든 것이 자기('나')라는 관점, 소견 혹은 태도.
45) T. 윤회적 삶의 속박 상태. 여기서 bhava는 '탄생' 혹은 '존재의 상태'를 뜻한다.
46) 두 보름간에 걸쳐 음식 섭취를 점점 줄이다가 다시 점차 늘이는 것.

(nirvikalpa samadhi)를 권장하는 것은 이 때문이다. 따라서 저 부동의 무상 삼매를 성취하지 못하면, 어떤 유식한 학자도 무수한 전생의 원습을 수반하는 저 에고를 위시한 대상들을 소멸하고 잠시라도 평안을 얻기가 불가능할 것이다."

"(마야의) 투사력은 은폐력과 더불어 영혼을 미혹의 원인인 이 에고와 결합시키며, 에고의 성질들(구나)을 통해서 사람을 유령처럼 헛되이 방황하게 만든다. 이 은폐력이 소멸되면 진아가 아무런 의심이나 장애의 여지 없이 스스로 빛날 것이며, 투사력도 사라질 것이다. 설사 그것이 남아 있다 해도 순전히 외관상으로만 그렇게 보이겠지만, 만약 은폐력이 사라지지 않으면 투사력도 사라질 수 없다. 우유가 물에서 구분되듯이, 아는 주체(drik)가 알려지는 대상(drisya)들로부터 완전히 구분될 때에만 저 은폐력이 소멸될 것이다. 완전한 지知에서 나온 순수한 분별은 주체(진아)를 대상(비진아)들로부터 구분하며, 무지로 인한 미혹의 형상인 속박을 소멸한다. 분별력 있는 사람은 추론하기를, '마치 쇠가 불과 결합하듯이 무지와 결합한 지성은 존재의 형상인 진아와의 허구적 동일성을 얻어, 그 자신을 아는 자, 앎 그리고 알려지는 것의 세계로 투사한다. 따라서 이 모든 겉모습들은 망상, 꿈 혹은 상상과 같이 거짓된 것이다. 에고에서부터 몸에 이르기까지 모든 감각 대상 또한 실재가 아니며, 매순간 변화를 겪지 않을 수 없는 쁘라끄리띠의 변상들이다. 참된 자아(진아)만이 결코 변하지 않는다. 존재나 비존재와 구분되고, 지성의 주시자이며, '나'라는 말의 정확한 의미인, 이 단일하고 영원하고 둘이 아니며 불가분한 지知인 독립적 자아(pratyaga atma)야말로 실로 영원한 지복의 화신인 지고아이다.'라고 하면서, 분별을 통해 실재(진아)를 비실재(비진아)에서 구분하여 거기서 실재인 진아를 확인하고, 자신의 지견知見으로 '이 "나"야말로 영속적인 지知인 빠라브라만의 참된 성품이다'라는 소견을 얻고, 자신의 진아직견眞我直見

(Atma darshana)으로써 은폐력과 거짓된 지知, 그리고 투사력에 의해 창조된 저 괴로움들을, 마치 밧줄을 직접 보아 뱀에 대한 두려움을 소멸하듯이 소멸하여, 이러한 질환에서 벗어나 완전한 **평안**의 상태에 안주한다. 이처럼 무상삼매를 통해 비이원적 **진아**를 항상 보게 되면, 무지와 그 효과인 심장매듭도 완전히 사라질 것이다. 이렇게 하여 **지고자**와 개아의 동일성(Para-jiva-aikya)을 아는 **지**知의 불길로 무지의 숲을 남김없이 태워버리고 비이원적 **진아**의 성품을 깨달은 저 해탈자에게는 윤회의 씨앗이 따로 남아 있지 못한다. 그 씨앗이 없으므로, (그에게는) 다시는 나고 죽음의 형상인 윤회가 없다. 따라서 분별력 있는 사람이 윤회의 속박에서 벗어나려면 반드시 **진아**의 진리(Atma tattva)를 알아야 한다."

"이 차별상 없는 지고의 비이원적 **진아** 안에서 지성의 결함에 의해 나타나는 '너, 나, 이것' 등의 모든 상상물은 삼매나 **브라만** 체험의 상태에서는 존재하지 않는다. 또한 **진아**는 부가물들의 차별(개아들의 몸이 다양한 것)로 인해 분할 가능한 것처럼 보이지만, 이것들이 제거되면 그것은 단일한 것으로 빛난다. **절대자** 안의 이런 구분들을 해소하려면 부단한 삼매안주 三昧安住(samadhi-nishta)가 필요하다. 모든 활동을 그만두고 말벌에 대해 끊임없이 명상하는 말벌 유충이 말벌이 되듯이, 이러한 일념의 안주로써 **브라만** 안에 머무르는 힘을 가진 영혼은 그 **브라만**의 절대적인 고요함 안에서의 부단한 명상과 **브라만**에 대한 내관(Brahma-anusandhana)의 결과로 저 **지고아**의 성품이 된다. 이같이 부단히 실천하는 **브라만** 수행(Brahma-abhyasa)의 결과로, 마치 제련로에 집어넣어 합성물을 제거하면 본래의 순수한 상태를 회복하는 순금처럼, 사뜨와・라자스・따마스라는 세 가지 구나의 오염이 제거되고 청정한 자성自性이 드러날 것이며, 마음이 성숙되어 (마치 물속의 소금처럼) 언제나 **브라만** 안에 녹아들고, 그리하여 비이원적 **지복**의 본질적 체험을 얻는 원인이 되는 무상삼매를 성취할 것이다. 그러한 삼매를 통해서 모든 원습의 매듭과 모든 업이 소멸되어, 아무 애씀 없이도 안팎으로, 언제 어디서나, 참된 성품의 빛을 저절로 체험하게 된다. 이처럼 삼매에 의해서, 지극히 미세한 지성을 가진 사람들이 지극히 미세한 마음의 상相 안에서 저 지극히 미세한 **브라만**을 체험하며, 다른 어떤 방법으로나 어떤 거친 소견(sthula drishti)으로도 그것을 체험할 수 없다. 그와 마찬가지로, 평안·절제·물러남·인내 등을 확립한 현인(구도자)은 지속적인 삼매안주의 성취를 통해서 자신의 일체진아관一切眞我觀을 얻으며, 무지의 어둠에 의해 야기된 모든 차별상을 제거하고, 차별 없는 **브라만** 안에서 언제나 행복하게 머무르게 된다. 이와 같이 75가지 외부의 대상과, 귀를 위시한 감각기관들, 마음 등이 지知-**진아** 안에서 완전히 해소되는 그러한 무상삼매를 성취한 사람만이 윤회의 속박에서 해방되며, 이론적 지知로써만 이야기하는 사람은 거기서 한 순간도 벗어나지 못한다. 이 무상삼매를 통해서만 **브라만**의 참된 성품을 아무런 장애 없이 분명히 알 수 있다. 왜냐하면 그것을 떠나서는 마음의 상相들이 한 생각에서 다른 생각으로 옮아가며 항상 변동하기 때문이다. 그러므로 감각기관과 마음을 제어하고 늘 그대의 **진아** 안에 확고히 안주하여, 저 **하나인 진아**(Eka-Atma)의 직견直見(체험)을 통해 무지와 그것을 야기하는 자(에고)를 완전히 소멸하고 늘 **진아**로서 안주하라. 성찰(manana)은 청문보다 백 배나 힘이 있고, 일여내관(nididhyasana)은 청문보다 십만 배나 더 힘이 있다. 무상삼매를 통해 얻는 힘에는 한계가 없다."

"이 삼매 요가에서는 말의 절제·무소유(aparigraha)(아무것도 받지 않는 것)·무욕(nirasa)·물러남(uparati)·항상 홀로 있음 등이 모두 그 초기 단계의 보조 방편들이다. 홀로 있음으로써 감각기관들이 가라앉고, 그럼으로써 마음이 가라앉으며, 이 마음이 제어됨으로써 '나'를 위시한 원습들이 소멸되고, 영속적이며 부동인 **브라만**의 **지복**에 대한 본질적 체험을 얻게 되므로, 요기는 항상 마음을 제어하기 위해 꾸준히 노력해야 한다. 호흡은 마음 안으로 가라앉아야 하고, 마음은 지성 안으로, 지성은 주시자 안으로 가라앉아야 하며, 그 주시자는 일체에 두루한 차별상 없는 **브라만**을 앎으로써 지고의 **평안**을 얻게 된다. 의식(*chitta*)이 몸·감각기관·생기·마음 혹은 지성 등의 어느 부가물과 결합하든, 명상을 하는 사람은 의식이 끌리는 그 측면이 된다.47) 따라서 의식은 행위의 그침(*nivritti*)을 통해서 그런 것들을 배제하고 영원한 지복인 **브라만** 안에 가라앉아서 **평안**을 얻어야 한다."

"해탈에 대한 열망을 통해서 욕망에서 벗어남을 성취한 사람은 **브라만 안주**를 성취하여, 에고를 위시한 내적인 집착과 바깥 대상들에 대한 외적인 집착 등 모든 집착을 제거할 수 있으며, 그런 이야말로 내적·외적인 포기를 성취한다. 더욱이 무욕(*vairagya*)을 가진 사람만이 무욕을 견지하여 삼매를 얻고, 삼매를 얻은 사람은 (실재에 대한) 확고한 **지**知를 얻으며, 그러한 **실재지자**는 해탈을 얻고, 해탈자는 영원한 **지복**을 성취하므로, 해탈이라는 신부新婦와 결합하는 행복을 열망하는 자에게는 무욕이야말로 해탈의 길이다. 이 밖에는 행복을 얻을 수 있는 원인이 아무것도 없다. 이 무욕은 극히 순수한 **진아지**와 결합함으로써 틀림없이 해탈이라는 왕국의 행복을 얻게 해 준다. 새의 양 날개와 같이, 해탈의 산을 오르는 데는 무욕과 지知가 모두 필요하며, 그 중의 어느 하나라도 없으면 해탈을 성취할 수 없다. 그것을 그르치는 원인이 되는 독毒인 감각 대상들에 대한 욕망을 내버리고, 출신계급·부족·인생단계에 대한 존중심과 모든 행위(*karma*)를 포기하며, 이 실재하지 않는 몸 등에 '나'라는 느낌을 두지 말고 그대의 **진아**를 부단히 추구하라. 왜냐하면 진실로 그대는 주시자이며,

---

47) *T.* 즉, 의식이 몸에 끌리면 그는 몸이 되고, 감각기관에 끌리면 감각기관이 된다. 여기서 '의식'은 대상을 향하는 마음의 능동적 측면을 말한다.

청정하고 비이원적인 브라만이기 때문이다."

"모든 것의 주시자이며 스스로 빛을 발하는 이 브라만 형상의 진아는, 지성껍질 안에서 '나-나'로서 영원히 빛을 발하면서 다섯 껍질과는 별개의 '나'-체험으로서 알려지는, 항상 직접 체험되는 진아의 참된 형상으로서 빛난다. 저 목표인 브라만에 그대의 심장을 부단히 고정하고, 외적인 감각기관들은 그것들의 중심에 머물러 있게 하며, 몸에 대해서는 그것을 무시하는 마음을 가지고 '나는 브라만이다, 브라만이 나다'라는, 별개의(다른 근원의) 상相을 지닌 브라만과 자기의 동일성을 명상하여, 영원히 그 자체로 분리되어 있지 않은 같은 근원의 상相으로 성숙시킴으로써, 마음을 점점 더 움직이지 않게 하고, 자기와 지고자의 동일성에 대한 충만한 체험을 잘 깨달아, 저 브라만 체험의 정수를 영원한 기쁨 안에서 마시도록 하라. 비천하고 (진아와 무관한) 딴 물건인 몸 등 비진아의 세계에 대해 생각한들 무슨 소용 있겠는가? 그러니 모든 괴로움의 원인인 이러한 몹쓸 비진아 관념들을 내버리고 지복의 자리인 진아를 '나'라고 확고히 깨닫고, 에고 등의 부가물에 '나'라는 느낌을 두지 말고 그것들에 철저히 무관심할 것이며, 해탈의 인因인 진아내관(Atma-chinta)을 끊임없이 해 나가도록 하라."

"항아리, 곡식을 담는 큰 옹기, 바늘 등은 모두 별개의 사물이지만 하나의 허공 안에 들어 있고, 한 토막의 밧줄 상에 환영으로 나타났지만 그것을 환영으로 알면 사라지는 뱀처럼, 다른 어떤 것(바탕) 위에서 존재한다고 여겨지는 것은 그 실재물을 떠나서는 실재성이 없듯이, 그리고 같은 물 안에서 다르게 보이는 파도·거품 덩어리·거품·소용돌이 등을 조사해 보면 모두 물일 뿐이고, 항아리·단지·물동이들은 진흙에 다름 아니고 사실 진흙일 뿐이듯이, 그대의 무지로 인해 나타난 몸·감각기관·생기·마음·에고 같은 별개의 부가물들은 같은 대공大空(mahakasa) 안에 있을 뿐이지만, 하나의 불가분한 전체로서 빛나는 **존재-의식-지복**이라는 순수한 **브라만** 형상의 **진아** 안에서 **마야**의 술에 취해 미혹된 바보들은 (그것들을 두고) '나', '너', '그것' 따위로 허튼소리를 한다. 환영으로 나타난 몸에서부터 에고에 이르기까지의 부가물들과 **브라마**에서부터 바위 덩어리에 이르기까지 세계로 지각되는 모든 덧씌움은 진정 하나인 **진아** 외에 아무것도 아니다. 그것들은 단지 **쁘라끄리띠**의 현출이며 저 **실재**의 형상인 **진아**일 뿐이므로, 끊임없는 **존재-의식**의 형상인 **지고아**는 동서남북, 안과 밖, 위와 아래, 일체처로서 존재하는 **브라마요 비슈누요 시바요 인드라**이고, 신들이자 인간들이며 기타 모든 것이다. 더 이상 무엇을 말하겠는가? 경전에서는 거짓된 덧씌움을 제거하려고 '이원성이란 없다'고 하면서 '**브라만**은 둘이 없는 하나다'라고 선언하고 있으므로, **이스와라도 개아도**, (우주에서부터) 원자에 이르기까지의 세계도, 일체가 오직 **브라만**일 뿐이다. 허공같이 청정하고, 안도 밖도 없고, 차별상도 없고, 변함도 없으며, 움직이지 않고, 무한하고, 분리되어 있지 않은 비이원적 **브라만**이야말로 바로 그대이다. 이제 알아야 할 것이 뭐가 있는가? 경전에서는 '사람이 송장인 몸을 "나"로 여기는 한 그는 순수하지 않고, 생사·질병과 같은 온갖 괴로움을 겪어야 한다'거나, '그대 안에서 환영으로 덧씌워진 모든 사물을 제거하고 그대 자신이 지극히 순수하고 변치 않는 **시바**임을 알 때 그대는 해탈할 것이며, 저 행위함이 없고, 완전하고, 비이원적인 지고의 **브라만**인 자유인이 된다.'고 선언하고 있다. 이 '**브라만**이 나다'라는 큰 **지**知를 성취한 **진인**들은 바깥의 대상을 내버리고, **존재-의식-지복**이며 단일한 본질(*ekarasa*)인 **브라만**으로서 빛난다. 따라서 그대도 오염투성이의 거친 몸과, 바람처럼 흔들리는 **링가** 몸, 그리고 그 안의 '나'라고 하는 자아의식을 배제하고, 베단타에서 '영원한 **지복**의 참된 성품이야말로 그대'라고 칭송하는, 흔들림 없고 친숙한 그 **브라만**으로서 항상 머무르라."

"'이원성은 **마야**일 뿐이며, 비이원성이야말로 지고의 **실재다**'라고 경전에서 분명히 선언하고 있거니와, 의식에 의해 창조된 다양성(차별상)이, 의식 없이 행복한 깊은 잠 속에서는 없다는 것을 우리는 경험한다. (밧줄상의) 뱀이나 (신기루의) 물과 같이 상상된 것들은 과거·현재·미래에 실재하지 않으며, 밧줄과 사막 등의 바탕을 떠나서는 아무 존재성이 없다는 것을 분별력 있는 사람들은 알고 있다. 마음의 상相이 **진아**의 성품을 취하여 차별상 없는 **지고아** 안에서 삼매에 들면 차별상들이 모두 하나가 되어 마음의 현현물이 사라지는데, 세계의 형상으로 보이는 이 마법의 차별상들은 존재성이 없어 진실 아닌 거짓으로 되고 **브라만**만이 남게 되어 '보는 자, 봄, 보이는 것'이 공하며, 마치 어둠이 빛 안에 흡수되듯이 차별상으로 현현한 것들의 근원(원인)인 무지는 이 **브라만** 안으로 흡수된다. 겁劫(*kalpa*)이 끝날 때의 바다처럼 단일하고, 완전하며(*paripurna*), 충만해 있고, 청정순수하고, 움직임이 없고, 차별이 없고, 불변이고, 무형이며, 비이원적인 **브라만**이라는 실재 안에는 다양성(*bheda*)이라는 말 자체가 존재하지 않는데, 다양성이 어디에 있을 수 있겠는가? 영원한 **지**知**-지복**(*jnana-ananda*)인 **브라만**, 즉 비할 바 없고, 초연하고, 부분이 없고, 움직임이 없고, 무차별하고, 속성이 없고, 불변이며, 형상이 없고, 이름이 없고, 속박이 없는 영원한 해탈이고, 허공 같고, 비할 것이 없으며, **쁘라끄리띠**(원인)도 비끄리띠(*vikritti*)(효과)도 없고, 상상을 초월하고, 베단타의 권위에 의거해 성취되고, **심장** 안에 있는 영원한 '나'라는 체험의 성품으로 되어 있고, 탄생과 늙음과 죽음이 공空하며, 영원하고, 평안하고, 고요하고, 가없이 광대무변하고, 가장자리 없는 바다같이 충만된 단 하나의 원만한 **브라만**을, 진인들은 삼매의 상태에서 **심장** 안에서 '나'로서 직접적으로 체험하므로, 그대도 다시 윤회 속으로 떨어지지 않으려면, **심장** 안에서 그것 자체로서 빛나는, 일체의 부가물이 없는 존재-의식-지복인 비이원적 브라만에 대한 내관(*bhavana*)으로써 무상삼매를 닦아서, 오류의 원인인 (개인적) 의식을 소멸하고, 삶의 괴로움이 자리 잡고 있는 처소인 심장매듭을 절단하여, 끊임없는 **지복**의 부富인 **진아체험**(*Atma-anubhava*)을 얻고, 인간으로 태어난 목적을 달성하도록 하라. 이것을 성취하는 자가 극히 드물기는 하지만 말이다."

"발현업의 결과로 영혼(사람)에게 그림자처럼 나타난 것일 뿐인 자신의 몸을 하나의 송장 같은 것으로 간주하여 배격하고, 끊임없는 **지복**이자 비이원적 **진아**인 자기 자신을 알아서, **실재**의 형상인 차별상 없는 **브라만**의 불길 안에서 몸을 비롯한 여러 부가물들을 완전히 태워버린, 저 **지복의 브라만** 안에 안주하고 있는 성취자(*siddha*)이자, 영원한 **지**知-**지복**인 브라만으로서 존재하는 큰 성인이고, **실재지자**이며, **생전해탈자**인 **요기**가, 끊임없는 **지복**의 정수精髓를 체험하면서 어떻게 다시 그것을 갖고 싶어 하거나 보살피려 들겠는가? 발현업의 고삐(*pasa*)에 묶인 그 몸이 살든 죽든, 그는 마치 암소(*pasu*)가 자기 목에 걸린 화만에 무관심하듯이 전혀 개의치 않는다. 따라서 그대 또한 영원하고 순수하고 **지**知-**지복**인 **진아**를 깨달아서, 이 지각력 없고 순수하지 못한 부가물을 멀리 배격하라. 아주 외면해 버리고 더 이상 생각하지 말라. 한번 토해낸 것을 다시 집어먹을 사람이 어디 있겠는가?"

"신기루의 물 따위를 보고 좇아가느냐 않느냐는 그것이 실재하지 않는 것인 줄 아느냐 모르느냐에 달렸듯이, **진아**가 어떤 것인 줄 알면 실재하지 않는 괴로움에 마음이 움직이지 않고 영원한 만족과 영원히 체험되는 비할 바 없는 지복을 목표할 것이고, 만약 **진아**를 모르면 실재하지 않는 괴로움의 형상인 감각 대상들을 추구하게 된다. 그렇다면 **지**知의 검으로 무지라는 심장매듭을 끊어버리고 감각 대상을 떨쳐버린 지혜로운 사람이 어떻게, 그가 미혹되어 있을 때 하던 온갖 헛된 행위들을 털끝만큼이라도 하겠는가? 어떤 원인이 그를 행위하도록 유인할 수 있겠는가?"

"무욕은 지知를 가져오고, 지知는 물러남(uparati)을 가져오며, 물러남은 진아-지복의 체험과 평온이라는 결과를 가져오는데, 만약 이런 결과가 단계적으로 얻어지지 않으면 그 앞의 단계들은 실효성이 없다. 즐거움의 대상을 추구하는 습習이 더 이상 일어나지 않을 때 무욕은 성취되고, 몸 등에 '나'라는 느낌(aham-bhava)이 더 이상 속하지 않을 때 지知가 성취되며, 부단한 노력을 통해 브라만 안으로 마음의 상相들이 가라앉아 해소되어 더 이상 바깥으로 향하지 않을 때 물러남이 성취된다."

"진아와 브라만, 혹은 세계와 브라만을 구분하지 말 것이며, 경전에 근거하여 '자기 자신이 브라만이다'를 깨달아, 청정한 '브라만과 자기의 동일성'이라는 유일관념(ekabhava-오직 하나라는 관념)으로, 차별상 없는 순수한 의식의 상相(chinmatra vritti)을 브라만 안에 확고하게 확립함으로써 그대가 브라만 안에서 해소되게 하여, 항상 브라만으로 존재하라. 바깥의 대상을 내버리고, 마치 잠을 자는 아이의 상태처럼 그대의 즐김을 다른 사람들이 보거나 알게 하며, 행위함도 없고 변함도 없이 영원한 지복을 즐기면서, 마치 세상을 잊어버린 사람처럼, 그대의 마음이 사라졌다 해도 항상 깨어 있고, 그러면서도 깨어 있지 않은 사람처럼 머무르며, 그림자처럼 그대를 따르는 몸, 감각기관 그리고 외부의 사물들에 '나'와 '내 것'이라는 느낌을 두지 말고 그것들을 도외시하라. 윤회라는 결함과 대상습(vishaya-vasana)에서 벗어나 분별력을 갖추고, 의식이 깨어 있으면서도 생각이 없도록 하며, 형상이 없으면서도 형상을 유지하라. 그 순간에 경험하는 어떤 것에서도 좋아함과 싫어함이 없고, 미래에 일어날 일을 생각함이 없이 브라만 지복의 정수 체험에 끊임없이 집중하면서, 힘 있는 마음으로, 안팎의 대상들에 대한 지知가 없게 하고, 지知의 힘을 통해 선과 악, 사두들이 하는 일과 삿된 사람들이 하는 일, 공경恭敬과 불경不敬 등 모든 상대물의 쌍들 앞에서 조금도 동요됨이 없이, 평등심(sama-bhava)을 유지하라. 바다로 들어간 강과 같이, 그것을 성취하여 감각 대상들의 영향을 받지 않고 '자기 자신'으로서 오롯이 몰입해 있는 진인은, 삶의 속박에서 벗어난 반야안주자般若安住者(sthitaprajna)이며 생전해탈자이다. 그런 이야말로 (전생에 지은) 무량한 공덕의 과보를 거두며, 사람들이 공경할 만하다. 이러한 진인은 실재의 단일성에 대한 지知에 의해서 모든 원습이 소멸되었으므로, 과거의 원습에 의한 어떤 윤회도 되풀이하지 않는다. 천하의 호색한도 자기 어머니를 즐기려는 생각은 결코 하지 않듯이, 완전한 브라만의 지복을 체험하는 진인에게는 대상인 윤회계(samsara)가 없다. 만약 있다면, 그는 브라만을 아는 진인이 아니라 (마음이) 밖으로 향하는 자이다."

"'브라만이 나다(Brahmaivaham)'라는 지知의 불길에 의해서, 마치 꿈속에서 행하는 공덕과 죄악이 우리가 눈을 뜨면 천상이나 지옥으로 가는 원인이 되지 못하고 사라지듯이, 그가 무수한 겁劫 동안 쌓은 누적업累積業(sanchita karma)은 그렇게 소멸되며, 허공처럼 집착이 없고 (업의 효과들에) 무관심한 채 그가 자신을 지고의 브라만으로 알면, 마치 항아리 안의 허공이 항아리 안의 내용물에 영향을 받지 않듯이 그의 미래업未來業(agami karma)도 함께 불타서 소멸된다. '행위가 있으면 그 열매가 있고, (행위가) 없으면 (열매도) 없다'는 원칙에 의해서나, (과거의) 행위에서 비롯된 행복 등의 열매를 경험하는 한 그도 업에서 아주 벗어난 것이 아니라고 말함으로써, 혹은 영구적인 삼매에 안주해 있는 진인도 때때로 외부적 활동에 가담하여 그 열매를 거두기도 하는데, 예컨대 호랑이인 줄 알고 활을 쏘았으나 나중에 소였음을 알았다 해도 일단 쏜 화살은 그 소를 죽일 수밖에 없듯이, 진인도 여전히 발현업만은 받게 되며 그 결과를 거두어야 한다고 말함으로써 '진인에게도 발현업은 남아 있고, 그것을 경험해야만 소멸된다'고 하는 것은 (실재하지 않는) 거짓된 발현업이라고 경전에서 말하고 있다. 꿈속의 경험에서 깨어난 사람은 그 꿈속의 세계로 돌아가지 않으며, 꿈속에 있던 거짓된 감각 대상들을 다시 경험하고 싶어 하거나 꿈속의 몸과 환경을 생시의 '나'와 '내 것'으로 집착하지도 않기 때문에, 그는 꿈속의 세계로부터 완벽하게 자유로우며, 이제 생시의 상태에서 행복하다. 반면에 그 꿈에 조금이라도 집착하는 사람은 잠의 상태를 벗어났다고 말할 수 없다. 그와 마찬가지로, 브라만과 자기의 동일성을 깨달은 진인은 다른 아무것도 보지 않고, 밥을 먹고 똥을 누어도 마치 꿈속에서처럼 그렇게 하며, 모든 한계(부가물)들에서 벗어나 있는 절대적 브라만의 형상이며 속성 없는 브라만인데, 어떻게 발현업만은 그에게 영향을 준다고 말할 수 있겠는가? 잠에서 깨어난 사람이 계속 꿈을 꾸겠는가? 업業으로 만들어진 진인의 몸에 발현업이 영향을 준다 할지라도, 그것은 그가 '몸이 나다'라는 관념을 가지고 있는 한에서만 그러할 것이며, 그 관념이 아주 사라지고 나면 '불생不生·영원·불멸'이라고 경전에서 말하는, 그리고 업에서 생겨난 것이 아닌, 시작 없는 청정한 진아의 형상을 하고 있는 진인에게 발현업이 어떻게 있을 수 있겠는가? 환幻으로 나타난, 실재하지 않는 허구인 몸에 발현업을 귀속시키는 것 자체가 하나의 환상이다. 환幻이 어떻게 실체로서 태어나 살다가 죽을 수 있겠는가? '그렇다면 왜 존재하지도 않는 발현업에 대해 경전에서 말하고 있으며, 지知에 의해 무지와 그 효과들이 죽어버린 뒤에도 어떻게 진인에게 몸이 계속 존재할 수 있는가?'라고 의심하는 미혹된 어리석은 사람들에게는, '논의의 목적상 경전에서 진인에게 환幻의 발현업이 외관상 존재한다고 하는 것이지, 진인에게 몸 등이 참으로 존재한다고 말하는 것은 아니다'라고 설명하게 된다. 진인의 안목에서 보자면, 시작도 끝도 없고, 일체에 두루 원만한, 영원하고 참된 지知이자 지복이며, 행위함이 없고, 불변이고, 무한하고, 단일한 본질이며, 버릴 수도 없고 취할 수도 없고, 지극히 미세하고, '나'의 면모로 충만해 있으며, 의지하는 바탕이 없고, 속성이 없고, 오염이 없고, 부분이 없고, 무차별하고, 측량할 수 없고, 생각이나 말로 묘사하거나 규정할 수 없고, 영원히 확립된, 순수한 비이원적 **브라만**만이 빛나고 있다. 여기서 얻어지는 것들(현상계의 대상들)이 거기서는 전혀 아무것도 보이지 않는다. 이 단일한 본래적 성품을 향유하는 것이나 그 향유에 대한 욕망 자체를 포기한, 평안하고 절제된 큰 성인인 은자隱者들은 **진아합일**(*Atma-yoga*)을 통해서 **심장** 안에서 이 동일성을 깨달아 지고의 해탈을 얻는다. 그러므로 아들이여! 그대도 자신의 본래적 성품인 지고의 **지복**이자 지고의 **진아**를, **부동삼매**不動三昧(*nischala samadhi*)를 통해 얻은 지견知見으로써 의심 없이 깨닫고, 나중에 이 가르침에 대해 분별심을 일으키지 말라. 그러니 마음이 만들어내는 분별 망상을 던져버려서 **진인**이 되고, 해탈자가 되고, 삶의 목적을 달성한 각자覺者가 되라. 경전과 마찬가지로 스승은 모든 사람에게 공통된 가르침을 준다. 속박과 해탈, 배고픔과 만족, 질병과 건강은 그 자신이 스스로 체험해야 하며, 다른 사람들은 (그를 보고) 그것을 추리할 수 있을 뿐이다. 그와 마찬가지로, 분별 있는 사람은 지고한 **하느님**의 은총을 통해서 얻은 그 자신의 체험으로써 생사의 바다를 건너가야 한다. 이처럼 자신의 무지에서 생겨난 속박에서 해탈을 얻고, **존재-의식-지복**인 **진아**의 형상으로 머무르도록 하라. 경전·이성·스승의 말씀, 그리고 자신의 내적인 체험은 그것을 뒷받침하는 수단들이다."

["베단타 경전들의 핵심은 다음 항목들로 요약될 수 있다. 1) '확고부동한 **브라만** 안에서 서로 다르게 보이는 모든 것은 전혀 실재성이 없고, 존재하는 것은 오직 나뿐이다'라는 소거견消去見(*badha drishti*)과, 2) '꿈 기타 불가사의한 힘의 결과로 내 안에서 나타나는 모든 것은 하나의 환幻이다. 나야말로 **진리**이다'라고 하는 가환견假幻見(*mithya drishti*), 그리고 3) '바다와 별개로 보이는 모든 것, 즉 거품과 파도는 바다일 뿐이고 꿈속에서

보이는 모든 것은 그 꿈을 보는 사람의 안에 있는 것일 뿐이듯이, 바다나 꿈을 보는 사람의 경우처럼 내 안에서 나와 별개로 보이는 모든 것은 나 자신이다'라는 용해견溶解見(pravilapa drishti)의 세 가지 견해가 그것이며,48) 이 중의 어느 수단으로 대상들을 배제하고, 그것이 부분이 없고, 청정하며, 비이원적 브라만인 진아임을 깨달은 자야말로 해탈한 자이다. 이 세 가지 지知의 방편이 모두 깨달음에 도움이 되기는 하나, 일체를 자기 자신의 진아로 보는 용해견이 진지眞知(깨달음)의 가장 수승한 인因이다.]49) 따라서 그대는 불가분의 진아를 그대 자신의 체험으로써 깨달아, 그대 자신으로 항상 차별상 없이 안주해야 한다. 더 이상 무엇을 말하겠는가? 모든 개아와 세계는 브라만일 뿐이며, 불가분의 비이원성인 저 브라만으로 안주하는 것이야말로 해탈이다. 이것이 모든 베단타의 최종적 결론(siddhanta)이자 비밀스런 가르침(rahasya)이다. 저 경전들은 이것을 뒷받침하는 수단인 것이다."

제자는 스승의 이러한 말씀을 통해서, 경전의 근거를 통해서, 그리고 그 자신의 이해에 의해, 진아의 진리를 깨달았다. 그는 자신의 감각기관들을 제어하고 일념이 되었으며, 잠깐 동안 그 지고아 안에서 부동삼매에 들었다. 그런 다음 그는 일어서서 스승에게 말했다. "스승님! 지고의 체험자시여! 위없는 평안의 화신이시여! 걸림 없는 영원한 비이원성의 지복인, 브라만의 실상(Brahma-swarupa)이시여! 가없는 은총의 바다시여! 당신께 절합니다." (이렇게 말하고 절을 한 다음 그는 자신의 체험을 말하기 시작했다.) "스승님의 복된 친견의 은총을 통해, 탄생의 고난에 기인하는 괴로

---

48) T. '소거견'은 거짓인 것을 차례로 배제하여 실재를 인식하는 관점, '가환견'은 모든 대상을 환으로 여기는 관점, '용해견'은 '모든 결과를 원인 속으로 녹여 넣는 관점'이라는 뜻이다.
49) T. 타밀어판에는 이 문단의 여기까지 꺽쇠표가 쳐져 있다. 이것은 샹까라의 『분별정보』 원문에 없는 대목이며, 바가반이 새로 넣은 부분으로 보인다. 타밀어판의 각주에서는 "여기 나오는 세 가지 관점은 전거가 없다. 타밀어 서적에는 나오지 않는다."고 했다.

움이 끝나고, 저는 찰나 간에 비이원적 **지복**인 **진아**의 경지를 성취했습니다. **브라만**과 **진아**의 동일성을 깨달아 분별 관념이 소멸되었고, 외부적 활동이 모두 사라졌습니다. 있는 것과 없는 것 사이에 구분을 할 수 없습니다.50) 바다에 떠 있는 빙산과 같이, 저는 점차 **브라만 지복**의 바다 속으로 흡수되다가 마침내 그 바다 자체가 되었는데, 제 지성으로는 그 본질과 정도를 가늠할 수 없습니다. 아! 아! **지복**의 감로로 충만된 이 **브라만 지복**이라는 바다의 광대함을 누가 헤아릴 수 있으며, 어떻게 말로 표현할 수 있겠습니까? 조금 전에 보이던 세계가 완전히 사라졌습니다! 어디로 가버렸습니까? 누가 없애버렸습니까? 그것이 어디로 녹아들었습니까? 이 얼마나 놀라운 일인지요! 이 끊임없는 **지복**이 두루 충만해 있는 **브라만 지복**의 광대한 바다 안에, 그 자신의 **진아**를 떠나서, 버리거나, 취하거나, 보고, 듣고, 알아야 할 다른(별개의) 것이 어디 있습니까? 별개의 **지복**이자 **진아**인 저야말로 존재합니다. 저는 초연한 자이고, 거친 몸도 미세한 몸도 없는 자이며, 파괴될 수 없는 자이고, 지고의 평안이고, 무無행위자이자 무無향유자이고, 무無변화자이며, 무無작위자입니다. 저는 보는 자나 듣는 자가 아니며, 말하는 자, 행위하는 자, 혹은 (행위의 결과를) 향유하는 자가 아닙니다. 저는 '이것'(경험되는 것)이나 '그것'(경험되지 않는 것)이라는 말이 가리키는 사물이 아니며, 이 둘을 비추는 자입니다. 저는 안팎으로 공합니다. 저는 비교를 넘어선 자이고, 태고의 영靈인 자이며, 시작이 없고, '나', '너', '이것', '저것'을 만들어내지 않는 자입니다. 저는 모든 원소들의 안이요 밖이며, 그것들 안의 지知-허공(jnana akasa)이고, 또한 그것들이 그 위에 존재하는 바탕입니다. 브라마·비슈누·루드라(Rudra)·하느님(Isa)·사다시바(Sadasiva)가 저입니다. 저는 이스와라를 넘어

---

50) 이것은 제자가 무지의 상태에 있어서 실재와 환幻을 분간하지 못한다는 의미가 아니라, 모든 상대물, 심지어 존재와 비존재마저 넘어선 비이원성 안에 자리 잡고 있음을 뜻한다.

서 있고,51) 청정하고, 에고 없는 '일체의 주시자'이며, 무한하고, 부단하고, 절대적이고, 불가분이고, 일체에 편재하고, 참되고, 영원하며, 순수하고, 깨달았고, 해탈했고, 위없는 **지복**의 단일한 본질인, 비이원적 **브라만**으로서 존재하는 자입니다. 이전에 별개의 '이것'이라고 하던 '경험하는 자-경험-경험되는 것'으로 여겨지던 것들이 이제는 모두 저 자신 안에 있음을 발견합니다. 끊임없는 **지복**의 바다인 제 안에서 설사 **마야**로 인해, 마치 바람이 일어나고 가라앉듯 온갖 세계의 파도들이 일어난다 하더라도 무슨 상관 있겠습니까? 오류를 범하고 있다고 비난받는 바보들은 자신의 미혹 때문에 지각하는 몸 등의 관념을 저에게 그릇되게 귀속시킵니다. 형상 없고 구분 없는 시간 안에서 겁劫·1년·반년·한 철(2개월) 등을 나눌 수 없듯이, 불변이고 무차별한 저는 결코 나누어지지 않습니다. 그러므로 신기루의 물로 땅이 젖지 않듯이, (모든 차별상의) 바탕인 허공처럼 초연하고, 태양처럼 그 빛에 비추어지는 것들과 별개이며, 산처럼 부동이고, 바다처럼 한계가 없는 저에게는 전혀 손상이 없습니다. 구름에 아무 영향도 받지 않는 허공처럼, 저 역시 몸에 의해 구속되지 않는데, 깨어 있고, 꿈꾸고, 잠자는 등의 저 몸이 하는 일이 어찌 저의 성품일 수 있겠습니까? 몸을 위시한 부가물들은 오고 가고, 행위를 하고, 행위의 열매를 맛보며, 태어나고, 존재하고, 노쇠하고, 소멸됩니다. 대산맥大山脈(kulaparvata)52)같이 항상 부동하며, 나눌 수 없고, 감관도, 의식도, 형상도, 변화도 없어 허공같이 전일全一하고 충만하며, 일체에 편재하는 제가 어떻게 행위를 하겠습니까? 어떻게 활동함(pravritti)이 있겠습니까? 물러남(nivritti)이 있겠습니까? 업의 과보가 없는 저에게 공덕이나 죄악이 있겠습

---

51) 인격신 이스와라(하느님)조차도 절대적인 존재의 한 응결체 혹은 현현이며, 따라서 어느 정도는 한계가 있다. 오염이 없고, 에고 의식이 전혀 없는 상태에서는 이마저도 초월된다.
52) T. 경전에서 일곱 대륙(Varsha)에 각기 하나씩 있다고 하는 주된 산맥. 영어판에서는 이것을 '뿌라나(Puranas)에서 말하는 고정된 산'이라고 했다.

니까? 어떤 사람의 그림자에 설사 춥거나, 덥거나, 선하거나, 악한 성질이 있다 해도 그것이 그 사람에게 전혀 영향을 주지 않듯이, 저에게도 공덕이나 죄악이 없습니다. 경전에서도 이와 같이 말하고 있습니다. 가옥의 성질이 그 안의 불빛에 영향을 주지 않듯이, 대상들의 특성은 그 대상들과 별개이고 불변이며 그것들의 주시자인 저를 건드리지 못합니다. 태양이 (지상 만물의) 모든 활동을 지켜보듯이 저는 이 대상 세계를 지켜보는 자이며, 마치 불이 쇠에 두루 퍼지듯이 세계에 두루 스며 있으면서 세상을 비추어줍니다. 저는 밧줄상의 뱀처럼 이 세계가 그 위에 존재하는 바탕입니다. 스스로 빛을 발하는 참된 형상인 저는, 무엇도 하는 자가 아니고 이루어지게 하는 자도 아니며, 먹는 자도 아니고 먹게 하는 자도 아니고, 보는 자도 아니고 보이게 하는 자도 아닙니다. 무지한 이들은 부가물(몸 등)이 움직이는 것을 두고 제가 움직인다고 생각하여, 반사된 의식53)의 이 움직임을 의식의 형상인 **진아**에 귀속시키면서 저를 행위자니 향유자니 하고 말합니다. 태양처럼 (만물을 자라게 하면서도 그 자신은) 움직이지 않으며, 형상과 원소들의 **진아**인 저에게는, 저 의식의 반사된 빛(chidabhasa)의 성품이 전혀 없습니다. 이 몸뚱이가 땅 위에 넘어지든 물속에 빠지든, 저에게는 아무 차이가 없습니다. 항아리의 성품(형상)이 허공에 영향을 미치지 못하듯이, 그것(의식의 반사된 빛)의 성품은 저에게 더 이상 영향을 미치지 못합니다. 행위자인 것, 향유자인 것, 아둔한 것, 술에 취해 있는 것, 속박된 자인 것, 해탈자인 것 등 지성의 상태들은 지고의 비이원적 **진아**인 저에게 존재하지 않습니다. 구름의 다양한 변화가 허공에 영향을 주지 않듯이, 수천·수만 가지로 생겨나는 **쁘라끄리띠**의 성품은 단 하나의 **의식-허공**(chidakasa)인 저에게 영향을 주지 못합니다. 쁘라

---

53) *T*. 절대적 의식으로부터 *mahat*라는 하나의 빛이 반사되는데, 이것이 에고로 나타나고 몸과 우주로 성장한다. 그래서 여기서는 몸을 '반사된 의식'이라고 했다.

끄리띠로부터 거친 물질에 이르기까지 이 우주가 단지 하나의 그림자처럼 나타나서 그 안에서 빛나는 것이고, 모든 것을 받쳐주는 바탕이며, 모든 것을 비추는 것이고, 모든 것의 진아이고, 모든 것의 집(거주처)이며, 모든 것에 편재하면서도 모든 것과 구별되는 것이고, 일체가 공한 것이고, 마야의 자취가 전혀 없이 뚜렷한 것이며, 거친 지성의 상相으로는 좀처럼 알 수 없는 것이고, 허공 자체이며, 시작도 끝도 없고, 지극히 미묘하고, 부동이고, 형상이 없고, 활동이 없고, 차별상이 없는 것이며, 본래적 상태의 순수한 브라만으로서, 단일하고, 불가분이고, 영원하고, 참된, 지知이자 무한한 지복인 비이원적 브라만이 바로 저입니다."

"스승님! 저는 마야에서 비롯된 탄생·노쇠·죽음의, 윤회라는 악몽의 숲 속에서 허우적거리면서 그 과정 속의 괴로운 일들로 고통 받았고, 에고라는 호랑이 앞에서 겁에 질렸습니다. 당신께서 은총으로 저를 그 악몽에서 깨워 구해주시고, 저에게 지고의 지복을 안겨주셨습니다! 위대한 체험자시여! 당신께서 베푸신 은총의 영광에 의해 저는 자신의 참된 성품(svaswarupa)의 왕국을 얻었습니다! 축복을 받아 이 삶의 목적을 달성했습니다. 삶의 속박에서 해방된 저는, 일체에 두루한 영원한 지복인 참된 형상으로서 빛나고 있습니다. 아! 아! 모두 당신의 은총이 가져다준 영광입니다. 위없는 스승님이시여! 세계 전체로 빛나시는 단 하나의 진리요, 지혜요, 지복의 참된 형상이신 당신의 복된 두 발에 절합니다. 절합니다. 영원히 절합니다. 언제나 절합니다!"

하나인 진아라는 실재를 깨달아, 진아의 지복에 잠긴 참제자(sadsishya)가 스승의 발에 절하면서 큰 성인(Mahatma)인 스승에게 기쁜 마음으로 이와 같이 말하자, 스승은 이렇게 대답한다. "눈을 가지고 있는 사람은 형상을 보고 즐기는 것 말고는 다른 할 일이 없듯이, 브라만을 아는 자는 브라만의 체험 외에는 자신의 지성을 만족시킬 다른 일이 없다. 바라보기만 해도 즐거운 보름달이 하늘에서 빛나고 있는데 그것을 젖혀두고 그림에 그려진 달을 쳐다볼 사람이 없듯이, 지각 있는 사람이라면 누구도 이 위없는 **지복**의 정수를 체험하는 일을 젖혀두고, 실재하지 않는 대상들에서 즐거움을 찾으려고 하지 않을 것이다. 이 실재하지 않는 것들의 체험 안에서는 만족도 얻을 수 없고 괴로움도 떨쳐버리지 못한다. 따라서 사람은 자신의 지견知見으로, 그리고 지극한 **평안**의 상태에 이른 마음으로, 그 자신의 **진아**가 곧 **브라만**이고, 전 우주의 **진아**로서 빛나는 비이원적 **진리**임을 보기 위해 모든 노력을 기울여야 하며, 항상 이것에 대해 명상하여 영구히 **진아**에 안주해야 한다. 그러면 그는 자신의 끊임없는 **지복**을 체험하고 만족을 얻게 될 것이다. 무차별하고 불가분한 지知인 **진아** 안에서 '허공의 도시'처럼 나타나는 차별상의 원인이 되는 지성이, 저 **브라만**의 형상인 '고요히 있음' 안에서 영원한 **지복**을 얻는 원인으로 되면, 그는 지고의 **평안**을 얻어 항상 **침묵** 속에서 행복하게 될 것이다. 원습에서 벗어난 이 위없는 **침묵** 없이는, **진아**를 깨달아 끊임없는 **지복**을 체험하는 **브라만 지자**知者(브라만을 아는 자), 곧 큰 **성인**들의 그러한 영원한 **지복**을 체험할 수 없다."

"그러한 장애되는 관념이 해소되어 이 지고의 **브라만**을 깨달은 **성인**은 **진아** 안에서 영구히 즐거워하면서 가고, 오고, 서고, 앉고, 눕는다. 그가 하고 싶은 어떤 행위를 하든 간에, 장소·시간·자세·방위·금계禁戒 등의 규칙, 혹은 수만 가지 견해 등이 그에게는 하나도 필요 없다. 자기 자신을 깨닫는 데 권계勸戒 따위가 무슨 필요 있겠는가? '데바닷따는 바로 나다'라는 것을 아는 데 아무런 외적 수단이 필요하지 않듯이, '브라만이야말로 나다'라는 것을 아는 데는 어떤 외적인 규율도 필요 없다. 눈앞의 '이 항아리'를 아는 데는 맑은 시력만 있으면 되지 달리 권계가 필요 없듯이, 항상 존재하는 이 **진아**는 마음의 상相이 순수하면 스스로 빛난다.

장소나 시간의 순수성 같은 외적 수단을 고려할 필요가 없다. 세계가 햇빛으로 빛나듯, 전 우주와 베다·교전敎典(Shastras)·뿌라나 그리고 여러 가지 원소들도, 스스로 의식하며 스스로 빛을 발하는 브라만에 의해 비추어진다. 이 브라만이 어떻게 그보다 낮은 실재하지 않는 비진아에 의해 비추어지겠는가? 이 지고아는, 그 누구도 알 수 없는 여러 겹의 힘(삭띠)을 지닌 채 스스로 빛을 발하지만, 그럼에도 누구나 심장 안에서 '나'로서 체험할 수 있는 것이다. 브라만을 아는 자가 속박에서 벗어나는 것은 이 진아를 깨달음으로써이며, 거기서 벗어났을 때 그는 영원한 지복의 정수를 체험하는 만족을 알게 된다. 그의 아름다움의 이러한 완전성은 상상을 초월한다. 그는 즐거운 것이든 불쾌한 것이든, 외부의 대상으로 말미암아 어떠한 기쁨이나 슬픔, 욕망이나 무욕도 느끼지 않으며, 남들의 욕망으로 인해 닥쳐오는 모든 대상을 마치 어린아이처럼 받아들인다. 배가 고프거나 목이 마르거나 몸이 불편해도 그에 신경 쓰지 않고 놀이에 몰두하는 아이처럼, 진인도 '내 것'이라는 관념이나 에고 의식 없이 자신의 진아 놀이에 몰두하며, 진아 안에서 영구히 즐거워한다. 몸이라는 전차(chariot)를 타고 순수한 의식의 광대한 공간을 즐기는 그는, 수치스럽다는 생각이나 느낌이 전혀 없이 음식을 탁발하며, 강물을 떠 마시고, 빨거나 말리지 않은 옷, 혹은 나무껍질을 몸에 두르거나 아니면 벌거벗고 다닌다. 그는 일체의 규율에 얽매임 없이 자유롭게, 어린아이나 미친 사람, 혹은 사기꾼처럼 세상을 돌아다니고, 베단타의 거리에서 소요하며, 대지라는 침상에 드러눕고, 황야나 화장터에서도 두려움 없이 잠을 자며, 영원히 브라만 안에서 유희를 즐긴다. 모든 것의 진아인 그는 자기 마음대로 무수한 형상을 취하며, 무수한 체험을 한다. 한 곳에서는 백치처럼, 한 곳에서는 학식 있는 사람처럼, 한 곳에서는 미친 사람처럼, 한 곳에서는 평안인으로, 한 곳에서는 대왕으로, 한 곳에서는 밥그릇이 없어 손으로 음식을 받아먹는 거지로, 한 곳에서는 존경받는 사람으로, 한 곳에서는 비방 받는 사람으로 돌아다닌다. 이와 같이 그는 어디서나 살아가지만 그의 이면에 있는 **진리**는 남들이 알지 못한다. 그는 부富는 없어도 영원한 **지복** 안에 있는 자이고, 남이 도와주지 않아도 **힘**이 있는 자이며, 먹지 않아도 영원히 만족하는 자이고, 모든 사물에 대해 평등견平等見을 지닌 자이고, 어떤 행위를 해도 그것을 함이 없는 자이며, 먹어도 먹지 않는 자이고, 몸을 가지고 있어도 몸이 없는 자이고, (개인으로) 분리되어 있는 것처럼 보이지만 실은 일체에 편재하는 자이다. 이 몸의 속박에서 벗어나 **브라만**을 알고 해탈했으므로, 그는 몸에 집착하는 범부들처럼 좋고 싫음, 즐거움과 괴로움, 길함과 흉함에 의해 영향을 받는 일이 결코 없다. (일식 때) 해가 라후에게 먹히는 것처럼 보여도 실제로 집어 먹히는 것이 아닌데도, 진리를 모르는 바보들은 미혹으로 인해 '해가 먹혔다!'고 말한다. 마찬가지로 그들은, 몸으로 인한 속박이 없는 **브라만 지자**知者(Brahma-jnani)가 마치 몸을 가진 자처럼 보이는 탓에 '이분은 몸을 가진 분이다'라고 선언하지만, 그것은 그들의 망상이다. 왜냐하면 그에게 몸이 있는 것처럼 보이기는 해도 그는 그것에 의해 전혀 영향을 받지 않기 때문이다. 이 몸의 속박을 소멸해 버린 **해탈자**의 몸은, 마치 (아직 벗어버리지 않은) 뱀의 허물처럼 생기의 힘으로 여기저기를 돌아다닌다. 강물에 떠내려가면서 물속에 잠겼다 솟았다 하는 통나무처럼, **해탈자**의 몸도 그의 발현업으로 인해 어떤 때는 그 열매를 맛보고 있는 듯이 보이기도 한다. 발현업의 원습 때문에, 세속인의 몸이 그러하듯 **해탈자**의 몸도 업業의 열매를 향유하는 것처럼 보이지만, 그는 마치 주시자처럼, 수레바퀴의 고정축(굴대)처럼, 욕망과 분별심(망상)이 공空하여 완전히 무관심한 채 고요한 침묵으로 머물러 있다. 그는 감각기관을 대상들에 붙여 두지도 않고 떼어 놓지도 않는다. 그의 행위의 열매들도, 끊임없는 **지복** 체험의 정수에 취해 있는 그에게는 전혀 영향을 주지 못한다. 격식과 비격식을 넘어선 브라만 지자知者는, 절대적 진아(kevala atma)로서 존재하는, 목전에 있는 지고의 주主이며, 이 점에 대해서는 의심할 여지가 없다."

"무대 위의 배우가 가면을 쓰고 있든 않든 같은 사람이듯이, 삶의 목적을 성취했으되 몸을 비롯한 부가물들 안에 살아 있는, 브라만의 형상을 한 저 영원히 해탈한 브라만 지자知者는, 그 부가물들이 무너진다 해도 브라만 형상인 그대로 브라만을 성취하고 있다. 어떤 나무의 낙엽 하나가 강 위나, 운하 위나, 길거리나, 시바의 사원이나 어디에 떨어지든, 잘 떨어지든 못 떨어지든, 그 나무에게 아무 차이가 없듯이, 이미 지知의 불에 타버린 진인의 몸이 어디에 버려지든 그에게는 아무 상관이 없다. 잎이나 꽃이나 열매가 떨어진다 해도 나무가 죽지 않듯이, 몸·감각기관·호흡·지성 등의 부가물들이 소멸된다 해도, 존재-의식-지복인 진아는 결코 소멸되지 않는다. 경전에서도 '부가물과 변상들만 소멸된다'든가, '완전지(Prajnana)인 진아는 진리이며, 소멸됨이 없다'고 선언한다. 일체에 편재하는 비이원적 지복인 브라만, 실재의 형상인 브라만 안에 안주하고 있는 성인이, 살갗과 살과 오물의 덩어리인 몸을 언제 어디서 벗어버리든 아무런 차이가 없다. 왜냐? 몸의 버림(죽음)도, 지팡이와 물주전자의 버림도 (진정한) 해탈은 아니며, 무지라는 심장매듭을 풀어버리는 것이야말로 은자들이 이해하는 해탈인 까닭이다."

"돌·나무·지푸라기·곡식·돗자리·천·항아리 등이 불에 타면 흙으로 돌아가듯이, 몸을 위시한 대상인 부가물들은 지知의 불에 타면 지知의 형상(jnana-kara)이 되어, 햇빛 속의 어둠처럼 브라만 안으로 흡수된다. 항아리가 부서지면 항아리 속의 공간이 대공大空과 하나가 되듯이, 부가물들이 제거되면 '우유에 부은 우유, 물에 부은 물, 혹은 기름에 부은 기름'처럼, 브라만 안에서 브라만으로 빛나는 생전해탈자인 진인도 위대한 진아로서 언제나 빛을 발한다."

"이와 같이 순수한 존재인 **브라만**으로 안주하는 **진인**이 무신해탈無身解脫(*videha-kaivalya*)을 얻으면 다시는 태어나지 않는다. **자기**(진아)와 **지고자**의 동일성에 대한 **지**知의 불에 의해 무지에서 비롯된 몸 등의 부가물들이 타 버리고 **브라만**의 형상으로 안주하는 은자에게 다시 태어나는 일이 어떻게 있을 수 있겠는가? 실재하지 않는 뱀의 나타남과 사라짐이 밧줄이란 **실재** 안에 있지 않듯이, 소멸될 수 없고, 영원하고, 초연하며, 비이원적이고, 절대적인 **지**知-**진아**라는 바탕(실재) 안에서 있거나 없다고 말해지는 모든 것은 지성의 성품(*dharma*)에 의존하고 있다. 속박과 해탈은 **마야**의 창조물, 곧 지성이 상상해낸 것으로, **실재** 안에서는 아무 존재성이 없다. 자신의 눈이 먼 것을 해의 탓으로 돌리는 자는 바보이다. 속박은 마야의 은폐력으로 인해 생겨나고, 해탈은 그것이 소멸함으로써 생겨난다고 주장하는 것은 불가능하다. 왜냐하면 **브라만** 안에는 아무 차별이 없기 때문이다. 그런 논변은 비이원적 진리를 부정하고 이원성을 긍정하는 결과가 된다. 이는 베다의 견지에서 승인되지 못할 것이다. 나뉠 수 없고, 청정하고, 행위함이 없고, 오염됨이 없고, 허공처럼 일체에 편재하는 저 지극히 평안한 비이원적 **브라만** 안에, 어떤 **마야**의 현출(*kalpana*-마음에 의한 창조)이 있을 수 있겠는가? '창조도 없고, 파괴도 없으며, 속박된 자도 없고, 수행자도 없고, 해탈열망자도 없고, 해탈한 자도 없다. 이것이야말로 절대적 **진리다**'54)라고 경전에서도 선언한다. 제자여! 모든 베단타의 최종 결론이자 비밀 중의 지극한 비밀인 이것이, 내가 그대에게 베푸는 가르침이다. 그대도 그것을 해탈을 열망하는 자에게 전해주어도 좋지만, (그가) 이 **깔리**(*kali*) 시대의 결함이 없고55) 집착이 없는 사람인지를 몇 번이고

---

54) T. 가우다빠다(Gaudapada)의 『만두끼야 우파니샤드 주석송(*karika*)』에 나오는 말이다.
55) T. 깔리 유가(*kali yuga*)는 우주의 네 시대(*yuga*) 중에서도 영적으로 가장 저급한 시대이며, 사람들은 많은 죄와 집착 등의 결함을 안고 있다고 한다.

잘 살펴보고 확인하도록 하라."

이러한 스승의 말씀을 듣고 제자는 그에게 몇 번이나 절을 한 다음, 작별을 고하고 **지복**의 상태에서 집으로 돌아갔다. 스승 또한 **브라만 지복**의 바다에 잠겨서 세상을 정화하기 위해 방랑을 떠났다.

이와 같이, 해탈을 추구하는 자라면 누구든지 쉽게 이해할 수 있도록, 스승과 제자 간의 대화 형식에 의하여 **진아**의 참된 의미가 드러났다. 결과에 집착함이 없이 자신에게 정해진 업(임무)을 수행하고 평등한 마음 상태를 성취하여 결함이 제거되었고, 윤회계의 안락에 집착하지 않아 평안을 성취했으며, 경전의 권위를 믿는 진보된 구도자들이, 위없는 **스승**이 들려준 이 가르침을 수지受持해 주기를.

윤회의 무서운 숲 속에서 세 가지 고초(*tapa-traya*)[56]의 혹심한 열기로 인한 갈증의 고통에 시달리다가, 아주 평화롭게 물이 찰랑거리는 신기루를 보고 혹하여 이리 뛰고 저리 뛰면서 고생하는 영혼들에게 행복을 얻게 함으로써, 비이원적인 **브라만의 지복**이라는 감로의 바다가 그들에게 아주 가까이 있음을 알게 하려고, 스리마드 자가드구루 샹까라 바가바뜨빠다짜리야(Srimad Jagadguru Sankara Bhagavatpadacharya)는 행복의 형상인 이 『분별정보』라는 산스크리트 시게詩偈로 그들을 축복했는데, 이것은 그들에게 영원한 해탈의 **지복**을 안겨줄 것이다. 이 점에 대해서는 의심할 여지가 없다.

옴

평안, 평안, 평안

---

[56] (1) 자기 자신의 신체적 또는 정신적 원인에서 오는 것(*adhyatmika*), (2) 다른 존재(중생)들, 혹은 원소나 물질로부터 오는 것(*adhibhautika*), (3) 행성, 신 혹은 초자연적 행위자로부터 오는 것(*adhidaivika*). T. '*tapa*'는 '열기, 고초, 고통, 시련'을 뜻한다.

13.6. 능지소지분별 能知所知分別[1]
Drik Drishya Viveka

서문[2]

"단일하면서 비이원적인 것이 브라만이다"라고 하듯이 둘이 없는 브라만은 '하나'라고 하는 것이 비이원론의 최종 결론인데, 브라만이 하나라면 왜 그것이 분명히 드러나지 않고 현상계가 나타나 보이는가? 이런 의문이 상근기 수행자에게 일어난다. 저 브라만인 자신의 참된 성품 안에는 시작 없는 은폐력과 투사력의 형상인 무지라고 하는 불가사의한 힘이 있는데, (마치 환한 빛 속에서나 칠흑 어둠 속에서는 보이지 않고 어둠 속에서 거짓된 영상이 비추어지면 눈에 보이는 영화의 화면처럼) 그 어둠과 흡사한 무지 안에서 생각의 형상을 한 '진아의 영상'인 거짓된 투사광 投射光에 의해, 행위자의 모습을 띠는 에고 또는 개아가 최초로 나타나며, 그것은 그 자신의 감각기관 형상(지각 매체)인 마음에 의해, 과거의 원습을 가지고 보여주는 그림자 모습인 대상 세계를, 생시와 꿈의 상태에서 투사하여 마치 그것을 실재하는 것처럼 보게 된다. 실재에 상응하는 참된 성품을 은폐한 다음 대상 세계를 현출하는 근본 원인인 은폐력과, 이렇게

---

[1] T. drik는 '보는 자', drishya는 '보이는 대상'이지만, 여기서는 '能知(아는 자)'와 '所知(알려지는 것)'로 옮긴다('能'은 지각의 주체, '所'는 지각 대상을 뜻한다). 이 작품은 샹까라의 것으로 되어 있으나, 비디야라니야 또는 의 작품으로 보기도 한다.
[2] T. 이 서문과 뒤의 서시는 바가반이 지은 것이다. 순서는 타밀어판을 따른다.

대상 세계를 현출한 다음, 파도나 거품 등과 한 덩어리를 이루고 있는 바다처럼 유일하게 존재하는 자기 자신과 저 현상계가 다르다는 것을 알지 못하게 하는 과거의 상습常習(purva samskaras)에 의해서 일어나는 소견(drishti)을 내버리고, 안과 밖이라는 소견과 분리관념 없이, 항상 (진아의 성품을) 탐구하는 본연삼매(sahaja samadhi)를 닦음으로써 저 은폐력을 소멸하면, 비이원적 브라만인 진아의 참된 성품만이 충만하게 빛난다. 이것이 바로 스승이 상근기 수행자에게 가르치는 비이원론의 핵심이자 비밀이다. 여기에 스리 샹까라짜리야가 아무런 상론詳論 없이 간결하게 요약하여 설명한 똑같은 가르침이 있으니, 다음에 나오는 것이 그것이다.

서시

능지能知와 소지所知의 분별지를 가지신
능지이신 **샹까라**시여, 능지와 소지라는
분별의 능지는 제게 없게 하소서. 그래야
제 마음 안에서 단일한 **시바**의 빛이 일어날 것입니다.

본문

'알려지는 대상[所知]'에 대한 지각은 비진아이고, 불변의 '아는 주체[能知]'만이 진아이다. 이 '진아와 비진아 간의 분별'이야말로 무수한 저작들에서 이야기하고 있는 것이다.

  우리가 보는 이 세계의 형상은 눈에 보이는 것이므로 대상(drisya)이고,

그것을 보는 눈은 주체(*drik*)이다. 눈은 마음에 의해 지각되므로 대상이고, 마음은 주체이다. 마음은 그 상相(생각)들과 함께 주시자인 **진아**에 의해 지각되므로 대상이고, 진아는 주체이다. 진아는 다른 어떤 것에 의해서도 지각되지 않으므로 대상이 될 수 없다. 청색·황금색 등 온갖 색깔이나, 거칠거나 미세하고, 길거나 짧은 등 갖가지 형상을 보는 것은 같은 하나의 눈이며, 눈이 멀거나 침침하거나 예리한 것 등 눈의 온갖 특성이나, 귀를 비롯한 다른 기관들의 특성을 지각하는 것은 단 하나의 마음이다. 또한 욕망·의지·의심·믿음·불신·용기·비겁·두려움·부끄러움·선하고 악한 마음 등 다양한 마음의 특성을 지각하는 것은 **하나인 진아**이다. 이 진아는 떠오르지도 않고 가라앉지도 않으며, 늘어나지도 않고 줄어들지도 않는다. 그것은 그 자신의 빛으로 스스로 빛을 발하며, 다른 근원으로부터 도움을 받을 필요 없이 다른 모든 것을 비춘다.

지성(전체적 마음)은 반사된 의식과 결합하여 에고와 내적기관(마음)의 두 가지로 된다.3) 벌겋게 단 쇠공이 불과 동일하듯이, 지성이 반사된 의식과 이렇게 결합하면 거친 몸이 하나의 의식하는 실체로 간주된다. 이 에고의 동일시(*tada-atmya*)(연관)에는, 반사된 의식과의 본래적인 동일시, 업業에 기인하는 몸과의 동일시, 미혹에 기인하는 **진아** 안에서의 동일시라는 세 가지 형태가 있다. 지성이라는 부가물이 존재하는 한 본래적인 동일시는 소멸되지 않지만, 진지眞知에 의해 그것이 가짜임이 드러난다. 미혹에 기인하는 동일시는 존재의 형상인 **진아** 안에서는 어떤 연관도 존재하지 않는다는 것을 알게 될 때, 그리고 업에 기인하는 동일시는 발현업이 소멸될 때 사라진다. 몸의 활동력이 없는 깊은 잠의 상태에서는 에고가 (근원적 무지 안에) 완전히 합일되어 있다. 에고가 반쯤 드러나는 것이

---

3) *T.* 여기서는 에고를 '내적기관'의 하나로 보지 않고 따로 세우고, 지성을 에고와 내적기관을 포함한 상위 개념으로 설명하고 있다. 이 지성은 '의식'이라고 볼 수 있다.

꿈의 상태이고, 완전히 드러나는 것이 생시의 상태이다. 마음의 상相은 자신의 과거의 원습에 의해, 꿈의 상태에서는 내적인 세계를 창조하고, 생시의 상태에서는 외적인 세계를 창조한다. 이 마음과 에고의 물질적 원인인 활동력 없는 링가 몸(미세신)만이 세 가지 상태(생시·꿈·깊은 잠)와 생사를 경험한다.

원인신(karana deha)의 **마야**는 투사력과 은폐력이라는 힘을 가지고 있다. 그 중에서도 투사력은 링가 몸에서부터 우주(Brahmanda)에 이르기까지 이름과 형상들로 이루어진 현상계를, 마치 바다 안에서 일어나는 거품처럼 **존재-의식-지복**이라는 바탕 안에서 창조한다. 한편 은폐력은 안으로는 주체와 대상 간의 구분이, 밖으로는 브라만과 현상계 간의 구분이 전혀 지각될 수 없게 작동한다. 이것이 윤회의 원인이다. **진아**와 바로 가까이 존재하는 링가 몸과 결합된 '의식의 반사된 빛'을 가지고 있는 개아가 곧 경험적 자아(vyavaharikan-일상적 자아)이다. 이 경험적 자아의 개아성은 착각(동일시 또는 덧씌움)을 통해서 주시자 안에서도 나타난다. 그러나 은폐력이 소멸되면, 주시자와 경험적 자아가 다름을 알게 되고 착각도 떨어져 나간다. 그와 마찬가지로, 브라만과 현상계가 다르다는 것을 알지 못하게 가리는 은폐력으로 인해 브라만은 온갖 형상들로 이루어진 것으로 나타난다. 은폐가 종식되면 그 둘 사이의 구별이 지각된다. 현상 세계에서 일어나는 그 어떤 활동도 브라만 안에는 존재하지 않는다.

있음(asti)·빛남(bhāti)·소중함(priyam)[4])·이름·형상이라는 5가지 특징 중에서 **존재-의식-지복**인 앞의 세 가지는 브라만의 형상(Brahma-rupa)이고,

---

[4]) *T.* 베단타 철학에서는 모든 사물이 "있음(existence-존재성), 빛남(illumination-인식/의식), 소중함(likeability-바람직한 성질-지복)"의 세 측면을 갖는다고 본다. 이 중에서 '빛남'은 그것이 인식의 대상이 되는 것, 즉 의식의 측면을 나타내고, '소중함'은 그것이 욕망의 대상(행복의 원인)이 되는 것, 즉 지복의 측면을 나타낸다. 요컨대, 브라만은 모든 대상 안에서 이 세 가지 측면, 곧 존재-의식-지복으로 존재한다. (사물의 이 세 측면에 대해서는 또한 『라마나스라맘에서 보낸 편지』, 1947년 9월 26일자에 나오는 바가반의 설명을 참조하라.)

이름과 형상은 세계의 형상(*prapancha-rupa*)이다. **존재-의식-지복**의 세 가지 측면은 허공을 비롯한 5대 원소 안에, 그리고 천신(*devas*)·동물·인간 등에 평등하게 존재한다. 이름과 형상은 갖가지이다. 따라서 이름과 형상에 관심을 두지 말고 **존재-의식-지복**에 집중하고, **심장** 안에서나 밖에서 늘 삼매(브라만과의 동일성 명상)를 닦으라. **심장** 안에서 닦는 유상삼매(*savikalpa*)와 무상삼매(*nirvikalpa*)라는 두 가지 삼매 유형이 있다. 유상삼매에는 다시 대상의 지각과 관련되는 것과 소리(말)의 지각과 관련되는 것의 두 가지가 있다. 욕망과 같은 대상에 대한 마음 상相(*citta-vrittis*)의 주시자인 자기 자신의 의식에 대한 것은, 내적인 대상의 지각과 관련되는 (내적인) 유상삼매이다. "나는 초연하며 스스로 빛을 발하는, **존재-의식-지복**인 비이원적 실상實相(*svarupa*)이다"라고 깨닫는 것은 내적인 소리(말)의 지각과 관련된 (내적인) 유상삼매이다. 이러한 삼매에 의해 일어나는 자기 체험으로써 대상과 소리 둘 다를 포기하고, 바람이 닿지 않는 곳에 둔 등불의 불꽃같이 고요히 안주하는 것이 내적인 무상삼매이다. **심장** 안에서 외부적 대상들의 이름과 형상에 무관심한 채 존재의 형상만을 지각하는 것은 외부적 대상들의 지각과 관련된 (외적인) 유상삼매이다. 그리고 저 **존재-의식-지복**인 **실재**를 끊임없는 단일한 본질인 브라만으로 깨닫는 것은 외적인 소리와 관련된 (외적인) 유상삼매이다. 이러한 두 가지 체험이 있고 난 뒤에, 파도 없는 바다같이 일여—如하고 고요하게 머무르는 것이 외적인 무상삼매이다. (명상하는 사람은) 이 여섯 가지 삼매에 부단히 시간을 들여야 한다. 이렇게 하면 몸에 대한 집착이 소멸되고, 영원한 **지고아** 안에 안주하는 마음이 어디에서나 자연스럽게 삼매 안에 머무른다. 이러한 부단한 삼매의 수행에 의해, 가장 높기도 하고 가장 낮기도 한 **지고아**를 직접 체험하게 되며, 그리하여 **심장**의 매듭이 떨어져 나가 모든 의심이 사라지고 모든 행위(업)가 소멸된다.

제한된 자아(*avacchinnan*), 의식반사적 자아(*chidabhasan*)(경험적 자아), 꿈꾸는 자아(*svapnakalpitan*)라는 세 가지 개아 상태 중 제한된 개아만이 **절대개아**(*Paramarthikan*)이다.[5] 그러나 그것 역시 상상된 것(관념)이며, 초연한 실상(진아)이야말로 참된 **자아**이다. 착각으로 인해 이들 자아 안에 개아성이 덧씌워져 있지만, 이것들은 그 본래의 성품상 실로 **브라만**일 뿐이다. "그대가 **그것이다**"를 비롯한 큰 말씀들로써 완전한 브라만과의 동일성을 이야기하는 것은 이 **절대개아**에게 해당되는 것이며, 다른 개아에게는 해당되지 않는다. 브라만 안에서, 시작 없는 옛적부터 덧씌워져 있는 은폐력과 투사력을 가진 **마야**는, 저 불가분의 **브라만**을 감추고 세계와 개인들을 투사한다. 지성 안에 있는 의식반사적 자아라는 상상된 개아야말로 행위자이고 향유자이다. 전체 현상 세계는 그가 즐기는 대상이다. 시작 없는 옛적부터 해탈을 성취할 때까지 개아와 세계는 경험적 존재성을 가지므로, 이 둘 다 경험적인 것이다. 이 경험적 자아 안에 있는 은폐력과 투사력의 형태인 잠의 힘이 꿈속에서는 이 경험적 자아와 세계를 가리면서 새로운 개아와 세계를 창조한다. 그것들은 꿈의 경험이 지속되는 동안만 존재하기 때문에, 이러한 꿈속의 지각과 그것을 지각하는 개아는 환(幻)이다. 왜냐하면 꿈에서 깨고 나면 앞의 꿈도 볼 수 없고, 그 꿈속의 대상도 전혀 볼 수 없기 때문이다. 환(幻)인 개아(꿈꾸는 자아)는 환(幻)인 꿈의 세계를 실재하는 것으로 경험하지만 경험적 자아는 그것을 실재하지 않는 것으로 보며, 경험적 자아는 경험적 세계를 실재하는 것으로 생각하지만 **절대개아**는 그것이 거짓임을 안다. 그 두 자아와 구별되는 **절대개아**는 **브라만**과 동일하다. 그 동일성을 깨닫고 나면, 그에게는 '타자(他者)'가 없다. '타자'란 환(幻)일 뿐이다.

---

[5] *T.* '제한된 자아'는 깊은 잠 속에서의 자아, '의식반사적 자아' 혹은 '경험적 자아'는 생시 상태의 자아이다. '절대개아'란 가장 순수한 형태의 개아라는 뜻이다.

물의 성질인 달콤함·유동성·차가움 등은 파도와 거품에 평등하게 존재하는 특징이듯이, **진아의 존재-의식-지복**의 성품은 그 자신의 안에서 창조된 연관(*sambandha*-동일시의 착각)으로 인해 경험적 자아 안에 존재하며, 그를 통해서 꿈의 자아 안에도 존재한다. 차가움과 같은 특질을 가진 거품은 파도들 속에 가라앉고, 유동성과 같은 특징을 가진 파도는 물 속에 가라앉으며, 바다만이 처음과 같이 존재하듯이, 꿈의 자아와 그 성품들은 경험적 자아 안으로 가라앉고, 경험적 자아와 그 성품들은 **절대개아** 안에 흡수되며, 처음과 같이 존재-의식-지복인 **브라만**이 빛난다.

14. 탐구보주화만 探究寶珠華鬘
Vichara Mani Mala

이것은 바가반이 『탐구의 바다(Vichara Sagara)』라는 방대한 타밀어 책에서 요점을 발췌하여 편집한 것인데, 이 책 자체는 마하트마 니스찰다스(Mahatma Nischaldas)가 지은 힌디어 원서를 다시 번역한 것이다. 바가반은 이 타밀어 책이 읽고 이해하기에 너무 어렵다고 하소연한 아루나찰라 무달리아르라는 헌신자의 요청을 받아, 자비롭게도 다음과 같은 발췌본을 만들었다.[1]

기원문

나는 **지복**인 **브라만**, 곧 영원하고, 빛을 발하고, 일체에 편재하고, 이름과 형상들의 바탕이며, 순수하지 않은 지성으로는 인지할 수 없고, 순수한 지성에 의해서만 인지할 수 있는 것이며, 오염 없고 무한한 것이다. 다시 말해서, 우리가 아상我相—이것이 '나'라는 말의 표면적 의미이다—의 형상을 한 개아를 내버릴 때, 빛을 발하며 (스스로) 의식하는 **진아**—이것이 '나'라는 말의 함축된 의미이다—로서 단순히 남는 것이 **브라만**이라는 것이다. 이것은 아루나기리나타르(Arunagirinathar)의 체험에 대한 다음과 같

---

1) T. 이 작품은 1909년에 「탐구의 바다 핵심 요지(Vichara Sagara Sara Sangraham)」라는 제목으로 아루나찰라 무달리아르의 명의로 간행되었으나, 나중에 바가반이 1909년경에 한 번역임이 밝혀졌다. 타밀어판에는 들어 있지 않다가 2002년 제9판에서부터 포함되었다.

은 말에서도 이해될 수 있다.

> '나'(에고)의 형상을 가지고 있던 나를 삼켜버린 뒤,
> 저 지고의 **존재**는 단순한 **진아**로서 머물렀네.[2]

본문

전생에 한 동기 없는 행위들과 명상의 결과로 내적기관(마음) 안의 오염(죄악)의 투사력이 사라져서 마음이 순수해졌고 일념집중이 되었으며, 참된 성품에 대한 무지라는 은폐력의 결함에서만 벗어나지 못하고 있을 뿐, 분별, 무욕, 자기 절제 등 여섯 가지 덕목, 해탈에 대한 열망 등 네 가지 자격요건을 갖춘 상근기 해탈추구자가, 윤회계의 고통을 견디지 못하여 자비로운 스승, 곧 베단타의 의미를 깨달았고 **브라만** 안에 자리 잡고 있는 **참스승**에게 다가가서, 두려움과 존경의 마음으로 절하고 이렇게 질문한다.

제자: 스승님! 나고 죽음과 같은 윤회의 불행을 종식하고 위없는 **지복**을 성취하는 방도는 무엇입니까?

스승: 제자여! 그 무슨 망상인가? 그대는 항상 **지복**의 성품을 가지고 있다. 그대 안에는 윤회의 불행 같은 것은 털끝만큼도 없다. 그러니 그대 자신에게 태어남 등의 불행을 부과하지 말라. 그대는 나고 죽음에서 벗어나 있는, 의식하는 **브라만**이다.

제자: 불행의 종식과 위없는 **지복**의 성취가 해탈입니다. 제가 **지복**의 성품을 가지고 있다면, 이미 성취되어 있는 것을 제가 어떻게 성취할 수

---

[2] T. 아루나기리나타르, 「깐다르 아누부띠(*Kandar Anubhuti*)」, v.28. 아루나기리나타르는 15세기에 띠루반나말라이(아루나찰라)에서 태어나 이곳에 살았던 타밀 성자이며, 자신의 주님인 Murugan(=수브라마니아)을 찬양하는 「띠루뿌갈(*Tiruppugazh*)」 등 많은 시를 지었다.

있으며, 마찬가지로 결코 존재하지 않는 불행을 어떻게 제거할 수 있겠습니까?

스승: 팔찌를 내내 자기 팔뚝에 차고 있으면서도 잊어버리고 다시 찾다가 그것을 발견하면 마치 새로 얻은 것처럼 여겨지듯이 (지복은) 성취될 수 있고, 밧줄 상에 결코 존재한 적이 없는 뱀을 거기 있다고 착각했다가 그것이 한 토막의 밧줄일 뿐이라는 것을 알게 되면 마치 뱀이 거기 있다가 사라진 것처럼 보이듯이 (불행도) 제거될 수 있다.

제자: 해탈이라고 하는 똑같은 하나의 상태[문자적으로, 본체] 안에, 불행의 부존재(있지 않음)와 **지복**의 존재(있음)가 공존할 수 있습니까?

스승: 상상의 뱀이 존재하지 않는 것이 곧 밧줄이 존재하는 것이듯이, 상상의 불행이 존재하지 않는 것 자체가 바탕(adhishthana)인 **지복**이 존재하는 것이다.

제자: 대상들과의 접촉에서만 **지복**이 일어나는데, 제가 어떻게 **지복**이라고 할 수 있습니까?

스승: 진아를(자기를) 모르는 사람의, 대상들에 대한 욕망에 의해 분산되는 지성 안에서는 진아의 **지복**을 느낄 수 없다. 이 지성은 욕망의 대상이 얻어지면 잠시 안정되어 내면으로 향하는데, 이때 진아의 **지복**이 그 안에서 반사되며, 이것이 그 대상 안에 **지복**이 있다는 착각을 불러일으킨다. 그러나 다른 대상들을 욕망하면 이 **지복**은 사라진다. 그것은 자기 아들이 먼 나라에 갔다가 돌아오면 느끼는 지복감과 유사하다. 그러한 **지복**은 그것의 원인이라고 생각되는 대상만큼 오래 지속되지 않는다. 더욱이 **지복**은 삼매와 깊은 잠의 상태에서는 대상 없이도 체험된다. 그러므로 대상 안에는 어떤 **지복**도 없다. 진아야말로 **지복**이다. 진아의 **지복**이야말로 모든 개아들이 체험하는 것이고, 모든 것은 **지복**의 형상으로 되어 있다고 베다에서도 선언하기 때문이다.

제자: 그러나 진아를 아는 진인도 대상을 욕망하고 **지복**을 체험합니다. 그렇지 않습니까?

스승: 그가 무지한 사람처럼 대상을 욕망하고 **지복**을 체험할지는 모르나, 진인은 그 **지복**을 **진아**의 **지복**과 다른 것이라고 생각하지 않는다.

제자: 나고 죽음 등 윤회의 불행을 실제로 체험하는데, 어떻게 그것이 제 안에 전혀 존재하지 않는다고 말할 수 있습니까?

스승: 나고 죽음 등의 세계는 **브라만**의 형상인 자신의 **진아**를 모르는 그대의 무지에서 비롯된, 마치 밧줄 상의 뱀이나 하늘의 푸름, 혹은 꿈과 같은 환적인 겉모습이라는 것을 알라.

제자: 이 광대한 세계의 지지물(adhara)은 무엇입니까?

스승: 밧줄을 밧줄로 인식하지 못할 때 나타나는 망상의 뱀에게 밧줄이 그 지지물이자 바탕이듯이, 그대가 자신의 **진아**를 모를 때 나타나는 세계에게는 그대가 그 지지물이자 바탕이다.

제자: 지지물과 바탕을 부디 분명하게 설명해 주십시오.

스승: 실재하지 않는 뱀의 경우에도, 밧줄의 이면에 있는 일반적 개념으로서의 '이것'과 혼동되는 '이것(뱀)'이라는 하나의 개념이 있다. 마찬가지로 실재하지 않는 세계의 경우에도 **진아**의 이면에 있는 일반적 개념으로서의 '존재'와 혼동되는 '그것(세계)이 존재한다'는 하나의 개념이 있다. 이 존재가 세계를 지탱하는 것이다. 또한 (일반적인 '이것'이라는 개념 외에도) '밧줄'이라는 특수한 개념이 있듯이, (일반적인 '존재'의 개념 외에도) **진아**라는 특수한 개념이 있다. 즉, 그것은 초연하고, 불변이며, 항상 해탈되어 있고, 일체에 편재하는 것이라는 것 등인데, 이것은 미망에 빠져 있을 때는 인식되지 않지만 이것이 인식될 때는 미망을 제거한다. **진아**의 이 특수한 개념이 세계를 받치는 토대인 것이다.

제자: 뱀의 지지물이자 바탕인 밧줄과 별개의 '보는 자'가 있는 것처럼,

세계의 지지물이자 바탕인 자와 별개의 '보는 자'는 누구입니까?

스승: 그 바탕이 지각력이 없다면 '보는 자'가 필요하다. 그 바탕이 지각력이 있다면 의식인 그것 자체가 '보는 자'가 될 것이다. 꿈의 바탕인 '주시하는 의식(sakshi chetana)' 자체가 꿈을 보는 자이듯이, 세계를 보는 자는 곧 그대 자신일 뿐이다.

제자: 마치 꿈처럼 생시 상태의 세계가 무지로 인해 생겨나서 거짓되게 나타난다면, 왜 우리는 생시의 상태와 꿈의 상태를 구별하면서, 생시의 상태는 상대적(vyavaharika-경험적인) 실재성을 가지고 있는 반면 꿈의 상태는 단지 개인적(pratibhasika) 실재성만 가지고 있다고 말합니까?

스승: 꿈은 적합한 시간·공간과 물질의 도움 없이도 잠이라는 결함(dosham)이 수반되는 무지로 인해 나타나기 때문에, 그것은 하나의 개인적 상태라고 말해진다. 생시의 상태는 시간·공간과 물질에서 벗어나 있는 지고아 안에서 무지만으로 인해 나타나기 때문에, 그것은 상대적 상태라고 말해진다. 이처럼 그것들은 실재성의 세 가지 상태[개인적 상태, 상대적 상태, 절대적 상태]와 관련해서 묘사된다. 그러나 탐구해 보면 그것들 간에 아무 차이가 없다. 생시의 상태와 꿈의 상태 간에도 아무 차이가 없다. 차별 없는 의식이야말로 참된 **실재**(paramarthika Sat)이다. 그것과 다른 것은 무엇이든 개인적이며, 무지를 그것의 물질적 이유로, **의식**을 그것의 바탕으로 갖는다.

제자: 그렇다면 왜 꿈의 상태는 브라만에 대한 지(知)가 없어도 종식되는데, 생시의 상태는 브라만에 대한 지(知) 없이는 종식되지 않습니까?

스승: 생시의 상태에서 브라만에 대한 지(知)가 있을 때까지는 꿈의 상태의 완전한 종식은 있을 수 없지만, 꿈의 직접적 원인인 잠이라는 결함은 그것을 없애버리는 생시의 상태가 나타남에 따라 사라질 수 있다.

제자: 꿈을 꾸기 전 생시 상태의 대상들은 꿈을 꾸고 난 뒤의 생시 상

태에서도 존재합니다. 그러나 한 꿈의 대상들은 다음 꿈에서 보이지 않습니다. 이 두 가지 상태를 어떻게 유사한 것으로 볼 수 있습니까?

스승: 모든 대상들은 저변의 의식(underlying consciousness)에 대한 무지에 의해 일어나는 변형이다. 한 개념(*vritti*)이 일어나면 그것들도 일어나고, 한 개념이 사라지면 그것들도 사라진다. 따라서 먼저의 생시 상태의 대상들이 다음에 오는 생시의 상태에서도 존재한다고 말할 수 없다. 꿈속에서와 같이 그것들(다음 번 생시 상태의 대상들)은 그 생시 동안만 생겨나는 것이다. 따라서 그 둘은 유사하다.

제자: 꿈에서 깨어나는 사람은 그가 보는 대상들이 그 꿈을 꾸기 전과 동일하다고 말합니다. 따라서 그것들을 지각하고 있는 동안에만 그것들이 생겨난다고 말할 수 없습니다. 대상들은 그것들을 지각하기 전과 지각한 후에도 지속적으로 존재합니다.

스승: 꿈속에서 그 동안에만 생겨나는 사물들이 오랫동안 변하지 않고 존재한 것처럼 보이듯이, 생시의 상태에서 강한 무지 때문에 생겨나는 대상들도 그러하다. 이런 대상들에 관한 원인과 결과의 관념들 또한 마찬가지다.

제자: 진아를 모르는 무지 때문에 윤회(*samsara*)의 속박이 생겨났다면, 그 무지는 언제 일어났습니까?

스승: 브라만의 형상인 진아에서 일어나는 무지는 무시이래無始以來의 상상(*anadi kalpita*)에 불과하다.

제자: 해가 비치는 곳에는 어둠이 있을 수 없는데, 빛(의식)의 형상인 **브라만** 안에 어떻게 무지가 존재할 수 있습니까? 존재한다 해도 그것은 분명하게 알려진 것이나 전혀 알려지지 않은 것 속에서는 존재할 수 없습니다. 참된 **실재** 위에 거짓된 실재가 덧씌워진다는 것은, 어떤 것의 일반적 측면이 알려지고 특수한 측면은 알려지지 않을 때만 가능합니다. 브

라만은 일반적이라든가 특수하다는 것과 같은 부분이 없습니다. 그것은 속성이 없습니다. 그런데 어떻게 속박의 덧씌움이 있을 수 있습니까?

스승: 브라만이 의식이기는 하나, 일체에 편재하는 그 의식의 일반적인 [분명하지 않은] 측면—그것은 빛의 성품을 가지고 있는데—은 무지를 없애버리는 것이 아니라 그것에 도움이 된다. 깊은 잠 속에서는 무지가 진아의 의식과 공존한다. 나무 속에 들어 있는 일반적인 불(의 가능성)은 어둠을 없애버리는 것이 아니라 그것에 도움이 된다. 그러나 나무를 비벼서 일으킨 현실화된 불이 어둠을 없애버리듯이, 마음 안에서 브라만으로서 생겨난 분명한 의식은 무지를 없애버린다. 브라만이 속성이 없기는 하나 그것의 일반적인 존재성은 무지의 상태에서도 "내가 있다"는 형태로 알려지고, 한편 의식·지복 등과 같은 그것의 특수한 측면은 그때에는 알려지지 않고 지知의 상태에서만 알려진다. 겉모습들(현상계)이 무지의 결과이듯이, 존재로서는 알려지고 의식과 지복으로서는 알려지지 않는 속성 없는 브라만 안에 덧씌움의 속박이 있을 수 있는 것이다.

제자: 세계가 실재하지 않는다 하더라도 그것은 탄생 등 불행의 원인입니다. (잠들기 전에) 염송을 하면 비실재적 악몽이 일어나지 않듯이, 무엇을 하면 세계가 나타나는 것을 막을 수 있습니까?

스승: 어떤 것에 대한 무지로 인해서 나타난 것은 그 어떤 것에 대한 지知를 통해서만 사라진다. 밧줄과 진주층에 대한 무지로 인해 나타나는 뱀과 은銀은 그것들에 대한 지知를 통해서만 사라질 것이다. 마찬가지로, 진아에 대한 무지 때문에 나타나는 세계는 진아에 대한 지知를 통해서만 사라질 것이다. "브라만은 무한하고, 동질적이고, 어떤 것에도 초연하고, 탄생 등이 없으며, 눈에 보이지도 않고, 이름과 형상이 없다. 그 안에서 상상된 무지와 그것의 효과들, 즉 개아·하느님·세계는 과거·현재·미래에 (공히) 실재하지 않는다. 보이는 것(대상)은 무엇이든 그 무지의 효과인

지성(buddhi)의 유희일 뿐이다. **브라만**은 부동不動의 상태로 있지만 그 지성을 비추어준다. 이 지성이 생시와 꿈의 상태에서 거짓된 상상을 투사하며, 깊은 잠의 상태에서는 무지 안에 합일된다. 신기루의 물이 사막을 적시지 않듯이, 이 거짓인 것[세계]은 그것의 바탕인 나에게 아무런 해도 끼치지 않을 것이다. 나는 **존재-의식-지복**인 **브라만**의 성품을 가진 자이다"라는 확신이야말로 진정한 **지**知이다. 이것이야말로 해탈에 이르는 수단이다. 이것은 이미 이야기한 것이다. 어둠은 빛 외의 어떤 것으로도 사라지지 않을 것이다. 즉, **의식**儀式 행위나, **관상**觀想(upasana)3) 등을 통해서는 사라지지 않을 것이다. **심장** 안에서 **지**知의 빛이 일어나는 사람에게서는, 무지의 어둠이 그것의 효과들과 함께 **심장**을 떠나버린다. 그는 항상 초연하고 동질적인 **브라만**의 형상을 한 **진아**로서 머무른다. 과거에 아무것도 생겨나지 않았다. 지금도 아무것도 존재하지 않는다. 앞으로도 아무것도 존재하지 않을 것이다. 알려지는 대상들이 (실제로는) 존재하지 않기 때문에, '주시자(sakshi)'나 '보는 자(drik)'라는 이름들은 해당될 곳이 없고, 속박이 없으므로 해탈도 없으며, 무지가 없으므로 **지**知도 없다. 이것을 알고 의무감을 던져버린 사람이 **진인**이다. 그는 감관들이 대상들과 접촉하든 않든, 초연하고 욕망에서 벗어나 있다. 따라서 비록 행위하는 것처럼 보여도, 그는 아무것도 하지 않는 것이다.

제자: '나, 나'의 형상을 하고 있고, 무수하고, 유한하며, 집착 등 여러 형태의 불행을 겪을 수밖에 없는 개아가 어떻게, **하나이고 일체에 편재하며** 집착 등 여러 형태의 불행에서 벗어나 있는 **브라만**과 동일할 수 있습니까? 개아가 **브라만**이 똑같다면, 행위하는 것은 누구입니까? 행위의 열매는 누가 안겨줍니까?

---

3) 관상(upasana)이란 어떤 신(deity)이나 어떤 형상, 혹은 옴(Om)과 같은 어떤 말에 대해 끊임없이 명상하여 자기가 그 신이나 형상 혹은 말이 될 때까지 계속하는 것이다. 이것은 오늘날에는 널리 추종되지 않는 기법이며, 그에 상당하는 현대적 기법은 헌신(bhakti)이다.

스승: '나'의 외관상 의미이고 내적기관에 제한되어 있는 개아가 **브라만**과 동일할 수는 없지만, 그것은 '나'라는 말의 함축된 의미인 주시자와는 함께 할 수 있다. 개아의 반사된 부분(abhasa bhaga)이 행위를 한다. **그것**(Tat)이라는 말의 외관상 의미인 **하느님**(Isvara)의 반사된 부분이 행위의 열매를 안겨준다. 이러한 말들['나'와 '그것']의 함축된 의미인 **의식** 안에서는 아무 차별이 없고, 이 두 측면[개아와 하느님]도 실제로는 존재하지 않는다.

제자: 개아는 누구입니까? 주시자는 누구입니까? 개아 아닌 주시자는 석녀의 아들과 같이 순전히 불가능한 것 아닙니까?

스승: 항아리에 비치는 하늘이 물 속의 하늘이 되듯이, 지성이라는 바탕 위에서 욕망과 행위를 수반하는 '반사된 의식'이 곧 행위자이고 향유자이며, 윤회하는 자인 개아가 된다. 지성의 바탕이자, 개아 곧 '유한한(vyasti) 무지'의 속성인 의식은 불변의 주시자(kutastha)이다. 그는 시작이 없고 변치도 않는다. 선과 악, 기쁨과 슬픔, 저 세상으로 감과 이 세상으로 돌아옴 등의 면모들(dharmas)은 반사된 의식에 속할 뿐이다. 반사된 의식 안에서도 그것들은 그것(반사된 의식)의 속성인 내적기관 안에서만 존재하며, (개아의) 본체 부분인 의식 안에는 존재하지 않는다. 개아의 본체 부분이 주시자이다. 같은 하나의 **의식** 안에서 내적기관은 주시자라는 관념의 부가물(upadhi)이며, 개아라는 관념의 속성이다. 다시 말해서 단 하나인 의식이 내적기관과 함께 하면 개아가 되고, 그것이 없을 때는 주시자가 된다. 즉, 같은 하나의 내적기관이 분별력 없는 사람의 눈에는 **의식**의 부가물이다. 따라서 단 **하나인 의식**이 분별력 있는 사람에게서는 주시자이고, 분별력 없는 사람에게서는 개아인 것이다.

제자: 개아들이 다수인 까닭에 그 주시자조차도 다양하고 제한되어 있는데, 어떻게 그것이 **하나인 브라만**과 동일할 수 있습니까?

스승: 다양하고 제한되어 있는 항아리 속 공간이 전체 공간(mahakasa-

大空)과 다르지 않고 사실 그것이듯이, 다양하고 제한되어 있는 주시자도 **브라만**과 다르지 않고 **브라만**이다. 따라서 그것은 **브라만**과 동일할 수 있다. 그러니 "나는 **브라만**이다"라고 알라.

제자: 이 지知는 누구에게 있습니까? 개아에게 있습니까, 주시자에게 있습니까?

스승: 지知와 무지는 개아에게만 있고, 주시자에게는 없다.

제자: **브라만**과 다른 개아에게 일어나는 "나는 **브라만**이다"라는 지知는 가짜 아니겠습니까?

스승: '나'라는 용어에 함축되어 있는 불변자(kutastha-불변의 주시자)는, 항아리 속 공간이 무한한 공간과 하나이듯이 늘 **브라만**과 하나이고, **브라만**과 완전히 동일하다. '나'라는 용어에 함축되어 있는 개아에 대해서 보자면, (희미한 빛 속에서) 기둥을 사람으로 착각했을 때, "저것은 사람이다"라는 관념을 부인하면 그 사람이 기둥과 하나가 되듯이, "그것은 개아다"라는 관념을 부인하면 '장애의 제거(badha samanadhikaranyam)'에 의해 그것이 **브라만**과의 동일성을 가질 수 있다.

제자: '나'라는 용어에 함축되어 있는 반사된 의식과 불변자는 동시에 존재합니까? 서로 다른 때에 나타납니까?

스승: 그것들은 동시에 나타난다. 반사된 의식은 주시자의 대상이지만, 주시자는 스스로를 인식한다. 항아리나 다른 외부적 대상들을 실제로 지각할 때는 이런 일이 일어난다. 즉, 반사된 의식을 수반하는 내적기관의 개념 안에 있는 개념 부분이 항아리나 다른 대상들에까지 뻗어나가서 그것들의 형상을 취하고, 그것들을 본래 덮어 가리고 있는, 무지로 인한 장애를 제거한다. 항아리에 가려져 있는 비非발광체는 막대기로 항아리를 깨버린다 해도 (어둠 속에서는) 보이지 않겠지만, 등불이 있으면 보일 것이다. 반사된 의식이 대상들을 비추는 것도 그와 마찬가지다.

브라만, 즉 **진아**에 대한 직접적 깨달음이 있을 때는 이러한 일이 일어난다. 즉, 내적기관이 귀와 연결되면, 경전의 큰 말씀(mahavakya)[4]인 "그대가 **그것이다**(Tat tvam asi)"에 의해 생기는 소리의 도움을 받아 **브라만**의 형상을 취하고, 감각기관들과의 접촉을 잃어버린다. 이것은 "네가 열 번째 사람이다"라는 문장에 의해 생기는 소리를 통해서 일어나는 열 번째 사람에 대한 지知와 같고, 혹은 (상응하는) 외부적 대상들 없이 일어나는 기쁨과 슬픔의 관념과 같다. 이 **브라만**의 형상에 대한 개념은 **진아**를 숨기는 장애를 제거하는데, 그러면 내적기관 안에 아직도 남아 있던 약간의 무지가, 비누에 의해 제거되는 (옷의) 때처럼 사라진다. 그 뒤에는 마치 자신의 눈을 가리던 자기 손가락이라는 장애가 없어지면 빛나는 찬란한 햇빛처럼, **브라만**이 그 자체의 광휘에 의해 드러나게 된다. 항아리 속에 넣어둔 등불은 항아리가 깨졌을 때 다른 빛의 도움 없이도 빛나듯이, **브라만** 역시 반사된 의식의 도움을 필요로 하지 않는다.

제자: 이 지知를 얻는 주된 수단(antaranga)과 2차적 수단(bahiranga)은 무엇입니까?

스승: 사심 없는 희생제의(nishkama yajna)와 그 비슷한 행위, 그리고 관상觀想은 2차적 수단이다. 분별(viveka) 등 네 가지 (자격요건), 청문 등 세 가지 (단계),[5] 그리고 '**그것**'과 '그대'의 의미에 대한 탐구—이 8가지가 주된 수단이다.

제자: '말씀'에 의해서만 지知가 일어난다면, '청문' 등의 필요성이 어디 있습니까?

스승: 지知에는 안정된(결함 없는) 지知와 불안정한(결함 있는) 지知의

---

[4] 베단타의 말씀들에는 주된 것(큰 말씀)과 2차적인 것의 두 종류가 있다. 개아와 **브라만**의 성품을 설하는 문구들은 2차적 문구이며, 이것들은 간접적인[지적인] 지知를 낳는다. 주된 문구는 개아와 **브라만**의 동일성을 설하는 것들이다. 이것들은 직접적인 지知를 낳는다.
[5] T. '네 가지 자격요건'은 319-20쪽을 보라. '세 가지 단계'는 청문·성찰·일여내관을 말한다.

두 종류가 있다. 의심과 그릇된 관념을 가진 하근기 구도자(mandadhikari)가 '말씀'의 가르침을 통해 직접지를 얻는다 해도 그 지知는 완전하지 않을 것이다. 그것은 결함이 있다. 그 결함은 부단한 청문 등의 수행을 통해서 제거될 수 있다. 이것이 청문 등의 목표이다. 내적기관이 극히 순수하고 의심과 그릇된 관념에서 벗어나 있으며, 그래서 단지 말씀을 듣기만 해도 안정된 직접지가 일어날 상근기 구도자(uttama adhikari)의 경우에는 그 결함을 제거하기 위해 (다시) 청문 등을 할 필요가 없다. 그런 사람만이 생전해탈자이며 반야안주자(Sthita prajna)이다.

제자: 진인과 무지인을 구별하는 특징은 무엇입니까?

스승: 무지인은 욕망(raga)에 의해, 진인은 무욕에 의해 구별된다. 무지인이 이따금 무욕을 배양한다고 해도 그것은 변하기 쉽다. 왜냐하면 그는 감각 대상들이 실재한다는 관념을 없애지 못했기 때문이다. 그의 무욕은 피상적이다. 반면에 진인의 무욕은 감각 대상들이 실재하지 않는다는 그의 느낌에서 배양된 것이므로, 언제 어느 때에도 변하지 않으며 따라서 강렬하다.

제자: 왜 어떤 분들은 관상(upasana)과 지知(jnana)가 수반되는 의식儀式 행위(karma)가 안정성의 원인이라고 말합니까?

스승: 몸과 별개인 진아가 행위자이며 향유자라는 관념과, 행위자·행위·행위의 결과는 서로 다르다는 관념이 의식儀式 행위의 원인이며, 그 결과는 무상한 윤회이다. 진아는 초연한 브라만의 성품을 가지고 있다. 행위자·행위·행위의 결과는 진아와 구분되지 않는다. 이것이 지知이며, 그 열매는 영원한 해탈이다. 그러니 이 두 가지가 어떻게 공존할 수 있겠는가?

제자: 내적기관이 존재하는 한, 불안정성이라는 그것의 본래적 성질은 진인이라고 해서 사라지지 않을 것입니다. 따라서 설사 그것이 무신해탈

無身解脫(videha mukti)의 장애는 아니라 해도, 생전해탈(jivan mukti)의 **지복 체험**이 어떻게 있을 수 있습니까? 진인이라 해도 마음의 불안정성을 제거하려면 명상(관상)을 해야 할 필요가 있지 않습니까?

스승: 확고한 지혜를 가진 진인에게는 삼매와 산란심(distraction-마음이 감각 대상을 향하는 것)이 동일하기 때문에, 그는 마음의 안정성을 얻기 위한 어떤 행위도 하지 않는다. 그에게는 활동의 원인인 어떤 무지도 없고, 무지의 결과인 어떤 차별의 망상도 없으며, 차별의 망상에서 나오는 집착과 증오도 없다. 단지 발현업[금생에 해소되어야 할 업]만 남아 있는데, 이것이 그의 활동 원인이다. 그리고 그것은 사람마다 다른 까닭에, 발현업에서 일어나는 행위에 관해서는 어떤 고정성도 없다. 그래서 진인의 행위와 불행위는 발현업에 의해 지배된다고 하는 것이다. 따라서 자나까(Janaka)[6]나 다른 진인들의 경우처럼, 쾌락을 가져올 발현업으로 인해 감각향유(sense-enjoyment)를 욕망하고 그것을 얻으려고 노력할 수도 있다.[7] 마찬가지로, 수까(Suka)·바마데바(Vamadeva)[8]나 다른 진인들의 경우처럼 무위無爲를 가져올 발현업으로 인해 생전해탈을 욕망하고 감각향유를 혐오할 수도 있다. **브라만의 지복**은 단순히 내적기관이 움직이지 않는다고 해서 드러나지는 않는다. 그것은 **브라만** 형상의 상相(Brahmakara vritti)이라는 개념을 통해서만 드러날 것이다. 이는 오직 베단타 문구들의 의미에 대한 성찰(chintana)을 통해서만 일어날 것이고, 이것을 통해서도 불안정성이 사라질 것이기 때문에, 생전해탈의 지복을 갖고 싶은 사람은 베단타 문구들의 의미를 성찰하기만 하면 되고, 관상을 할 필요는 없다.

제자: 진인이 지나치게 많은 활동을 할 수 있습니까?

---

6) T. 고대 인도 비데하(Videha) 국의 깨달은 왕.
7) T. 그러나 진인들의 이러한 모습은 무지인의 눈으로 볼 때 외관상으로만 그러하며, 실제로는 그들에게 어떤 발현업도 존재하지 않는다.
8) T. 수까와 바마데바는 뿌라나에 나오는 고대의 진인들이다.

스승: 활동이 과도하면 행복이 감소할 것이고 활동이 적으면 행복이 많아질 것이다. 그러나 지知는 똑같은 상태로 있다. 활동이 생전해탈과 별개인 (그러한) 행복을 저해하기는 하지만, 그것이 생전해탈을 저해하지는 않는다. 왜냐하면 진아에 관한 한, 행위와 불행위(無위)에 의한 속박의 미망이 없기 때문이다.

제자: 진인은 모든 대상을 실재하지 않는 삿된 비진아로 보기 때문에 집착을 가질 수 없는데, 무엇이 그의 활동을 유발합니까?

스승: 진인은 몸이 실재하지 않는다는 것을 알기는 하지만, 그의 발현업 때문에 활동할 수도 있다. 예를 들어 그의 발현업 때문에 몸을 유지하기 위한 탁발 등을 할 수도 있다. 그것은 마치 사람들이 마술 행위를 볼 때 그것이 어떤 것인지 알면서도 구경하고, 병자가 자신에게 해로운 일인 줄 알면서도 어떤 일을 하는 것과 같다.

제자: 진인에게는 욕망이 없다고 하는 말의 의미는 무엇입니까?

스승: 그의 내적기관이 욕망의 형상을 받아들이지 않는다는 것은 아니다. 내적기관은 순수한 사뜨와만의 산물이 아니라, 보다 덜 현저한 라자스와 따마스가 현저한 사뜨와와 결합한 산물이므로, 그 모든 성질이 다소간 그 안에 존재한다. 따라서 내적기관이 남아 있는 한 라자스의 변상인 욕망이 전혀 없을 수는 없다. 그러나 진인은 욕망을 진아의 특징으로 오인하지 않는다. 그것이 차이점이다. 그래서 경전에서 지知를 성취하고 나면, 몸이 하는 선하거나 악한 행위와 (거기서 얻어지는) 복덕과 죄업이 그에게 영향을 미치지 않는다고 말하는 것이다.

제자: 진인은, 깊은 잠 속에서처럼 개념들이 모두 무지 안에 흡수되어 '무지에 뒤덮인 지복'의 체험이 전혀 없고, 브라만 형상의 상相 안에서 내적기관의 개념이 브라만의 광휘 안에 흡수되는, 그러한 지복스럽고 비이원적인 무상삼매에 들어가야 할 필요가 있지 않습니까?

이 말을 듣자 스승은 웃으면서 이렇게 생각했다. "왜 이런 바보 같은 말을 하지?"

제자: 살아 있을 동안 해탈의 **지복**을 포기하고 감각 쾌락을 즐기는 사람은, 죽은 뒤에 천상 세계에 가고 싶은 욕망 때문에 해탈을 포기하지 않겠습니까?

스승: 진인의 경우에 발현업 때문에 생전해탈의 **지복**을 물리치고 세간적 향유를 욕망하는 일이 있을지는 모르나, 그의 무지가 **지**知에 의해 타 버린 뒤에는 그런 일이 일어날 수 없다. 따라서 그의 생기(*prana*)는 밖으로 나가지 않을 것이고,[9] 그는 발현업 때문에 이 세상이나 다른 세상에 다시 몸을 받을 리가 없다. 따라서 진인에게는 죽은 뒤에 해탈을 물리치고 다른 세상을 욕망하거나, 다른 세상에 태어나는 일이 있을 수 없다.

제자: 생전해탈이란 무엇입니까? 무신해탈이란 무엇입니까?

스승: 몸을 가지고 있는 동안에도 속박의 미망이 없는 것이 생전해탈이다. 발현업을 경험한 뒤에, 거칠고 미묘한 무지가 **의식** 안에 합일되는 것이 무신해탈이다.

모든 경전 문구들의 핵심이 바로 이것이다.

이 말씀을 듣고 나서 제자는 자신의 **참된 성품**에 대한 깨달음의 형상인 **직접지**(*Aparoksha jnana*)를 얻었고, 생전해탈을 체험한 뒤에 무신해탈을 성취했다.

---

[9] *T.* 범부가 죽어 다시 몸을 받을 경우에는 먼저 몸의 생기가 밖으로 나가서 새로운 몸 안으로 들어가지만, 생전해탈을 한 **진인**의 경우에는 그렇지 않다는 의미이다.

15. 기타 번역시들
Other Translations

『스리마드 바가바땀』과 『라마 기타』에서

다음 시들은 『스리마드 바가바땀(*Srimad Bhagavatam*)』과 『라마 기타(*Rama Gita*)』에 있는 구절 중에서 바가반이 타밀어 시로 번역한 것이다.

무상한 몸이 쉬고 있든 돌아다니든, 혹은
발현업 때문에 그에게 붙어 있든 떨어져 나가든,
진아를 깨달은 싯다(Siddha)는 알지 못하네. 마치 술 취한 사람이
자기 몸에 옷이 있는지 없는지 모르듯이.

—『스리마드 바가바땀』에서

요술가가 세상 사람들을 속여도 그 자신은 속지 않네.
그러나 싯다 자신이 먼저 자신을 속이고 남들도 속인다면
이 얼마나 이상한 일인가!

—『라마 기타』에서

누가 하라인가

이 시는 『시바냐나보담(Sivajnanabodham)』이라는 산스크리트 저작의 2행시 첫 구절을 바가반이 타밀어로 옮긴 것이다.

남자, 여자, 사물 등으로 이루어진 세계를 하나의 효과로 보면,
창조주인 신은 그 원인으로 존재하네. 그가 이 세계를
파괴하고 창조하니, 그 신을 하라(Hara)[시바]로 보라.

「라마나 108명호 송찬」 기원시

바가반은 다음 두 연을 산스크리트어에서 타밀어로 옮겼다. 이것은 비스와나타 스와미가 바가반을 찬양하여 지은 「108명호 송찬(Ramana Ashtottara Satanamastotra)」의 기원시들이다.

전 우주는 라마나이신 존재-자각-지복이라는 무한한 바다의
한 파도이니, 생각에서 벗어나, **심장동혈** 속 깊은 곳에
확고히 자리 잡고 계신 당신을 **심장** 속에서 명상합시다.

아루나찰라-시바의 두 발을 기억함으로써 새로 태어나셨고,
광대하게 넘실대는 그분의 신적 은총의 물결에 휩쓸려
그분 **자신**이 되어 버리신 당신, 유일한 군주로 **심장** 안에 거주하시며
부단한 따빠스로 세상을 정화하시는 당신, 스리 라마나,
세간을 초월하는 빛이신 당신께, 저희가 숭모를 바칩니다.

심장과 두뇌

이 9연의 시에 대해 바가반은 이렇게 말했다. "내가 비루팍샤 산굴에 살 때 나야나 (가나빠띠 무니)가 한번은 아루나찰라(N. S. 아루나찰람 아이어)라는 소년을 데려왔어. 그는 학교를 최종 학년까지 마쳤다더군. 나야나와 내가 이야기를 나누고 있을 때 그 소년은 근처의 수풀 속에 앉아 있었지. 우리의 대화를 어떻게 들었는지 그가 영어로 9연의 시를 지었는데, 우리가 하고 있던 이야기의 요지를 제시하는 것이었어. 그 시가 훌륭해서 나는 그것을 아하발(Ahaval) 운율의 타밀어 시로 옮겼는데, 마치 텔루구어의 드위빠다(Dwipada) 운율처럼 읽혔지."[1)]

다음은 그 9연의 시를 바가반이 타밀 산문으로 옮긴 것이다.[2)]

1. 세계의 **심장**[스리 바가반]과 세계의 **두뇌**[까비야깐타]가 아름답고 신성한 동굴[비루팍샤 산굴]에서 대화를 나누기 시작했네. 그때 그분들의 말씀을 들은 모든 이들은 기둥처럼 말이 없어졌네.

2. 이 지구의 **심장**으로 빛나는 해의 빛은 하늘의 달을 비추고, 그 달도 지구에게 빛을 주네.

3. 그와 마찬가지로, 우파니샤드가 **무니**(Muni)[스리 바가반]의 입술에서 나왔으니, **심장**이 거주처인 그분께서, 두뇌가 거주처인 선생님[까비야깐타]께 말씀하셨고, 우리도 그 말씀을 들었네. 마치 지구가 빛을 받듯이.

---

1) 『라마나스라맘에서 보낸 편지』, 1947년 2월 13일자.
2) 소년의 그 시들은 1983년 7월에 간행된 *The Mountain Path*에 수록되어 있다.

4. 비록 문법에는 맞지 않지만, 나는 내가 들은 대로 그 신성한 말씀을 기록하려네. 만일 "이런 말씀이 어째서 **진리인가?**"라고 묻는다면, 그 대답은 "**진리란 그러하기 때문이다**"라네.

5. 무지하기 짝이 없는 나는, 대大**묵언자**(Maha-mauni)이신 스리 라마나께서 **심장**과 두뇌에 대해 자애롭게 가르치신 것을 여기서 늘어놓을 뿐이니, 이 말씀들은 어떤 경전보다도 더 비밀스럽다네.

6. "영화의 화면들이 영사기에 의해 화면 위에서 움직이는 영상들로 상영되듯이,"

7. "**심장** 속의 원자 같은 원습들은 두뇌에 의해 (형태가 주어지고) 오관을 통해 투사되어, 많은 종류의 경이로운 장면들로 우리 앞에 나타납니다."

8. "저는 지난 여러 날을 **심장** 속에 합일되어 보냈는데, **심장**에서 세계 속으로 나올 때 두뇌를 통해 **심장**으로 돌아가는 길을 발견했고, 그럼으로써 남들을 위한 방법을 발견한 것입니다."

9. 이렇게 스리 라마나는 말씀을 마치셨네. 여기서 인용한 당신의 순수한 말씀들은 선생님[까비야깐타]의 마음에 아로새겨졌고, 우리도 그것을 잘 이해했다네.

나 까르마나

"나 까르마나(Na Karmana)"는 스리 라마나스라맘의 아침과 저녁 베다 빠라야나 때 마지막으로 하는 베다 찬송이다. 이것을 찬송할 때는 헌신자들이 일어서서 하다가 찬송이 끝날 때 스승님께 절을 하는 것이 관행이다. 이 전통은 아쉬람의 스승님 삼매당에서 계속 이어지고 있다.

   1938년 A. W. 채드윅 소령(사두 아루나찰라)은 몇몇 헌신자들의 도움을 받아 "나 까르마나"를 영어로 옮겼다. 바가반은 그의 영어본을 교정하고 승인해 주었다. 거의 같은 무렵 바가반은 "나 까르마나"를 타밀어로 옮겼다.

행위나 자식 보기, 부의 성취를 통해서는 불멸을 얻지 못하나,
내면을 바라보는 어떤 사람들은 그런 것의 포기를 통해서 그것을 얻네.
천상 세계라고 말해지는 그 **진리**를, 그들은 감각과 감각기관들의
제어를 통해, **심장동혈** 안에서 성취한다네.

청정심을 가진 사람들은 일념집중으로 이를 성취하여,
몸 안에서 살아 있는 동안에도 원초적 **마야**에서 해탈한다네.
이것이 베다와 베단타의 취지이니, 그런 청정심은
포기와 평화로운 마음을 통해서 얻어진다네.

몸의 핵심부에 청정무구한 **심장연꽃**이 있으니
그것은 **지고자**의 거주처라네.
모든 슬픔이 사라진 미세한 **허공**으로서
늘 빛나는 그것만을 명상해야 하네.

그가 지고의 주이자 쁘라나바('옴') 만트라의 주이니,
그는 베다와 베단타 안에도 있고, 몸 안에서도 빛나고 있네.
그 지고의 원리를 깨닫는 사람은 물질적 범주를 넘어선다네.

옴 따뜨 사뜨
(Om Tat Sat)

스리 라마나께 몸을 던져 절합니다
(*Sri Ramanarpanamastu*)

용어 해설

A

adhara	지지물(support).
adhishthana	바탕(basis). 현상계가 그 위에서 현현하는 토대.
adhyasa	덧씌움(superimposition). 실재 위에 환幻을 투사하는 것.
advaita	비이원성非二元性(non-duality) 또는 비이원론.
Agamas	베다 이후에 나온 산스크리트어로 된 힌두 경전의 한 부류. 인격신에 대한 명상법, 사원의 건축, 신상의 조성, 각종 의식의 거행 방법 등 이원적 숭배와 관련한 내용들을 주로 담고 있다.
agami karma	미래업未來業. 내생에 결실을 맺을 것으로 기대되는 업業.
aham	'나'.
aham svarupa	자기('나')의 참된 성품.
ahamkara(ahankara)	에고. 아상我相. 에고성(egoity).
ajnana	무지無知. 다양성에 대한 지知.
akasa	허공. (5대 원소의 하나인) 공空. 에테르(ether).
ananda	지복至福(bliss).
anandamayakosha	지복껍질(sheath of bliss).
anatma	비진아非眞我. 진정한 **자기**가 아닌 것(몸·마음 등 부가물).
annamayakosha	음식껍질(sheath of food).
antahkarana	내적기관. 내적인 지각기관. 마음(*manas*)·지성(*buddhi*)·에고(*ahamkara*)·기억(*citta*)의 네 가지.
antarmukha	안으로 향하기. 내향內向. 자기주시.
anubhava	(실재의) 체험(experience). 지각(=*anubhuti*).
anugraha	은총(grace). * *arul*은 같은 의미의 타밀어이다.
anusandhana	내관內觀.

apana	열 가지 생기 중의 하나.
artha	1) 목적. 2) 재산, 부富. 3) (경전 등의) 의미.
asana	좌법坐法. 요가의 자세.
asrama	인생단계. 인도에서 전통적으로 인정되는 삶의 네 단계, 곧 학생기·결혼가정기·삼림은둔기·출가유행기의 각 단계.
ashtanga-yoga	아쉬땅가 요가. 8단계로 이루어진 요가. 라자 요가(*raja yoga*).
atma(atman)	진아眞我. 진정한 자아. 자기. 베단타 철학에서, 진아는 브라만과 동일시된다.
atma dhyana	진아에 대한 명상.
atma prajna	자기의식(self-consciousness).
atmanusandhana	진아에 대한 명상. 진아주시 혹은 진아집중.
atma svarupa	진아의 (참된) 성품.
atma vichara	진아탐구/자기탐구(Self-enquiry).
avarana	은폐(veiling). 마야가 실재를 가리는 것.
avidya	무지無知.

B

bahirmukha	밖으로 향하기. 외향外向.
Bhagavan	신에 대해 보통 쓰이는 이름. 스리 라마나와 같이 진아와의 동일성을 깨달았다고 인정되는 사람에게 붙이는 칭호.
bhakta	헌신자(devotee). 헌신가(헌신의 길을 따르는 사람).
bhakti	헌신과 사랑. 신애信愛.
bhakti marga	헌신의 길(path of devotion).
Bharata	『바가바드 기타』에서 스리 크리슈나가 아르주나를 부르는 호칭의 하나. 빛나는 영혼이라는 뜻이다.
bhava	1) (신 등에 대한) 심적인 태도. 관념. 2) 탄생. 존재.
bhavana	관법觀法. 특히 "나는 브라만이다"와 같은 관념을 가지고 하는 명상. 마음의 안정된 집중.
bheda	분리. 차별. 분별(differentiation). 다양성.
Brahma	브라마. 힌두 신화에서, 창조주. 창조주로서의 신.
brahmacharya	브라마짜리야. 범행梵行. 독신으로 청정하게 사는 것.

Brahman	브라만. 비이원적인 절대적 **실재**. **절대자**.
Brahmarandhra	범혈梵穴. 머리 정수리의 부드러운 부분. 숨구멍.
buddhi	1) 지성. 내적기관(*antahkarana*)의 하나. 2) 관념. 생각.

C

chakra	차크라. 요가에서, (마음을) 집중하는 (몸 안의 영적인) 중심.
chandrayana	월제식月制食. 한 달간 하는 참회 단식. 보름날부터 시작하여 그믐까지 매일 음식을 한 움큼씩 줄여가다가, 다음 보름까지 같은 방법으로 음식을 늘려가는 방식이다.
chidabhasa	의식의 반사된 빛(반사광). 에고 의식.
chit	의식. 절대적 지성 혹은 의식.
chitta	기억. 대상들에 대한 인상이 저장되는 마음의 한 측면.
cinta/chintana	내관. 명상. 성찰. 또한 (어떤 대상을 향한) 마음. 상념.

D

dahara vidya	심공지心空知. **심장동혈** 안의 **신**에 대한 내관.
dehatma buddhi	"몸이 나다"라는 관념.
deva	신, 또는 천신(천상의 존재).
dehi	몸(*deha*)을 가진 사람.
devata	신(deity).
Devi	여신. 특히 시바의 반려자인 **빠르바띠**.
dharma	다르마. 규범. 의무. 덕스러운 행위. 조화로운 삶. 사물의 속성. * 힌두교에서는 넓은 의미로 우주적 질서, 사회적 규범, 개인적 의무, 정의로움 등을 뜻하며, 구체적으로는 사회질서로 정해진 계급, 인생단계에 따른 의무 혹은 그러한 의무를 수행하는 정당한 행위나 도덕성을 가리킨다. 또한 신에게 올리는 제사 행위를 뜻하기도 하며, 일반적으로는 '본성, 속성' 등의 의미도 있다. (-옮긴이)
dhyana	명상. 내관. 아쉬땅가 요가의 7번째 단계이기도 하다.
drik	보거나 아는 주체. 능지能知. '아는 자'.
drishti	봄(見, vision). 소견. 견해.
drisya	보이거나 알려지는 대상. 소지所知. '알려지는 것'.

G

Ganapati	시바의 맏아들로 '장애의 제거자'. 시바의 권속(Ganas)의 우두머리. 가네샤(Ganesha)와 같다.
Gayatri	가야뜨리. 베다에 나오는 유명한 진언. "저 사랑스러운, 넘치는 빛[신]께서는, 당신을 명상하는 저희를 깨닫게 하소서!"
Guhesa	동혈洞穴의 주主. 심장 안의 신(진아).
gunas	구나. 모든 현상계의 존재들에 나타나는 세 가지 근본 성질인 사뜨와(sattva) · 라자스(rajas) · 따마스(tamas).

H

homa	호마. 불 속에 공물을 올리는 힌두 의식.
hridaya granthi	심장매듭. 에고의 뿌리.
hridayam	심장(Heart)[hridi(중심)+ayam(이것)]. 스리 라마나 마하르쉬가 가슴 오른쪽에 있다고 설명한 의식의 자리. 그러나 이것은 실은 시간과 공간에 제약받지 않는 절대적 실재 그 자체이다.

I

Indra	천신(devas)들의 우두머리.
Isa(Isan)	하느님. 지고의 주. 이스와라, 곧 시바.
Isvara(Ishvara)	이스와라. 하느님.

J

jagadguru	세계의 스승(큰 성인에 대한 존칭의 하나).
jaganmaya	세간환世間幻. 세계라는 환幻.
jagat	세계. 세간.
jagrat	생시(의 상태).
jagrat-sushupti	생시-잠, 깨어 있는 잠.
japa	염송念誦. 만트라(진언)나 신(또는 스승)의 이름을 염하는 것.
jiva	개아個我. 개인적 영혼. 개인.
jivan mukta	생전해탈자生前解脫者. 혹은 유신해탈자有身解脫者. 몸을 가지고 살아 있는 동안 해탈을 성취한 사람.

jivan mukti	생전해탈生前解脫. 몸을 가지고 살아 있는 동안에 해탈하는 것.
jivatman	개인아. 개인적 자아.
jnana	지지. 진지眞知, 곧 깨달음의 지知. 형상과 형상 없음을 초월하는 절대자에 대한 지知.
jnana bhumikas	지知의 단계들. 깨달음의 단계들.
jnana marga	지知의 길.
jnanendriyas	지식기관(organs of knowledge). 눈·귀·코·혀·피부의 오관.
jnani	진인眞人(sage). 진아를 깨달은 사람. 혹은, 지知의 길에 의해 깨달음을 얻은 자. 문자적으로는, 지자知者.

K

Kailas(Kaialasa)	시바의 천상계. 혹은 시바의 거주지로 알려진 히말라야의 산.
kaivalya	독존獨存. 절대적인 하나됨(합일)(absolute Oneness). 궁극적인 해탈.
kali yuga	깔리 유가. 우주의 네 시기, 즉 끄리따(*Krita*)·뜨레따(*Treta*)·드와빠라(*Dwapara*)·깔리(*Kali*)의 네 유가 중 마지막 유가. 기원전 3102년에 시작된 것으로 알려져 있다.
kama	애욕. 육체적 사랑. '애욕의 신'의 이름.
karma	1) 까르마, 업業. 행위. 일, 소행. 또한 누적업(*sanchita*)·발현업(*prarabdha*)·미래업(*agami*)의 세 가지 방식으로 축적되는 행위의 열매(업보). 운명. 2) 의식儀式행위.
karma marga	의식儀式, 종교적 의무, 행위 등의 길.
karmendriyas	행위기관(organs of action). 입·손·발·항문·생식기.
karta	행위자, 행위 주체. (운명의) 주재자主宰者.
kartritva	행위자 관념. 자기가 행위자라는 느낌.
kevala kumbhaka	절대지식絕對止息. 내쉼도 들이쉼도 없이 숨을 멈추어서 마음을 고요하게 하는 것.
kshetra	신성한 순례지. 요가에서는, 몸이라고 하는 도시 혹은 들판.
kshetrajna	몸이라는 들판에서 일어나는 모든 것을 자각하는 주체. 생시·꿈·깊은 잠의 세 가지 자아의 상태를 자각하는 절대적 주시자.

kundalini	꾼달리니. 세 바퀴 반으로 둥글게 사려져 배꼽 근처에 자리 잡고 있는 신비한 힘. 요가적인 뱀의 힘.
kutastha	불변자不變者. 불변의 주시자, 곧 진아.

L

lakshana	특징, 표식. 정확한 진술, 정의定意.
laya	침잠沈潛. 요가에서 호흡과 마음이 심장 속에 가라앉는 것.
lingam(linga)	위를 둥글게 한 수직 돌기둥. 드러나지 않는 시바의 상징.

M

maharshi(maha rishi)	큰 리쉬(*rishi*). 대진인.
mahat	대지성大知性. 에고(*ahamkara*)의 근원인 지성적 원리. 절대자에서 '미현현자'가 방사되고, 여기서 대지성이, 그리고 대지성에서 에고가 방사된다.
mahatma	큰 성인. 고귀한 영혼. 고도로 영적인 사람. 무한한 것과 조화를 이룬 달인.
mahavakya	큰 말씀. 브라만의 진리를 언명하는 네 개의 주요한 문구. 리그베다의 『아이따레야 우파니샤드』, 야주르베다의 『브리하다라니야까 우파니샤드』, 사마베다의 『찬도갸 우파니샤드』, 아타르바베다의 『만두끼야 우파니샤드』에 각기 하나씩 나온다. 108 우파니샤드 중에는 이 큰 말씀들에 대해 설명하는 『마하바키야 우파니샤드』도 있다.
Maheswara	마헤스와라. 대자재주大自在主. 시바의 다섯 가지 측면의 하나. 영혼들의 업이 완전히 해소될 때까지 그들로부터 진리를 은폐하는 측면.
mamakara	'내 것'이라는 생각.
manana	성찰(contemplation). 스승에게서 청문한 진아의 진리에 대한 내관 혹은 명상. 지知의 길에서 말하는 깨달음의 세 단계 중 두 번째 단계.
manas	내적기관의 하나로서의 마음. 이성. 넓은 의미로는 내적기관.

manolaya	심잠心潛. 마음이 심장 속에 가라앉았으나 완전히 소멸되지는 않은 상태.
manomayakosha	마음껍질(mental sheath). 다섯 껍질의 하나.
manonasha	심멸心滅. 마음 소멸(destruction of mind).
manonigraha	마음 가라앉히기.
mantram(mantra)	만트라. 진언眞言. 숭배와 기도에 사용되는, 베다의 우주적 소리 형상. 주主의 형상에 대한 명상을 위한 씨앗(단서)문자(seed letters). 의식상儀式上의 음송吟誦.
marana	초능력으로 남의 죽음을 야기하는 기술. 흑마술의 하나.
maya	환幻(illusion). 거짓된 겉모습. 인격화된 현현 혹은 환영幻影.
mithya	거짓된 것. 가짜.
moksha	해탈(liberation). 궁극적인 해방. 윤회에서 벗어남.
mokshananda	해탈의 지복(bliss of liberation).
mouna	침묵. 언어로 표현할 수 없는 절대적 상태.
mudra	수인手印. 숭배나 무용에서 취하는 손 모양.
mukta	해탈자.
mukti	해탈. *moksha*와 같다.
mumukshutva	해탈에 대한 열망.

N

nada	소리.
nadi	나디. 영맥靈脈. 생기의 통로인 몸 안의 72,000개 맥락脈絡. 그 중에서 이다(*ida*)와 핑갈라(*pingala*)와 수슘나(*sushumna*)가 세 개의 주요한 영맥이다. 삼매의 상태에서는 모든 영맥이 단 하나의 빠라나디(*para nadi*) 혹은 암리따나디(*amrita nadi*)에 합일된다.
nasha	소멸(destruction). *nasa*로 표기하기도 한다.
nididhyasana	일여내관一如內觀(uninterrupted contemplation). 베단타에서 말하는 깨달음의 세 단계 중 마지막 단계.
nirasa	무욕無慾.
nirvana	열반涅槃. 적멸寂滅.

nirvikalpa samadhi	무상삼매無相三昧. 자기가 보편적인 진아와 다르다는 모든 느낌(분리감)을 상실하는 몰입 상태. 진인의 본연무상삼매는 절대적인 상태이지만, 합일무상삼매는 다시 에고 의식으로 돌아오게 되는 일시적인 상태이다.
nishtha	명상에, 혹은 진아에 확고히 안주安住하는 상태.
nivritti	활동의 그침[포기]. 불행위不行爲. 무위無爲.
niyama	권계勸戒. 절제節制. 요가의 8단계 중 두 번째 단계. 청결, 경전 공부, 스승에 대한 헌신 등이다.
nyaya	(논리적) 추론. 방법. 규칙.

O

Omkara	옴 소리. 우주의 태초음.

P

padma	연꽃. 연화좌蓮華坐(*padmasana*). 오른발을 왼쪽 허벅지에 올리고 왼발을 오른쪽 허벅지에 올리는 요가의 한 자세.
pancha koshas	다섯 껍질. 영혼을 개아로 한정하는 다섯 겹 한계(59쪽 참조).
para	지고자. 신. 초월지超越地.
parabhakti	지고의 헌신(supreme devotion).
paramapada	지고의 경지.
paramarthika	절대개아絕對個我. 참된 자기(진아).
Paramatma(n)	지고아至高我. 지고의 진아(the Supreme Self). 보편적 진아.
paripurna(m)	완전한 실재 또는 완전한 상태. (형용사적으로) 일체에 편재하는.
Partha	빠르타. 아르주나의 한 별칭. 그의 어머니 꾼띠(Kunti)의 또 다른 이름인 쁘리타(Pritha)의 아들이라는 뜻.
prajna	반야般若. (깨달음의) 지혜.
prajnana	완전지. 절대적이고 불변인 지知.
prakriti	쁘라끄리띠. 여기서 모든 사물이 창조되어 나오는 원질原質. 원초적 본질.
pramada	망각. 자신이 진아임을 잊어버린 것.

prana	심장 안에 집중되어 있는 다섯 가지 생기生氣 중 첫 번째. 쁘라나.
pranava japa	옴(Om)의 염송.
pranamayakosha	생기껍질(sheath of life-force).
pranayama	조식調息. 호흡 제어(breath control).
prapancha	세계 혹은 우주. 현상계(phenomenal world).
prarabdha karma	발현업發現業. 다생의 누적업累積業 중에서 금생에 발현되어 열매를 맺는 업. 운명으로 간주되기도 한다.
Prasthana Traya	베단타의 세 전범典範(Triple Canon). 즉, 베단타의 세 가지 경전적 권위인 우파니샤드, 『브라마경』 및 『바가바드 기타』.
pratyahara	지감止感(제감制感). 대상 세계에서 감각을 거두어 물러나게 함. 아쉬땅가 요가의 5번째 단계.
pravritti	(외부적인) 활동, 적극적인 행위, 작위.
punya	공덕功德. (특히 과거 전생에 한) 선행善行.
Puranas	뿌라나. 고대의 진인 비야사(Vyasa)가 지었다고 하는 18부의 성전聖典. 우주 창조 등 신화적인 내용을 많이 담고 있다.
purna(m)	완전함(fullness). 전체. 형용사로는, 무한한(infinite).
purusha	영靈(spirit), 영혼. * 상키야와 요가 철학에서 말하는 순수 의식의 원리이지만, 본서에서는 '사람, 영혼'의 뜻으로만 쓰였다. (-옮긴이)
purushartha	인생목적. 인간이 살면서 추구하는 목표. 즉, 애욕(*kama*)·규범(*dharma*)·재산(*artha*)·해탈(*moksha*).
purva samskaras	과거의(전생의) 상습. 과거의 원습(*purva vasanas*)과 같다.

R

Raghava	스리 라마(Sri Rama)의 별칭. 라구(Raghu)의 가계에 속한 사람이라는 뜻이다.
raja yoga	빠딴잘리(Patanjali)가 가르친 8단계의 요가 체계.
rajas	세 가지 구나(*gunas*) 중의 하나. 활동성. 붉은색으로 묘사된다.
rishi	리쉬. 현자(sage). 숲 속에 사는 선인仙人을 뜻하기도 한다.
rupa	형상. 형태, 모습.
Rudra	시바의 다섯 가지 측면 중 하나. 파괴자로서의 신.

S

Sada Siva	사다시바. 영원한 선善으로서의 지고의 주.
Sadguru	참스승. 완전한 깨달음을 얻은 스승.
sadhana	수행修行. 또는 해탈에 이르는 길, 방편, 수단.
sadhu	사두. 출가수도자, 즉 해탈을 추구하여 세간을 버린 자.
sadsishya	참제자. 진리를 배워서 깨달을 만한 조건들을 갖춘 제자.
sahaja samadhi	본연삼매本然三昧. 진인의 일상적인 삼매 상태.
sahasrara	사하스라라. 천 개의 연꽃잎 모양을 한 머리 정수리의 차크라.
sakshatkara	직접체험. 직접 깨달음.
sakshi	주시자(witness). 바라보는[지켜보는] 자.
samadhi	삼매三昧. 실재(진아)에 몰입한 상태.
samana	열 가지 생기 중의 하나.
samsara	1) 윤회輪廻, 윤회계. 2) 세간적 삶. 세간연世間緣(번거로운 세간 인연, 즉 처자식 등의 가족).
sanchita karma	누적업累積業. 전생에 축적되어 아직 남아 있는 업.
sankalpa	의지意志, 의도. 마음의 활동. 생각, 습성, 집착.
sankhya	인도 철학의 한 체계.
sannyasa	포기. 출가(수행). 인도의 전통적인 인생단계 중 네 번째 단계.
sannyasin	출가수행자.
santodanta	고요하고 스스로 절제되어 있는 (사람).
sarvatma bhava	일체진아관一切眞我觀. 일체를 자기(진아)로 체험하는 상태.
sastras	경전(scriptures). 교전敎典.
sat	존재. 순수한 존재(pure Being).
satchidananda	삿찌다난다. 존재-의식-지복(Being-Consciousness-Bliss).
sattva	사뜨와. 순수성의 성질. 세 가지 구나의 하나.
savikalpa samadhi	유상삼매有相三昧. 진아에 몰입해 있기는 하나 '아는 자, 앎, 알려지는 대상' 간의 구분이 아직 사라지지 않은 의식 상태.
sayujya	합일. 실재 또는 신과 합일된 상태.
Shakti(Sakti)	샥띠. 힘. 에너지로서의 신의 측면. 시바의 반려자로도 묘사된다.
shanti(santi)	평안(peace).

siddha	싯다. 수행을 통해 초능력을 얻은 사람. 목적을 성취한 사람.
siddhi	1) 깨달음, 성취. 2) 초능력.
Siva	시바. 지고의 주主. 힌두 3신(Hindu Trinity)의 한 분.
Sivoham	"나는 시바다(I am Siva)"라는 염송.
Skanda	시바의 작은아들. 신의 권속들의 우두머리. 주 수브라마니아.
Smriti	베다(Sruti) 아닌 권위 있는 힌두 경전들.
Soham sphurana	"그가 나다"라는 스푸라나. 심장 안에서 일어나는 진아 지복의 약동. * 스푸라나는 '자성광명自性光明'으로 번역된다. (-옮긴이)
Sonagiri	소나기리. 아루나찰라의 이름 중 하나.
sraddha	믿음. 진지함.
sravana	청문聽聞. 스승에게서 진리를 듣기.
Sri(Srimad)	사람 이름이나 경전명 앞에 붙이는 존칭.
srishti	창조(계)(creation).
Sruti	베다. 현자들이 초월적인 상태에서 듣고 제자들에게 입으로 전한 계시서啓示書.
sthitaprajna	반야안주자般若安住者. 깨달음의 지혜 안에 확고히 안주한 자.
sthula deha	거친 몸(gross body), 조대신粗大身.
sukshma deha	미세한 몸(subtle body). 미세신微細身.
sunya	공空인, 형상의 실체가 없는.
sushupti	(꿈 없는) 깊은 잠(deep sleep).
sutra	경經. 말하고자 하는 주제를 간결한 몇 마디 말로 표현한 하나의 문구, 혹은 이러한 경들을 한데 모은 것.
svabhava	자성自性. (존재들의) 본래적인 참된 성품.
svapna	꿈(의 상태).
svarupa(swarupa)	참된 성품[형상]. 실상實相. 본래 모습, 본질.

T

tamas	따마스. 어둠, 무지의 성질. 세 가지 구나의 하나.
tanmatra	미세원소. 유唯. 소리·냄새·촉감·맛·형상의 각 원소.
tanmaya nishta	'그것'으로 안주함, 곧 진아안주.
tapas	따빠스. 종교적 고행(austerities). 참회 고행(penance).

tarbodham	아만我慢(self-conceit). 몸의 '나'를 '나'라고 아는 것.
tat	그것(That). 브라만.
tattva	1) 실재, 진리. 2) 범주 혹은 원리(principle). 세계를 구성하는 주요한 요소 혹은 측면.
tattva jnana	브라만 혹은 아뜨만에 대한 지知.
tat-tvam-asi	"그대가 그것이다(That thou art)".
turiya	뚜리야. 네 번째 상태. 생시·꿈·잠의 가변적인 상태들에 대해, 항상 존재하는 불변의 주시자 의식(witness Consciousness).
turiyatita	뚜리야띠따. '네 번째를 넘어선 것.' 실재의 상태.

U

udana	열 가지 생기의 하나. 목에 자리 잡고 있다.
upadesa	스승(Guru)이 해주는 영적인 인도 혹은 가르침.
upadhi	부가물附加物(adjunct). 한정자限定者. 무한한 진아를 제약하도록 스스로에게 덧씌운 것들. 몸·감각기관·마음 등.
uparati	활동에서 물러남. 행위의 그침[포기].
upasana	관상觀想. 대상과의 합일을 목표로 하는 명상법의 하나.
Upanishads	베다의 일부를 이루는 철학적 저작들.

V

Vaikuntha	비슈누의 천상계.
vairagya	세간적 욕망에서 벗어남. 무집착. 무욕(dispassion).
vasanas	원습原習. 전생의 경험들에서 비롯되어 금생에 가지게 된 금생의 마음의 성향, 습성, 혹은 경향성.
vastu	본체 혹은 바탕. 실재. 사물.
Vasudeva	크리슈나의 이름 중 하나.
Vedas	베다. 진인들을 통해 계시된 리그베다·야주르베다·사마베다·아타르바베다의 네 힌두 경전.
Vedanta	베단타. 우파니샤드, 『브라마경』, 『바가바드 기타』에 대한 비야사(Vyasa)의 해석에 의해 확립된 진리. 문자적으로는, '베다의 끝(anta) 혹은 정점'.

veena	비나. 인도의 현악기.
vichara	탐구. 진아에 대한 탐구, 곧 자기탐구를 뜻한다.
videhamukta	무신해탈자無身解脫者. 몸을 버린 뒤의 해탈자. 혹은 미세한 마음도 완전히 소멸하여 '몸이 없는' 해탈자.
videhamukti	무신해탈無身解脫. 몸을 버린 뒤의 해탈 상태. 혹은 미세한 마음도 완전히 소멸한 해탈 상태.
vijnana	명지明知. 진아나 무지를 그 내용으로 하는 특수한 분별지. 진아를 자각하는 상태에서는 완전지(*prajnana*)와 같다.
vijnanamayakosha	지성껍질(sheath of intelligence).
vijnani	명지인明知人. 진아를 자각하는 사람.
vikalpas	(에고적) 분별. 차별상差別相. 의심, 불확신.
vikara	변상變相(modification). 변화된 형태.
Vishnu	비슈누. 우주의 유지자로서의 신. 힌두 3신神의 하나.
vishaya	감각 대상(sense-objects).
vishaya vasanas	대상습對象習. 감각 대상을 즐기는 습習.
viveka	분별(discrimination). 실재와 비실재를 구분하는 지성의 힘. * 이것은 지혜로운 분별로, 망상분별(*vikalpas*)과 다르다. (-옮긴이)
viyoga	분리. 합일(yoga)의 반대 개념.
vritti	상相. 상념 형상. 관념.
vyana	열 가지 생기 중 하나. 혈액 순환을 맡으며, 전신에 퍼져 있다.
vyavahara	경험적 행위. * *vyavaharika*-'경험적인'.

Y

yaksha	야차夜叉. 사람을 잡아먹기도 한다는 반신半神의 한 무리.
yama	금계禁戒. 자기절제. 아쉬땅가 요가의 첫 번째 단계. 거짓말·살해·절도·욕정·탐욕 등의 회피.

참고문헌

타밀어본

Sri Ramana Nultirattu(타밀어판), 2014(10판, 양장본), Sri Ramanasramam.

영어본

Arunachala Siva(*AS*), by T.M.P. Mahadevan, 2000, Sri Ramanasramam.

Bhagavan Sri Ramana Maharshi's Reality in Forty Verses(*RFV*), by 'WHO' (K. Lakshmana Sarma), 2013, Sri Ramanasramam.

Commentary on Anuvada Nunmalai(*CAN*), Volume I & II, by Smt. T. R. Kanakammal, 2011, Sri Ramanasramam.

Commentary on Arunachala Stuti Panchakam and Upadesa Nun Malai (*CASU*), by Smt. T. R. Kanakammal, 2009, Sri Ramanasramam.

Five Hymns to Sri Arunachala, 1999, Sri Ramanasramam.

Nān Ār? (Who am I?), trans. by Michael James, www.happinessofbeing.com/nan_yar.html.

Ramana Maharshi and His Philosophy of Existence(*PE*), by T.M.P. Mahadevan, 1999, Sri Ramanasramam.

Revisions to 'Spiritual Instruction', by T. V. Venkatasubramanian, David Godman, https://www.davidgodman.org/revisions-to-spiritual-instructions

Sarva Jnanottaram—Atma Sakshatkara Prakaranam, pub. by V. S. Ramanan, 1998, Sri Ramanasramam.

Sri Arunachala Pancharatnam, by Sri Sadhu Om and Michael James, https://www.davidgodman.org/rteach/Arunachala%20Pancharatnam%2020 07-10-2.pdf

Sri Arunachala Stuti Panchakam(*ASP*(O)), by Sri Sadhu Om and Michael James, 2007, Sri Ramana Kshetra, Kanvashrama Trust.

Sri Arunachala Stuti Panchakam(*ASP*(N)), by Sadhu Natanananda, 2014, Sri Ramanasramam.

Sri Dakshinamoorti Stotram, Atmabodha, Gurustuti, Hastamalakam, pub. by V. S. Ramanan, 1998, Sri Ramanasramam.

Sri Devikalottara—Jnanachara Vichara Patalah, pub. by V. S. Ramanan, 1998, Sri Ramanasramam.

Sri Ramanopadesa Noonmalai(*RN*), by Sri Sadhu Om and Michael James, 2008, Sri Ramana Kshetra (Kanvashrama Trust).

Upadesa Undiyar of Bhagavan Sri Ramana(*UU*), by Sri Sadhu Om and Michael James, 2006, Sri Ramana Kshetra. https://www.davidgodman.org/rteach/Upadesa_Undiyar.pdf

The Mountain Path(*MP*), pub. by Sri Ramanasramam.

1982 January	1982 April
1993 Jayanthi	1994 Aradhana
1995 Aradhana	1995 Jayanthi

찾아보기

가나빠띠 80, 127
가나빠띠 무니[샤스뜨리] 122, 156, 163, 172
가네샤 221 →가나빠띠
가야뜨리 만트라 75
가환견假幻見 365
감비람 세샤이야[세샤 아이어] 17, 54
개아個我 18, 36, 52, 78, 87-8, 93-4, 99-100, 102-3, 116, 248, 258, 295, 298-9, 317, 341, 347, 367, 392-3; - 관념, 338-9
거친 몸 34, 46, 327, 331, 335, 348, 360, 368, 379 →조대신
고요히 있음 98
경전습經典習 347
경험적 자아 380, 382-3
경험적 행위 67, 338
계급과 인생단계 109, 264, 327, 348
공空 178, 234, 237-8, 261, 286, 341; 지고의 -, 242
공심空心 238
관계의 느낌 339
관법觀法 76, 105
관상觀想 105, 392, 394-6
구하 254, 269 →수브라마니아

권계勸戒 74, 83, 247, 268, 331, 372
"그대가 그것이다" 143, 285, 315, 344-5, 347, 382, 394
금계禁戒 74, 83, 331, 372
까일라사 78

'나-나' 57, 76, 79-81, 139, 189, 216, 331, 358
"나는 누구인가?" 28, 34, 37, 40, 46, 48, 50, 56, 65, 76, 79, 84, 118, 183, 203, 314
"나는 브라만이다" 64, 79, 83, 105, 315, 324, 342, 358, 393
나디 235
나따나난다, 사두 18, 54, 91
'나'라는 관념 111, 193, 347, 351
'나'라는 생각 36, 38, 40, 47-9, 67, 86, 155, 181, 336
나를 향하기 48
'나-의식'/'나'라는 의식 56-7, 157-8
'나-체험' 358
"내가 그다" 76, 78-9
'내 것'이라는 관념 250, 373
내적기관 59, 61, 240, 245, 261, 327-9, 379, 391-8

네 번째를 넘어선 것 115 →뚜리야띠따
누적업累積業 196, 364
능지能知/소지所知 378

다끄쉬나무르띠 15, 23-4, 224, 283-7
다섯 껍질 43, 52, 59, 79, 84, 176, 203, 292, 306, 315, 331, 334, 340
대지성 63, 70-1, 331
덧씌움 69, 338, 348-9, 359, 390
데바 231 →시바
동혈의 주主 79, 193
따마스[따모구나] 64, 330, 333, 336-7, 347, 349, 397
따이자사(taijasa) 115
뚜리야 62, 77, 89, 115, 196, 245
뚜리야띠따 62, 77, 115; 초월적인 -, 89

라자스[라조구나] 64, 330, 333, 336-7, 347, 349, 397
락샤나 344
『리부 기타』 83
링가 몸 328, 360, 380 →미세신
링감 15, 125

마두수다나 271
마라나/우짜따나/비드웨샤나 249
마야 57, 99, 116, 157, 184, 281, 285 -6, 292, 324, 329, 331-2, 343-4, 346, 352, 359-60, 368, 370, 376, 380, 382, 404; -의 힘, 116; 미현현의 -, 331; 우주적 -, 69
마음 34-40, 43-53, 58-68, 72-6, 78, 81-9, 97-9, 103-8, 111-5, 124, 129, 136-7, 139, 154, 159-61, 166-9, 177,

181-4, 189, 194-5; -의 고요함, 74, 76, 87, 99 →심잠; -의 변상, 98, 330; -의 본질, 35-6, 64; -의 상相, 58, 64, 82-3, 331, 356-7, 360, 362, 371, 380; -의 성숙도, 85; -(의) 소멸, 58-9, 85, 98 →심멸; -의 순수성, 39, 50; -(의) 연꽃, 131-2, 157; -의 집착, 187; -의 투사물, 180 ; - 허공, 62; -의 형상, 169; -의 힘, 72; 순수한 -, 112, 160; 안으로 향하는 -, 106; 오염 없는 -, 159;
마음껍질 59, 33-7
마음(의) 제어 52, 65, 72-3, 85
마헤스와라 80 →시바
만다나 미슈라 305
만달라 형상 235
만트라 77, 235, 256, 259, 263; - 문자, 235; - 염송, 38, 49; 비이원적 -, 77; 쁘라나바 -, 405
망각 88, 169, 315 →진아망각
망상 164, 239, 249, 258, 330, 345, 352, 355, 374, 385; - 분별, 258; 차별의 -, 396
매듭의 소멸 98
명상 45, 53, 55, 58, 64, 72, 74-80, 83-6, 97-8, 104, 167-8, 175, 236, 244, 263, 315, 322; -의 성취, 99; 동일성 -, 79; 부단한 -, 324-5, 356; 브라만에 대한 -, 325; 진아에 대한 -, 39, 79, 81; 타자/비타자 -, 167
명지明知 82, 110, 245-6, 255, 268; -인人, 299
명호염송 268
'몸이 나다'라는 관념 111, 124, 191,

201, 244, 333, 335, 354, 364
무루가나르, 스리 16, 123, 165, 172, 174, 211, 213
무상삼매 325, 353-7, 361, 381, 397
무성관상無性觀想 105
무소유 74, 357
무신해탈 89, 316, 375, 395, 398
무신해탈자 89, 90, 243
무욕 44-5, 50, 106, 243, 262, 274, 337, 357-8, 395
무집착 42, 45, 319-20, 326
물러남 203, 242, 319-20, 325, 357, 362, 369
미래업 196, 364
미세신 36, 47, 59, 69, 71, 77, 181, 291, 328
미세원소 63, 291, 325, 327-8
미현현의 힘 331
미현현자 329
믿음 319-20

『바가바드 기타』 17, 270, 281
바이꾼타 78
박띠 65 →헌신
밖으로 향하기 37, 48
반야안주자 363, 395
발현업發現業 65, 89, 106-8, 112, 116, 154, 243, 347, 360, 363-4, 374, 379, 396-8
본무물本無物 339
본연(무상)삼매 111, 316, 378
부가물 60, 170, 194, 243, 291-3, 295, 300-1, 309, 315, 328, 338-9, 341, 344-5, 353, 357, 359, 361-2, 369-

70, 374-5, 379; -들의 차별, 355; 의식의 -, 392
부동삼매 365, 367
분별(*viveka*) 51, 66, 96, 106, 112, 292, 306, 337, 340, 346, 352, 355, 385; - 관념, 350, 367; 순수한 -, 354; 영원한 것과 영원하지 않은 것의 -, 319-20; 진아와 비진아 간의 -, 323, 325, 334, 339, 378
분별(*vikalpa*) 65, 328, 336, 352; - 관념, 350, 367; -(적) 소견, 352
분별지知 335, 341, 345, 378
불변자 338, 393
불생자 244, 258
브라마 80, 124, 232, 245, 283, 302, 320, 346, 359, 367
브라마비드/브라마비드와라/브라마비드와리야/브라마비드와리슈타 90
브라마짜리야 108-9
브라만 44-5, 52-3, 60-3, 69-70, 76, 81-3, 86, 89, 91-2, 99, 106, 111-2, 189-90, 204, 211, 216, 245-6, 252, 264-5, 290, 296-7, 299, 301-4, 312, 315, 318-25, 330, 342-7, 349-53, 355-68, 370-8, 380-5, 387-94, 398; -과 개아의 동일성, 344; -과 자기[진아]의 동일성, 323, 339, 342, 345, 347, 358, 362, 364, 367; -과의 합일, 116; - 깨달음, 316, 325, 320; - 수행, 316, 355; - 안주, 320, 351-2, 357; -에 대한 내관, 355, 361; --우주, 349; -을 아는 자, 319, 321, 371-2; -의 도시, 78-9; -의 성품, 333, 335, 345; -의 실상, 366; -의[에 대

한] 지知, 86, 319, 330, 388; -(의) 지복, 322, 340, 350, 356, 363, 367-8, 376-7, 396; -의 형상, 372, 374-5, 380, 394; -이 자기라는 지知, 342; - 체험, 358; - 지자知者, 322, 372, 374; - 탐구, 108, 319; - 형상의 상相, 396-7; - 형상의 진아, 358-9; 지고의 -, 62, 91, 106, 252, 353, 360, 364, 372; 초월적인, 속성 없는 -, 89
"브라만이 나다" 315, 342, 358, 360, 364
비나야까 221
비슈누 80, 124-5, 165, 208, 221, 232, 290, 301, 327, 359, 367
비슈와 115
비이원론 122, 229, 282, 377-8
비이원성 26, 197-8, 330, 342, 360
빠라마빠다 78
빠라메스와라 283
빠라브라만 91, 244, 247, 285, 297, 343, 354
빠르바띠 17, 218, 229-231
쁘라끄리띠 63, 266, 332, 337, 340, 355, 359, 361, 369
쁘라나바 75-7, 405
쁘라냐 115

사나까/사난다/사나뜨꾸마라 283
사나뜨수자따 283, 351
사다시바 80, 367
사뜨상가 203
사뜨와 (구나) 64, 329-331, 356; 순수한 -, 336, 347, 397
사뜨-찌뜨-아난다 94

사띠야 로까 238
사자좌/행운좌/연화좌/달인좌 75
사하스라라 98, 101
산란심 396
산야사(sannyasa) 67
삶의 속박 324, 342, 353, 363, 371
삼매三昧 27, 38, 44, 51, 76-7, 84, 102, 104, 196, 203, 267, 320, 351, 355-6, 358, 360-1, 381, 396
삼매안주 356
삿찌다난다 46, 52, 91
상념(cinta) 350
생기껍질 59, 336
생명 원리 71-3
생시와 꿈 36, 43, 47, 53, 103, 225, 331, 340, 378, 388-9, 391
생시-잠 110, 115, 196, 225
생전해탈 89, 187, 396-8
생전해탈자 89, 90, 113, 243, 253, 300, 316, 361, 363, 374, 395
샤이바 싯단타 95
샥띠 143, 234, 330
샨무카 259 →수브라마니아
샹까라 252, 313 →시바
샹까라(짜리야) 282, 288, 378
성숙지成熟知 232, 235, 253
성찰 117, 315, 357, 396; 진아(의 진리) 에 대한 -, 77, 86, 88
성품기억[명상] 50
세 가지 구나 329-331, 336, 356
세 가지 몸 59, 70, 72, 292, 314-5
세 가지 상태 70, 115, 161, 381, 388
세 가지 습習 315
세 가지 업業 185, 196, 316

세간습世間習 347
세계의 형상 381
세속인 237
소거견消去見 366
소나기리 144, 197 →아루나찰라
속박 58, 66, 116-8, 126, 181, 185, 195, 207, 236, 242-3, 322-7, 333-4, 336-9, 342, 349, 351, 354, 361, 371-2, 376, 389-1; -과 해탈, 117-8, 171, 185, 366, 375; -의 망상[미망], 117, 397-8; -의 원인, 330-1, 336, 353; -의 제거, 98; 덧씌움의 -, 390; 몸의 -, 320, 373; 삶의 -, 353, 363, 371; 생사[나고 죽음]의 -, 255, 319, 336, 350; 업의 -, 351; 윤회의 -, 322-3, 331, 336, 338, 342, 349, 351, 353, 355-6
수브라마니아 208, 220, 229, 232
수행 28, 58, 96, 98, 194, 241, 268, 289, 316, 321; -의 힘, 192, 242
수행법 97-9, 117
수행자 105, 109, 248, 376
순수한 성품 326
스깐다 17
『스깐다 뿌라나』123
스승 23, 28-9, 42, 50-1, 77, 84, 93-5, 122-3, 130, 198, 224, 285-7, 314, 319-20, 322-4, 326, 330, 366; 태초의 -, 201, 285
시바 16-7, 23, 37, 41, 87, 90, 125, 165, 194, 219, 229-32, 234, 238, 243, 249, 252, 254-8, 283, 313, 359-60; - 상태, 285; -의 빛, 378; -의 (참된) 성품, 49, 317; -의 세계,

127; -의 형상, 269; - 지위, 257
시바구루 208 →수브라마니아
『시바냐나보담』400
시바링가 78
시바 명상 255
시바요기 80
시바지知 269
시밤(Sivam) 252
식사 절제 49
신 26, 40-2, 51-2, 58, 61, 66, 76, 79-81, 87, 96-7, 148, 161, 180-1, 189; -과 스승, 42; -의 의지, 38; -에 봉사하는 삶, 95; 진아인 -, 76, 81, 161, 317
신비한[심령적] 중심 80, 98 →차크라
실재 25, 64, 68, 78-82, 86-7, 89, 131, 134, 139, 146, 159, 169-71, 174-5, 177, 179-80, 183-4, 187, 195-6, 201, 206-7, 233, 246, 254, 273, 298-300, 319, 343, 346-9, 352-3, 355, 361, 376; -로서 안주함, 171; -를 아는 자[사람], 266, 337; -와의 친교, 187; -의 형상, 332, 359, 361; 근본적 -, 82; 무형상의 -, 310; 스스로 빛을 발하는 -, 78, 99; 완전한 -, 261, 343, 353; 유일한 -, 154; 전체적 -, 87; 절대적 -, 62, 350; 지고의 -, 149, 239, 269, 276, 302, 324, 335
실재지知 303, 319, 322, 346, 354
실재지자知者 324, 358, 361
심공지心空知 86
심멸心滅 49, 74
심잠心潛 74, 160
심장 16, 23, 27-9, 36-7, 47-8, 57-8,

61-2, 70, 73, 75-6, 78-9, 92, 101, 124, 127-8, 141, 144, 147, 151, 154-5, 157-8, 160, 175, 183-4, 187-9, 192-5, 198, 203, 211, 216, 219, 225, 231-3, 242, 253-4, 276, 298, 306, 314-5, 338, 341, 346, 348-9, 360, 365, 381, 401-3; - 공간, 341; -의 허공, 304

심장동혈 79, 81, 128, 189-90, 208, 220, 246, 332, 347, 401, 404

심장매듭 102, 316, 355, 361, 374

심장연꽃 60, 62, 78, 190, 192, 208, 243, 317, 404

심장중심 23, 125

싯다 23, 125, 399

싯디 116, 184, 191, 248, 287

아가마 92, 229, 238, 267

'아는 자, (앎), 알려지는 것[대상]' 68, 102, 298, 343, 355

아루나기리/아루나 산 147, 150, 153-5, 157, 223

아루나기리나타르 384

아루나찰라 (산) 15, 23-4, 54, 120, 122-8, 142-152, 157-64, 215, 219, 221

『아루나찰라 마하뜨미야』 125

아루나찰라-라마나 142, 208

아루나찰라-시바 124, 128, 190, 401

아루나찰레스와라 145

아만我慢 57-8, 330, 348

아상我相 385 → '나'라는 생각

아쉬땅가 요가/냐나 74

'아함-아함' 331-2 → '나-나'

악샤라 211, 225, 346

안나말라이 124, 144-5, 207 →아루나찰라

안으로 향하기 37, 48

에고성 37-8, 57-61, 69, 71-2, 78

에고-습潛 315

여섯 가지 교전教典 326

여섯 가지 덕목[자격조건] 320

여섯 가지 삼매 381

열반 132, 239; 지고의 - , 259

5대 원소 57, 241, 252, 291, 381

옴 97, 130; - 소리, 77 →쁘라나바

완전지 82, 375

요가 65, 72, 74, 83-5, 97-8, 156, 168, 190, 196, 232, 235, 248, 278, 315, 322-3; -의 길, 55, 160; -의 단계들[8단계], 74, 84; 삼매 -, 357; 실재-지성의 -, 275; 유의有依 -, 238; 지知 -, 84; 진아-, 264

용해견溶解見 366

우마(Uma) 218

원습原習 38-9, 49, 53, 64, 66, 87, 103, 108, 194-5, 250-1, 327-8, 336, 346-8, 350, 356-7, 372, 403; 과거의 -, 315, 363, 377, 380; 생각 -, 66

원인신原因身 59, 71, 77, 331, 380

월제식月制食 354

유상삼매 381

유일관념 362

유일자 82 →일자

육신습肉身習 347

윤회계 58, 67, 234, 242, 313, 321-2, 327, 342, 347, 363, 385

은총 94, 100, 123-5, 129-42, 144, 147-8, 154-5, 157, 162, 190, 207, 219, 246, 275, 281, 371, 401; -의 바다,

124, 130, 148, 319, 367; -의 공간,
149; -의 보배, 135; -의 눈길, 94,
271; -의 빛, 154-5; -의 산[달],
131-2, 154; -의 형상, 224; 스승의 -,
93-4, 320; 이스와라[신/하느님]의 -,
100, 144, 318-9, 366
은폐력 88, 157, 330, 333, 352, 354-
5, 376, 377-8, 380, 382, 385
음식껍질 59, 335-6
응념擬念 74-5, 84
의식 56, 60, 68, 87, 101, 112, 146,
161, 163, 170, 190, 193-4, 208,
211, 240, 243, 294, 303, 345, 357,
360, 388-90, 392, 398; -의 반사(된
빛), 112, 309, 338, 341, 370, 380;
-의 빛, 69, 104, 110, 154, 157; -의
상相, 363; -의 성품, 80, 146, 194,
337; -의 형상, 144; --존재 195; --지
복, 298; --진아 80; --허공 237, 369;
무한한 -, 248; 반사된 -, 102, 112,
329, 370, 379, 392-3; 순수한 -, 28,
57, 84, 233, 345, 362, 373, 389;
저변의 -, 389; 주시하는 -, 385; 지고
의 -, 234; 차별 없는 -, 388; 하나인 -,
193, 392
이름과 형상 48, 53, 61 75, 80, 83-4,
110, 160, 175, 177, 262, 285, 315
이스와라 343-5, 359, 367
인내 319-20
인생목적 316, 323
일념집중 38-9, 49, 72, 385, 404
일여내관 295, 357
일자一者 148, 150, 154, 252, 289; 완전
한 -, 255

일체공호一切空 239
일체근원 61
일체진아관一切眞我觀 353-4, 356
일체진아성 284

자각 23, 28, 34-5, 95, 100, 115, 240,
242; -의 기쁨, 298; -의 빛[광채],
234-5; -의 형상, 240, 272, 309; '나'
라는 -, 245; 순수한 -, 242; 절대적 -,
267; 참된 -, 232, 249, 309
자각-지복 340
자기 22, 47, 52, 58, 84, 111, 176,
179, 181, 183-6, 200, 211, 236,
240, 242, 244, 250, 262-3, 278-
80, 287, 289, 295, 307, 321, 333,
336, 341, 349; -라는 느낌, 314; -와
지고자의 동일성, 358, 375; -의 참된
성품에 대한 내관, 321
자기 자신 보기 347 →자기주시
자기절제 203, 326
자기주시 160, 315
자기체험 316
자기탐구 23-4, 28, 39, 49-50, 53, 55,
159-60, 166, 188; -의 길, 24, 28,
55, 122-3
자성 119, 338, 356; -안주 119
전지全知 258, 268
절대개아 383-4
절대자 24, 123, 356
절제 307, 319-20, 325
제한된/의식반사적/꿈꾸는 자아 382
조대신粗大身 59, 69, 71, 77, 325, 327
조식調息 73-5, 83, 235, 319
존재 25-6, 161, 171, 190, 286, 295,

302, 387, 390; -의 상태, 119, 168; -의 평안, 346; -의 형상, 355, 379, 381; 순수한 -, 119, 375

존재상相 341

존재-의식 110, 159, 169, 181, 293-4, 359

존재-의식-지복 35, 45-6, 84, 94, 143, 200, 202, 290, 297, 300, 302-4, 306-7, 335, 339, 343, 349, 359-60, 365, 374, 380-1, 383

존재-자각-지복 225, 401

주시자 58, 62, 69, 82, 94, 108, 115, 231, 261, 293, 306, 328, 331-2, 335, 339-41, 347-8, 353, 357-8, 369, 374, 379-81, 391-3; 불변의 -, 392 →불변자; 일체의 -, 261, 368

지知 16, 25, 50, 58, 60, 64-5, 82, 85-6, 95, 97-8, 102, 109, 113, 117, 133, 138, 168-9, 171, 178-9, 190, 203-4, 215, 230-2, 236, 238, 246, 251, 253, 256, 258, 264, 266, 273, 275-7, 286, 289-90, 293-5, 298-9, 301, 304, 309-11, 314, 318-20, 323, 332, 339-43, 345-7, 350, 354-5, 362-3, 365-6, 371, 391-2, 396, 397-8; - 따빠스, 15; --성품, 64; - 수행, 96, 152, 289, 348; - 수행자, 247; - 요가, 84; -의 길, 28-9, 34, 95-6; -의 불[불길], 158, 195, 204, 215, 276-7, 286, 298, 323, 355, 361, 364, 374-5; -의 성품, 64, 246 -7, 264, 332, 342; -의 검劒, 350, 362; -의 7단계, 113; -의 탐구, 46, 169, 203; -의 8단계, 83-4; -의 힘, 362;

--지복, 349, 353, 362; --진아, 356, 376; --허공, 62, 70, 367; 순수한 -, 64, 70, 103, 234, 266, 289, 332; 지고의 -, 126, 230; 참된 -, 94, 102, 169, 178, 271, 275, 277, 307, 340, 342, 345-6, 364, 391

지감止感 74-6, 84

지견知見 44, 48, 355, 365, 371

지고아 257, 260-1, 265, 267, 295, 298, 322, 331-2, 338, 348, 353, 355-6, 359-60, 367, 372, 381, 388

지고의 경지 327

지고의 주主 164, 230, 274, 374, 405

지고자 56, 79, 143, 150-1, 183, 208, 243, 260, 287, 291, 302, 306-7, 315, 330, 358, 404; -와 개아의 동일성, 355; -와의 합일, 126, 235

지복 25, 54, 56, 65, 77, 101, 110, 131, 135, 147, 161, 171, 206-7, 219, 230-1, 234, 239, 268, 285, 294, 300-2, 317, 332, 334, 342-3, 345-6, 351, 354-63, 364, 367-8, 370-1, 376-7, 384-7, 390, --성품, 63; -을 넘어선 상태, 110; -의 감로, 231, 367; -의 바다, 89, 132, 144, 155, 207; -(의) 체험, 89, 114, 373, 396; 끊임없는[단절 없는] -, 297, 302, 361-2, 368, 372; 끝없는 -, 190; 순수한 -, 77; 무한한 -, 342, 346, 371; 비이원적 -, 342, 351, 355, 367, 375; 영원한 -, 304, 329, 331, 349, 355, 357, 359, 362, 370-3; 열반의 -, 277; 지고의[위없는] -, 18, 77, 239, 264, 322, 331, 353, 365, 368,

371, 385; 합일의 -, 120
지복껍질 59, 340
지성 59-61, 96, 124, 149, 170, 240, 269, 276-8, 291-5, 297, 306, 309-10, 328, 332, 355-8, 371-2, 375, 379, 382, 384, 386, 390-2; -의 상相, 294, 389; -의 동혈, 347
지성껍질 59, 82, 337, 340
지식止息 75, 83, 235; 절대-, 73, 85-6
지자知者 279, 300 →브라만 지자
지지물과 바탕 387-8
직접체험 82, 316, 332
진아 15, 19-20, 22-3, 26-8, 34-7, 39-45, 47-8, 50-1, 58, 62-72, 76-89, 92-3, 96-106, 111-3, 115-6, 134-5, 157-61, 171, 175-6, 178-80, 183-4, 186-7, 189-91, 195, 198, 200-1, 203-7, 211, 216, 221-2, 225-6, 235, 240-1, 244-5, 247-8, 250, 252, 254-5, 257-69, 272-80, 284-9, 291-5, 297-302, 306, 309-11, 314-5, 317-21, 323-5, 327-42, 346-62, 365-8, 370-6, 378-80, 383-7, 389-91, 393-5, 397-9; -내관, 51, 79, 260, 267, 347, 359; -망각, 351-2; -명상 298; -에 대한 명상[내관/성찰], 39, 40, 79, 81, 86, 88; -에 대한 탐구, 211; -와 브라만의 동일성, 349; -성품, 79, 88; -요가, 264; -의 빛, 62, 70, 103, 157, 300; -의 성품, 47, 51, 58, 69, 259, 294, 329, 349, 360, 378; -의 자리, 101; -의 지知, 259, 260, 288; -의 지복, 183, 300, 317, 329, 349, 371, 387-8; -의 진리, 77, 201, 321, 324,

330, 341, 355, 367; -의 형상, 60, 64, 81-2, 87, 98, 189, 206, 358, 365-6; -의 힘, 100, 102; -의식, 113, 157, 159; -인 신, 76, 81, 161, 317; --지복, 65, 362; -직견, 355; -체험, 63, 65, 334, 361; -합일, 99, 267, 365; -행복 51; --허공 62; 비이원적 -, 161, 355, 361, 370; 순수한 -, 87, 291-2, 329; 실재인 -, 134, 354; 지고의 -, 78-9, 83, 157, 274, 276, 365; 지복인 -, 191, 304; 하나인 -, 201, 258, 348, 357, 371, 379
진아 깨달음 22, 24, 35, 37, 74, 92-3, 96, 105, 116, 254, 331
진아안주 51, 106, 113, 132, 161, 331, 352, 354; -자, 104, 265
진아지 26, 86, 107, 161, 205-7, 319, 324, 334, 347, 358
진아탐구 29, 319
진인 19, 27, 52, 54, 57, 67, 108, 113-6, 188, 196, 200, 219, 252-3, 263, 274, 277-9, 306, 325, 342, 347, 360-1, 363-6, 374, 387, 391, 395-8; 순수한 -, 268
진지眞知 82, 90, 285, 353, 366, 379
집중 58, 319-20
찐무드라 285

차크라 235, 241
차별상 관념 257
참스승 64, 92, 202, 317-8, 321
채화목採火木 298, 315
청문 117, 304, 314, 337, 354, 357, 394-5

추론 341

침묵 23, 40, 48, 95, 98-9, 110, 190, 204, 206, 224, 283-5, 372, 374; -의 힘[감화력], 23, 29, 283

큰 말씀 295, 315, 344, 347, 383, 394

탐구 21, 27, 34, 37-8, 40, 43, 45, 48-50, 56-7, 59, 65, 72, 74, 85, 87, 96, 98-9, 102, 105-6, 183, 225, 290, 314, 319, 323; -의 길, 17, 36, 97, 99

탐구지知 116, 134

투사력 157, 330, 333, 354-5, 378, 380, 382

평안 72, 110, 190, 203, 230, 239, 241, 256, 274, 279, 284, 300, 321, 355-7, 371-2; -의 지복, 244; -의 화신, 318, 373; -인人, 367, 372; 마음의 -, 72, 108, 110, 192, 211, 322; 지고의 -, 275, 281, 331, 335, 349, 357, 372

평온 307, 319-20, 325-6, 362

하나 26, 81, 129, 169, 179, 183, 234, 236-7, 274, 295, 297-8, 302, 307, 310; -인 바탕, 239; -인 브라만, 189, 392; -인 의식, 392; -인 전체, 234, 236, 306; -인 지知, 310; -인 진아, 23, 201, 258, 348, 357, 371, 379

하느님 48-9, 51, 94-5, 100, 115, 125-6, 166-7, 170-1, 218, 231, 244-6, 253-6, 267, 272, 281, 290-1, 318, 368, 390, 392; 만물의 -, 94

하라(Hara) 218, 401

하리(Hari) 208

합일무상 상태 110

합일해탈 116

합일 헌신가 278

해탈 15, 22, 42-3, 45, 52, 57, 59-60, 77, 81, 85-6, 88, 90, 96, 114, 116-7, 124, 157, 165-6, 185-6, 189-91, 223, 230-5, 245, 247, 250-2, 260, 267, 274, 278, 289, 317-27, 334-5, 337-8, 347, 351, 353-4, 358-9, 366-7, 375-6, 385-6, 391; -에 대한 열망, 319-20, 331, 385; -의 길, 167, 252, 358; -의 씨앗[인因], 235, 322, 359; -의 방편, 314; -의 즐거움, 192, 248; -의 지복, 243, 314, 325, 377, 396, 398; -의 집, 252; 끊임없는 -, 316; 상존하는 -, 247; 영구적인[영원한] -, 185, 234, 281, 361, 396; 지로써 얻는 -, 242

해탈열망자 230, 342, 385

해탈자 244-5, 266, 268, 334, 352, 355, 358, 365, 370; -의 몸, 374

헌신 16, 58, 77, 95-6, 168, 190-1, 259, 321-2, 331; -의 감정, 97; -의 길, 17; 지고의[지고한] -, 95, 168

형상명상 49

호식呼息 75, 83, 85

호흡제어 73-4, 86, 98, 160 →조식

흡식吸息 75, 83, 85